PROGRAMMING IN PROLOG

5판

인공지능 논리
Prolog 프로그래밍

W.F. Clocksin · C.S. Mellish 지음

배재학 옮김

한티미디어

역자 소개

배재학　울산대학교 IT융합학부 교수

　　　　jhjbae@ulsan.ac.kr

인공지능 논리
Prolog 프로그래밍 제5판

발행일　2018년 3월 2일 초판 1쇄
지은이　W.F. Clocksin · C.S. Mellish
옮긴이　배재학
펴낸이　김준호
펴낸곳　한티미디어 ┃ **주　소** 서울시 마포구 연남동 570-20
등　록　제 15-571호 2006년 5월 15일
전　화　02)332-7993~4 ┃ **팩　스** 02)332-7995
ISBN　978-89-6421-328-5
정　가　25,000원
인　쇄　한프리프레스

이 책에 대한 의견이나 잘못된 내용에 대한 수정정보는 한티미디어 홈페이지나 이메일로 알려주십시오.
독자님의 의견을 충분히 반영하도록 늘 노력하겠습니다.
홈페이지 www.hanteemedia.co.kr ┃ **이메일** hantee@hanteemedia.co.kr

Translation from the English language edition:
Programming in Prolog
Using the ISO Standard
by William Clocksin and Christopher S. Mellish
Copyright © Springer-Verlag Berlin Heidelberg 2003
This Springer imprint is published by Springer Nature
The registered company is Springer-Verlag GmbH
All Rights Reserved

PREFACE 제5판

이 책의 제4판이 발행된 이후 프롤로그 언어는 국제표준화기구(ISO)에서 표준화되었다. 모든 프롤로그 시스템이 새로운 표준을 따르는 것은 아니지만 기회를 보아 표준에 따라 이 책을 개정할 필요가 있다고 생각하였다. 표준화와 함께 새로운 교재를 도입하고, 몇몇 설명을 쉽게 만들었고, 사소한 실수를 정정하고, 지금은 구식이 된 프롤로그 시스템을 소개하는 부록을 제거하였다.

이 책은 여러 가지 목적을 가지고 읽을 수 있다. 이 책의 목적은 보통 말하는 그런 프로그래밍 기술을 가르치는 것이 아니다. 프로그래밍은 단순히 책을 읽거나 강사의 말을 듣는 것만으로는 배울 수 없다고 생각한다. 프로그래밍을 배우기 위해서는 프로그래밍을 해야 한다. 수학적 배경이 없는 초보자도 이 책을 통해서 프롤로그를 배울 수 있기를 바라는 바이지만, 이 경우에는 보통 말하는 그런 프로그래밍을 학생에게 소개하는 과정의 일부로 프롤로그를 아는 프로그래머가 초보자를 가르치기를 권장한다. 가정하는 바는, 초보자가 프롤로그 시스템이 설치되어 있는 컴퓨터를 사용할 수 있고 그 컴퓨터에 대한 사용 교육을 받았다고 전제한다. 숙련된 개발자는 추가적인 도움이 필요하지 않겠지만, 수학적으로 자세한 설명을 자제하려는 저자의 의도에 실망하지 않기를 바란다.

경험에 비추어 볼 때 초보 개발자로서는 프롤로그 프로그램이 전통적인 언어로 된 동등한 프로그램보다 더 이해하기 쉽게 보인다고 생각한다. 그러나 그러한 초보자들은 전통적인 언어가 계산 자원 사용에 설정한 규제의 진가를 알아보지 못하는 경향이 있다. 반면에, 전통적인 언어로 경험이 풍부한 개발자는 변수와 제어 흐름과 같은 추상 개념을 다루기에 대비가 더 잘 되어 있다. 그러나 이러한 사전 경험에도 불구하고 프롤로그에 적응하기가 어렵다고 생각할 수가 있어서, 프롤로그를 유용한 프로그래밍 도구로 간주하기까지에는 설득력 있는 설명을 수없이 많이 해야 할지도 모른다. 물론 충만한 열정으로 프롤로그를 채택한 많은 경험 많은 개발자가 다수 있기도 하다. 하지만 이 책의 목적은 전향시키는 것이 아니라 가르치는 것이다.

Programming in Prolog는 다른 책 두 권의 유용한 자매편으로 읽을 수 있다. 초보자는 이 책을 내용이 더 간결하고 상급 수준인 Clause and Effect에 대한 예비 학습서로 사용할 수 있다. 보다 숙련된 프로그래머는 Clause and Effect로 시작하여 몇 시간 내에 유용한 프로그램을 작성하면서 Programming in Prolog으로 돌아가 이해의 틈을 메울 수도 있겠다. Clause and Effect도 ISO 표준 프롤로그를 준수하는데, 이 책과 함께 참조 설명서 Prolog: The Standard를 사용하는 것이 유익하겠다. 소개한 책의 세부 서지 사항은 다음과 같다.

Clause and Effect, W.F. Clocksin의 저서.

Springer-Verlag에서 1997년에 출간. ISBN 3-540-62971-8.

Prolog: The Standard, P. Deransart, A. Ed-Dbali, 그리고 L. Cervoni의 공저.

Springer-Verlag에서 1996년에 출간. ISBN 3-540-59304-7.

독자가 ISO 표준을 준수하는 프롤로그 구현체를 갖추고 있는 경우, 비록 구현체에 특화된 참조 설명서가 구현체에서 정의된 매개 변수 및 허용치를 문서화하는 데는 유용하겠지만, Prolog: The Standard는 그러한 참조 설명서가 거의 필요하지 않게 만들어 버린다.

대부분의 다른 프로그래밍 언어와 마찬가지로, 프롤로그에도 여러 가지 다른 구현체가 존재하며, 각각에는 고유한 의미적 그리고 문법적 특성이 있다. 이 책에서는 ISO 표준 프롤로그를 기반으로 하는 핵심 프롤로그를 채택하였다. 이 책의 이전 판에서는 "에든버러(Edinburgh) 프롤로그"로 알려진 사실상의 표준을 따랐다. 결과적으로 에든버러 프롤로그는 ISO 표준 프롤로그의 명세에 중대한 영향을 끼쳤다. 다음 표는 이 책의 이전 판 이후 변경된 주요 내용을 요약한 것인데, 특별한 구문 형태, 특수 원자 그리고 내장 술어의 사용에 있어 표준에 부합시키거나 또는 달리 최근의 실무를 반영하기 위해 변경된 내용이다. 비록 대부분 ISO 표준 프롤로그가 입출력을 처리하는 방식에 새로운 방향을 제시했지만, 에든버러 판과 ISO 핵심 판의 차이 대부분은 순수하게 외관상의 성격을 띠고 있다.

이 책은 순서대로 읽도록 계획되었지만, 독자가 절이 약 열 개 이상으로 구성된 프롤로그 프로그램을 작성하기 시작할 때는 제8장을 미리 읽어 두는 것이 도움이 될 것이다. 책을 띄엄띄엄 읽는 것이 곤란하지는 않겠지만, 선행 장을 빠뜨리지 않도록 주의하라.

각 장은 몇 개의 절로 나누어져 있으며 독자는 여러 절 끝 부분에 있는 연습 문제를 다루어 보는 것이 좋겠다. 연습 문제 중 일부에 대한 해답은 책 마지막 부분에 나와 있다. 제1장은 독자에게 프롤로그로 개발할 때 무엇이 필요한지에 대한 감을 주려는 길라잡이 입문서이다. 프롤로그에 대한 근본적인 개념을 소개하고, 독자가 그것을 신중하게 연구하도록 권고한다. 제2장에서는 제1장에서 소개한 중요 개념에 대해 보다 충분하게 논의한다. 제3장에서는 자료 구조를 다루고 몇 가지 간단한 예제 프로그램을 도출한다. 제4장에서는 '무름' 주제를 보다 자세히 다루고 '무름'을 제어하는 데 사용하는 '자름' 기호를 소개한다. 제5장에서는 입출력에 사용할 수 있는 기능을 소개한다. 제6장에서는 표준 프롤로그 핵심에 있는 각각의 내장 술어에 대해 설명한다. 제7장은 많은 출처에서 수집한 예제 프로그램의 발췌집이며 작성한 방법도 함께 설명해 놓았다. 제8장에는 프롤로그 프로그램에 대한 몇 가지 '구층' 요령이 있다. 제9장에서는 문법 규칙의 문법을 소개하고, 문법 규칙으로 자연어를 분석하는 문제의 어떤 측면을 다룰, 설계 결정 사항을 검토한다. 제10장에서는 프롤로그와 그 기원을 이루는 수학 정리 증명의 관계, 그리고 프롤로그와 논리 프로그래밍의 관계에 대해 설명한다. 제11장에는 많은 과제가 명세되어 있는데, 관심 있는 독자가 과제 수행을 통하여 자신의 개발 능력을 단련하기 바랄만한 것이다.

에든버러 판	ISO 판
"…" (문자열) 표기법	사용불가 (다른 것을 뜻할 수 있음)
ASCII 암호로써 문자를 표현함	문자 하나로 구성된 원자로써 문자를 표현함
get, get0, put	get_char, put_char
see, seeing, seen	open, set_input, current_input, close
tell, telling, told	open, set_output, current_output, close
user	user_input 그리고 user_output
integer (내장 술어)	number (부동 소수점 수도 처리함)
reconsult	consult (표준에는 명세 되어 있지 않음)
not	\+
tab, skip	사용불가
display	write_canonical
assert	asserta, assertz
/ (산술 연산자)	/ 그리고 // (산술 연산자)
name	atom_chars, number_chars
	@<, @=< 등등 사용가능
	=:= 그리고 =\= 사용가능

이 책의 변화: ISO 표준 프롤로그를 사용한 현재 판과, 에든버러 프롤로그 표준을 사용한 이전 판의 차이점

지난 이십년 동안 이 책의 이전 판을 사용하면서, 이름을 적시하기에 너무 많은 분들이 이 책에 대한 도움, 지원, 격려, 제안, 그리고 의견을 주셨다. 저자는 다양하고 다방면적인 방식으로 기여한 독자, 학생, 교사, 동료, 기고자, 편집인, 친구, 그리고 가족에게 감사한다. 물론 이 책에 남아 있는 오류나 누락에 대한 책임은 전적으로 저자에게 있다.

William Clocksin
Chris Mellish
옥스퍼드 · 에든버러
2003년 6월

역자 서문

옮긴이는 이 책의 초판으로 인공지능 프로그래밍 및 논리 프로그래밍 공부를 시작하였다. 논리 프로그래밍은 전산학 전공자나 프로그래밍 전문가라면 숙달하고 있어야 할 프로그래밍 틀, 즉 패러다임이다. 제5판이 출판되는 동안 이웃나라에는 번역서가 나와 있다. 다소 늦은 감은 있지만, 이 책이 인공지능 프로그래밍, 논리 프로그래밍, 그리고 Prolog 프로그래밍을 향한 친절한 입문서의 역할을 하기 바란다.

2018. 02.
울산대학교 교수
배재학

CONTENTS

CHAPTER 3　**자료구조 사용**　　　　　　　　　　65

나무와 목록을 사용하여 개체와 관계를 표현한다.
프롤로그 프로그램에 대한 표준적인 작성 기법을 몇 가지 개발한다.

CHAPTER 4　**무름과 '자름'**　　　　　　　　　　103

절 집합이 해답 집합을 생성하는 방법을 설명한다.
"자름"을 사용하여 프롤로그 프로그램의 실행 제어 순서를 수정한다.

CHAPTER 5 **입력과 출력** 　139

문자와 구조체의 입출력에 사용할 수 있는 기능을 설명한다. 사용자가 입력하는 문장을 읽고,
입력 구조를 제9장의 문법 규칙을 적용할 수 있는 단어 목록으로 표현하는 프로그램을 개발한다.

CHAPTER 6 **내장 술어** 　167

핵심 내장 술어의 정의와 적절한 용례를 보인다. 이 시점에서, 독자는 꽤 복잡한 프로그램을
읽을 수 있어야 하며, 따라서 내장 술어의 용례를 보고 자기 것으로 활용할 수 있어야 한다.

CHAPTER 7   프로그램 예제   209

광범위한 관심사를 다루는 많은 예제 프로그램이 있다.
예제에서는 목록 처리, 집합 연산, 기호 미분, 그리고 수식 축약 등의 문제를 다룬다.

CHAPTER 8   **프롤로그 프로그램 구충하기**   271

이 시점에 이르면, 독자는 상당히 괜찮은 프로그램을 작성할 수 있을 것이므로,
"구충" 문제를 다루는 것이 적절할 것이다. 제어 흐름의 모형, 흔한 "해충"에 대한 귀띔,
"구충" 기술 등을 다룬다.

CHAPTER 9   **프롤로그 문법 규칙 활용**   309

기존 기법 응용하기와 문법 규칙 활용, 그리고 문법 규칙으로 자연어를 분석하는
문제의 어떤 측면을 다룰, 설계 결정 사항을 검토한다.

길라잡이 입문

1.1 프롤로그

프롤로그(Prolog)는 컴퓨터 프로그램 작성용 언어이다. 1970년대 프롤로그가 나타난 이래로 많은 개발자가 다음과 같은 기호 계산(symbolic computation) 영역의 응용 프로그램을 작성하는 데 프롤로그를 선택하였다.

- 관계형 데이터베이스
- 수리논리
- 추상적 문제해결
- 자연어 이해
- 설계자동화
- 기호 방정식 풀이
- 생화학 구조분석
- 인공지능 여러 분야

프롤로그를 처음 배우는 사람은 프롤로그 프로그램을 작성하는 일이 전통적인 프로그래밍 언어의 경우와 같은 방식으로 해법(algorithm)을 명세(specify)하는 것이 아니라는 것을 알게 된다. 오히려 프롤로그 개발자는 풀어야 할 문제에서 어떠한 정형적

1

(formal) 관계와 객체가 나타나는지 분석해야 하고 구해야 할 해답에 관해서 어떠한 관계
가 '참(true)'인지 따져 보아야 한다. 그래서 프롤로그는 *지시적(prescriptive)* 언어뿐만 아
니라 *기술적(descriptive)* 언어로도 간주할 수 있다. 프롤로그 접근 방식은 문제를 풀기
위해 컴퓨터가 실행해야 하는 일련의 단계를 '지시'하는 데보다는, 주어진 문제에 대하여
알려진 사실과 관계를 '기술'하는 데 치중하는 방식이다. 프롤로그 프로그램으로 컴퓨터
를 통제하고 있을 때, 컴퓨터가 계산을 수행하는 실제 방식은, 프롤로그 언어의 논리 선
언적 의미(declarative semantics)에서 부분적으로 명세되고, 또 다른 일부는 주어진 사실
에서 '추론(infer)'할 수 있는 새로운 사실(fact)에서 명세되며, 그리고 오직 부분적으로만
실제 계산 방식이 프로그래머가 제공한 명시적(explicit) 제어 정보로 명세된다.

1.2 객체와 관계

프롤로그는 *객체(object)*와 객체간 *관계(relationship)*가 수반된 문제를 해결하는 데 사용
하는 컴퓨터 프로그래밍 언어이다. 우리가 "John이 책을 소유하고 있다"고 말할 때, 우리
는 한 객체 'John'과 또 다른 객체 '책' 사이에 성립하는 소유 관계를 선언하는 것이다. 게
다가 관계에는 일정한 순서가 있다. John이 책을 소유하지만, 책이 John을 소유하지는
않는다는 말이다. "John이 책을 소유하고 있는가?"라고 질문했을 때는, 어떤 관계에 대
해 알아보려고 하는 것이다. 풀어야 할 많은 문제는 객체와 객체간 관계를 명세하여 표현
할 수 있다. 주어진 문제를 푼다는 것은 작성한 프로그램에서 유도해낼 수 있는 객체와
관계를 컴퓨터로 하여금 알아내게 시키는 것으로 귀착된다.

　　어떤 관계는 연관된 모든 객체들을 항상 언급하지는 않는다. 예를 들면, "보석은
가치 있다"고 말할 때, 우리는 "~은 가치 있다"라는 관계를 명시하는 것이고, 이 관계는
보석과 연관된 것이다. 우리는 그 보석이 가치 있다는 것을 알아낸 사람이나 그 이유에
대해 언급하지 않았다. 그 모든 것은 무엇을 말하고 싶은가에 따라 결정된다. 프롤로그에

서는 이러한 종류의 관계에 대하여 컴퓨터 프로그래밍 할 때, 제공할 세부사항의 분량 또한, 당신이 컴퓨터로 무엇을 수행하기를 원하는지에 따라 결정된다.

객체에 대하여 말하는 이러한 방식과 객체지향 프로그래밍이라 불리는 또 다른 인기 있는 프로그래밍 방법론을 혼동해서는 안 된다. 객체지향 프로그래밍에서 객체는 그 객체가 소속해 있는 '강(class)' 계층 구조로부터 실행 '행법(method)'과 자료난(field)을 상속받을 수 있는 자료구조이다. 비록 객체지향 프로그래밍의 기원이 1960년대 중반으로 거슬러 올라가지만, 다른 언어들 중에서 특히 Smalltalk-80, C++, Java가 등장하면서 1980년대와 1990년대에 걸쳐 대중적인 프로그래밍 방법론이 되었다.

이와는 대조적으로 프롤로그는 1970년대 초부터 독자 노선을 따라 개발되었고, 논리 프로그래밍(logic programming)이라는 이론적 연구가 뒷받침하였다. 프롤로그는 C++나 Java와 같은 객체지향 언어와 같은 눈으로 보아서는 안 된다. 그 이유는 프롤로그가 전적으로 다른 일을 하며, 완전히 다른 방식으로 '객체'라는 단어를 사용하기 때문이다. 프롤로그의 유연성은 프롤로그류의 객체지향 언어를 통역(interpret)하는 프롤로그 프로그램을 작성하는 것이 가능하다는 것을 의미하지만 그러나 그것은 별개의 문제이다. 그래서 프롤로그에서 '객체'라는 용어는 '강'으로부터 변수(variable)와 '법'을 상속받을 수 있는 자료구조를 언급하는 것이 아니라, 항(term)을 사용해서 표현할 수 있는 실체를 언급하는 것이다.

프롤로그는 비결정성(non-determinism), 병행성(parallelism), 그리고 문양 지시형 절차 호출(pattern-directed procedure call) 등과 같은 프로그램의 '지능적' 실행의 많은 측면을 실용적이고 효율적으로 구현하였다. 프롤로그는 항(*term*)이라는 일양(uniform) 자료구조를 제공하는데, 이것으로부터 프롤로그 프로그램뿐만 아니라 모든 자료를 생성해 낸다. 프롤로그 프로그램은 일련의 절(clause)로 구성된다. 각각의 절은 주어진 정보를 표현하는 사실(fact)이거나, 문제의 해답(solution)이 주어진 사실과 어떻게 연관되어 있는지 또는 주어진 사실에서 어떻게 추론될 수 있는지를 표현하는 규칙(rule)이다. 따라서 프롤로그는 '논리(logic)로 프로그램 작성하기(PROgramming in LOGic: PROLOG)'라는 궁극적인 목표를 향한 첫 단계로 볼 수 있다. 이 책에서는 논리 프로그래밍이 가지는 보다 넓은 함의나 프롤로그가 어찌하여 궁극적인 논리 프로그래밍 언어가 아닌지에 대해서는 크게 관심을 갖지 않을 것이다. 그 대신에 오늘날 존재하는 표준 프롤로그 시스템을 사용하여 얼마나 유용한 프로그램을 작성할 수 있는지를 보이는 것에 관심을 기울일 것이다.

프로그래밍을 시작하기 전에 사고방식과 연관 지어 언급해야 할 주안점이 한 가지 더 있다. 우리는 모두 규칙을 사용하여 객체 사이의 관계를 기술하는 데 익숙하다. 예를 들어, "둘 모두 여자이고, 부모가 같다면 그들은 자매이다"라는 규칙은 자매임이 무엇을 의미하는지를 표현한다. 이 규칙은 또한 두 사람이 자매인지 알아내는 방법을 제시한다. 즉, 단지 둘 모두 여자이고, 부모가 같은지 여부를 확인하라는 것이다. 규칙과 관련하여 알아차려야 할 요점은 규칙이 대개 지나치게 단순화 되어 있지만 *정의(definition)*로 허용할 수 있다는 점이다. 여하간 고려 대상의 상세한 사항을 전부 규정하는 정의란 현실적으로 기대할 수 없다.

예를 들어, 대부분의 사람들은 현실에서 '자매임'이 앞서 언급한 규칙이 함축하는 것보다 훨씬 더 많은 것을 수반한다는 것에 동의할 것이다. 그러나 특정 문제를 푸는 경우, 우리는 문제해결에 도움이 되는 규칙에만 집중할 필요가 있다. 그래서 목적 달성에 충분하다면, 가상적이지만 단순한 정의를 고려해야만 한다.

1.3 프로그래밍

이 장에서는 실제 프로그램에 나타나는 프롤로그의 필수요소를 볼 것이다. 그러나 상세한 설명, 정형 규칙(formal rule), 예외 등에 주의를 돌리지는 않을 것이다. 현시점에서는 완전성 또는 정확성을 추구하지 않는다. 우리는 독자가 빠른 시간 안에 유용한 프로그램을 작성할 수 있는 수준에 도달하기를 원한다. 그러기 위해서는 기본 사항 즉 사실(fact), 질문(question), 변수(variable), 연접(conjunction), 그리고 규칙(rule) 등에 집중해야 한다.

목록(list)이나 재귀(recursion)와 같은 프롤로그의 다른 특징들은 이후 장에서 다루겠다.
프롤로그로 컴퓨터 프로그래밍 한다는 것은 다음과 같은 작업으로 구성된다.

- 객체와 객체간 관계에 대한 *사실*을 명세하기
- 객체와 객체간 관계에 대한 *규칙*을 정의하기
- 객체와 객체간 관계에 대하여 *질문*하기

예를 들어, 프롤로그 시스템에 자매 규칙을 입력해 두었다고 가정하자. 그러면 Mary와
Jane이 자매인지를 알아보는 질문을 할 수 있다. 프롤로그는 Mary와 Jane에 대해 입력된
것을 탐색하여, 미리 입력해둔 것에 따라 **yes**나 **no**라는 대답으로 반응한다. 그래서 프롤
로그는 사실과 규칙을 저장한다고 말할 수 있고, 질문에 답하는 데 그러한 사실과 규칙
을 사용한다. 프롤로그로 프로그래밍 한다는 것은 이러한 모든 사실과 규칙을 마련하는
것으로 구성된다. 프롤로그는 **yes**나 **no**로 질문에 답하는 것보다 훨씬 더 많은 일을 할 수
있다. 프롤로그 시스템은 컴퓨터를 사실과 규칙의 저장소로 사용할 수 있도록 해준다. 그
리하여 프롤로그 시스템은 논리적 연역(logical deduction)에 도달하게 하는 변수의 값을
찾아 가면서 하나의 사실에서 또 다른 사실을 추론할 수 있는 방법을 제공한다.

프롤로그는 통상 상호작용식(interactive)으로 사용한다. 이 말은 사용자와 컴퓨터
가 일종의 대화를 한다는 것이다. 우리가 사용하는 컴퓨터에는 *자판(keyboard)*과 *화면
(display)*이 있다. 자판을 사용하여 문자를 타자하여 컴퓨터에 입력시키고 컴퓨터는 화면
을 통해 그 결과를 보여준다. 프롤로그는 해결하려는 문제와 관련된 사실과 규칙의 입력
을 기다릴 것이다. 그러면 올바른 질문을 던졌을 때 프롤로그는 그 답을 구해내어 화면에
보여줄 것이다.

지금부터 프롤로그 기본 사항 각각을 하나씩 차례로 소개한다. 프롤로그 각 특징
들에 대한 세부적인 설명이 바로 보이지 않는다고 염려할 필요는 없다. 완전한 요약과 풀
어 놓은 더 많은 예제가 후속 장에 있을 것이다.

1.4 사실

먼저 객체에 관한 *사실*을 논의한다. "John이 Mary를 좋아한다"는 사실을 프롤로그에 입력시키고 싶다고 가정하자. 이 사실은 'Mary'와 'John'이라는 두 개의 객체와 'likes'라는 한 개의 관계로 구성된다. 프롤로그로는 다음과 같이 표준 형태로 사실을 써야 한다.

```
likes(john, mary).
```

이때, 다음 사항이 중요하다.

- 모든 관계와 객체 이름은 소문자로 시작해야 한다. 예를 들어, likes, john, mary 등.
- 관계를 먼저 쓰고, 객체들은 쉼표로 구분해서 쓰며, 객체들은 소괄호 쌍으로 둘러싼다.
- 점 문자 "."는 사실(fact)의 마지막에 있어야 한다. 점은 마침표 또는 종지부라고 부르는 것이다.

사실을 사용하여 객체간 관계를 정의할 때, 소괄호 안에서 객체가 나타나는 순서에 주의해야 한다. 순서는 임의적이지만, 어떤 순서를 결정해야 하고 또 그것을 일관되게 지켜야 한다. 예를 들면, 앞서 언급한 사실에서 우리는 소괄호 안에 들어가는 두 객체 중 처음 것으로서 '사랑하는 사람'을 놓았다. 그리고 두 번째 위치에 '사랑받는 사람'을 넣었다. 그래서 likes(john, mary)라는 사실은 likes(mary, john)와 같은 것이 아니다. 임의로 정한 약속에 따라서 첫 번째 사실은 John이 Mary를 좋아한다는 것을 말하는 것이고, 두 번째 사실은 Mary가 John을 좋아한다는 것을 말하는 것이다. 만약 Mary가 John을 좋아한다고 말하기를 원한다면, 그러하다고 다음과 같이 명시해야 한다.

```
likes(mary, john).
```

그럴듯한 해석을 붙여 놓은, 사실에 대한 다음 예를 보자.

```
valuable(gold).              금은 가치가 있다.
female(jane).                Jane은 여성이다.
owns(jane, gold).            Jane은 금을 갖고 있다.
father(john, mary).          John은 Mary의 아버지이다.
gives(john, book, mary).     John은 Mary에게 책을 준다.
```

이름이 사용되는 때마다 그 이름은 특정 개별 객체를 언급한다. 영어에 익숙하다면 john 과 jane이라는 이름이 개체를 지칭한다는 것이 아주 명백할 것이다. 그러나 몇몇 다른 사실에서는, gold와 valuable이라는 이름을 사용했는데 그것들이 개체를 언급하는지는 명확하지 않다. 이런 종류의 이름을 논리학자는 '불가산어'라고 부른다. 이름을 사용할 때는 그 이름을 어떻게 *해석*할지 결정해야 한다.

이름 하나를 몇 가지로 해석할 수 있다. 예를 들면, gold라는 이름은 특정 객체를 언급할 수 있다. 이 경우, 객체를 gold라는 이름으로 지칭하는 어떤 특정 금 덩어리라고 생각한다. 그래서 valuable(gold)라고 말할 때는 gold라고 이름 붙인 이 특정 금 덩어리가 가치가 있다는 뜻으로 말하는 것이다. 반면에, gold라는 이름을 원자번호 79번인 금이라는 화학 원소를 의미하는 단어로 해석할 수 있다. 그래서 valuable(gold)라고 말할 때는 화학 원소 금이 가치가 있다는 뜻으로 말하는 것이다. 그래서 이름 하나를 하나 이상의 방법으로 해석할 수 있다. 그리고 우리, 즉 개발자가 그 해석을 결정한다. 이름을 일관되게 해석하는 한 문제가 없다. 다른 해석의 차이 판별을 초기에 숙고해두는 것이 중요하다. 그리하여 프로그램에서 이름이 무엇을 의미하는지 확신이 서야 한다.

이제 용어를 몇 가지 볼 차례이다. 각각의 사실에서 소괄호 안에 나타난 객체 이름을 인수(*argument*)라고 부른다. 컴퓨터 프로그래머는 'argument'라는 단어를 논쟁, 논의, 토론, 주제 또는 화제 등과 같은 통상의 함축된 어의를 지니지 않은 기술적인 뜻으로 사용한다는 점에 유의해야 한다. 소괄호 앞에 오는 관계의 이름을 술어(*predicate*)라고 부른다. 그래서 valuable은 인수가 한 개인 술어이고 likes는 인수가 두 개인 술어이다.

객체(object)와 관계(relation)의 이름은 완전히 임의로 지어준다. like(john, mary)와 같은 항 대신에, 이것을 a(b, c)라고 표현할 수도 있고 이때 a는 *좋아한다*를 뜻하고, b는 *John*을, 그리고 c는 *Mary*를 의미한다는 것을 기억한다. 그러나 작명 시에는 보통 스스로 나타내는 바가 무엇인지 기억하는 것을 도와주는 이름을 선택한다. 그래서 미리 이름의 의미와 인수의 순서를 결정해야 한다. 그 후, 일관성을 유지해야 한다.

관계에는 인수가 몇 개든지 있을 수 있다. play라는 술어를 정의하고자 할 때, 두 명의 선수와 승부를 겨룰 경기명을 언급하는 경우이면 세 개의 인수가 필요하다. 이것에 대한 두 가지 예가 있다.

```
play(john, mary, football).
play(jane, jim, badminton).
```

많은 인수를 사용하는 것은 관계간 복잡한 상호작용을 표현하는 데 중요하다. 우리가 나중에 알아보게 될 것처럼 말이다.

또한 실세계에서는 진실이 아닌 사실을 프로그램에서는 선언해야 할지도 모른다. 우리는 다음과 같은

```
king(john, france).
```

사실을 써서 "*John*이 현재 프랑스의 왕이다"라는 것을 명세할 수 있다. 실세계에서 이것이 확실히 거짓인 것은 적어도 프랑스 군주제는 1792년경에 폐지되었고 John은 근세 프랑스 왕을 위한 이름으로 생각할 수 없다는 이유 때문이다. 그러나 프롤로그는 이러한 것을 알지도 못하고 주의를 기울이지도 않는다. 다만 우리는 프롤로그의 사실을 가지고 임의의 객체들 사이의 임의의 관계를 표현한다.

프롤로그에서 사실의 모임을 *데이터베이스(database)*라고 부른다. 우리는 특정 문제 해결에 사용할 어떤 사실을 (그리고 나중에는 규칙과) 함께 모아 놓을 때마다 데이터베이스라는 용어를 사용할 것이다.

1.5 질문

일단 어떤 사실이 있기만 하면, 우리는 그것에 관한 *질문*을 할 수 있다. 프롤로그에서 질문은 선행하는 특별한 표시를 무시했을 때 흡사 사실로 보인다. 특별한 표시는 물음표와 붙임표(hyphen)를 연속해서 쓴 것이다. 다음 질문을 보자.

```
?- own(mary, book).
```

만약 mary를 *이름이 Mary인 사람*으로, 그리고 **book**을 특정한 책으로 해석한다면, 이 질문은 "*Mary가 그 책을 가지고 있는가?*" 또는 "*Mary가 그 책을 가지고 있다는 것이 사실인가?*"를 뜻한다. 우리는 이 경우 그녀가 모든 책을 가지고 있는지 또는 일반적인 책을 소유하고 있는지에 대해서 질문한 것은 아니다.

프롤로그 시스템에 질문을 하면, 데이터베이스를 검색할 것이다. 시스템은 질문에 나타나 있는 사실과 통일(*unify*)되는 사실을 찾는다. 두 사실은, 술어 이름이 같고 상응하는 위치의 인수가 같을 때 통일할 수 있다. 만약 프롤로그가 질문과 통일되는 사실을 발견한다면, ***yes***로 응답할 것이다. 만약 그런 사실이 데이터베이스에 없다면, ***no***로 응답할 것이다. 프롤로그 시스템의 응답은 컴퓨터 화면상에서 입력한 질문 바로 다음 줄에 표시된다. 다음 데이터베이스를 생각해보자.

```
likes(joe, fish).
likes(joe, mary).
likes(mary, book).
likes(john, book).
likes(john, france).
```

프롤로그 시스템에 이런 사실을 모두 입력했다면, 다음과 같은 질문을 할 수 있고, 프롤로그는 입력한 질문 바로 다음 줄에 (지금부터는 굵은 이탤릭체로) 응답을 표시할 것이다.

```
?- likes(joe, money).
```
no
```
?- likes(mary, joe).
```
no
```
?- likes(mary, book).
```
yes

처음 세 가지 질문에 대한 대답은 완전히 이해할 수 있다. 프롤로그에서 *no*라는 대답은
그 "*질문과 통일되는 것이 아무 것도 없다*"는 것을 의미한다. *no*가 *거짓*(*false*)과 같지 않
다는 것을 기억하는 것은 중요하다. 예를 들면, 유명 그리스인을 수록한 데이터베이스에
다음 세 가지 사실만 있다고 하자.

```
human(socrates).
human(aristotle).

athenian(socrates).
```

우리는 몇 가지 질문을 할 수 있다.

```
?- athenian(socrates).
```
yes
```
?- athenian(aristotle).
```
no

비록 아리스토텔레스가 한때 아테네에 살았다는 것이 실제 역사에서 참일지라도 그저 데
이터베이스에서 볼 수 있는 사실로부터는 그것을 증명할 수 없다.

그런데 데이터베이스에 없는 관계에 대해 질문한다면 어떻게 될까? 앞서 본 likes
에 대한 데이터베이스 사용을 가정하고, 전적으로 타당한 질문을 해보자.

```
?- king(john, france).
```

john과 france가 데이터베이스에 있을지라도, 데이터베이스에서 왕에 대해 아무 것도 알수 없다. 왕에 대해서는 데이터베이스로부터 아무 것도 증명할 수 없기 때문에, 대부분의프롤로그 시스템에서는 *no*라는 대답이 나올 것이다. 그러나 현재 표준 프롤로그에서는데이터베이스에 없는 관계에 대한 조처 행동 대안이 규정되어 있다. 많은 프롤로그 시스템이 그러하듯 질문에 간단히 *no*라고 반응하거나, 혹은 *no*라는 대답이 나오기 전에 경고또는 오류 전언(message)이 출력될 수도 있다. 예를 들어, 앞서 본 그리스인 데이터베이스 사용을 가정하고, 다음 질문을 한다고 가정하자.

```
?- greek(socrates).
```

데이터베이스에 기록된 바, 소크라테스가 아테네 사람이지만, 추가 정보가 데이터베이스에 있지 않는 한, 이 사실만으로는 그가 그리스 사람임을 증명하지 못한다. 데이터베이스에는 그리스인 구성 정보가 없다. 그래서 표준 프롤로그 시스템은 다음과 같이 반응할 수있다.

```
Existence error: procedure greek
no
```

정확히 어떤 반응이 있을 것인가는 표준 프롤로그 시스템이 설정되는 방법에 따라 달라진다. 그래서 지금은 여기에 대한 세부사항에 관심을 두지 않을 것이다.

지금까지 논의해온 사실이나 질문은 특별히 흥미로운 것이 아니었다. 우리가 할 수있는 일은 입력했던 정보를 회수하는 것이다. "*Mary*는 무슨 물건을 좋아하는가?"나 "아테네에 누가 사는가?"와 같은 질문을 할 수 있으면 더 유용할 것이다. 변수(*variable*)를사용하면 그렇게 할 수 있다.

1.6 변수

John이 좋아하는 것이 무엇인지 알고 싶을 때, "*John이 책을 좋아하는가?*", "*John이 Mary를 좋아하는가?*" 등으로 묻고 각 경우에 대하여 프롤로그가 **yes** 또는 **no** 로 대답하는 방식을 쓴다면 사람에게는 지겨운 일이 될 것이다. John이 좋아하는 것에 대하여 프롤로그가 출력하게 하는 것이 더 현명하다. 프롤로그에게 "*John이 X를 좋아하는가?*"와 같은 형태의 질문을 할 수 있다. 질문을 할 때에는, X가 *나타낼* 수 있는 객체가 무엇인지 알지 못한다. 우리는 가능한 결과가 무엇인지 프롤로그가 출력해주기를 원한다. 프롤로그에서는 특정 객체에 이름을 붙이는 것뿐만 아니라, 이름을 짓고 싶지 않거나 또는 이름 지을 수 없는 객체를 나타내기 위해 X와 같은 항을 사용 할 수 있다. 이러한 두 번째 종류의 항을 *변수*라고 부른다.

　　프롤로그에서 변수를 사용할 때, 변수는 *사례화*(instantiation) 되었거나 그렇지 않을 수도 있다. 변수는 그것이 표현하는 객체가 있을 때 사례화 되었다고 한다. 변수가 무엇을 표현하는지 아직 알려지지 않았을 때는 *해례화*(uninstantiation) 되어 있다고 한다. 대문자로 시작하는 모든 이름은 변수로 간주하기 때문에, 프롤로그는 변수와 특정 객체의 이름을 구별할 수 있다.

　　프롤로그에게 변수가 포함된 질문을 하면, 프롤로그는 변수 값이 될 수 있는 객체를 찾기 위해 주어진 모든 사실을 조사한다. 그래서 "*John이 X를 좋아하는가?*"라고 질문하는 경우, 프롤로그는 John이 좋아하는 것을 발견하기 위해 주어진 모든 사실을 조사한다.

　　X와 같은 변수는 그 자체로 특정 객체를 명명하지는 않지만, 이름 지을 수 없는 객체를 나타내는 데는 사용할 수 있다. 예를 들어, *John이 좋아하는 그 무엇*을 객체로 명명할 수는 없다. 그래서 프롤로그에는 이것을 표현할 방법이 마련되어 있다. 다음과 같이 질문하는 대신에,

```
?- likes(john, "John이 좋아하는 그 무엇").
```

프롤로그에서는 다음과 같이 변수를 사용하여 질문한다.

```
?- likes(john, X).
```

원한다면 더 긴 변수 이름을 사용할 수 있다. 프롤로그는 다음 질문을 허용한다.

```
?- likes(john, SomethingThatJohnLikes).
```

그 이유는 변수가 대문자로 시작하는 임의의 단어일 수 있기 때문이다. 다음 데이터베이스를 생각한다. John이 좋아하는 것에 대한 사실이 보이고, 질문이 이어 나타나 있다.

```
likes(john, flowers).
likes(john, mary).
likes(paul, mary).

?- likes(john, X).
```

질문은 "*John이 좋아하는 무엇인가가 있는가?*"라고 묻는다. 이 질문에 프롤로그는 다음과 같이 대답할 것이다.

X = flowers

그러고는 다음 명령을 기다리는데, 이 명령에 대해서는 잠시 후에 논의할 것이다. 먼저 질문에 대한 답이 어떻게 나왔는지 알아보자. 프롤로그가 질문을 받았을 때, 변수 X는 처음에 사례화 되지 않았다. 프롤로그는 데이터베이스를 조사하여 질문과 통일되는 사실을 찾는다. 이 상황에서 사례화 되지 않은 변수가 인수로 나타나면, 프롤로그는 이 변수 인수를 검토 중인 사실 안에 열거된 인수에서 차례가 같은 인수와 무조건적으로 통일시킬 수 있다. 현재의 경우 여기에서 일어나는 일은 프롤로그가 술어명이 likes이고, 첫 번째 인수가 john인 임의의 사실을 검색하는 것이다. 이 경우 두 번째 인수가 어떤 값으로도 정해질 수 있는데 그 이유는 질문이 두 번째 인수가 사례화 되지 않은 변수인 상태에서 행해지는 것이기 때문이다. 목표 사실을 발견했을 경우, 변수 X는 이제 사실의 두 번째 인수를 무조건적으로 나타낸다. 프롤로그는 사실이 입력된 순서대로(또는 쪽에서는 위에서 아래 방향으로) 데이터베이스를 탐색한다. 그래서 likes(john, flowers)이라는 사실이 먼저 발견된다. 변수 X는 이제 객체인 flowers를 나타낸다. 우리는 이때 X가 flowers로 *사례화* 되었다고 말한다. 프롤로그는 이제 데이터베이스에서 목표 사실이 발견된 *위치*를 표시한다. 위치표식(place-marker)이 필요한 이유는 잠시 후에 논의할 것이다.

프롤로그는 질문과 통일될 수 있는 사실을 발견하면, 변수가 그때 나타내는 객체를 화면에 표시한다. 논의하고 있는 예의 경우, 유일한 변수는 X이고 이것이 객체인 flower와 통일되었다. 그래서 프롤로그는 *X=flowers*라고 응답한다. 전술한 바와 같이 이제 프롤로그는 이후의 명령을 기다린다. 만약 Enter [Enter↵] 글쇠(때로는 RETURN 글쇠라고 한다)를 누른다면, 한 개의 대답으로 충족(satisfy)되었음을 표현하는 것이어서, 프롤로그는 후속 대답 탐색을 멈출 것이다. 그 대신에 쌍반점(semicolon) [;] (이어서 Enter [Enter↵]) 글쇠를 누른다면, 프롤로그는 *위치표식을 남겨 놓았던 곳에서부터 시작하여*, 질문의 대답 후보자를 찾으러 전과 같이 데이터베이스 탐색을 계속할 것이다. 프롤로그가 데이터베이스의 시작이 아니고 위치표식에서부터 탐색을 시작했을 때, 우리는 프롤로그가 주어진 질문을 *재충족(re-satisfy)*시키려고 한다고 말한다.

프롤로그의 첫 번째 대답(*X=flowers*)에 대한 반응으로 ([;] [Enter↵]를 눌러) 계속하라는 지시를 했다고 하자. 이는 우리가 또 다른 방법으로 질문을 충족시키기 원한다는 것을 의미하며, 변수 X가 나타낼 또 다른 객체를 찾고자 한다. 이 말은 프롤로그로 하여금 X가 flowers를 나타내는 것을 무르고, X가 사례화 되지 않은 상태에서 탐색을 재개하게 한다는 것을 의미한다. 대체 해답을 찾는 경우, 탐색은 위치표식 지점에서부터 계속된다. 질문과 통일될 수 있는 사실로서 두 번째로 발견된 것은 likes(john, mary)이다. 변수 X는 지금 mary로 *사례화* 되었다. 그리고 프롤로그는 위치표식을 likes(john, mary)라는 사실에 붙인다. 프롤로그는 *X=mary*라고 응답할 것이고, 다음 명령을 기다릴 것이다. 만약 쌍반점을 또 다시 누른다면, 프롤로그는 탐색을 계속할 것이다. 이 예에서는 John이 좋아하는 것이 더는 없다. 그래서 프롤로그는 탐색을 멈추게 된다. 그 후 사용자는 다른 질문을 하거나 사실을 추가로 선언할 수 있다.

앞에서 본 사실이 주어지고, 다음 질문을 했을 때 어떤 일이 일어날까?

```
?- likes(X, mary).
```

이 질문은 "*Mary를 좋아하는 객체가 있는가?*"를 묻는 것이다. 지금쯤은 예에서 Mary를 좋아하는 객체가 john과 paul임이 보일 것이다. 다시, 만약 그 전부를 보기 원하면, 다음과 같이 프롤로그가 질문에 대한 답을 화면에 표시한 후에, ⟨;⟩ ⟨Enter↵⟩를 누르는 것을 반복해야 할 것이다.

?- likes(X, mary).	질문
X = john ;	첫 번째 대답, 이 때 ⟨;⟩ ⟨Enter↵⟩를 눌러 응수한다.
X = paul ;	두 번째 대답, 다시 ⟨;⟩ ⟨Enter↵⟩를 누른다.
no	대답이 더는 없다.

1.7 연접

"*John과 Mary가 서로 좋아하는가?*"와 같은 더 복잡한 관계에 대한 질문에 답하기를 원한다고 하자. 이를 위한 한 방법은 먼저 John이 Mary를 좋아하는지 여부를 묻고 프롤로그가 **yes**라 대답한다면, Mary가 John을 좋아하는지를 묻는 것이다. 그러니까 이 문제는 프롤로그가 충족시켜야 할 두 개의 개별 *목적*(*goal*)으로 구성되어 있다는 말이다. 프롤로그 개발자가 이와 같은 조합을 자주 사용하기 때문에 이를 위한 특별한 표기법이 있다. 다음과 같은 데이터베이스가 있다고 하자.

```
likes(mary, chocolate).
likes(mary, wine).
```

```
likes(john, wine).
likes(john, mary).
```

이제 John과 Mary가 서로 좋아하는지 알아보자. 이를 위해, 우리는 *"John이 Mary를 좋아하는가?"* **그리고** *"Mary가 John을 좋아하는가?"*를 질문한다. 여기에서 '**그리고**'는 우리의 관심이 목적 두 개가 연접(*conjunction*)된 것에 있음을 표현한다. 즉 목적 두 개 모두를 차례로 충족시키기 원한다. 이 의도는 두 목적 사이에 쉼표를 써서 표현한다.

```
?- likes(john, mary), likes(mary, john).
```

쉼표는 '그리고'라고 읽으며, 질문에 답하기 위해 충족시켜야 하는 서로 다른 여러 목적들을 구분하는 역할을 한다. 일련의 목적이 쉼표로 구분되어 프롤로그에게 주어졌을 때, 프롤로그는 각 목적을 순서대로 충족시키려고 한다. 여기에 필요한 통일되는 목적은 데이터베이스에서 찾는다. 목적열을 충족시키려면 개별 목적을 모두 충족시켜야 한다. 앞서 본 데이터베이스 사실 목록을 사용한다고 하고, 위의 질문을 했을 때 프롤로그는 무엇을 출력할까? 그 대답은 **no**이다. 왜 그럴까. John이 Mary를 좋아함이 사실로 등록되어 있다. 그래서 첫 번째 목적은 참이다. 그러나 두 번째 목적은 증명될 수가 없다. 그 이유는 likes(mary, john)이 사실 목록 어디에도 나타나지 않기 때문이다. 일방적이 아니고 *서로* 좋아하는지 알고 싶어 던진 질문이었기에, 연접된 전체 질문의 대답은 **no**로 출력된다.

연접과 변수 활용을 함께 사용하여 매우 흥미로운 질문을 할 수 있다. John과 Mary가 서로 좋아한다는 사실을 증명할 수 없다는 것을 알고 있으므로, 다음과 같이 질문한다. *"John과 Mary 모두 좋아하는 어떤 것이 있는가?"* 이 질문 또한 다음과 같이 두 개의 목적으로 구성되어 있다.

- 먼저 Mary가 좋아하는 어떤 X가 있는지 찾는다.
- 그 뒤에 John이 그 어떤 것이라 하더라도 X를 좋아하는지 확인한다.

이 두 개의 목적은 프롤로그에서 다음과 같은 연접으로 표현될 것이다.

```
?- likes(mary, X), likes(john, X).
```

프롤로그는 첫 번째 목적을 충족시키려는 시도를 통해 질문에 답한다. 만약 첫 번째 목적이 데이터베이스에 있다면, 프롤로그는 데이터베이스에 그 위치를 표시하고 두 번째 목적을 충족시키려는 시도를 한다. 만약 두 번째 목적을 충족시킬 수 있었으면, 프롤로그는 데이터베이스에 그 위치를 표시한다. 이리하여 두 목적을 충족시키는 하나의 해답을 발견한 것이다. 기억해야 할 매우 중요한 사실은 각각의 목적이 그 자신의 위치표식을 관리하고 있다는 것이다.

만약 연접의 두 번째 목적을 충족시키지 못했다면, 프롤로그는 이전 목표(현재의 경우는 첫 번째 목표)를 다시 충족시키려고 할 것이다. 유념할 것은 프롤로그가 각 목적에 대하여 데이터베이스 전부를 탐색 범위로 설정한다는 사실이다. 만약 데이터베이스에 수록된 사실이 목적과 통일되어 충족시킨다면, 프롤로그는 사실에 대한 위치표식을 데이터베이스에 남겨서 나중에 목적을 다시 충족시켜야 하는 경우를 대비한다. 그러나 목적을 재충족시켜야 할 때, 프롤로그는 데이터베이스의 시작이 아니라 그 목적이 관리하는 위치표식에서부터 탐색을 시작할 것이다. 앞에서 본 질문 "*Mary*가 좋아하는 어떤 것을 *John*도 좋아하는가?"를 통하여 이러한 '무름(backtracking)' 작용의 예를 다음과 같이 설명할 수 있다.

1. 첫 번째 목적을 충족시키려고 데이터베이스를 탐색한다. 두 번째 인수 X는 사례화 되지 않았기 때문에, 그 무엇과도 통일될 수 있다. 위의 데이터베이스에서 처음 그렇게 통일한 사실은 likes(mary, chocolate)이다. 그래서 이제 질문에 나타난 *모든* X가 chocolate로 사례화 된다. 프롤로그는 데이터베이스에서 사실을 발견했던 장소에 표시를 남겨서 나중에 목적을 다시 충족시켜야 할 경우 그 위치로 돌아갈 수 있게 한다. 이와 함께 프롤로그는 X가 그 위치에서 사례화 되었다

는 것을 기억해야 한다. 그래서 프롤로그는 첫 번째 목적을 재충족시킬 필요가 있을 때 위치표식이 있는 자리로 돌아가 기존의 X 값을 '잊고' 새로운 사례화 모색을 시작할 수 있다.

2. 이제는 likes(john, chocolate)를 찾으려고 데이터베이스를 탐색한다. 이것은 질문에서 다음 목적이 likes(john, X)이고 X는 현재 chocolate를 나타내기 때문이다. 앞서 본 데이터베이스에는 이런 사실이 존재하지 않아서 목적을 충족시킬 수 없다. 그런데 목적을 충족시키는 데 실패했을 때는 직전 목적을 다시 충족시키려는 시도를 해야 한다. 그래서 프롤로그는 likes(mary, X)를 재충족시킬 시도를 하는데, 이 경우 탐색은 데이터베이스에서 표식을 남긴 자리에서부터 시작한다. 그렇지만 프롤로그는 우선 X를 해례화 하여 X가 다른 어떤 것과도 통일할 수 있게 만들어야 한다.

3. 표시된 위치는 likes(mary, chocolate)이므로 프롤로그는 이 사실 다음부터 찾기 시작한다. 데이터베이스 끝에 아직 도달하지 않았기 때문에, Mary가 좋아하는 것이 나타날 가능성이 고갈되지 않았다. 그러한즉 다음으로 통일되는 사실은 likes(mary, wine)이다. 변수 X는 지금 wine으로 사례화 되었고 프롤로그는 이 장소에 표시를 해서 Mary가 좋아하는 무엇을 재충족시켜야 할 경우를 대비한다.

4. 전처럼, 프롤로그는 이제 두 번째 목적을 시험해보는데 이번에는 likes(john, wine)을 탐색한다. 프롤로그는 이 목적을 재충족시키려는 것이 아니다. 두 번째 목적 조사에 (말하자면 왼편에서부터) 다시 들어가는 것이기 때문에 데이터베이스 처음에서부터 탐색을 시작해야 한다. 탐색을 얼마 하지 않아도, 통일되는 사실이 발견되고 프롤로그는 밝혀진 사항을 출력한다. 목적을 충족시켰기 때문에, 프롤로그는 다시금 데이터베이스의 *발견 장소*에 표시를 하고 목적을 재충족시켜야 할 경우를 대비한다. 데이터베이스에는 프롤로그가 충족시키려는 목적을 추적할 위치표식이 각각 있다.

5. 이 시점에서 두 목적을 충족시켰다. 변수 X는 객체명 wine을 나타낸다. 데이터베이스에서 첫 번째 목적에 대한 위치표식은 likes(mary, wine)라는 사실에 붙어 있고, 두 번째 목적에 대한 위치표식은 likes(john, wine)에 있다.

다른 질문에서와 마찬가지로 프롤로그는 대답을 찾아낸 다음 멈추고 후속 명령을 기다린다. 만약 `;` `Enter↵`를 친다면, 프롤로그는 John과 Mary가 함께 좋아하는 것을 더 탐색할 것이다. 우리는 이제 이 탐색이 각 목적이 남겨둔 위치표식에서부터 시작해서 두 목적을 재충족시키는 것에 귀착된다는 것을 안다.

요컨대, 연접에서 목적은 왼쪽에서부터 쉼표로 분리되어 오른쪽으로 나열된다고 생각할 수 있다. 각 목적 좌우에는 다른 목적이 있을 수 있다. 명백하게도, 가장 왼쪽의 목적에는 왼쪽 이웃이 없고, 가장 오른쪽의 목적에는 오른쪽 이웃이 없다. 연접된 목적을 처리할 때, 프롤로그는 왼쪽에서 오른쪽 방향으로 진행하면서 각 목적을 순서대로 충족시키려고 한다. 목적을 충족시켰을 때, 프롤로그는 그 목적과 연관된 위치표식을 데이터베이스에 남긴다. 이를 화살표 그리는 것으로 간주하자. 화살은 충족시킨 목적에서 데이터베이스 안의 해답이 있는 곳으로 날아간다. 이와 함께 이전에 사례화 되지 않은 변수가 이때 사례화 될지도 모른다. 이러한 상황이 앞서 본 단계 1에서 벌어졌다. 만약 한 변수가 사례화 되면, 질문에서 그 변수와 이름이 같은 모든 변수가 같은 값으로 사례화 된다. 프롤로그는 한 목적을 처리한 다음 그것의 오른쪽 이웃을 충족시키려고 하는데, 탐색은 데이터베이스의 처음에서부터 시작한다.

프롤로그는 목적을 차례로 충족시켜 가면서 데이터베이스에 위치표식을 각각 남기는데 (충족시킨 목적과 통일에 참여한 사실을 각각 화살표로 연결하는 바) 이는 나중에 목적을 다시 충족시켜야 하는 경우에 대비하는 것이다. 목적 충족시킴이 (통일하는 사실을 발견할 수 없어서) 실패할 때마다 프롤로그는 왼쪽 이웃으로 되돌아가서 재충족시키려고 하는데 탐색은 위치표식 지점에서부터 시작한다. 게다가 탐색에 앞서 프롤로그는 변수 중에서 문제의 목적 검사과정에서 사례화 된 변수들을 그 값을 지워서 '해례화' 되게 한다. 달리 말해서, 프롤로그는 목적을 재충족시키려는 경우, 그 목적의 모든 변수들을 목적을 처음 보았던 때와 같은 상태로 '복구'하고 시작해야 한다는 말이다. 각 목적에 대한 재충족 조사가 오른쪽 이웃에서부터 들어 왔지만 실패한다면, 각 목적이 실패함에 따라 프롤로그의 재충족 검토 시작 위치가 점차로 왼쪽으로 이동해가는 일이 발생할 것이다. 첫 번째(가장 왼쪽) 목적 충족시킴이 실패했을 때는 재충족시킬 수 있는 왼쪽 이웃이 없는 상황이 발생한다. 이 경우 전체 연접에 대한 충족시킴이 실패한다. 프롤로그는 반복적으로 연접된 목적들을 충족 그리고 재충족시키려고 하는데 이 작용을 *무름*이라고 부른다. 무름 작용에 대해서는 다음 장에서 개관하고 4장에서 보다 완벽하고 자세하게 다룰 것이다.

예제를 따라 갈 때는, 목적 충족으로 사례화 되는 변수 아래에 값으로 정해지는 객체를 써 놓는 것이 도움이 됨을 알게 될 것이다. 이와 함께, 충족시킨 목적에서 데이터베이스 안의 위치표식까지 화살표를 각각 그리자. 이러한 지필 도움의 예는 다음과 같이 앞서 본 예제를 푸는 과정을 찍은 순간사진 네 개에서 볼 수 있다. 각 사진에는 번호가 붙은 주석과 함께 전체 데이터베이스, 그리고 질문이 보인다. 충족시킨 목적은 작은 상자에 넣어 강조하였다.

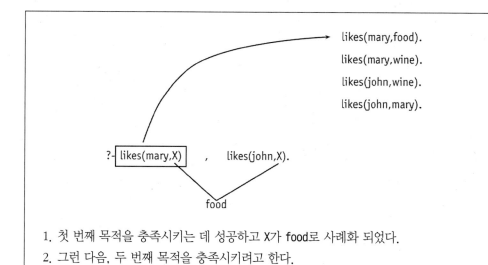

1. 첫 번째 목적을 충족시키는 데 성공하고 X가 **food**로 사례화 되었다.
2. 그런 다음, 두 번째 목적을 충족시키려고 한다.

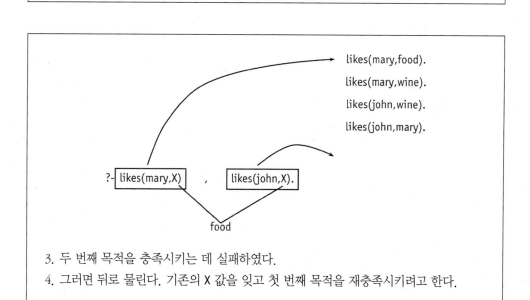

3. 두 번째 목적을 충족시키는 데 실패하였다.
4. 그러면 뒤로 물린다. 기존의 **X** 값을 잊고 첫 번째 목적을 재충족시키려고 한다.

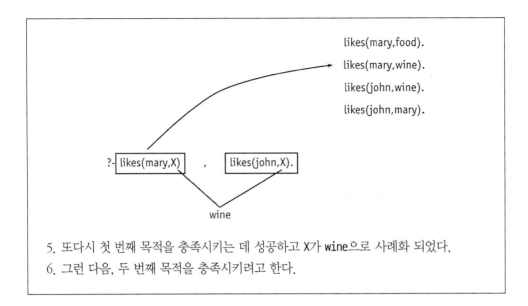

5. 또다시 첫 번째 목적을 충족시키는 데 성공하고 X가 **wine**으로 사례화 되었다.

6. 그런 다음, 두 번째 목적을 충족시키려고 한다.

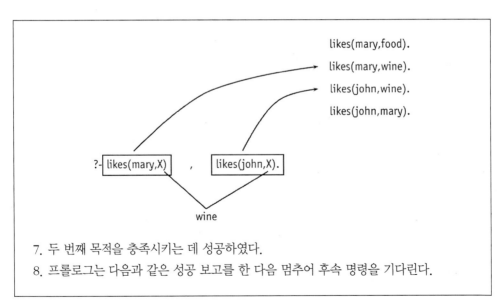

7. 두 번째 목적을 충족시키는 데 성공하였다.

8. 프롤로그는 다음과 같은 성공 보고를 한 다음 멈추어 후속 명령을 기다린다.

X=wine

이 책 전반에 걸쳐, 해당 예제에서 무름이 어디에서 발생하는지 그리고 무름이 문제 해결에 어떠한 효과가 있는지 보이는 데 노력할 것이다. 무름은 4장 전체를 할애하여 다룰 만큼 매우 중요하다.

연습문제 1.1: 앞에서 본 예에 대한 지필 모의실험을 계속 진행하라. 이때 쌍반점(;)을 쳐서 무름이 일어나게 하여 John과 Mary가 함께 좋아하는 그 무엇을 탐색하게 하였다고 가정한다.

1.8 규칙

"*John은 모든 사람을 좋아한다*"라는 사실을 나타내기 원한다고 하자. 할 수 있는 한 가지 방법은 다음처럼 데이터베이스에 등록된 각 사람을 대상으로 하는 개별 사실을 나열하는 것이다.

```
likes(john, alfred).
likes(john, bertrand).
likes(john, charles).
likes(john, david).
....
```

이 나열은 지루할 수 있는데, 특히 프롤로그 프로그램 안에 수백 명 분의 정보가 있다면 그렇다. "*John은 모든 사람을 좋아한다*"를 말하는 또 다른 방법은, "*John은 사람이라면 어떤 객체라도 좋아한다*"이다. 이 사실은 John이 좋아하는 모든 사람을 나열하는 대신에, John이 좋아하는 것에 관한 *규칙*의 모습을 하고 있다. John이 모든 사람을 좋아할 수 있는 세계에서, 규칙은 사실의 나열보다 훨씬 더 간결한 표현이다.

프롤로그에서 규칙은 한 사실이 다른 사실 모임에 *의존*한다는 것을 나타내고 싶을 때 사용한다. 영어로 규칙을 표현하는 데 'if'라는 단어를 사용한다. 예를 들면,

> *I use an umbrella if there is rain.*
> *나는 비가 오면 우산을 쓴다.*
> *John buys the wine if it is less expensive than the beer.*
> *John은 맥주보다 덜 비싸다면 포도주를 산다.*

규칙은 또한 정의를 표현하는 데 사용한다. 예를 들면,

> *X is a bird if:*　　　　　　　*X는 새이다, 만일 다음 사실이 참이면:*
> 　*X is an animal, and*　　　　　　　*X는 동물이다, 그리고*
> 　*X has feathers.*　　　　　　　　　*X는 깃털이 나 있다.*

또는

> *X is a sister of Y if:*　　　　　*X는 Y의 여형제이다, 만일 다음 사실이 참이면:*
> 　*X is female, and*　　　　　　　　*X는 여성이다, 그리고*
> 　*X and Y have the same parents.*　*X와 Y는 부모가 같다.*

위의 영어로 된 정의에서, 변수 *X*와 *Y*를 사용했다. 기억할 중요한 사실은 같은 변수는 규칙에서 어느 곳이든지 같은 객체를 의미한다는 것이다. 이를 간과하면, 정의의 취지를 왜곡하게 될 것이다. 예를 들면, 위의 새에 대한 규칙에서 "*Fred*는 새이다"라는 것을, "*Fido*는 동물이다" 그리고 "*Mary*는 깃털이 나 있다"라는 이유로 증명할 수는 없다는 것이다. 변수의 일관된 해석에 대한 같은 원리가 프롤로그 규칙에 대해서도 적용된다. 변수 *X*가 Fred를 나타낸다면, 같은 규칙에 있는 모든 *X*는 Fred를 나타내게 되어 있다.

규칙은 *객체와 객체간 관계에 관한 일반적인 문장이다.* 예를 들어, "*Fred는 동물이다*" 그리고 "*Fred는 깃털이 나 있다*"가 사실이면, "*Fred는 새이다*"라고 말할 수 있고 또한 "*Bertram은 동물이다*" 그리고 "*Bertram은 깃털이 나 있다*"가 사실이면, "*Bertram은 새이다*"라고 말할 수 있다. 이와 같이 변수가 규칙의 *사용* 시점이 다른 경우에는 다른 객체를 나타낼 수 있다. 물론 규칙 사용의 특정 시점 안에서 변수는 앞에서 언급했던 것처럼 일관되게 해석된다.

변수 한 개와 연접이 있는 규칙에서 시작해서, 몇 가지 예를 고려해보자.

> *John likes anyone who likes wine.*
> *John은 포도주를 좋아하는 사람이면 누구든지 좋아한다.*

이를 달리 말하면,

> *John likes anything if it likes wine.*
> *John은 포도주를 좋아하는 것이면 무엇이든지 좋아한다.*

또는, 변수를 가지고 표현하여 다음을 얻는다.

> *John likes X if X likes wine.*
> *John은 X가 포도주를 좋아하면 X를 좋아한다.*

프롤로그에서 규칙은 *머리*(*head*)와 *몸*(*body*)으로 구성된다. 머리와 몸은 쌍점(colon)과 붙임표(hyphen)로 구성된 ':−' 기호로 연결되어 있다. ':−' 기호는 "*만일 …이라면*(*if*)"으로 읽는다. 위의 예는 아래와 같이 프롤로그로 새긴다.

```
likes(john, X) :- likes(X, wine).
```

규칙은 또한 점(실제로는 마침표 문자)으로 끝난다는 것에 주의하자. 이 규칙의 머리는 likes(john, X)이다. 규칙의 머리는 규칙으로 정의하고자 한 사실이 무엇인지 기술한다.

규칙의 몸은, 이 경우에는 likes(X, wine)이지만, 일반적으로는 머리가 참이 되기 위해 차례로 충족시켜야 하는 목적의 연접을 기술한다. 예를 들면, 적당한 목적을 쉼표로 구분하여 규칙의 몸에 추가하는 것만으로도, John이 좋아하는 사람을 선택하는 데 좀 더 까다롭게 되게 만들 수 있다.

```
likes(john, X) :- likes(X, wine), likes(X, food).
```

달리 말로 표현하면 "*John은 포도주와 음식을 좋아하는 사람이면 누구든지 좋아한다*"가 된다. 또는, "*John은 포도주를 좋아하면 어떤 여성이든지 좋아한다*"라고 가정해보자.

```
likes(john, X) :- female(X), likes(X, wine).
```

프롤로그 규칙을 살펴 볼 때는, 변수의 위치에 주의를 기울여야 한다. 앞의 규칙에서는 변수 X를 세 번 사용하였다. X가 어떤 객체로 사례화 될 때마다, X의 *범위(scope)* 안에 있는 모든 X는 같은 객체로 사례화 된다. 규칙을 사용하는 개별 경우에 있어서 X의 범위는 규칙 전체인바, 머리를 포함해서 규칙의 끝에 있는 점 '.'에 이른다. 그래서 앞의 규칙에서, X가 mary로 사례화 된다면, 프롤로그는 female(mary)와 likes(mary, wine)라는 목적을 충족시키려고 할 것이다.

다음으로, 변수가 여러 개 나타나는 규칙 예를 다루기 위해서, Victoria 여왕 가족 몇 명의 가계 사실로 구성된 데이터베이스를 생각한다. 세 개의 인수가 있는 술어 parents를 사용하여 "*X의 부모는 Y와 Z이다*"를 parents(X, Y, Z)로 나타내기로 한다. 두 번째 인수 Y는 어머니를 나타내고, 세 번째 인수 Z는 아버지를 나타낸다. 이와 함께 술어 female과 male은 단어의 의미대로 명백하게 사용할 것이다. 데이터베이스 일부가 다음처럼 나타날 수 있다.

```
male(albert).
male(edward).
```

```
female(alice).
female(victoria).

parents(edward, victoria, albert).
parents(alice, victoria, albert).
```

이제 전술한 *여형제* 규칙을 사용하려고 한다. 규칙은 두 개의 인수가 있는 술어 sister_of를 정의하는데, X가 Y의 여형제라면 sister_of(X, Y)가 사실이 되게 규정할 것이다. 술어 이름에 밑줄 문자 '_'을 사용했음에 유의하자. 아직 프롤로그 이름(name) 작명법을 완전하게 다루지는 않았지만, 이름에 밑줄 문자가 허용됨을 미리 알아 두고 작명규칙에 대한 정리는 다음 장으로 넘긴다. 이제 다음 조건을 충족한다면 X는 Y의 여형제이다.

- X는 여성이다,
- X의 어머니는 M이고 아버지는 F이다, 그리고
- Y의 부모는 X의 부모와 같다.

이것은 다음과 같이 프롤로그 규칙으로 새길 수 있다.

```
sister_of(X, Y) :-
    female(X),
    parent(X, M, F),
    parent(Y, M, F).
```

또는, 원한다면 다음과 같이 한 줄로 쓸 수도 있다.

```
sister_of(X, Y) :- female(X), parent(X, M, F), parent(Y, M, F).
```

변수 이름 M과 F를 어머니와 아버지를 가리키는 데 사용하지만, 내켰다면 Mother와 Father를 사용할 수도 있었다. 규칙의 머리에 없는 변수도 사용하고 있다는 것에 주목하자. 몸에만 나타나 있는 변수 M과 F도 다른 변수와 같은 방식으로 처리된다. 프롤로그가 규칙을 사용하는 초기에는 변수 M과 F가 사례화 되어 있지 않았을 것이기 때문에 목적 parents(X, M, F)를 충족시켜야 할 시점에서는 M과 F가 다른 어떤 것과도 통일할 수 있을 것이다. 그러나 규칙의 적용으로 일단 그들이 사례화 되면, 이러한 적용에서 나타난 모든 M과 F는 모두 함께 사례화 될 것이다. 다음 예제가 이 변수들의 용법 설명을 도와줄 것이다. 질문을 다음과 같이 해보자.

    ?- sister_of(alice, edward).

앞서 본 데이터베이스와 sister_of 규칙이 주어진 상황에서 이 질문을 하면, 프롤로그는 다음과 같이 처리한다.

1. 먼저, 질문을 앞서 본 유일한 규칙 sister_of의 머리와 통일시키는 바, 규칙의 X는 alice로 사례화 되고 Y는 edward로 사례화 된다. 질문 재처리를 대비하는 위치표식을 이 규칙에 붙인다. 이제 프롤로그는 규칙의 몸에 있는 세 개의 목적을 한 개씩 차례로 충족시키려고 한다.

2. 첫째 목적은 female(alice)인데 그 이유는 X가 이전 단계에서 alice로 사례화 되었기 때문이다. 이 목적이 참이라는 것은, 사실 목록에서 확인할 수 있고 그 결과 목적 충족시킴은 성공한다. 목적 달성이 성공하였기 때문에, 프롤로그는 데이터베이스의 세 번째 등록항목에 목적의 위치표식을 남긴다. 새로이 사례화 된 변수가 없어서 다른 각서(note)는 남기지 않았다. 프롤로그는 이제 다음 목적을 충족시키려고 한다.

3. 이제 프롤로그는 parents(alice, M, F)를 탐색하는데, M과 F는 사례화 되지 않았기 때문에 어떤 인수와도 통일될 수 있을 것이다. 발견한 바, 통일시킬 수 있는 사실은 parent(alice, victory, albert)이어서 목적 충족시킴은 성공한다. 프롤로그는 데이터베이스의 위에서 여섯 번째 등록항목에 위치표식을 남기고,

여기에서 M이 victoria로, F가 albert로 사례화 되었다는 것을 기록한다. (지필로 변수 사례화를 추적하기 원한다면, 규칙의 목적 아래에 사례화 된 상황을 써놓을 수 있다.) 프롤로그는 이제 그 다음 목적을 충족시키려고 한다.

4. 이제 프롤로그는 parents(edward, victoria, albert)를 탐색하는데, 그 이유는 Y가 질문에서 edward로 사례화 되었고, M과 F는 각각 victoria와 albert로 이전 목적에서 사례화 되었기 때문이다. 목적 충족시킴은 성공하는데, 데이터베이스의 다섯 번째 등록항목에서 통일시킬 수 있는 사실을 발견할 수 있기 때문이다. 이것이 연접의 마지막 목적이었기 때문에, 전체 목적 충족시킴은 성공하고 결과적으로 문제의 사실 sister_of(alice, edward)는 참으로 입증된다. 프롤로그는 ***yes***라는 대답을 출력한다.

한편 Alice가 누구의 여형제인지 알고 싶다고 하자. 프롤로그로 적절하게 새긴 질문은 다음과 같다.

?- sister_of(alice, X).

프롤로그는 이 질문을 다음과 같이 처리한다.

1. 질문을 앞서 본 유일한 규칙 sister_of의 머리와 통일시킨다. 이때 규칙에 있는 변수 X는 alice로 사례화 된다. 질문에 나타난 변수 X는 사례화 되지 않았기 때문에, 규칙에 있는 변수 Y도 또한 사례화 되지 않는다. 그러나 통일의 결과로 이 변수들은 현재 *공유(share)*화 되었다. 이 변수들은 또한 *공참조(coreference)*라고 부를 수도 있는데, 그 이유는 각 변수가 다른 변수를 서로 참조하고 있기 때문이다. 공유 또는 공참조 변수의 경우, 한 변수가 객체로 사례화 되면, 다른 변수도 같은 객체로 사례화 된다. 지금으로서는 앞서 언급한 바와 같이 사례화 되지 않았다. 공참조 변수에 대한 상세한 설명은 다음 장으로 미룬다.

2. 첫 번째 목적은 female(alice)인데, 전과 같이 목적 충족시킴에 성공한다.

3. 두 번째 목적은 parents(alice, M, F)이고, 이것은 parents(alice, victoria, albert)와 통일시킬 수 있다. 그 결과 변수 M과 F는 사례화 되어 값을 알 수 있다.

4. Y는 아직 값을 알 수 없는바, 세 번째 목적은 그래서 parents(Y, victoria, albert)이다. 이 목적은 데이터베이스에 등록된 사실인 parents(edward, victoria, albert)와 통일시킬 수 있다. 그 결과 변수 Y가 edward임을 알 수 있게 된다.

5. 목적 충족시킴이 모두 성공하였기 때문에, 규칙 적용이 온전히 성공하여 X가 alice(질문에서 주어진 대로)이고, Y가 edward임을 알 수 있다. (규칙에 있는) Y는 (질문에 있는) X와 공유화 되어 있기 때문에, X 또한 edward로 사례화 된다. 프롤로그는 *X=edward*라는 응답을 표시한다.

이제, 질문에 대한 또 다른 해답을 모두 찾을 수 있는 때가 된 바, 여느 때처럼 프롤로그는 탐색 개시 신호를 기다린다. 나중에 알게 되겠지만, 이 질문에 대한 해답의 개수는 한 개보다 많다. 프롤로그가 나머지 해답(들)을 발견하는 과정은 이 장의 마지막에 연습문제로 둔다.

지금까지 본 바와 같이, 주어진 술어에 대한 정보를 제공하는 방법이 두 가지가 있는데, likes 술어의 경우가 그 예이다. 술어에 대한 정보는 사실과 규칙 모두가 될 수 있다. 일반적으로, 술어는 사실과 규칙을 혼합해서 정의한다. 술어 정의에 사용한 사실과 규칙 각각을 그 술어에 대한 *절(clause)*이라고 부른다. 이후 사실 또는 규칙을 거론할 때마다 절이라는 단어를 사용한다.

후속 예로서, 왕족 문제에서 떠나 다음 규칙을 생각해보자. *"만일 어떤 사람이 도둑이고 또 어떤 것을 좋아한다면 그가 그것을 훔칠지도 모른다."* 이를 프롤로그로 새기면 다음과 같다.

```
may_steal(P, T) :- thief(P), likes(P, T).
```

여기에서 술어 may_steal을 사용하는데, 두 개의 인수 P와 T가 있고 이들은 어떤 사람 P

가 물건 T를 훔칠지도 모른다는 생각을 표현하는 데 개입한다. 이 규칙 내용은 thief와 likes 술어에 대한 절에 의해 결정된다. 이 절은 사실이나 규칙으로 표현할 수 있는데, 가장 적합하다면 어떤 것이라도 좋다. 예를 들어, 다음과 같은 프롤로그 데이터베이스를 생각해보자. 이는 앞서 논의했던 절에서 구성해낸 것이다. 괄호 /* ... */ 안에 절 번호를 표시하였다. 주석(*comment*)을 쓸 때는 이렇게 한다. 프롤로그는 주석을 무시하지만, 사람이 편리하기 때문에 프로그램에 추가한다. 이어지는 논의에서 절 번호 주석을 언급할 것이다.

```
/*1*/ thief(john).

/*2*/ likes(mary, chocolate).

/*3*/ likes(mary, wine).

/*4*/ likes(john, X) :- likes(X, wine).

/*5*/ may_steal(X, Y) :- thief(X), likes(X, Y).
```

독립된 절 세 개가 likes 정의를 이룬다는 것에 주목하자. 사실 두 개와 규칙 하나가 그것들이다. "혹시 *John*이 무엇을 훔칠까?"라는 질문을 했을 때, 무슨 일이 일어나는지 따라가 보자. 우선, 질문을 프롤로그로 다음과 같이 새긴다.

```
?- may_steal(john, X).
```

이 질문에 답하기 위해, 프롤로그는 다음과 같이 탐색한다.

1. 먼저, 프롤로그는 may_steal에 대한 절을 찾으려고 데이터베이스를 탐색하는데, 절 번호 5번에서 규칙 모양의 절 하나를 발견한다. 프롤로그는 데이터베이스의 그 자리에 위치표식을 남긴다. 찾은 것은 규칙이기 때문에, 규칙의 몸을 충족시켜서 머리가 참인지 그 여부를 입증해야 한다. 그래서 규칙에 있는 X는 질문에 있는 john으로 사례화 된다. 이와 함께 해례화 된 변수 두 개(질문에 있는 X

와 규칙에 있는 Y)를 통일시켜야 함을 안다. 그래서 두 변수는 공유화 된다. 규칙 적용이 성공하기 위해서는 규칙 몸에 있는 목적 모두를 충족시켜야 하기 때문에, 이제 첫 번째 목적인 thief(john)에 대해서 탐색한다.

2. 첫 번째 목적은 성공적으로 충족시킬 수 있다. 그 이유는 thief(john)이 데이터베이스 안에 절 1번으로 있기 때문이다. 프롤로그는 데이터베이스 안의 1번 절 자리에 위치표식을 남기는데, 이 경우 변수에 대한 새로운 사례화는 일어나지 않았다. 그런 다음, 프롤로그는 5번 절의 두 번째 목적을 충족시키려고 한다. X 는 여전히 john을 나타내기 때문에, 프롤로그는 이제 likes(john, Y)를 조사한다. 이때 Y가 현재 아직 사례화 되지 않았다는 것에 주의하자.

3. 목적 likes(john, Y)는 (4번 절) 규칙의 머리와 통일시킬 수 있다. 목적에 있는 Y 는 규칙 머리에 있는 X와 공유화 되지만, 둘 다 해례화 상태가 유지된다. 이 규칙을 충족시키기 위해, 이제는 likes(X, wine)를 조사한다.

4. 이 목적은 성공적으로 충족시킬 수 있다. 그 이유는 3번 절에 있는 사실 likes(mary, wine)와 통일시킬 수 있기 때문이다. 그리하여 X는 이제 mary를 나타낸다. 4번 절에 있는 목적을 성공적으로 충족시켰기 때문에, 4번 절 규칙 적용에 성공한다. likes(john, mary)라는 사실은 4번 절이 입증한다. 5번 절에 있는 Y는 4번 절 X와 공유화 되어 있었기 때문에, 이 Y 또한 mary로 사례화 된다.

5. 이제 5번 절 적용이 성공하였고 Y는 mary로 사례화 되었다. 이 Y는 원래 질문의 두 번째 인수와 공유화 되어 있었기 때문에, 질문에 있는 X는 이제 mary로 사례화 된다.

이 예를 선정한 이유는 "*John이 Mary를 훔칠지도 모른다*"와 같은, 뜻밖의 이상한 대답이 나오는 것이 얼마나 쉬운지 보이기 위함이다. 예의 결론은 프로그램에서 유도한 논리적 추론결과이지만, 사리에는 어쩐지 맞지 않는다. 때로는 이것이 프로그램에 문제가 있다는 징후일 수도 있다. "John이 Mary를 훔칠지도 모른다"를 입증한 논법은 다음과 같다.

어떤 것을 훔친다면 우선 John은 도둑이어야만 한다. 1번 절에서 이것은 사실이다. 다음에는 John이 그 무엇을 좋아해야만 한다. 4번 절에서 John은 포도주를 좋아하는 것이면 무엇이든지 좋아한다는 것을 알 수 있다. 3번 절에서, Mary가 wine을 좋아한다는 것을 알 수 있다. 그러므로 John은 Mary를 좋아한다. 따라서 무엇인가를 훔침에 필요한 두 조건은 충족시킬 수 있어서 John은 Mary를 훔칠지도 모른다.

Mary가 초콜릿을 좋아한다는 (*2번 절*) 사실은 이 특정 질문과 무관하다는 것도 유의하자.

이 예제의 서로 다른 절에서 X와 Y라는 변수가 반복해서 나타난다. 예를 들면, may_steal 규칙에서 X는 무엇인가를 훔칠 수 있는 객체를 나타낸다. 그러나 likes 규칙에서 X는 사랑을 받는 객체를 나타낸다. 이 프로그램이 사리에 맞으려면 X가 두 절의 서로 다른 용법에서 두 개의 서로 다른 객체를 나타낼 수 있음을 프롤로그가 분간할 수 있어야 한다. 변수의 범위를 알면 어떤 혼란이라도 해소할 수 있다는 것을 기억하자. 암기형 (mnemonic) 이름을 더 많이 사용하여 혼란을 예방할 수 있지만, 범위의 원칙을 설명하기 위하여 X와 같은 간단한 이름을 사용하였다.

1.9 요약 및 연습문제

여기에 이르면 프롤로그의 기본 핵심 대부분을 다룬 셈이다. 특히, 다음 사항을 고찰하였다.

- 객체에 관한 사실을 단언(assert)하기
- 사실에 대해 질문하기
- 변수 사용법과 변수 범위 파악하기
- '그리고'를 표현하는 연접 용법
- 규칙 형태로 관계를 표현하기

- 무름 작용 입문하기

이와 같은 몇 개 안 되는 조립 블록을 가지고도, 작은 데이터베이스를 관리하는 데 필요한 프로그램을 작성할 수 있는데, 아래 연습문제를 풀어서 그렇게 해보면 좋을 것이다.

가용한 프롤로그 시스템으로 프로그램 작성을 시작할 때, 프로그래밍 작업을 어떻게 시작하는지 알기 위해서는 교범(manual)을 참고해야 한다. 실용적인 요령 몇 개를 8장에서 보게 될 것이다.

프롤로그에 대해서 이 정도의 내용을 숙달한 다음에는 다음 장으로 넘어 가야 하는데, 이 장에서 거론하지 않았던 중요 사항에 대해 명확하게 논의할 것이다. 이와 함께 프롤로그에서 수치자료를 처리하는 방법에 대해서도 다룰 것이다. 후속 장 몇몇에서 논의할 프롤로그의 특징들을 통하여 프롤로그의 표현력과 유용성을 명백하게 알게 될 것이다.

연습문제 1.2: sister_of 규칙을 이전에 논의하였던 Victoria 여왕 가계 데이터베이스에 적용하면, 둘 이상의 대답을 얻을 수 있다. 대답 전부를 말하고 어떻게 얻을 수 있는지 설명하라.

연습문제 1.3: 이 문제는 1979년 North Holland 출판사에서 발행한 Robert Kowalski의 *Logic for Problem Solving*이라는 책에 있는 문제에서 영감을 받았다. 다음 관계를 정의한 프롤로그 절이 이미 작성되어 있다고 가정하자.

```
father(X, Y)        /* X is the father of Y */
mother(X, Y)        /* X is the mother of Y */
male(X)             /* X is male */
female(X)           /* X is female */
parent(X, Y)        /* X is a parent of Y */
diff(X, Y)          /* X and Y are different */
```

문제는 프롤로그 절의 형태로 다음 관계를 정의하는 것이다.

```
is_mother(X)        /* X is a mother */
is_father(X)        /* X is a father */
is_son(X)           /* X is a son */
sister_of(X, Y)     /* X is a sister of Y */
grandpa_of(X, Y)    /* X is a grandfather of Y */
sibling(X, Y)       /* X is a sibling of Y */
```

예를 들면, female, sibling, 그리고 parent에 대한 규칙이 정의되어 있을 때, 우리는 aunt에 대한 규칙을 다음과 같이 쓸 수 있다.

```
aunt(X, Y) :- female(X), sibling(X, Z), parent(Z, Y)
```

만일 sister_of 규칙이 정의되어 있다면 다음과 같이도 쓸 수 있다.

```
aunt(X, Y) :- sister_of(X, Z), parent(Z, Y).
```

연습문제 1.4: 본문에서 정의한 sister_of 규칙을 사용하는 경우, 어떤 객체가 자신의 여자 형제가 될 수 있는 이유를 설명하라. 이 특성을 원하지 않을 때, 규칙을 어떻게 바꿀 수 있는가? 힌트: 연습문제 1.3에 나타난 diff 술어가 이미 정의되어 있다고 가정하자.

CHAPTER 2

눈여겨보기

이 장에서는, 프롤로그에 대한 논의 중에서 앞 장에서 미진하게 다루었던 부분을 보완하겠다. 프롤로그는 목적을 충족시키는 순서를 구조화 하는 방법을 제공할 뿐만 아니라, 자료를 구조화하는 방법도 제공한다. 자료를 구조화 하려면 자료를 표현할 때 지켜야 할 문법(syntax)을 알아야 한다. 목적이 해결되는 순서를 구조화 하려면 무릎에 대해서 알아야 한다.

2.1 문법

언어의 문법은 단어 배열 방법을 기술한다. 영어 문장 "I see a zebra"의 단어 배열은 올바르지만, "zebra see I a"는 그렇지 않다. 1장에서는 프롤로그 문법에 대해서 명시적으로 논의하지 않았고, 단지 프롤로그 일부분이 어떤 모습인지만 보았다. 여기에서는 지금까지 보았던 프롤로그 일부분에 대하여 그 문법 사항을 정리할 것이다.

프롤로그 프로그램은 항으로 만든다. 항은 *상수*(*constant*), 변수, 또는 *구조체*(*structure*) 등이 될 수 있다. 이 어구 각각은 이전 장에서 나타났지만 이 이름으로 분간하지 못했다. 항은 일련의 *문자*(*character*)로 쓴다. 문자는 다음과 같이 네 개의 범주로 나누어진다.

```
A B C D E F G H I J K L M N O P Q R S T U V W X Y Z
a b c d e f g h i j k l m n o p q r s t u v w x y z
0 1 2 3 4 5 6 7 8 9
+ - * / \ ~ ^  < > : . ? @ # $ &
```

첫 번째 줄은 대문자로 구성된다. 두 번째 줄은 소문자로 구성된다. 세 번째 줄은 숫자로 구성된다. 네 번째 줄은 부호(sign) 문자로 구성된다. 부호 문자는 실제로는 네 번째 줄에 있는 것보다 더 많지만, 다른 것들은 나중에 논의할 특별한 용법이 있다. 항은 상수, 변수 또는 구조체 등의 종류에 따라 이름을 짓는 문자 배열법이 다르다. 이제부터 항을 종류별로 정리한다.

2.1.1 상수

상수는 특정 객체나 특정 관계의 *이름*을 짓는다. 상수는 원자(atom)와 수(number), 두 가지 종류가 있다. 원자의 예는 다음과 같은 앞 장에서 본 이름들이다.

```
likes mary john book wine owns jewels can_steal
```

질문과 규칙을 표시하는 데 사용한 특별한 기호(symbol) '?–'와 ':–' 또한 원자이다. 원자는 문자와 숫자로 구성되거나, 또는 기호로 만드는 두 가지 종류가 있다. 첫 번째 종류는, 규칙에 따라 소문자로 시작해야 하는데, 이는 이전 장에서 본 바와 같다. 기호로 만드는 두 번째 종류의 원자는 보통 기호만으로 구성된다. 이따금 대문자 혹은 숫자로 시작하는 원자가 필요할 때가 있다. 원자를 홑작은따옴표(single quote) ''로 묶으면, 원자명에 *어떤* 종류의 문자라도 포함시킬 수 있다. 마지막으로 밑줄 문자 '_'는 가독성 향상을 위해 원자명 중간에 삽입할 수도 있다. 다음에 원자에 대한 예를 더 많이 들어 놓았다.

```
a void = 'george-smith' --> george_smith ieh2304
```

다음은 원자의 예가 아니다.

          2304ieh george-smith Void _alpha

수는 다른 종류의 상수이다. 지금까지는 프롤로그의 계산법에 대해 논의하지 않았
지만 이 장의 후반에서 이를 다룰 것이다. 수에 대한 몇 가지 예가 다음에 있다.

       -17 -2.67e2 0 1 99.9 512 8192 14765 67344 6.02e-23

친숙한 표현이 대부분이다. 'e' 표기는 10의 거듭제곱을 나타내기 위해 사용한다. 예를 들
어, 수 -2.67e2는 -2.67×10^2이거나 단순히 -267이고, 6.02e-23은 6.02×10^{-23}이다.
이러한 유형의 수에 대한 연산과 함께, 프롤로그 개발자는 유리수와 임의의 정밀도
를 가진 수에 대한 산술 연산과 같은 특별한 기능을 정의하는 문고(library)도 구축하였지
만, 이 책에서는 그러한 것이 필요하지 않을 것이다.

2.1.2 변수

프롤로그에서 사용하는 두 번째 종류의 항은 변수이다. 변수는 그 이름을 대문자나 밑줄
'_'로 시작하는 것을 제외하면, 원자와 흡사하다. 변수는 프로그램 작성 시점에는 지정할
수 없거나 지정하고 싶지 않은 어떤 객체를 나타내는 것으로 간주해야 한다. 이는 대략
영어의 대명사 용법에 상응한다. 지금까지 보았던 프롤로그 절의 예에서 X, Y, 그리고 Z와
같은 이름을 가진 변수를 사용하였다. 그러나 변수명은 원하는 만큼 길게 할 수 있다. 예
를 들면 다음과 같다.

   Answer Input Gross_Pay _3_blind_mice A_very_long_variable_name

때때로 변수가 필요하기는 하지만 변수명을 전혀 사용할 필요가 없는 경우가 있다. 예를
들어, John을 좋아하는 사람이 있는지를 알고 싶지만 그가 누구인지는 지금 알 필요가

없을 때, *익명의(anonymous)* 변수를 사용할 수 있다. 익명 변수는 밑줄 문자 하나로 표기한다. 예의 경우, 프롤로그로 다음과 같이 새긴다.

```
?- likes(_, John).
```

익명 변수들은 같은 절에 같은 이름으로 나타난다고 해서 일관되게 해석할 필요가 없다. 이것은 익명 변수 고유의 특징이다. 절의 다른 곳에 쓰임이 없는 변수가 있을 때, 익명 변수를 사용하면 변수명 작명의 수고로움을 덜 수 있다.

2.1.3 구조체

프롤로그 프로그램을 작성할 때 사용하는 세 번째 종류의 항은 *구조체*이다. 구조체는 표준 프롤로그에서 '합성항(compound term)'이라고 부르지만, 이 책에서는 '구조체'라는 용어를 사용하는 바, 그 이유는 더 짧기도 하거니와 다른 종류의 항과 구별하기가 더 쉽기 때문이다. 구조체는 객체인데, *성분(component)*이라고 부르는 다른 객체들 모임으로 구성된다. 성분을 한 구조체로 묶으면 다루기가 편해진다.

구조체의 실제 예로 도서 색인 카드를 들 수 있다. 이 색인 카드에는 여러 성분이 있다. 저자명, 도서명, 발행일, 소장위치 등등. 어떤 성분은 더 작은 성분으로 나눌 수 있다. 예를 들면, 저자명은 이름의 성과 이름의 머리글자들로 구성된다.

구조체는 프로그램의 자료 조직화에 기여하는데, 연관된 정보 모임을 분리된 존재가 아닌 한 객체(예: 도서 카드)로 다룰 수 있게 하기 때문이다. 자료를 성분으로 분해하는 방법은 해결할 문제가 무엇인가에 따라 결정되는 바, 추후에 이 방법에 대한 권고 사항이 있을 것이다.

구조체가 유용할 때가 또 있는데, 일반형 객체 하나가 있고 같은 부류의 많은 객체가 존재할 때이다. 책이 그 예이다. 1장에서 다음 사실이 John이 어떤 특정한 책을 소유함을 표현한다는 것을 논의하였다.

```
owns(john, book).
```

그런 다음 만약 다음 사실을 말했다면, Mary가 John이 소유한 바로 그 객체를 소유한다는 뜻의 말을 한 셈인데, 왜냐하면 같은 이름을 사용했기 때문이다.

```
owns(mary, book)
```

이름이 아니고서는 객체를 분별하는 별도의 방법은 존재하지 않는다. 다음과 같이 말하여 John과 Mary가 어떤 책을 소유하고 있는지 조금 더 주의 깊게 명세할 수 있다.

```
owns(john, wuthering_heights).
owns(mary, moby_dick).
```

그러나 큰 프로그램에서는 뜻을 알 수 있게 하는 아무런 문맥(context) 없이 서로 다른 여러 상수가 나타난다면 혼란스러울 것이다. 어떤 사람은 이 프롤로그 프로그램을 읽으면서 wuthering_heights가 19세기 영국 요크셔에서 활약한 작가 Emily Brontë가 쓴 책 폭풍의 언덕을 지칭한다는 것을 눈치 채지 못할지도 모른다. 어쩌면 John이 자기 애완 토끼 이름을 이를테면 "wuthering_heights"로 정했을 것이라고 생각할 수도 있다. 구조체는 이러한 문맥 제공에 기여할 수 있다.

구조체는 *함자(functor)*와 *성분*을 명세하여 프롤로그로 작성된다. 함자는 일반형 구조체에 이름을 지어주는 바, 여느 프로그래밍 언어에서 자료형(datatype)에 해당한다. 성분은 쉼표로 구분하여 소괄호 안에 놓는다. 함자는 여는 소괄호 바로 앞에 쓴다. 다음 사실을 생각해 보는데, "John은 Emily Brontë가 쓴 *Whuthering Heights*라는 책을 가지고 있다"를 프롤로그로 새긴 것이다.

```
owns(john, book(wuthering_heights, bronte)).
```

owns 사실 안에 이름이 book인 구조체 하나가 있는데, 도서명과 저자명이라는 두 성분으로 구성되어 있다. book 구조체는 owns 사실의 두 번째 인수로서 사실 *내부에* 있기 때문에, 관계에 참여하는 객체의 구실을 한다. 원한다면, 저자명을 저장할 또 다른 구조체를 설정할 수도 있는데, Brontë 세 자매 작가를 구별할 필요가 생겼을 때이다.

```
owns(john, book(wuthering_heights, author(emily, bronte))).
```

구조체는 변수를 사용해서 질의응답 과정에 참여하는 일이 있다. 예를 들면, 질문을 던져서 John이 Brontë 자매 누구의 어떤 책을 가지고 있는지 알아 볼 수 있다.

```
?- owns(john, book(X, author(Y, bronte))).
```

만일 이것이 참이라면, X는 알아낸 도서명으로 사례화 될 것이고, Y는 저자의 성이 아닌 이름으로 사례화 될 것이다. 이와는 달리 변수명을 사용할 필요가 없는 경우도 있는데, 그때는 익명 변수를 사용할 수 있다.

```
?- owns(john, book(_, author(_, bronte))).
```

익명 변수는 다른 어떤 변수와도 공참조를 결코 하지 않으며, 같은 기호로 표기하는 다른 익명 변수끼리조차도 공참조를 하지 않는다는 것을 기억하자.

book 구조체를 개선할 수 있는 바, 책의 *부수*를 나타내는 또 다른 인수를 추가한다. 예를 들어, 다음과 같이 값이 정수인 세 번째 인수로써 책을 유일하게 식별할 수도 있는데,

```
owns(john, book(ulysses, author(james, joyce), 3129)).
```

이 사실은 "*John이 James Joyce가 쓴 소설 Ulysses의 3129번째 책을 소유하고 있다*"를 나타내려고 할 때 쓸 수 있겠다.

프롤로그에서 구조체와 사실에 대한 문법이 같을 것이라고 추측했다면 그 생각은 옳다. 사실과 규칙에서 나타나는 술어명이 실제로는 구조체의 함자이다. 사실과 규칙의 인수가 실제로는 구조체의 성분이다. 프롤로그 프로그램 자체를 구조체로 표현하면 많은

점에서 유리하다. 지금 당장 그 이유를 아는 것은 중요하지 않지만, 프롤로그의 모든 부분, 심지어 프롤로그 프로그램 자체도, 상수와 변수 그리고 구조체로 구성되어 있다는 사실을 기억해야 한다.

2.2 문자

상수와 변수의 이름은 문자열로 구성된다. 비록 각종 이름(원자, 정수, 변수 등)에 대하여 작명용 문자류에 대한 고유 규칙이 있다 할지라도, 어떤 문자를 프롤로그에서 사용할 수 있는지 알아볼 필요가 있다. 그 이유는 문자 하나를 그 자체로 자료항목 하나로 다룰 수 있기 때문이다. 표준 프롤로그에서 문자 하나는 실제로 길이가 1인 원자이다. 문자 입출력 연산이 가장 흔히 있는 일인데, 이 주제는 5장에서 논의할 것이다.

프롤로그가 인식하는 문자는 두 종류인데, 인쇄자와 비인쇄(non-printing)자이다. 인쇄자는 컴퓨터 터미널 화면에 상징 기호로 나타난다. 비인쇄자는 기호로 화면에 나타나지 않지만 인쇄관련 동작을 발생시킨다. 동작에는 공백문자 인쇄, 줄 바꿈이 포함되며 경적도 포함될 수 있다. 가용한 인쇄자를 다음에 보였다.

```
A B C D E F G H I J K L M N O P Q R S T U V W X Y Z

a b c d e f g h i j k l m n o p q r s t u v w x y z

0 1 2 3 4 5 6 7 8 9

! " # $ % & ' ( ) = - ~ ^ ¦ \ { } [ ] _ ' @ + ; * : < > , . ? /
```

문자 집합이 앞에서 본 것을 보완했음을 알 수 있다. 어떤 문자는 특별한 의미가 있다. 예를 들어, 소괄호는 구조체 성분을 감싸는 데 사용한다. 그렇지만 나중 장에서 알게 될 일인 바, 프롤로그 프로그램에서는 문자 하나라도 정보로 다룰 수 있다. 문자는 출력, 자판을 통한 입력, 비교 등의 대상이 될 수 있고, 산술연산에도 참여할 수 있다.

2.3 연산자

때로는 어떤 함자를 *연산자*(*operator*)로 쓰는 것이 편하다. 이것은 구문의 한 형태로서 구조체를 읽기 쉽게 만든다. 예를 들어, 산술 연산은 통상적으로 연산자로 쓴다. 수식 'x + y * z'를 쓸 때, '더하기' 부호와 '곱하기' 부호를 *연산자*로 생각한다. 'x', 'y', 'z' 등은 *연산재*(*operand*)라고 한다. 만약 수식 'x + y * z'를 구조체 표현법으로 썼다면, +(x, *(y, z)) 와 같이 될 것인 바, 정당한 프롤로그 항으로 인정된다. 그렇지만 연산자를 사용하는 것이 때로는 더 편한데, 그 이유는 학창시절 이래로 산술표현에 연산자를 사용하는 것이 습관화되었기 때문이다. 또한, 소괄호로 함자 성분을 둘러싸야 하는 구조체 표현법은 때로는 어색하기 때문이다.

중요한 것은 연산자가 그 자체로는 어떠한 산술 수행도 '일으키지' 않는다는 사실이다. 그래서 프롤로그에서 3+4와 7은 같은 것을 의미하지 않는다. 항 3+4는 항 +(3,4)에 대한 또 다른 표현인 바, 구조체 자료구조의 표현인 것이다. 차후에 구조체를 산술 수식으로 간주하여 산술 규칙에 따라 평가하는 방법에 대해 설명할 것이다.

우선, 연산자가 있는 산술 수식 읽는 방법을 알 필요가 있다. 그러려면, 각 연산자에 대해 세 가지를 확인해야 하는 바, 위치, *우선순위*(*precedence*), 그리고 *결합성*(*associativity*) 등이다. 이 절에서는 이러한 속성 세 가지를 염두에 둔 프롤로그 연산자 사용법을 설명할 것이지만, 지금으로서는 더 자세한 내용을 다루지 않겠다. 비록 많은 다른 종류의 연산자가 있을 수 있으나, 친숙한 가감승제 원자 '+', '-', '*', 그리고 '/' 등만을 다룰 것이다.

연산자가 있는 항의 구문은 부분적으로 연산자의 위치에 의존한다. 더하기(+), 빼기(-), 곱하기(*), 나누기(/)와 같은 연산자는 인수 사이에 쓴다. 그래서 낀(*infix*) 연산자라고 부른다. 또한 '-x + y'에서와 같이 인수 앞에 연산자를 둘 수도 있는데, x 앞에 있는 붙임표(hyphen)는 산술에서 음부호로 사용된다. 자기 인수 앞에 오는 연산자를 앞(*prefix*) 연산자라고 한다. 마지막으로, 어떤 연산자는 자기 인수 뒤에 오기도 한다. 예

를 들어, 수학에서 쓰는 계승 연산자는, 계승 값을 구할 수 뒤에 온다. 수학 표기에서, x
의 계승은 'x!'로 쓰는데, 느낌표는 계승을 나타내는 데 쓴다. 연산자가 자기 인수 뒤에 올
때, 뒤(*postfix*) 연산자라고 부른다. 그래서 연산자의 위치는 연산자와 인수의 위치 관계
를 지칭하는 바, 어디에 연산자를 써야 하는지를 규정한다. 이어지는 절에서 소개할 연산
자들은 모두 낀 연산자로 구성되어 있다.

이제 우선순위 차례이다. 항 'x + y * z'를 산술식으로 해석할 수 있을 때, 그 값을
구하려면 y와 z를 먼저 곱한 뒤, x를 더해야 함을 안다. 그 이유는 괄호로 묶은 곳을 제
외하고, 곱셈과 나눗셈을 덧셈과 뺄셈보다 먼저 수행해야 한다고 학교에서 배웠기 때문
이다. 한편, 구조체 형태인 +(x, *(y,z))에서는 곱셈을 덧셈보다 먼저 수행한다는 규칙이
명시적으로 나타나 있다. 그 이유는 '*' 구조체가 '+' 구조체의 인수이기 때문이고, 그래서
실제로 컴퓨터로 계산하기를 원한다면, '*'가 먼저 수행되어야만 하는데, '+' 계산에 필요
한 인수가 무엇인지 미리 정해져야 하기 때문이다. 결국 연산자를 사용할 때에는 연산 수
행 순서를 알 수 있는 규칙이 필요하다. 연산자의 *우선순위*가 그 역할을 담당한다.

연산자의 우선순위는 먼저 해야 할 연산을 가리키는 데 사용한다. 프롤로그 연산
자는 각기 연관된 *우선순위* 등급이 있다. 등급은 정수로 정해져 있다. 정확한 정수 값은
사용하는 프롤로그 시스템에 따라 다를 수 있는데, 자세한 내용은 5장에서 다룰 것이다.
그러나 불변의 사실은 우선순위가 높은 연산자는 정수 1에 가까운 등급이 붙는다는 것이
다. 만약 연산자 등급 범위가 1에서 255까지라면, 첫 번째 등급이 붙은 연산자가 이를테
면 129번째 등급이 붙은 연산자보다 먼저 수행된다. 프롤로그에서 곱셈과 나눗셈 연산자
는 덧셈과 뺄셈 연산자보다 우선순위가 높은 바, 우선순위 등급값은 더 작다. 그래서 항
'a-b/c'는 항 '-(a,/(b,c))'와 같다. 연산자가 정확히 어떤 우선순위 등급에 속해 있는지 아
는 것이 현시점에서는 중요하지 않지만, 연산자들이 수행되는 상대적 순서를 기억하는
것은 의미 있는 일이다.

마지막으로 각종 연산자가 어떻게 결합하는지 생각해보자. 우선순위가 같은 연
산자들이 있을 때, 연산자의 결합성이 관심사가 된다. 식 '8/2/2'의 의미가 '(8/2)/2'인지

아니면 '8/(2/2)'일까? 첫 번째 경우는, 식이 2를 의미하는 것으로, 두 번째 경우에는 8을 의미하는 것으로 해석하는 것이다. 이 두 경우를 분간하려면, 연산자가 *좌결합적(left associative)*인지 또는 *우결합적(right associative)*인지 분별할 수 있어야 한다. 좌결합 연산자의 경우, 왼쪽에 우선순위 등급값이 같거나 작은 연산만 있을 수 있고, 오른쪽에는 우선순위 등급값이 작은 연산만 있을 수 있다. 예를 들어, 모든 산술연산(더하기, 빼기, 곱하기, 나누기)은 좌결합적이다. 이것은 '8/4/4'와 같은 식을 '(8/4)/2'로 읽는다는 것을 의미한다. 또한 '5+8/2/2'는 '5+((8/2)/2)'로 새긴다.

실제로는, 수식을 파악하기 힘든 이유가 우선순위와 결합성 규칙 때문이라면, 소괄호를 사용하여 표현하는 경향이 있다. 이 책에서도 가능한 많은 소괄호를 사용하여 수식의 뜻이 분명해지도록 할 것이지만, 여전히 중요한 점은 연산자에 대한 구문 규칙에 정통하여 연산자에 대한 완벽한 이해를 도모하는 것이다.

산술 연산자로 구성된 구조체라도 여타 구조체와 같은 부류임을 상기하자. 어떤 산술연산도 'is' 술어로 명령할 때까지는 실제로 수행되지 않는데, 이 술어는 2.5절에서 설명할 것이다.

2.4 상등과 통일

한 가지 주목할 만한 술어는 상등(equality)인데, '='로 쓰는 끼인 연산자이다. "X는 Y와 같다"로 읽는 다음과 같은 목적을 충족시키려고 할 때, 프롤로그는 X와 Y를 통일시키려고 하는데, 통일된다면 목적 충족시킴은 성공이다.

    ?- X = Y.

이 연산 행위를 X와 Y를 *같게 만들려는* 시도로 생각할 수 있다. 상등 술어는 *내장(built-in)*되어 있는데, 프롤로그 시스템에 이미 정의되어 있다는 의미이다. 상등 술어는 다음 사실로 정의된 것과 같이 작동한다.

        X = X.

프로그램상의 절에 나타날 때 X는 언제나 X와 같은데, 이 속성을 이용하여 앞서 본 상등 술어를 정의하였다.

        X=Y 형태의 목적이 주어진 바, X와 Y는 항으로서 사례화 되지 않은 변수를 포함할 수 있다고 했을 때, X와 Y가 같은지를 결정하는 규칙은 다음과 같다.

- 만약 X는 사례화 되지 않은 변수이나 Y는 어떤 항으로 사례화 되어 있다면, X와 Y는 같다. 수반하는 부작용(side-effect)이 있는 바, X는 Y가 사례화 되어 있는 대로 사례화 된다. 예를 들어, 다음 질문은 성공하는데, X가 구조체 rides(student, bicycle)로 사례화 되게 한다.

        ?- rides(student, bicycle) = X.

- 정수와 원자는 언제나 자신과 같다. 예로서 목적과 그 반응을 다음에 보였다.

policeman	=	policeman	성공한다.
paper	=	pencil	실패한다.
1066	=	1066	성공한다.
1206	=	1583	실패한다.

- 두 구조체가 같다고 할 때는 함자가 같고 성분의 개수가 같으며 대응하는 모든 성분이 같아야 한다. 예를 들어, 다음 목적은 성공하는 바, X를 bicycle로 사례화 되도록 한다. 자세히 보면, rides에 대한 질문이 아님을 알 수 있는데, 이것은 =에 대한 질문인 것이다.

        rides(student, bicycle) = rides(student, X).

구조체는 임의이 깊이로 다른 것 내부에 '둥지(nest)'를 틀 수 있다. 둥지 튼 구조체가 같은지 시험할 때는 더 많은 시간이 들 때가 있는데, 그 이유는 내부의 더 많은 구조체를 시험해야 하기 때문이다. 다음 목적은 충족시킴에 성공할 것인 바, B가 b로, C가 c로, E가 e로, F가 f로, H가 h로, J가 j로 사례화 되도록 한다.

$$a(b, C, d(e, F, g(h, i, J))) = a(B, c, d(E, f, g(H, i, j)))$$

사례화 되지 않은 두 변수를 같게 만들려고 할 때, 무슨 일이 일어날까? 이는 바로 앞서 본 첫 번째 규칙의 특별한 경우이다. 목적은 성공하고 두 변수는 *공유화* 된다. 두 변수가 공유화 되어 있을 때, 어느 하나가 어떤 항으로 사례화 되면 나머지 하나는 자동으로 같은 항으로 사례화 된다. 좀 더 기술적으로 말한다면 두 변수가 *공참조(co-refer)*한다고 하겠는데, 둘이 같은 것을 참조한다는 말이다. 그래서 다음 규칙에서, 두 번째 인수는 첫 번째 인수가 그 무엇이든, 그대로 사례화 될 것이다.

```
equal(X, Y) :- X = Y.
```

X = Y 형태의 목적은 어느 인수 하나가 사례화 되지 않았다면 언제나 성공적으로 충족시킬 수 있다. 이런 규칙을 보다 쉽게 쓰는 방법은, 변수는 그 자신과 같다는 사실을 이용하는 것인데, 다음과 같이 쓴다.

```
equal(X, X).
```

연습문제 2.1 다음 목적의 충족시킴 성공 여부를 말하고 사례화 되는 변수가 있다면, 어떤 값으로 사례화 되는지 보여라.

```
pilots(A, london) = pilots(london, paris)
point(X, Y, Z) = point(X1, Y1, Z1)
letter(C) = word(letter)
noun(alpha) = alpha
```

```
'student' = student
f(X, X) = f(a, b)
f(X, a(b, c)) = f(Z, a(Z, c))
```

2.5 산술

많은 사람들이 컴퓨터로 수치 계산을 한다. 산술 연산은 수를 비교하고 결과를 계산해내는 데 유용하다. 이 절에서 각 종류에 대한 예를 볼 것이다.

먼저 수를 비교하는 것부터 생각하자. 사람은 두 수가 주어졌을 때, 서로 같은지, 또는 한 수가 다른 수보다 작은지, 아니면 더 큰지를 분별할 수 있다. 프롤로그는 수를 비교할 때 쓰는 내장 술어를 갖추고 있다. 실제로, 이 술어는 산술식으로 간주되는 항의 값을 계산한다. 항의 인수는 정수로 사례화 된 변수일 수 있고, 상수로 써 놓은 정수일 수도 있으며, 또는 보다 일반적인 수식일 수도 있다. 여기에서는 이 술어를 수를 비교하는 데만 사용할 것이다. 그러나 나중에는 그것을 일반적인 산술식에서도 사용할 것이다. 유의할 것은 이 술어를 낀 연산자로 쓸 수 있다는 사실이다.

X =:= Y	X와 Y가 같은 숫자를 나타낸다.
X =\= Y	X와 Y가 다른 숫자를 나타낸다.
X < Y	X가 Y보다 작다.
X > Y	X가 Y보다 크다.
X =< Y	X가 Y보다 작거나 같다.
X >= Y	X가 Y보다 크거나 같다.

"~보다 작거나 같다"를 나타내는 기호가 여타 프로그래밍 언어와 달리 '<='가 *아님*에 유의하자. 이렇게 하면 프롤로그 프로그래머가 화살형 '<=' 원자를 다른 용도로 자유롭게 사용할 수 있게 된다.

이러한 비교 연산자는 술어이기 때문에, 2가 실제로는 3보다 더 크다는 주장을 다음과 같이 프롤로그 사실로 쓸 수 있다고 생각할지도 모른다.

    2 > 3.

이와 같은 사실은 완벽하게 적격한(well-formed) 프롤로그 문장이다. 그러나 프롤로그는 새로운 사실을 *내장* 술어에 추가하는 것을 허용하지 않는다. 이러한 장치는 예상과 다르게 내장 술어의 의미를 바꾸는 것을 막아 준다. 6장에서 각종 내장 술어를 설명할 것인데, 지금까지 보았던 것들도 포함한다.

수를 활용하는 첫 번째 예로서, 9~10세기 영국 웨일스 공 군주 치세 데이터베이스를 생각한다. 술어 reigns을 정의하는 바, "reigns(X,Y,Z)이 참이다"의 조건은 "X 공이 Y년에서 Z년까지 다스렸다"로 정한다. 데이터베이스에 저장된 사실 목록은 다음과 같다.

```
reigns(rhodri, 844, 878).
reigns(anarawd, 878, 916).
reigns(hywel_dda, 916, 950).
reigns(lago_ab_idwal, 950, 979).
reigns(hywel_ab_ieuaf, 979, 985).
reigns(cadwallon, 985, 986).
reigns(maredudd, 986, 999).
```

이제 특정 시기 동안 누가 웨일즈 왕좌에 있었는지 묻고 싶다고 하자. 규칙을 정의할 수 있는데, 이름과 날짜가 주어지면, 데이터베이스를 탐색하면서 재위기간 날짜와 주어진 날짜를 비교하는 것이다. 술어 prince(X, Y)를 정의하는데, 술어가 참일 조건은 "X 공이 Y년도에 왕좌에 있었다"로 정한다.

    X 공이 Y년도에 왕좌에 있었다, 만일 다음 사실이 참이면
        X 공이 A년에서 B년까지 다스렸다, 그리고
        Y는 A와 B를 포함하는 그 사이에 있다.

이렇게 하면, 첫 번째 목적은 전술한 reigns 데이터베이스 사용하여 충족시킬 수 있을 것이다. 두 번째 목적을 충족시킬 수 있는 경우는 Y가 A와 같거나, B와 같거나, 또는 A와 B 사이에 있을 때이다. 이것은 Y >= A와 Y =< B를 시험해서 확인할 수 있다. 이 모든 것을 프롤로그로 새긴 결과는 다음과 같다.

```
prince(X, Y) :-
    regins(X, A, B),
    Y >= A,
    Y =< B.
```

예상되는 질문과 프롤로그의 응답이 다음에 있다.

```
?- prince(cadwallon, 986).
yes
?- prince(rhodri, 1979).
no
?- prince(X, 900).
X=anarawd
yes
?- prince(X, 979).
X=lago_ab_idwal ;
X=hywel_ab_ieuaf
yes
```

뒤쪽 예에 나타난 변수 용법에 유의하자. 반드시 알아야 할 것은 프롤로그 탐색 기제 작동 방식인 바, 그런 질문의 대답이 도출되는 과정이다.

산술은 또한 수치계산에 쓸 수 있다. 예를 들어, 나라의 인구와 땅 넓이를 안다면, 인구 밀도를 계산할 수 있다. 인구 밀도는 국민이 어떤 나라에 고르게 퍼져있을 때, 그 나라가 얼마나 붐빌지를 말한다. 1976년 기준 여러 나라의 인구와 면적에 대한 다음 데이터베이스를 생각한다. 술어 pop으로 국가와 인구 사이의 관계를 표현한다고 하자. 오늘날,

국가 인구수는 일반적으로 아주 큰 수이다. 그래서 인구 단위를 백만 명으로 하여, pop(X, Y)의 뜻이 "X 나라의 인구가 약 Y 백만 명이다"가 되도록 정한다. 술어 area는 국가와 국토 면적 사이의 관계를 표현하는데, 면적의 단위는 백만 평방 마일이다. 여기 수치가 정확하지는 않지만, 산술 계산을 예시하는 데는 충분하다.

```
pop(usa, 203).
pop(india, 548).
pop(china, 800).
pop(brazil, 108).

area(usa, 3).
area(india, 1).
area(china, 4).
area(brazil, 3).
```

이제 한 국가의 인구 밀도를 알아내는 규칙을 사용하는 바, 인구 밀도는 인구를 국토 면적으로 나눈 값이다. 이를 술어 density로 나타내는데, 목적 density(X, Y)의 충족시킴이 성공하는 경우는 X 나라의 인구 밀도가 Y일 때이다. 이를 프롤로그 규칙으로 새기면 다음과 같다.

```
density(X, Y) :-
        pop(X, P),
        area(X, A),
        Y is P/A.
```

앞의 규칙은 다음과 같이 읽을 수 있다.

> X 나라의 인구 밀도는 Y이다, 만일 다음 사실이 참이면
>   X 나라의 인구가 P이다, 그리고
>   X 나라의 면적이 A이다, 그리고
>   Y는 P를 A로 나누어서 계산한다.

여기에서 'is'라는 새로운 연산자가 나타났다. 'is'는 낀 연산자이다. 그 오른쪽 인수는 항인데, 산술식으로 해석한다. 'is'를 충족시키기 위해 프롤로그는 우선 산술 규칙을 적용하여, 그 오른쪽 인수 값을 구한다. 그 값이 왼쪽 인수와 통일이 되는지에 따라 'is' 목적 충족시킴의 성공 여부가 결정된다. 위의 예에서, Y 값은 'is'를 보았을 때 미정인데, 'is'가 산술식의 값을 구한 다음 Y가 그 값을 나타내도록 한다. 이 말은 'is'의 오른쪽에 있는 모든 변수 값이 정해져 있어야 함을 의미한다.

'is' 술어는 산술식을 평가할 때마다 필요하다. P/A와 같은 것은 바로 여느 프롤로그 구조체인즉, author(emily, bronte) 구조체와 같은 꼴임을 기억하자. 그런데 구조체를 산술식으로 새기고 싶다면, 구조체에 적용하는 특별한 연산이 있는 바, 이로써 실제로 산술을 수행하고 그 결과를 계산한다. 이를 산술식 평가라고 부른다. 구조체를 모두 산술식으로 간주하여 평가할 수는 없다. 명백하게도 author와 같은 구조체는 평가할 수 없는데, 그 이유는 author를 현재까지 산술연산으로 정의하지 않았기 때문이다.

이제 인구 밀도의 예로 돌아가면, 전형적으로 제기되는 질의응답을 어렵지 않게 이해할 수 있다.

```
?- density(china, X).
X=200
yes
?- density(turkey, X).
no
```

처음 질문에서, *X=200*은 프롤로그 대답인 바, 평방 마일당 200명의 사람이 있다는 뜻이다. 두 번째 질문은 실패했는데, 그 이유는 터키 인구가 데이터베이스에 등록되어 있지 않아서 찾을 수 없었기 때문이다.

사용하는 컴퓨터에 따라 다양한 산술 연산자들을 'is' 연산자 오른쪽에 사용할 수 있다. 표준적인 프롤로그 시스템 모두는 다음을 포함하는데, 이와 함께 더 많은 연산자를 갖추고 있다.

X + Y	X와 Y의 합
X - Y	X와 Y의 차
X * Y	X와 Y의 곱
X / Y	X를 Y로 나눈 실수 몫
X // Y	X를 Y로 나눈 정수 몫
X mod Y	X를 Y로 나눈 나머지

이 목록에는 전술한 비교 연산자들과 함께, 간단한 산술 문제를 푸는 데 필요한 거의 모든 연산자가 나열되어 있다.

2.6 목적 충족시킴 요약

프롤로그는 프로그래머가 *질문*하면 반응하여 작업을 수행한다. 질문은 *연접*을 규정하는데, 충족시켜야 할 목적으로 구성된다. 프롤로그는 정의된 절을 사용하여 목적을 충족시킨다. 사실은 주어진 목적을 바로 충족시킬 수 있지만, 규칙은 충족시킴 작업을 *부목적*(*subgoal*)의 연접을 충족시키는 작업으로 변환할 수 있을 뿐이다. 그렇지만 절은 고려 중인 목적과 통일될 수 있어야만 사용할 수 있다. 만약 목적을 충족시킬 수 없으면, *무름*이 시작된다. 무름은 수행한 작업을 재검토하는 과정으로 구성되는데, 목적을 *재충족시키려*고 하는 바, 다른 방법으로 충족시킬 수 있는지를 탐색한다. 더 나아가 질문에 대한 대답이 만족스럽지 못하다면, 프롤로그가 해답을 하나 보고했을 때 쌍반점(;)을 입력하여 무름을 직접 시작시킬 수도 있다. 이 절에서는 도해법을 소개하는데, 프롤로그가 언제 그리고 어떻게 목적을 충족시키려고 또 재충족시키려고 하는지를 설명할 것이다.

2.6.1 연접된 목적 충족시키기

프롤로그가 연접된 목적을 충족시키려고 할 때는 목적이 규칙의 몸이나 질문에 소속되어 있는지에 상관없이 각 목적을 (왼쪽에서 오른쪽으로) 나타난 순서대로 검토한다. 이것의 의미는 프롤로그가 어떤 목적을 충족시키려고 할 때는 그 목적의 왼쪽 이웃을 모두 충족시킨 후라는 것이다. 그리고 그 목적을 충족시켰으면, 오른쪽 이웃도 충족시키려고 할 것이다. 간단한 프로그램을 검토해 볼 것인데, 다음과 같이 가족 관계를 표현한 것이다.

```
female(mary).

parent(C, M, F) :- mother(C, M), father(C, F).

mother(john, ann).
mother(mary, ann).

father(mary, fred).
father(john, fred).
```

질문에서 대답에 이르는 사건 나열을 살펴보도록 하자.

```
?- female(mary), parent(mary, M, F), parent(john, M, F).
```

이 질문은 mary가 john의 누이인지 여부를 알아내는 것이다. 이를 성취하려면 프롤로그가 그림 2.1에 보인 일련의 부목적을 충족시켜야 한다.

목적을 상자로 표현하는 바, 쪽에 세로로 나열한다. 쪽 상단에서 시작한 화살표는 어떤 목적을 이미 충족시켰는지를 나타낸다. 화살표 머리 아래쪽에 있는 상자는 프롤로그가 아직 고려하지 않은 목표를 나타낸다. 화살표가 통과한 상자는 충족시킨 목적을 나타낸다. 프로그램이 실행되는 동안 화살표는 쪽에서 위아래로 움직일 것인데, 프롤로그가 어느 목적을 처리하는지를 나타낼 것이다. 이를 충족류(*flow of satisfaction*)라고 부르자. 예에서, 화살표는 앞서 본 것처럼 쪽 상단에서 시작한다. 화살표는 세 목적을 충족시킴에 따라,

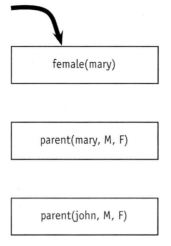

그림 2.1.   아직 충족시키지 않은 부목적열

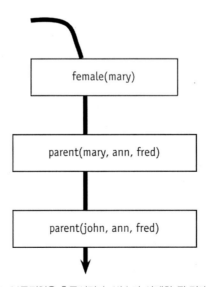

그림 2.2.   부목적열은 충족시켰다. 변수가 사례화 된 것에 주의하자.

세 상자를 관통하여 아래로 뻗어 간다. 그래서 최종 상황은 그림 2.2처럼 될 것이다.

주목할 사실은 변수 M과 F에 대한 값이 이제 발견되었다는 것이다. 이 도해는 처리 과정의 큰 구조를 보여주지만, 세 목적을 *어떻게* 충족시켰는지 자세하게 나타나 있지 않다. 이에 대한 세부 사항은 상자 안에 넣어 보여줄 수 있다. 두 번째 목적을 충족시킨 과정에 집중해보자. 목적 충족시킴 과정은, 통일할 절을 데이터베이스에서 탐색하기, 발견 지점에 위치표식을 남기기, 그런 다음 부목적을 충족시키기로 구성된다.

이러한 세부사항은 두 번째 목적을 대상으로 보일 수 있는바, parent 상자 안에 어떤 절을 선택했고 어느 부목적을 충족시켜야 했는지 지적해 놓았다. 선택된 절은 괄호 안 숫자로 표시하는데, 이 경우에는 (1)이다. 이 숫자는 *절 집합에서 어떤 절을 선택했는지* 표시하는 바, 이 집합은 상자 고유의 술어를 충족시킬 수 있는 절의 모임이다. 그래서 숫자 1은 parent 술어를 충족시킬 수 있는 절의 집합에서 첫 번째 절이 선택되었다는 것을 표시한다. 이 정보는 데이터베이스에서 그 위치를 표시하는 데 충분하다. 부목적은 작은 상자 안에 있는데, 목적을 담은 큰 상자 안에 있다. parent 절을 선택했을 때의 상황은 그림 2.3과 같다.

화살표는 parent 상자로 들어가서 괄호를 관통하는 바, 절을 선택하였음을 가리킨다. 선택한 절은 부목적 두 개를 도입하는데, mother와 father에 관한 것이고 목적 상자 안의 작은 상자로 그려져 있다. 이 시점에서 화살표는 이 두 작은 상자를 관통하고, 현재의 parent 상자에서 나온 다음, 두 번째 parent 상자를 관통해야 질문을 충족시킬 수 있다.

화살표가 작은 상자를 관통할 때, 큰 상자의 경우와 같이 절 선택과 절의 부목적 충족시킴 단계가 수행되어야 한다. 이 예제의 경우, 이 목적 둘 모두는 데이터베이스에서 사실을 발견할 수 있기에 충족시킴에 성공하는 데, 그 결과 변수 M과 F가 사례화 된다. 그리하여 그림 2.4는 상세도인 바, 질문의 충족시킴에 성공하는 상황을 묘사한 것이다.

엄밀하게 말하자면, 목적 female(mary)와 parent(john, ann, fred)도 어떻게 충족시켰는지 그 세부사항을 보여야 했었다는 것에 유념하자. 그러나 그것은 너무 자세한 내용이 되어서 한 쪽에 다 넣지 못 했을 것이다. 이 예는 프롤로그가 목적을 어떻게 충족시키려고 하는지 그 일반적인 문양을 보이는 바, 이 경우는 목적의 연접을 성공적으로 충족시키는 경우이다. 화살표는 상자를 차례로 관통하면서 쪽 아래 방향으로 움직인다. 화살표가 상자로 들어가면 절을 선택하였음과 그에 따른 위치표식이 설정되었음을 시사한다. 만약 선택한 절이 목적과 통일하고 그 절이 사실이라면, 화살표는 상자를 떠날 수 있다. 이러한 경우가 mother 목적과 father 목적에서 발생하였다.

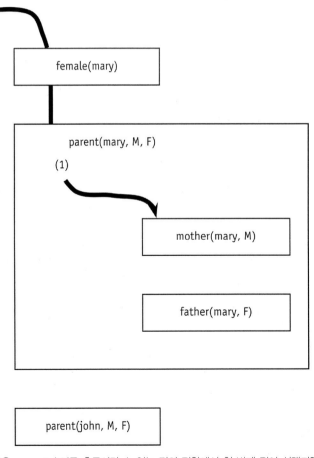

그림 2.3. 숫자 (1)은 parent 술어를 충족시킬 수 있는 절의 집합에서 첫 번째 절이 선택되었다는 것을 표시한다. 부목적은 작은 상자 안에 있는데, 목적을 담은 큰 상자 안에 있다.

이와 달리, 만약 선택한 절이 목적과 통일하고 그 절이 규칙이라면, 부목적에 대한 작은 상자가 새로이 생겨날 것이고, 화살표는 이 모든 작은 상자를 관통해야만 원래의 상자를 떠날 수 있다.

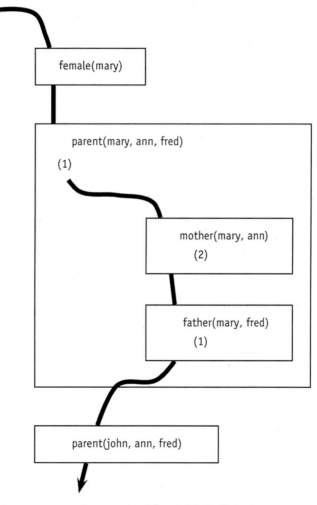

그림 2.4. 질문의 충족시킴에 성공한다.

2.6.2 무름시 목적 처리

목적 충족시킴에 실패했을 때 (왜냐하면 목적에 적합한 대안(alternative)절을 모두 시도했거나 또는 쌍반점(;)을 입력했기 때문에) 충족류는 왔던 길을 *거슬러* 올라간다. 이것은 이전에 떠나온 상자로 후퇴한다는 것인데, 목적을 *재*충족시키기 위함이다. 화살표가 절이 선택됐던 장소(괄호 안 숫자로 표시)로 후퇴했을 때, 프롤로그는 상자 고유의 목적을 충족시키는 데 필요한 대안절을 발견하려고 한다. 탐색에 앞서 먼저 프롤로그는 목적 충족시킴 과정에서 사례화 된 모든 변수들을 그 값을 지워서 해례화 되게 한다. 그리고 나서 위치표식이 있던 곳에서부터 데이터베이스를 탐색한다. 만약 또 다른 통일 후보자가 발견된다면, 위치를 표시하고 앞서 본 2.6.1절과 같이 작업이 진행된다.

유의 사항은 재충족시킨 목적의 '오른쪽에' 있는 목적에 대한 것인 바, 재충족시킨 목적이 이전에 충족되었던 상황에서 비록 우편 목적을 충족시키려고 한 적이 있었을지라도 무름 이후의 우편 목적 충족시킴 시도는 언제나 처음처럼 시작한다. 프롤로그는 우편 목적을 '충족'시키려고 하지, '재충족'시키려고 하는 것이 아니라는 말이다. 통일 가능성이 더 이상 없다면, 목적 충족시킴은 실패하고 화살표는 또 다른 위치표식을 만날 때까지 더 멀리 후퇴한다.

예의 경우, 목적 parent(john, ann, fred)가 실패한다면, 화살표는 parent(john, ann, fred) 상자에서 위로 후퇴할 것이다. 이 목적을 재충족시키기 위해서는 아래로부터 parent(mary, ann, fred) 큰 상자로 다시 들어가는 것이 필요한데, 이 상황을 그림 2.5에 보였다.

그런데 이후에, 더 멀리 후퇴하는 것이 필요하다. 화살표는 father 목적을 겨냥한 절이 선택되었던 곳에 도착해야 한다. 무엇보다도, 선택한 절을 사용할 때 발생한 변수 사례화를 취소하여 해례화 되게 복구한다. 이것은, father 목적에서 F가 다시 해례화 됨을 의미한다. 그리고 나서 프롤로그는 데이터베이스를 탐색하는 바, (위치표식이 붙은) 첫 번째 father 절 뒤에서 시작하여 이 목적을 겨냥하는 대안 절을 발견하려고 한다. mary의

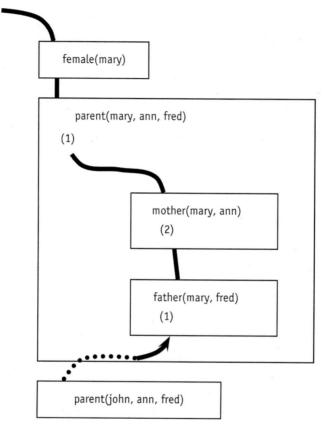

그림 2.5. 만약 목적 충족시킴에 실패한다면 무슨 일이 발생할까?

아버지가 한 명이라고 가정한다면 (터무니없는 가정은 아니지만) 이 시도는 성공하지 못할 것이다. 그래서 화살표는 더 멀리 후퇴해야만 할 것이다. 화살표는 위로 후퇴하는 바, father(mary, F) 상자(이 목적을 충족시킴에 실패하였다)에서 나와 후진하여 mother(mary, ann) 상자로 들어가는데, 이 mother 목적을 재충족시키려고 한다. 이러한 상황을 그림 2.6에서 볼 수 있다.

이러한 예로부터 일반적인 문양을 볼 수 있는 바, 무름 과정에서 목적을 재고하는 방식이다. 목적 충족시킴에 실패하면, 화살표는 실패한 목적 상자로부터 위로 후퇴하여,

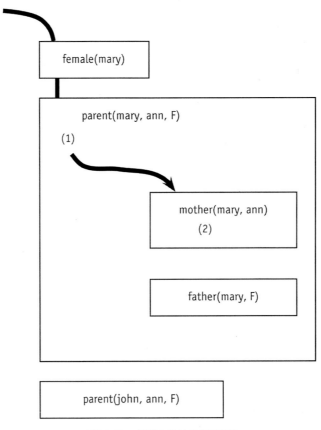

그림 2.6. 목적을 다시 충족시키기

위의 목적 상자로 되돌아 들어간다. 화살표는 계속 후퇴하는데, 위치표식에 도달하면 멈춘다. 이때 절 선택으로 발생했었던 변수 사례화를 모두 취소하여 해례화 되게 정정한다. 그런 다음, 프롤로그는 데이터베이스를 탐색하는데, 위치표식 뒤에서 시작하여 대안 절을 발견하려고 한다. 목적과 통일하는 절을 발견하면 새로운 위치표식을 기록하고, 부목적이 있다면 작은 상자를 만들어 기록하고, 화살표는 다시 아래로 움직이기 시작한다. 그렇지 않으면 화살표는 계속 위로 후퇴하는데 또 다른 위치표식을 찾기 위함이다.

2.6.3 통일

목적과 절 머리의 통일 여부를 결정하는 규칙은 다음과 같다. 유의할 사항은 절 사용에서 모든 변수들은 초기에 해례화 된다는 것이다.

- 해례화된 변수는 어떤 객체와도 통일할 수 있다. 통일 결과, 변수는 그 객체를 나타내게 된다.
- 한편, 정수나 원자는 자기 자신하고만 통일될 수 있다.
- 마지막으로, 구조체끼리 통일이 가능한 경우는 함자와 인수 개수가 같고, 상응하는 모든 인수끼리 통일될 수 있을 때이다.

통일에서 주목할 만한 경우는 해례화된 두 변수가 통일되는 때이다. 이 경우, 변수들이 *공유화* (또는 *공참조*) 되었다고 말한다. 공유화된 변수들은 하나가 사례화 될 때 동시에 다른 변수도 (같은 값으로) 사례화 된다. 통일과 인수를 같게 만드는 상등(2.4절) 사이의 유사성을 알아차렸다면 바로 안 것이다. 그 이유는 '=' 술어가 통일을 사용하여 인수를 같게 만들려고 하기 때문이다. 이제 연산자, 산술, 그리고 통일에 대한 논의를 종합할 수 있다. 다음 사실이 데이터베이스에 있다고 가정하자.

```
sum(5).
sum(3).
sum(X + Y).
```

다음 질문을 생각해보자.

```
?- sum(2 + 3).
```

그런데 위의 어떤 사실이 질문과 통일될 수 있을까? 첫 번째 것이라고 생각한다면, 되돌아가 구조체와 연산자에 대해 복습해야 한다. 질문에서 sum 구조체의 인수는 구조체인데,

더하기 부호가 함자이고, 2와 3이 성분이다. 사실, 질문 속 목적은 세 번째 사실과 통일할 것인 바, X는 2로, Y는 3으로 사례화 될 것이다. 한편, 합산을 하기 원한다면, 'is' 술어를 사용한다. 이때는 다음과 같이 쓴다.

```
?- X is 2 + 3.
```

또는 재미 삼아, 다음과 같이 정수 두 개와 그 합을 관련짓는 술어 add를 정의할 수도 있다. 정의를 사용할 때, 우선 X와 Y는 사례화 되어 있어야 한다.

```
add(X, Y, Z) :- Z is X + Y.
```

CHAPTER 3

자료구조 사용

'재귀(recursion)'라는 단어는 옥스퍼드 영어 사전에 다음과 같이 풀이되어 있다.

RECURSION [Now rare or *obs.* 1626]. A backward movement, return.

이 뜻풀이는 수수께끼 같기도 하고 진부하기도 하다. 재귀는 현재 비수치(non-numerical) 프로그래밍 분야에서 매우 인기 있고 강력한 기법이다. 재귀 개념은 두 가지 방식으로 사용한다. 첫째로, 구조체 표현에 사용할 수 있는데, 구조체가 구조체의 성분이 되는 경우이다. 둘째로는 프로그램 표현에 사용할 수 있는데, 프로그램 사본이 목적을 완수한 후라야 프로그램이 목적을 달성할 수 있는 경우이다. 초보자는 때로 재귀에 대해 의구심을 가지는 바, "관계를 정의하는 과정에서 (아직 정의가 끝나지 않은) 그 관계를 활용한다는 것이 어떻게 가능할까?"라는 의문이 생기기 때문이다. 프롤로그에서 재귀는 자료구조와 프로그램을 파악하는 평범하고 자연스러운 방식이다. 바라건대 이 장의 주제인 재귀가 편하고 절도 있는 방법으로 명백하게 될 것이다.

3.1 구조체 및 나무

일반적으로 복잡한 구조의 형태를 *나무(tree)*로 표현할 수 있다면 이해하기가 더 쉬울 것인 바, 함자는 마디(node)에, 성분은 가지(branch)에 대응시킨다. 각 가지는 또 다른 구조체를 가리키는 일이 있기 때문에 구조체 안에 구조체가 있을 수 있다. 나무를 그릴 때 뿌리를 위에, 가지를 아래에 두는 것이 관례인즉, 실제 나무와는 반대이다. 예를 들어 구조체 parents(charles, elizabeth, philip)는 다음과 같이 표현한다.

구조체 a+b*c (또는 동등하게, +(a, *(b,c)))는 다음과 같이 표현한다.

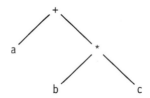

구조체 book(moby_dick, author(herman, melville))은 다음과 같이 표현한다.

마지막 두 구조체가 비록 뿌리와 잎이 다를지라도, 같은 형태의 나무라는 것에 유의하자. 더 나아가기 전에, 이전 장에서 보았던 구조체를 각각 나무 그림으로 표현할 수 있어야

하겠다.

가정하건대 'John likes Mary'라는 문장을 받아, 구문구조를 표현해야 한다고 하자. 영어 구문구조 중에서 매우 단순한 것은 문장 구성이 명사와 따라오는 동사구로 형성되는 것이다. 이에 더하여 동사구는 동사와 또 다른 명사로 구성된다. 임의의 그런 문장 구조는 다음과 같은 형태의 구조체로 나타낼 수 있다.

sentence(noun(X), verb_phrase(verb(Y), noun(Z)))

앞의 구조체를 다음과 같이 나무로 표현할 수 있다. 만일 문장 ('John likes Mary')를 가지고 구조체 변수들을 문장의 단어로 사례화 하면, 다음과 같이 된다.

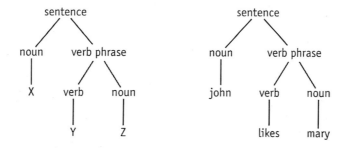

이 예는 프롤로그 구조체와 변수로 구문구조를 표현하는 방법을 보이는데, 구문구조는 매우 단순한 영어 문장 부류에 대한 것이다. 일반적으로, 문장에서 단어의 품사를 알고 있다면, 문장 속 단어 사이의 관계를 프롤로그 구조체로 명확하게 표현하는 것이 가능하다. 이것은 그 자체로 흥미로운 주제인즉, 나중에 컴퓨터가 간단한 영어 문장을 '이해'할 수 있게 프롤로그로 구현해 주는 방법에 대한 문제로 돌아갈 것이다.

나무는 또한 구조체 내부 변수를 그림으로 묘사할 수 있는데, 특히 동명 변수들이 공유화 되는 방식을 보여 줄 수 있다. 예를 들어, 항 f(X, g(X, a))를 표현한 구조체를 다음과 같이 나무로, 더 정확하게는 유향 비순환 그래프(directed acyclic graph)로 묘사할 수 있다.

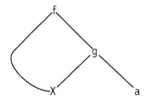

3.2 목록

목록(*list*)은 비수치 프로그래밍에서 매우 일반적인 자료구조이다. 목록은 순서열(ordered sequence)인데, 요소(element)로 구성되고 길이는 임의로 정한다. 순서열에서 '순서'라는 단어가 있는 것은 나열에서 요소들의 순서가 중요하다는 것을 의미한다. 목록 '요소'는 어떤 항이라도 될 수 있는데, 상수, 변수, 구조체 등은 물론이고 다른 목록도 가능하다. 이러한 특성이 유용한 경우는 목록이 얼마나 커야할지, 그리고 무슨 정보를 담게 될지 미리 예견할 수 없을 때이다. 더욱이, 목록은 어떤 종류의 구조체라도 실제로 나타낼 수 있는데, 기호 계산에서 쓰고 싶은 어떤 구조체라도 표현 가능하다. 목록은 표현도구로 광범위하게 사용하는데, 예를 들어 문석목(parse tree), 문법, 도시 지도, 컴퓨터 프로그램, 그리고 수학적 실체로서 그래프, 공식, 함수 등이 표현 대상이 될 수 있다. 참고로, LISP라는 프로그래밍 언어가 있는데, 가용 자료구조가 상수와 목록뿐이다. 그렇지만 프롤로그에서 목록은 단지 구조체의 한 종류일 뿐이다.

　　목록은 특별한 종류의 나무로 표현할 수 있다. 목록은 어떤 요소도 없는 빈(*empty*) 목록이거나, 머리(head)와 꼬리(tail)라는 두 개의 성분이 있는 구조체이다. 목록 끝은 관습적으로 꼬리로 나타내는데, 꼬리 값은 빈 목록이다. 빈 목록은 []로 표기하는데, 여는 대괄호 뒤에 닫는 대괄호를 쓴다. 목록의 머리와 꼬리는 함자의 성분인 바, 함자명은 '.' 점(마침표 또는 종지부)이다. 따라서 한 요소 'a'로 구성되는 목록은 '.(a,[])'이고, 표현하는 나무는 다음과 같다.

또한, 원자 a, b, 그리고 c로 구성되는 목록은 .(a,.(b,.(c,[])))이고, 표현하는 나무는 다음과 같다.

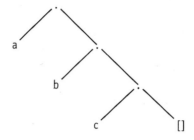

어떤 이는 목록을 나무로 그릴 때, 왼쪽에서 오른쪽으로 '자라고' '가지'가 아래로 늘어진 모습으로 표현한다. 이 방법으로 앞서 본 목록을 표현하면 다음과 같이 '덩굴' 그림이 된다.

이 덩굴 그림에서, 점 함자의 머리 성분은 매달려 있고, 꼬리 성분은 오른쪽으로 자란다. 목록의 끝은 빈 목록인데 마지막 꼬리 성분으로 분명하게 표시된다. 덩굴 그림의 주요 장점은 목록을 종이 위에 그릴 때 우에서 좌 방향으로 그릴 수 있다는 것이다.

　　덩굴 그림은 목록 구조를 파악할 필요가 있어서 종이 위에 목록을 표현할 때 알맞은 도구겠지만, 프롤로그 프로그램 안에서 목록을 표현할 때는 사용하지 않는다. 점 표기법으로 복잡한 목록을 표현하기가 종종 불편하기 때문에, 프롤로그 프로그램 안에서 목록을 표현할 때 사용할 수 있는 또 다른 구문이 있다. 목록 *표기법*(*list notation*)에서는 목록 요소를 쉼표로 구분하고 요소 전체를 대괄호로 묶는다. 예를 들어 앞에서 본 목록을 이 표기법으로 표현했을 때, [a] 및 [a,b,c] 등으로 쓸 수 있다.

유용한 목록 표현이 있는데, 목록 안에 다른 목록과 변수가 있을 수 있다. 예를 들어 다음 목록은 프롤로그에서 올바르다.

```
[]
[the, men, [like, to, fish]]
[a, V1, b, [X, Y]]
```

목록 안에 있는 변수도 여느 다른 구조체 안의 변수처럼 똑같이 취급한다. 변수는 언제라도 사례화 될 수 있어서, 변수를 영리하게 사용한다면 '빈 곳(hole)'을 목록 안에 마련하고 나중에 자료로 채울 수도 있다. 목록 안에 있는 목록 구조를 보기 위해, 앞에서 본 목록의 덩굴 그림을 보이면 다음과 같다.

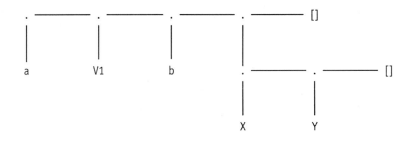

이 도식으로, 덩굴의 각 수평 '층'이 일정 개수 요소가 있는 목록이라는 것을 파악하기가 쉽다. 꼭대기 층은 목록인데, 요소 네 개가 있고 그중 하나는 목록이다. 두 번째 층에는 두 개의 요소가 있고 꼭대기 층 목록의 네 번째 요소이다.

목록을 처리할 때는 머리와 꼬리로 나눈다. 목록의 머리는 목록 구성에 사용하는 '.' 함자의 첫 번째 성분이다. '머리'라는 용어를 규칙 및 목록에서 사용함에 유의하자. 규칙의 머리와 목록의 머리는 다른 실체인데, 비록 역사적인 우연으로 '머리'라고 같이 부를지라도, 특정 시점에 어떤 '머리'에 대하여 논의하고 있는지 분별하기는 쉽다. 목록의 꼬

리는 '.' 함자의 두 번째 성분이다. 목록을 대괄호 표기법으로 표현했을 때, 목록의 머리
는 목록의 첫 번째 요소이다. 목록의 꼬리는 첫 번째 요소를 제외한 나머지 모든 요소로
구성된 목록이다. 다음에 머리와 꼬리로 구분한 목록이 있다.

목록	머리	꼬리
[a, b, c]	a	[b, c]
[]	(none)	(none)
[[the, cat], sat]	[the, cat]	[sat]
[the, [cat, sat]]	the	[[cat, sat]]
[the, [cat, sat], down]	the	[[cat, sat], down]
[X+Y, x+y]	X+Y	[x+y]

표 3.1 머리와 꼬리로 구분한 목록

빈 목록에는 머리와 꼬리 둘 다 없는 것에 유의하자. 마지막 예에서, '+' 연산자는 구조체
+(X, Y)와 구조체 +(x, y)의 함자로 사용되었다.

　　목록 연산 중에서 머리와 꼬리로 분리하는 목록 연산이 흔하기 때문에 프롤로그에
서는 특별한 표기법으로 '머리 X와 꼬리 Y가 있는 목록'을 나타낸다. [X|Y]가 그것인데, X
와 Y를 나누는 부호가 세로대(vertical bar)이다. 세로대를 숫자 1, 문자 I, 문자 l과 혼동
하지 않아야 한다. [X|Y] 꼴의 문양은 X를 목록의 머리로, Y를 목록의 꼬리로 사례화 할
것인데, 다음 예와 같이 변수 사례화가 일어난다.

```
p([1,2,3]).
p([the, cat, sat, [on, the, mat]]).

?- p([X|Y]).
X = 1     Y = [2, 3];
X = the   Y = [cat, sat, [on, the, mat]]

?- p([_,_,_,[_|X]]).
X = [the, mat]
```

목록 구문에 대한 더 많은 예가 다음에 있는 바, 각종 목록들이 어떻게 어울리게(match) 되는지 볼 수 있고, 표 3.2에 나타나 있듯이 두 목록이 어울리면 어떤 사례화를 얻을 수 있는지를 알 수 있다.

목록 1	목록 2	사례화
[X, Y, Z]	[john, likes, fish]	X = john
		Y = likes
		Z = fish
[cat]	[X|Y]	X = cat
		Y = []
[X, Y|Z]	[mary, likes, wine]	X = mary
		Y = likes
		Z = [wine]
[[the, Y],|Z]	[[X, hare], [is, here]]	X = the
		Y = hare
		Z = [[is, here]]
[golden|T]	[golden, norfolk]	T = [norfolk]
[vale, horse]	[horse, X]	(none)
[white|Q]	[P|horse]	P = white
		Q = horse

표 3.2 한 쌍의 목록이 어울리는 방법. 만약 어울린다면, 변수가 사례화 된다. 어울림이 실패한 경우도 있다.

마지막 예의 경우처럼, 목록 표기법을 목록과 닮은 구조체를 구성하는 데 사용할 수 있지만, 얻은 것은 빈 목록으로 끝나지 않은 구조체임에 유의하자. 그러한 구조체 [white| horse]는 머리가 white이고 꼬리가 horse인 있는 구조체를 나타낸다. 상수 horse는 목록도 아니고 빈 목록도 아닌 바, 나중에 그런 구조체를 목록의 꼬리에 사용할 경우에는, 조심해서 다루어야 한다는 것을 볼 것이다.

3.3 재귀 탐색

프롤로그 프로그래밍에서는 구조체 내부를 탐색하여 원하는 정보를 알아내야 할 필요성이 빈번히 제기된다. 이러한 탐색 작업이, 구조체가 성분으로 다른 구조체를 포함하고 있을 경우에는 *재귀 탐색(recursive search)*으로 귀착된다.

예를 들어, 1927년 영국 경마에서 모두 우승했던 아비 말 Coriander의 망아지 이름 목록이 다음과 같다고 하자.

```
[curragh_tip, music_star, park_mill, portland]
```

이제 주어진 말이 목록에 있는지 알고 싶다고 하자. 프롤로그로 이를 해결하는 방법은, 먼저 그 말이 목록 머리와 같은지 알아보는 것인데, 만약 그러하다면, 존재확인에 성공한다. 만약 그렇지 않다면, 그 말이 목록 꼬리에 있는지 확인한다. 이 말은 (재귀적으로) 우선 *꼬리*의 머리를 확인해야 한다는 것이고 확인에 실패하면, 이 꼬리의 꼬리에 있는지 확인해야 한다는 것이다. 이 말은 (재귀적으로) 다시 우선 꼬리의 *꼬리*에서 머리를 확인해야 한다는 것이고 확인에 실패하면, 꼬리의 꼬리에서 꼬리에 있는지 확인해야 한다는 것이다. 이러한 과정을 반복하여 목록의 끝(통상적으로 빈 목록)에 도착한다면, 존재확인에 실패하는 바, 주어진 말이 그 목록에 없음이 확인된다.

존재확인 작업을 프롤로그로 표현하려면, 우선 객체와 객체가 소속할 수 있는 목록 사이의 관계를 분별할 수 있어야 한다. *속격(membership)*이라 부르는 이 관계는 일상생활에서 흔한 개념이다. 사람들은 동호회 등의 회원 이야기를 한다. 술어 member를 기술할 것인데, 목적 member(X,Y)가 참일 조건은 X가 나타내는 항이 Y가 나타내는 목록의 요소라는 것이다. 두 가지 경우가 있을 수 있다. 첫째, X가 Y의 머리와 같다면 X는 Y의 요소가 될 것이다. 비록 X와 Y가 같은지 확인을 부목적 X=Y로써 알아낼 수는 있지만 더 쉬운 방법이 있는데, 같은 변수명을 통하여 서로 어울리는지 여부만을 확인하는 것이다. 이를 프롤로그로 표현하면 다음과 같은바, "X는 머리가 X인 목록의 요소이다"라는 것을 나타낸다.

```
member(X, [X|_]).
```

목록 꼬리를 익명의 변수 '_'로 나타냈음에 유의하자. 이름을 사용하지 않은 이유는 이 특정한 사실에서 꼬리의 용도가 없기 때문이다. 사실은 규칙의 특수한 경우인데, 몸이 참 (true)인 규칙이다. 규칙의 몸이 참일 때 규칙의 진리값은 자기 머리의 진리값과 같다. 따라서 규칙의 몸을 생략할 수 있고, 규칙의 머리가 남게 된다. 머리뿐인 규칙이 바로 사실인 것이다. 앞의 사실 또는 규칙은 다음과 같이 쓸 수 있었음에 주목하자.

```
member(X, [Y|_]) :- X = Y.
```

여기에 이르면 이 규칙의 단축판, 즉 전술한 사실에서 두 곳에 같은 변수 X를 사용하여 지름길로 갈 수 있는 이유를 이해할 수 있다.

두 번째이자 마지막 규칙은 X가 어떤 목록의 요소일 조건이 X가 그 목록 꼬리, 즉 Y에 있다는 것이다. 그런데 X가 목록의 꼬리에 있는지 알아내는 방법으로 member 자체를 다시 활용하는 것보다 더 나은 방법은 무엇일까! 이것이 재귀의 본질이다. 이를 프롤로그로 표현하면 다음과 같은 바, "X가 어떤 목록의 요소일 조건은 X가 그 목록 꼬리의 요소이어야 한다"를 나타낸다.

```
member(X, [_|Y]) :- member(X, Y).
```

유의할 점은 익명의 변수 '_'를 사용했는데, 그 이유가 이 규칙에서는 목록 머리의 용도가 없어서 유명의 변수로 그것을 나타낼 필요가 없기 때문이라는 것이다. 속격 술어는 전술한 사실과 규칙으로 정의되는데, 이는 프롤로그가 어떻게 목록을 처음부터 끝까지 탐색하여 임의의 요소를 찾아낼 것인지를 규정한다.

재귀적으로 정의된 술어를 보았을 때, 상기할 요점은 *경계조건(boundary condition)*과 *재귀 경우(recursive case)* 찾기라는 것이다. 실제로 member 술어에는 두 가지 경계조건이 있다. 찾고자 하는 객체는 목록에 있거나 또는 목록에 없거나 한다. member 의 첫째 경계조건은 첫째 절로 분간하는 바, member의 첫째 인수가 둘째 인수의 머리와 어 울린다면, 목록 탐색을 멈추도록 할 것이다. 둘째 경계조건은 member의 둘째 인수가 빈 목록일 때 발생한다.

경계조건이 언젠가 충족될 것이라는 것을 어떻게 보증할 수 있을까? 재귀 경우를 다루고 있는 member의 둘째 절을 살펴보아야 하겠다. 유의할 점은 member가 스스로를 충 족시키려 할 때마다 목적에는 *짧아진* 목록이 주어진다는 것이다. 목록의 꼬리는 항상 원 래 목록보다 짧다. 결국에는, 두 가지 경우 중 하나가 발생할 것인데, 첫 번째 member 절 과 어울리게 되거나 또는 member의 둘째 인수가 길이가 0인 빈 목록이 될 것이다. 둘 중 하나가 발생하면, member 목적의 '재귀'는 끝나게 된다. 첫째 경계조건은 사실로써 분간했 기 때문에, 더 이상의 부목적을 고려할 필요가 없었다. 둘째 경계조건은 이를 분간하는 member 절이 없는 바, member가 실패할 것이다. 프롤로그 실행 예를 보자.

```
member(X, [X|_]).
member(X, [_|Y]) :- member(X, Y).

?- member(d, [a, b, c, d, e, f, g]).
yes
?- member(2, [3, a, 4, f]).
no
```

다음 질문을 한다고 하자.

```
?- member(clygate, [curragh_tip, music_star, park_mill, portland]).
```

clygate가 curragh_tip과 어울리지 않기 때문에, member의 둘째 절이 질문과 어울릴 것이 다. 변수 Y는 [music_star, park_mill, portland]로 사례화 될 것이고 다음 목적은 clygate 가 이 목록의 요소인지 알아보는 바가 될 것이다. 둘째 절이 다시 어울릴 것이고 목록 꼬 리도 다시 취해질 것이다. 목적은 member(clygate, [park_mill, portland])가 될 것이다.

이 과정은 X가 clygate이고 Y가 [portland]인 목적에 도달할 때까지 재귀된다. 둘째 절이 다시 한 번 어울릴 것인데, 그러면 Y는 [portland]의 꼬리가 되는 바, 빈 목록이 되고, 다음 목적은 member(clygate, [])가 된다. 데이터베이스 안의 어떤 절도 이 목적과 어울리지 않기 때문에 목적은 실패하고 그래서 질문은 거짓이 된다.

상기해야 할 매우 중요한 사실은 member가 스스로를 충족시키고자 두 번째 절을 사용할 때마다 프롤로그는 재귀로 인하여 나타난 member 목적 각각을 서로 다른 '사본 (copy)'으로 취급한다는 점이다. 이렇게 함으로써 절을 한 번 사용할 때의 변수와 절을 거듭하여 다시 사용할 때의 변수가 혼동하는 것을 방지한다.

속격 술어가 매우 유용하기 때문에, 이후 여러 곳에서 사용할 것이다. member 술어가 또한 중요한데, 그 이유는 재귀 술어에 대한 가장 간단하지만 유용한 예 중의 하나이기 때문이고, member 정의에는 member 그 자신으로만 충족시킬 수 있는 목적이 있기 때문에 재귀 술어이다. 재귀 정의는 프롤로그 프로그램에 빈번히 나타나는데 여타 종류의 정의와 다르지 않다. 그러나 '순환(circular)' 정의가 되지 않도록 주의해야 한다. 다음 예를 보자.

```
parent(X, Y) :- child(Y, X).
child(A, B) :- parent(B, A).
```

이 예에서는 parent를 충족시키기 위해, child를 목적으로 설정하였다. 그러나 child에 대한 정의에서는 parent만을 목적으로 사용하였다. 부모나 자식에 관한 질문을 하면 되돌이(loop)가 생기는 것을 볼 수 있을 것인 바, 프롤로그가 결코 새로운 것을 추론해내지도 않고 되돌이가 절대로 종료되지 않을 것이다.

재귀 정의에서 주의해야 할 중요한 문제 하나는 *왼쪽 재귀(left recursion)*에 관한 것이다. 이것은 어떤 규칙이 그 규칙을 사용하게 했던 원래의 목적과 본질적으로 동일한 목적을 호출하게 될 때 발생한다. 이를테면 다음과 같이 정의했다고 하자.

```
person(X) :- person(Y), mother(X, Y).
person(adam).
```

그리고 다음과 같이 질문한다.

```
?- person(X).
```

프롤로그는 나타난 순서대로 규칙을 먼저 사용하게 되고, 부목적 person(Y)를 발생시킬 것이다. 부목적 person(Y)를 충족시키려고 할 때, 다시 규칙을 먼저 선택하여 사용하게 되기 때문에 또 다른 동등한 목표를 발생시킬 것이다. 그리하여 이 과정은 반복되고 주기억장치 공간이 고갈될 때까지 계속될 것이다. 물론, 무름(backtrack) 기회가 있다면, adam에 대한 사실을 발견하게 되어 해답 만들기를 시작할 것이다. 문제는 무름이 발생하려면, 프롤로그가 첫 번째 규칙으로 하려는 일이 실패해야 한다는 것이다. 이 경우, 프롤로그가 마주친 과업은 한없이 긴 바, 프롤로그에게 성공하거나 실패할 기회가 결코 주어지지 않는다. 그래서 교훈은 다음과 같다.

> 하지 말아야 할 것은, 관련된 사실과 규칙을 모두 제공해 두면 프롤로그가 언제나 그것을 모두 볼 수 있다고 생각하는 것이다. 프롤로그 프로그램을 작성할 때 염두에 두어야 할 것은 프롤로그가 데이터베이스를 어떻게 검색하는지와, 규칙 중 하나가 사용될 때 어떤 변수가 어떻게 사례화 될 것인지를 아는 것이다.

이 예제의 경우, 간단한 해법은 바로 다음과 같이 사실을 규칙 뒤가 아니라, 앞에 두는 것이다.

```
person(adam).
person(X) :- person(Y), mother(X, Y).
```

사실 일반적인 어림셈(heuristic)이라고 할 수 있는 바, 가능한 한 언제든지 사실을 규칙 앞에 두는 것이 좋다. 때때로, 규칙을 특정 순서로 정리하여 어떤 형태의 목적을 해결할 수 있지만, 또 다른 형태의 목적이 생성되었을 때 규칙의 순서가 변하지 않는 한 생성된 목적을 해결할 수 없는 경우가 발생한다. islist에 대한 다음 정의를 생각해보는데, 목적 islist(X)가 성공하는 경우는 X의 마지막 꼬리가 빈 목록일 때이다.

```
islist([A|B]) :- islist(B).
islist([]).
```

만약 다음과 같은 질문에 대답하기 위해 앞의 규칙을 사용한다면 정의는 잘 작동할 것이다.

```
?- islist([a, b, c, d]).
```

또는

```
?- islist([]).
```

또는

```
?- islist(f(1, 2, 3)).
```

그러나 다음 질문을 하면 프로그램이 되돌이에 빠질 것이다.

```
?- islist(X).
```

islist 술어의 개정판을 다음 두 사실로 정의할 수 있는데, islist와 비슷하지만 새로운 목적을 발생시키지 않기 때문에 되돌이가 발생할 수 없게 된 것이다.

```
weak_islist([]).
weak_islist([_|_]).
```

이 개정판은 마지막 꼬리가 []인지 확인하기보다, 목록의 첫 번째 수준만을 검사한다. 이 것은 islist만큼 철저하게 검사하지 않지만 인수가 변수일지라도 되돌이에 빠지지 않을 것이다.

3.4 사상

프롤로그 구조체가 주어졌을 때, 비슷하지만 좀 바뀐 새로운 구조체를 생성하고 싶을 때 가 자주 있다. 해법의 요체는 기존 구조체를 한 성분씩 순회(traverse)하여 새로운 구조체 의 성분을 생성해 낸다는 것이다. 이 과정을 *사상*(*mapping*)이라고 부른다.

예를 들어, 영어 문장을 입력하면 입력문을 변환한 영문으로 응답하는 프롤로그 프 로그램을 생각해 보자. 개발자에게 '말대꾸'하는 이 프로그램은 다음과 같이 대화할 수 있겠다.

```
you are a computer
i am not a computer
do you speak french
no i speak german
```

비록 이 문답이 분별 있는 억지 대화처럼 보이기는 하지만, 대화 상대의 '역할'을 수행하 는 컴퓨터 프로그램을 작성하기는 매우 쉬운데, 다음 단계를 따르기만 하면 된다.

1. 사용자가 입력한 문장을 받아들여라.
2. 문장에 나타난 단어 'you'를 'i'로 바꾸어라.
3. 같은 방법으로, 'are'를 'am not'으로 바꾸어라.
4. 'french'를 'german'으로 바꾸어라.
5. 'do'를 'no'로 바꾸어라.

이 방안은 앞서 본 대화의 경우처럼, 사려 깊게 선택한 문장에 적용시켰을 때 분별 있는 변환문을 생성할 것이다. 그러나 모든 문장에서 작동하지는 않는다. 예를 들어 다음과 같은 경우이다.

```
i do like you
i no like i
```

프로그램을 쉽게 작성한 다음 나중에 수정하여 어색한 출력을 발생시키는 입력 문장이 처리되게 할 수 있다.

문장을 변환하는 프롤로그 프로그램 작성은 다음과 같이 할 수 있다. 먼저, 원문과 변형문 사이에 관계가 있다는 것을 인지해야 한다. 그래서 alter라는 술어를 정의하는데, alter(X, Y)는 문장 X가 변해서 문장 Y가 될 수 있음을 의미한다. X와 Y가 목록으로서 그 요소가 단어를 나타내는 원자라면 편리한즉, 문장은 다음처럼 쓸 수 있다.

```
[this, is, a, sentence]
```

그리고 일단 alter가 정의되면, 프롤로그에게 다음 형태의 질문을 할 수 있다.

```
?- alter([do,you,know,french], X).
```

그러면 프롤로그는 다음과 같이 대답할 것이다.

```
X = [no,I,know,german].
```

입력과 출력되는 문장이 아직 허술하고, 정상적으로 보이지 않더라도 염려할 필요가 없다. 뒤 장에서, 구조체를 읽기 쉬운 방식으로 입출력하는 방법을 논의할 것이다. 당분간은 한 목록을 다른 목록으로 변환하는 문제만 고려한다.

alter는 목록을 처리하기 때문에, alter 정의의 첫 번째 규칙, 즉 사실은 목록이 빈 경우에 대한 조처이다. 예의 경우, 빈 목록은 빈 목록으로 변환된다고 다음과 같이 표현한다.

    alter([], []).

즉, 번역하면 "사실인즉, 빈 목록을 변환하면 빈 목록이 된다"이다. 빈 목록을 다루는 이유가 지금은 명백하지 않다면, 나중에는 보다 분명해질 것이다. 다음으로, alter의 주요 과업이 다음과 같다고 인지해야 한다.

1. 입력 목록 머리에 있는 단어의 변환 단어를 결정하고, 출력 목록의 머리로 그 단어를 나타내어라.
2. 입력 목록 꼬리에 대해 alter를 적용하여 변환된 꼬리를 얻고, 출력 목록의 꼬리로 그 꼬리를 나타내어라.
3. 만약 입력 목록 끝에 도달했다면, 변환시켜 출력 목록으로 보낼 것이 없기 때문에 출력 목록을 빈 목록 []로 마감할 수 있다.

앞의 내용을 프롤로그에 보다 가깝게 번역한다면 다음과 같다.

    머리가 H이고 꼬리가 T인 목록을 변환하면 머리가 X이고 꼬리가 Y인 목록이
    되는데, 만일 다음 사실이 참이면:
        단어 H를 변환하면 단어 X가 된다, 그리고
        목록 T를 변환하면 목록 Y가 된다.

이제 단어 변환이 무엇을 의미하는지 말할 때가 되었다. 단어 변환을 위해 데이터베이스에 사실 change(X, Y)을 수록하되, 단어 X를 단어 Y로 바꿀 수 있음을 표현한다. 일련의 change(X, Y) 사실이 끝나는 지점에서 '포괄(catchall)' 사실이 필요한데, 그 이유는 단어를 다른 단어로 변환하지 않을 경우 단어를 자기 자신으로 변환해야 하기 때문이다. 포괄 이유가 지금은 명백하지 않더라도 프로그램 작동 설명을 한 후에는 보다 분명해질 것이다.

적절한 포괄 사실은 change(X,X)인데, 단어 X가 그 자신으로 변환됨을 의미한다. 앞서 언급한 변환 과정에 필요한 데이터베이스는 다음과 같다.

```
change(you, i).
change(are, [am,not]).
change(french, german).
change(do, no).
change(X, X).                /* this is the "catchall" */
```

유의할 사항은, 어구 'am not'을 단어 두 개가 아닌 목록 하나로 다룬즉, change 사실의 인수 하나로 되었다는 점이다.

이제 앞서 본 의사 프롤로그(pseudo-Prolog) 원문을 순정(pure) 프롤로그로 번역할 수 있는데, 상기할 것은 표기법 [A|B]로써 머리 A와 꼬리 B인 목록을 나타낸다는 것이다. 그 결과는 다음과 같을 것이다.

```
alter([], []).
alter([H|T], [X|Y]) :- change(H, X), alter(T, Y).
```

이 절차(procedure)의 첫 번째 절에서는 목록이 비어 있는지 확인한다. 이 절은 또한 목록의 끝인지 확인하는 기능도 있다. 그 이유를 다음 풀이 예를 통해 알아보기로 하자.

```
?- alter([you, are, a, computer], Z).
```

이 질문은 alter 절차의 중심 규칙, 즉 두 번째 절과 어울릴 것인즉, 변수 H가 you를 나타내고 변수 T가 [are, a, computer]를 나타내게 된다. 다음에는, 목적 change(you, X)가 성공하여, X가 단어 'i'를 나타내게 된다. alter 목적 안에서 X가 출력 목록의 머리이기 때문에, 출력 목록의 첫 번째 단어는 'i'로 정해진다. 그 후, 목적 alter([are, a, computer], Y)에도 같은 규칙이 적용될 것이다. 단어 are는 데이터베이스 내용에 의거하여 목록 [am,not]으로 변환되고 다음과 같이 또 다른 alter 목적도 생성된다.

alter([a, computer], Y).

이를 충족시키려는 과정에서 change(a, X) 사실을 탐사하지만 'a'가 첫째 인자로 있는 change 사실이 데이터베이스에 없기 때문에, 일련의 change 사실의 마지막에 있는 포괄 사실이 성공하는 바, 'a'가 'a'로 변환된다. alter 규칙은 다시 한 번 호출되는데, 입력 목록의 머리에 computer가 있고, 꼬리에는 빈 목록 []가 있는 상태이다. 'a'의 경우와 같이, change(computer, X)는 포괄 사실과 어울린다. 마지막에는, 첫째 인수가 빈 목록 []인 상태로 alter가 호출되는데, 그것은 alter의 첫째 절과 어울린다. 어울린 결과는 빈 목록 []인 바, 문장을 끝내는 작용을 한다. 목록은 빈 꼬리로 끝난다는 것을 상기하자. 결국 프롤로그는 질문에 대한 답으로 다음과 같은 반응을 보인다.

Z = [i,[am,not],a,computer]

유의점은, 문구 [am,not]이 삽입되었던 그대로 목록 안에 있다는 것이다. 이것은 목록이 다른 목록의 요소가 되는 예이다.

이제는 alter([], []) 사실과 포괄 사실 change(X, X)이 필요한 이유가 분명해졌을 것이다. 이런 종류의 사실은 경계조건을 확인해야 하는 프로그램에 종종 나타난다. 앞의 설명에서 분명해졌겠지만, 경계조건은 입력 목록이 빈 목록이 되었을 때, 그리고 change 사실을 모두 조사하였을 때 발생한다. 두 경계조건에서, 각기 정해진 행동을 취해야 한다. 입력 목록이 빈 목록이 되었을 때는 출력 목록을 마감하기를 원하는 바, 빈 목록 []로써 출력 목록을 끝낸다. change 사실을 모두 조사하였지만 주어진 단어를 다른 단어로 변환할 수 없을 때는 단어를 그대로 두기로 하는 바, 그 자신으로 변환시킨다.

3.5 재귀 비교

2장에서 본 바와 같이 프롤로그는 정수 비교용 술어를 제공한다. 구조체 비교는 일반적으로 더 복잡한데, 그 이유는 모든 개별 성분을 비교해야 하기 때문이다. 성분 자체가 구조체라면, 비교는 재귀적이 되어야 할 것이다. 이러한 경우는 예를 들어, 길이가 정해진 목록을 비교할 때 발생한다.

　　　일군의 자동차에 대해서 연료 경제성을 상대 평가한다고 하자. 이를 위해, 특정 경로를 운전하여 연료 소비를 측정한다. 각 차에 대하여, 각기 다른 경로에서 소비한 리터 단위 연료량 목록을 결부시킨다. 물론 주어진 차 두 대를 비교하려면, 경로를 같은 순서로 살펴보아야 하고 같은 경로에 대해서 소비량을 비교하는 것이 이치에 맞다. 그래서 목록 모두 길이가 같고, 주행 경로 나열 순서도 같다고 가정할 수 있다. 이를 바탕으로 연료 소비량 술어 fuel_consumed를 정의할 수 있는데, 자동차 형 C와 주행 경로 목록 R에 대한 fuel_consumed(C,R) 목적을 충족시킬 것이다. 그래서 다음과 같은 사실이 있을 수 있겠다.

```
fuel_consumed(waster, [3.1, 10.4, 15.9, 10.3]).
fuel_consumed(guzzler, [3.2, 9.9, 13.0, 11.6]).
fuel_consumed(prodigal, [2.8, 9.8, 13.1, 10.4]).
```

시험 주행 경로는 네 개다. 시험 주행을 더 많이 했다면, 목록이 더 길어졌을 것이다. 자동차 연비 비교는 목록 길이에 무관하게 실시할 수 있게 한다.

　　　무엇보다도 먼저 연료 소비량의 호불호를 어떻게 판단할지 결정해야 한다. 연료 소비량 자료가 일률적이지 않기 때문에 융통성 있게 판단 기준을 정하는 바, 어떤 소비량이 다른 소비량보다 "같거나 더 좋다"고 할 때는 소비량 평균값의 5퍼센트를 초과하는 값만큼 소비량이 적을 때라고 정한다. 판정법은 프롤로그 규칙으로 표현하는데, 평균의 1/20은 합계의 1/40과 같다는 사실을 이용하여 문턱값(threshold)을 산술기능으로 계산한 다음, "같다"고 볼 수 있는 소비량 상한 값을 설정하고, 실제 판정은 비교연산 '<'을 적용하

여 얻는다.

```
equal_or_better_consumption(Good, Bad) :-
        Threshold is (Good + Bad) / 40,
        Worst is Bad + Threshold,
        Good < Worst.
```

앞의 규칙을 시험해본 결과가 다음에 있다.

```
?- equal_or_better_consumption(10.5, 10.7).
yes
?- equal_or_better_consumption(10.7, 10.5).
yes
?- equal_or_better_consumption(10.1, 10.7).
yes
?- equal_or_better_consumption(10.7, 10.1).
no
```

판정 술어가 준비되었으니, 자동차 Car1을 다른 자동차 Car2보다 좋다고 판정하는 과정에 착수할 수 있다.

```
prefer(Car1, Car2) :-
        fuel_consumed(Car1, Con1),
        fuel_consumed(Car2, Con2).
        always_better(Con1, Con2).
```

남은 것은 always_better 술어를 정의하는 것인데, 이로써 어떤 소비량 목록이 다른 소비량 목록보다 좋은지 시험한다. 짐작하건대, always_better가 equal_or_better_consumption을 호출하여 목록 요소 비교 검사를 어떤 식으로든지 할 것이다. 그 이름이 암시하듯이 always_better가 성공하는 경우는 소비량 목록이 주어졌을 때 첫 번째 목록 각 요소 모두가, 각기 대응하는 다른 목록 요소보다 "같거나 더 좋다"라고 판정될 때이다. 이를 어떻게 정의할 수 있는지 다음에 보였다.

```
always_better([], []).
always_better([Con1|T1], [Con2|T2]) :-
        equal_or_better_consumption(Con1, Con2).
        always_better(T1, T2).
```

먼저 두 번째 절, 즉 재귀절을 살펴보자. 이 규칙이 규정하는 바, 어떤 목록이 다른 목록보다 "늘 좋다"고 할 경우는 첫 번째 목록 머리 Con1이 다른 목록의 머리 Con2보다 같거나 더 좋고, 이와 함께 첫 번째 목록 꼬리 T1이 다른 목록의 꼬리 T2보다 "늘 좋다"가 성립할 때이다. 꼬리를 검사하는 후자의 경우는 같은 술어 always_better의 재귀 호출로 구현되었다. 그래서 always_better를 처음 호출했을 때는, 각 목록에서 머리 요소를 떼어서 첫 번째 목록의 머리가 두 번째 목록의 머리와 비교하여 같거나 더 좋은지 확인한 다음, 각 목록의 꼬리를 가지고 재귀할 것이다. 재귀 호출에서는, 원래 목록의 두 번째 요소들이 확인 대상이 될 것인데 첫 번째 목록의 요소가 두 번째 목록의 요소와 비교하여 같거나 더 좋은지 확인이 되면, 원래 목록의 꼬리의 꼬리를 가지고 또 다른 재귀 목적을 호출할 것이다. 이렇게 프로그램은 목록 내용을 조직적으로 검토하면서 후방으로 나아간다. 프로그램 실행이 끝나는 시점은 양 목록의 끝에 도달할 때인즉, 만일 두 목록의 길이가 같으면, 동시에 도달할 것이다. 그렇게 되면, 마지막 재귀 목적은 첫 번째 절과 어울리게 되어서 (경계조건) 원래의 목적은 충족될 것이다. 이러한 과정 동안 만약 equal_or_better_consumption 시험이 하나라도 실패한다면, 물론 원래의 always_better 목적 또한 실패할 것이다.

    always_better가 연료 소비량 목록 비교에 사용할 수 있는 유일한 판단기준은 아니다. 또 다른 착안점은 첫 번째 목록 어느 한 요소가, 대응하는 다른 목록 요소보다 때로는 "같거나 더 좋다"라고 판정할 수 있을지 여부이다.

```
sometimes_better([Con1|_], [Con2|_]) :-
        equal_or_better_consumption(Con1, Con2).
```

```
sometimes_better([_|Con1], [_|Con2]) :-
        sometimes_better(Con1, Con2).
```

이 정의는 앞에서 본 always_better 정의와 미묘하게 다르다. 이전처럼, 재귀를 사용하여 목록 내용을 조직적으로 검토하면서 후방으로 나아간다. 지금은 경계조건이 첫 번째 목록의 어떤 한 요소가 두 번째 목록의 대응하는 요소보다 "같거나 더 좋다"라고 판정될 때 발생한다. 이 경우, 목록 내용을 더 이상 검토할 필요 없이 목적 충족에 성공할 수 있다. 만일 검토 중에 목록 끝에 도달하면, 첫 번째 목록이 두 번째 목록보다 때로는 더 좋다는 증거를 발견하지 못한 것이다. 유의할 점은 이 경우에는 술어 충족 실패가 올바르다는 것인데, 그 이유는 절 두 개 모두가 인수 두 개 모두를 비지 않은 목록으로 설정했기 때문이다. 재귀 절이 표현하는 바, 첫 번째 목록이 두 번째 목록보다 때로는 더 좋다는 것을 확인하는 한 방법은, 목록의 머리에 개의치 않고 꼬리에서 때로는 더 좋다는 것을 확인하는 것이다.

연습문제 3.1: sometimes_better 정의를 사용하면, 거의 모든 차들이 서로 다른 차보다 더 좋다고 판정될 것이다. 프로그램을 변경하는데, 어떤 차를 다른 차보다 더 좋다고 판정하는 경우는 시험 결과 중에 적어도 하나가 '결정적'으로 더 좋을 때인 경우로 정하라. 프로그램을 변경하는 과정에서 '결정적'이 무엇을 의미하는지 표현해야 할 것이다.

3.6 구조체 결합

목록 처리 술어 append는 두 목록을 결합하여 다른 새로운 목록을 만들 때 사용한다. 예를 들어 다음은 참이다.

```
append([a, b, c], [3, 2, 1], [a, b, c, 3, 2, 1]).
```

술어 append는 다음처럼 두 목록을 연결하여 새로운 목록을 만들 때 대단히 빈번하게 사용한다.

```
?- append([alpha, beta], [gamma, delta], X).
X = [alpha, beta, gamma, delta]
```

그런데 이 술어를 다른 방식으로도 활용할 수 있다.

```
?- append(X, [b, c, d], [a, b, c, d]).
X = [a]
```

술어 append는 다음과 같이 정의한다.

```
append([], L, L).
append([X|L1], L2, [X|L3]) :- append(L1, L2, L3).
```

경계조건은 첫 번째 목록이 빈 목록일 때로 설정하였다. 이 경우, 빈 목록 []에 임의의 목록 L을 첨부하면 같은 목록 L이 된다. 다른 경우, 두 번째 규칙을 적용하는데, 그 원리를 다음에 정리하였다.

1. 첫 번째 목록의 첫 번째 요소(X)는 언제나 세 번째 목록의 첫 번째 요소가 된다.
2. 첫 번째 목록의 꼬리(L1)에 언제나 두 번째 인수(L2)를 첨부하여 세 번째 인수의 꼬리(L3)가 된다.
3. 앞 2번에서 언급한 첨부 작업은 실제로는 append를 사용하여 실행해야 한다.
4. 첫 번째 인수의 남은 부분에서 머리 요소를 지속적으로 떼어내기 때문에, 첫 번째 인수는 점차 줄어들어서 빈 목록이 될 것인 바, 경계조건을 충족시키는 때가 올 것이다.

나중에 append를 언급하는 예를 또 볼 것인데, 부연 설명도 함께 할 것이다. 추후의 장에서 append 술어의 다양한 특성과 응용에 대하여 논의하겠다. 그러나 먼저, 재귀에 대한 또 다른 간단한 예에서 append를 활용해보자.

가정하건대 자전거 공장에서 일한다고 생각하고, 자전거 부품의 재고관리를 해야 한다고 하자. 만약 자전거를 만들기 원한다면, 재고에서 어떤 부품을 가져와야 하는지 알아야 한다. 자전거의 각 부품은 하위 부품이 있을 수도 있는데, 예를 들어 바퀴의 경우 살, 테, 그리고 바퀴통으로 구성된다. 더 나아가 바퀴통은 회전축과 톱니바퀴로 구성된다. 부품을 보인 그림이 다음에 있다.

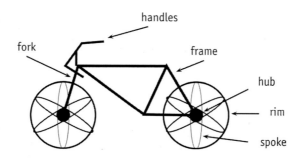

나무 구조로 된 데이터베이스를 생각하되, 자전거의 구성 부분을 만드는 데 어떤 부품이 필요한지 질문할 때 사용할 것이다. 바로 다음 절에서는 이 기본 프로그램을 향상시켜 부품 소요량 계산이 가능하게 할 것이다.

자전거 제작에 두 종류의 부품을 사용하고 있다. 조립 부품과 기본 부품이 그것이다. 조립 부품은 몇 개의 기본 부품으로 구성되는데, 바퀴의 경우 살 여러 개, 테, 그리고 바퀴통 등으로 이루어진다. 기본 부품은 더 작은 부품으로 조립된 것이 아니고, 다만 다른 기본 부품들과 결합하여 조립 부품을 구성한다.

기본 부품은 다음과 같이 간단하게 사실로 나타낼 수 있다.

```
basicpart(rim).
basicpart(spoke).
basicpart(rearframe).
basicpart(handels).
basicpart(gears).
basicpart(bolt).
basicpart(nut).
basicpart(fork).
```

물론 이 목록에 자전거의 기본 부품이 완벽하게 나열된 것은 아니지만, 문제표현 착상이
개괄적으로 나타나 있다. 다음에는 조립 부품을 표현하는데, 조립 부품명 뒤에 기본 부
품과 소요 개수 정보를 목록으로 묶어 나타낼 수 있다. 예를 들어, 다음 사실은 자전거가
바퀴 두 개와 뼈대 하나로 구성된 조립품이라는 것을 나타낸다.

```
assembly(bike, [wheel, wheel, frame]).
```

예로 든 자전거 제작에 필요한 조립 부품 데이터베이스는 다음과 같다.

```
assembly(bike, [wheel, wheel, frame]).
assembly(wheel, [spoke, rim, hub]).
assembly(frame, [rearframe, frontframe]).
assembly(frontframe, [fork, handles]).
assembly(hub, [gears, axle]).
assembly(axle, [bolt, nut]).
```

유의할 점은, assembly 절 집합이 자전거를 완벽하게 표현하지 못했다는 점이다. 예의 경
우, 앞바퀴통과 뒷바퀴통을 구분하지 않아서 둘 다 톱니바퀴가 있다. 사슬과 발판은 누
락되었고 운전자가 앉을 자리도 없다. 또한 부품을 어떻게 조립할지에 대한 지시도 없다.
이것은 단지 소요 부품 일부를 나열한 것뿐인데, 다음과 같은 계층구조로 조직화 되었다.

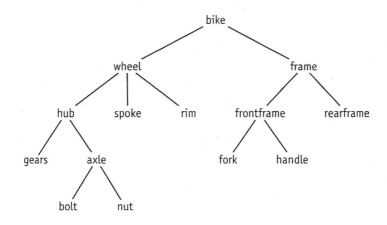

상기할 점은 이 계층 구조가 자료구조의 실제 모양을 반영한 것이 아니고, 단지 자전거 구조를 파악한 바의 실제 모양을 반영했다는 것이다.

　이제 구성 부분이 주어졌을 때 조립에 필요한 모든 기본 부품을 나열할 수 있는 프로그램을 작성할 준비가 되었다. 구성 부분이 기본 부품이라면, 필요한 것이 더 이상 없다. 그러나 조립 부품을 구성해야 한다면, 같은 과정을 조립 부품을 구성하는 각 하위 부품에 적용해야 한다. 술어 partsof를 정의하여 목적으로 사용하는데, 목적 partsof(X, Y)에서 X는 구성 부분 이름이고, Y는 X를 조립해내는 데 필요한 기본 부품 목록이다. 작성할 프로그램 초판에서는, 조립 부품을 구성하는 데 필요한 종류별 부품 개수는 따지지 않겠지만, 여러 개가 소요되는 부품은 나타날 때마다 해답 목록에 들어갈 것이다. 개정한 프로그램은 7장에서 볼 것이다.

　경계조건은 X가 기본 부품일 때 성립한다. 이 경우, 다음과 같이 간단히 X를 목록에 넣어 반환한다.

```
partsof(X, [X]) :- basicpart(X).
```

다음 검토 조건은 X가 조립 부품일 경우이다. 이 경우, 데이터베이스 안에 어울리는 assembly 사실이 있는지 탐색해야 하는데, 만일 있다면, 발견한 하위 부품 목록에 있는 각 요소에 대해 partsof를 적용할 것이다. 이러한 두 번째 유형의 작업 수행에 partsoflist라는 술어를 사용할 것이다.

```
partsof(X, P) :-
        assembly(X, Subparts),
        partsoflist(Subparts, P).
```

이제 partsoflist는 부품 목록(assembly 데이터베이스에서 찾아낸 사실의 두 번째 인수 값)를 받아서 각 부품의 하위 부품을 partsof를 적용하여 알아낸다. 먼저 부품 목록 머리 요소에 대한 partsof 값을 얻고, 목록 꼬리 요소들에 대한 partsof 값을 재귀호출로 얻은 다음, 두 목록을 append로 결합시켜 조립에 필요한 모든 기본 부품을 얻는다.

```
partsoflist([], []).
partsoflist([P|Tail], Total) :-
        partsof(P, Headparts),
        partsoflist(Tail, Tailparts),
        append(Headparts, Tailparts, Total).
```

partsof로 생성시킨 목록에는 부품 소요량이 명시적으로 표시되지 않겠고 중복된 부품이 목록에 나타나는 일이 있을 것이다. 7장에서 이런 약점을 개선한 프로그램을 볼 것이다.

두 가지 면에서 영어문장 생성에 partsof를 사용할 수 있음을 통찰할 수 있다. 먼저, 문장은 계층 구조로 분해할 수 있는데, 문장은 명사구 noun_phrase와 동사구 verb_phrase라는 부품으로 구성되고, 명사구는 한정사와 명사라는 부품으로 이루어진다 등등. 그래서 약식 문법은 '부품' 개념에 기초하여 표현할 수 있다. 다음으로, partsoflist는 항상 첫째 인수 요소를 왼쪽에서 오른쪽 순서로 처리하고, 각 처리 결과를 결합시키는데, 결합시킨 목록 안에서 각 처리 결과가 발생한 순서대로 왼쪽에서 오른쪽으로 나타난다. partsof의 이러한 두 가지 특성은 문법에서 문장을 생성하는 경우에 같은 틀을 사용할 수 있음을 보인다. 문법의 경우, 전형적인 '조립 부품'과 그 구성 부품은 다음과 같이 정할 수 있겠다.

```
assembly(sentence, [noun_phrase, verb_phrase]).
assembly(noun_phrase, [determiner, noun]).
assembly(determiner, [the]).
assembly(noun, [apple]).
assembly(noun, [fruit]).
```

그리고 어휘목록(lexicon)에 등록된 단어들은 기본 부품으로 정의할 수 있겠다.

```
basicpart(apple).
basicpart(fruit).
```

이 시점에서 "The apple is a fruit"과 같은 문장을 생성하는 실험을 하고 싶을 수도 있겠다. 준비물은 합당한 문법과 어휘집이다. 충분히 이해해야 할 사항은 변형한 프로그램이 정해진 문법과 어휘집을 바탕으로 문법에 맞는 문장들을 가능한 모두 생성할 수 있다는 것이다. 늘 그렇듯 프롤로그는 해답을 출력할 때마다 멈추고, 다른 해를 향한 무름을 시작시키는 쌍반점 입력을 기다릴 것이다.

물론 이 책에서 영어 언어처리에 대한 논의가 여기에서 끝나는 것은 아니다. 9장 전체를 통해 프롤로그로 영어문장을 분석할 때 동원할 수 있는 보다 정교한 처리방법을 논의할 것이다.

3.7 누산기

종종 프롤로그 구조체를 순회하여, 그 구조체에서 순회로 찾아낸 것을 토대로 결과를 계산해야 하는 경우가 있다. 순회하는 동안 각 중간 단계에서, 으레 최종 결과에 대한 잠정 값을 얻는다. 이 방식의 구현 요령은 술어의 인수 하나로 '현행 해답'을 표현하는 것이다.

이 인수를 *누산기*(*accumulator*)라고 부른다.

다음 예에서, 누산기가 없는 술어 listlen의 정의를 보고 난 다음, 누산기를 사용한 정의를 볼 것이다. 목적 listlen(L, N)은 목록 L의 길이가 N이면 달성된다. 어떤 프롤로그 시스템에는 이를 위해서 내장(built-in) 술어 length가 마련되어 있다. 우선, 누산기가 없는 listlen을 살펴본다. 절이 두 개 있는 바, 경계조건과 재귀라는 두 가지 경우를 다룬다. 경계조건은 "빈 목록은 길이가 0이다"는 사실로 나타나 있다. 재귀 경우는, "비지 않은 목록의 길이는 꼬리 길이에 1을 더해서 계산한다"는 내용의 규칙이다.

```
listlen([], 0).
listlen([H|T], N) :- listlen(T, N1), N is N1 + 1.
```

목록 길이 계산에 누산기를 사용한 대안도 같은 재귀 원칙에 입각하지만, 해답은 각 재귀단계에서 전용의 추가 인수에 누산된다. 누산기는 보조 술어 lenacc의 인수이고, 이 술어는 listlen을 일반화한 것이다. 목적 lenacc(L, A, N)의 뜻은 목록 L의 길이에 수치 A를 합하면 수치 N이 된다는 것이다. 따라서 목록 길이 계산에 lenacc를 사용하려면, lenacc의 두 번째 인수의 초기 값을 0으로 정해야 한다. 이 일은 술어 listlen에 술어 lenacc이 도입될 때 술어 사이의 관계를 규정하는 소개 절에서 수행된다.

```
listlen(L, N) :- lenacc(L, 0, N).

lenacc([], A, A).
lenacc([H|T], A, N) :- A1 is A + 1, lenacc(T, A1, N).
```

술어 lenacc 또한 두 개의 절로 이루어져 있다. 첫 번째 절에서, 빈 목록일 경우에는 목록 길이가 무조건 지금까지 누적된 것(A)으로 정해진다. 두 번째 절에서, 누산된 값 A에 1을 더하여 A1을 얻고 목록 꼬리에 대하여 재귀를 시행하는 바, 누산기의 새로운 값 A1를 수반한다.

유의 사항은 재귀용 부목적의 마지막 인수(N)가 절의 머리에 있는 마지막 인수와 같다는 것이다. 이것은 목록 전체 길이로 반환할 값이 재귀용 부목적으로 계산한 값이라는 것을 의미한다. 즉, 최종결과의 도출이 전적으로 재귀용 부목적에 위임된 것이다. 이 전체 결과를 구성하는 데 필요한 모든 추가 정보는 누산기에 담겨 있다. 두 번째 절을 다시 사용하게 되어 재귀용 부목적을 호출하게 된다면, 최종결과의 도출이 또 다시 재귀용 부목적에 위임되는 바, 수정된 값이 담긴 누산기를 수반한다. 이런 식으로, lenacc 목적이 연속되는데, 목적 각각은 모두 같은 마지막 인수를 공유하고, 입력 목록은 직전 목적에 있는 목록의 꼬리로 정하며, 누산기 값은 직전 것보다 1만큼 더 크다. 다음은 부목적의 발생 순서가 어떠할지를 보인 것인데, 목록 [a, b, c, d, e]의 길이를 구하는 경우이고 N 은 모두 공유화 (또는 공참조) 되었다.

```
lenacc([a, b, c, d, e], 0, N)
lenacc([b, c, d, e], 1, N)
lenacc([c, d, e], 2, N)
lenacc([d, e], 3, N)
lenacc([e], 4, N)
lenacc([], 5, N).
```

마지막 목적은 현재 (입력 목록의 마지막에 도달하여) 경계조건을 충족시키는 바, 첫 번째 lenacc 절을 이제 적용할 수 있다. 이 절은 마지막 인자를 무조건 그 시점의 누산기 값으로 사례화 한다. 누산기의 초기치는 0이었고, 목록에서 요소를 발견할 때마다, 값이 1 증가된 누산기를 재귀용 부목적에 넘겨주었기 때문에, 사례화에 사용한 값은 목록의 길이 5이다. 더욱이 목적 lenacc 모두는 (술어 listlen에 술어 lenacc이 도입될 때 그 관계를 규정한 최초의 목적을 포함하여) 마지막 인수를 공유하기 때문에, 목적 lenacc 모두는 즉시 목록의 길이로 마지막 인자가 사례화 된다. 특히, 이것이 여기에서 의미하는 바는 listlen 절의 N이 5로 사례화 된다는 것이다.

누산기 값은 정수가 아니어도 된다. 만약 목록을 결과로 생성하는 경우라면, 누산기에는 그때까지 생성한 목록이 축적되어 있을 것이다. 이것은 (예를 들어, 목록에 중복 요소 추가를 방지하려고) 현행 결과치를 점검해야 할 때 유용할 수도 있다. 이 상황에서 누산기를 사용하면 구조체를 쓸데없이 여러 번 결합시키는 것을 피할 수도 있다. 일반적으로 효율성 측면에서 구조체를 너무 자주 결합시키는 것을 피하고 싶을 수도 있는데, 그 이유는 구조체 결합이 고비용 연산이기 때문이다. 예를 들어, 앞서 정의한 append로 두 목록을 결합시키는 경우, 먼저 첫 번째 목록이 비게 될 때까지 따라 내려가야 한다. 각 단계에서, 목록 구조체를 새로이 한 점 만들어서 세 번째 인수로 둔다. 마침내 목록 끝에 도달했을 때, 출력 목록 마지막 부분을 두 번째 입력 목록으로 채운다. 두 번째 입력 목록으로 끝나는 출력 목록을 생성하기 위해서는 본질적으로 첫 번째 입력 목록의 사본을 만들어야만 한다. 만약 첫 번째 목록이 길면, 이것은 큰 일이 된다.

자전거의 구성 부품을 알고자 할 때, 부품 목록에 어떤 일이 일어나는지 생각해보자. 자전거 조립 부품 데이터베이스는 다음과 같이 주어진다.

```prolog
assembly(bike, [wheel, wheel, frame]).
```

자전거 구성 부품은 전술한 partsoflist를 사용하여 목록 [wheel, wheel, frame]에서 유도해낸다. 이 작업은 partsoflist 정의에 따라 다음을 수반한다.

- 뼈대의 부품을 찾기
- 이 결과에 빈 목록을 결합시켜 목록 [frame]이 유도한 부품으로 정하기
- 바퀴의 부품을 찾기
- 이 결과에 [frame]이 유도한 부품을 결합시켜 [wheel, frame]이 유도한 부품으로 정하기
- (다른) 바퀴의 부품을 찾기
- 이 결과에 [wheel, frame]이 유도한 부품을 결합시켜 [wheel, wheel, frame]이 유도한 부품으로 정하기

작업이 이런 순서로 진행되면 낭비가 많은데, 그 이유는 자전거의 하위 부품 각각에 대한 부품 목록을 두 번씩 만들어야 하기 때문이다. 그것은 하위 부품을 구하는 처음 작업에서 한 번 만들어지고, 지금까지 얻어진 하위 부품 목록을 결합시킬 때 (본질적으로) 한 번 더 만들어진다. 자전거의 몇몇 하위 부품은 그 자체가 조립 부품이기 때문에, 이러한 낭비가 그것의 하위 부품을 유도하는 과정에서 마찬가지로 되풀이될 것이다.

누산기를 사용하면 이 불필요한 여분의 작업을 피할 수 있다. 앞서 본 listlen 예를 참고하여, 누산기 인수가 추가된 보조 술어를 도입하고 누산기를 적당히 초기화시킨 상태로 보조 술어를 호출하는 시작 절을 둔다. 누산기를 활용하여 부품 목록 프로그램을 작성한 예가 다음에 있다. 기본 부품과 조립 부품에 대한 절은 바꾸지 않았기 때문에 별도로 나열하지 않았다. 유의할 점은 append를 사용하지 않았다는 것이다.

```
partsof(X, P) :- partsacc(X, [], P).

partsacc(X, A, [X|A]) :- basicpart(X).
partsacc(X, A, P) :-
        assembly(X, Subparts).
        partsacclist(Subparts, A, P).

partsacclist([], A, A).
partsacclist([P|Tail], A, Total) :-
        partsacc(P, A, Hp).
        partsacclist(Tail, Hp, Total).
```

술어 partsacc와 partsacclist는 개정 이전의 partsof와 partsoflist와 매우 유사하게 정의되었지만, 각각 두 번째 인수에 누산기가 있다는 점이 다르다. 이 누산기 인수는 실행 시점까지 확인된 (기본) 부품의 목록을 나타낸다. 그래서 partsacc(X, A, P)는 "객체 X의 부품에, 목록 A의 내용을 추가시키면, 목록 P의 내용이 된다"는 것을 의미한다. lenacc와 의미적으로 유사함에 주목하자. 객체의 부품을 알아내기 위해 partsacc를 사용하고자 한다면, 두 번째 인수를 빈 목록으로 설정해야 하는데, partsof 절에 나타나 있다.

partsacc의 첫 번째 절은 새로운 목록을 생성할 뿐인데, 그 머리는 첫 번째 인수로 주어진 객체가 되고, 꼬리는 누적된 부품 목록이 되며, 객체가 기본 부품일 경우에 수행될 것이다. 두 번째 절은 객체가 조립 부품일 때 적용되는데, 먼저 하위 부품 목록을 작성하고 나서, 목록에 담긴 각 부품에 대한 하위 부품을 알아내려고 partsacclist를 호출한다. 누산기(A)가 partsacclist로 전달된다는 것에 유의하자.

partsacclist의 첫 번째 절은 경계조건을 확인하는 경우인데, 조건이 충족될 때 그 결과는 누적된 하위 부품 목록(A)이다. 재귀절의 경우는 partsacc를 호출하여 주어진 목록에 있는 각 부품의 하위 부품을 차례로 알아내고, 재귀 목적으로 목록의 나머지 부분을 처리한다. 두 번째 절의 두 번째 인수(A)는 partsacc 목적의 누산기로 사용한다는 점과, partsacc 목적의 결과(Hp)도 재귀 목적의 누산기로 사용한 점에 유의하자.

누산기는 책 전체에 걸쳐 더 활용할 것이다. 특히, 7.2절, 7.5절, 그리고 7.8절 등이 볼 만할 것인데, 다음 절도 마찬가지이다.

3.8 차이 구조체

이전 장에서는 누산기를 활용하여 구조체를 불필요하게 결합시키는 것을 피했다. 한 가지 언급하지 않은 부수 효과는, 결과 목록의 요소 순서가 원래 목록에서 누산기 없이 도출할 수 있는 요소 순서와 *반대*가 된다는 것이다. 그러나 때때로 원래 목록의 요소 순서대로 새로운 요소를 생성해야 할 때도 있다. 이 문제는 *차이 구조체(difference structure*; 지금은 차이 목록)로써 해결할 수 있다.

부품 목록 프로그램을 사용하여 자전거의 구성 부품을 알아내는 경우, 누산기를 사용한 판은 원래 판과 마찬가지로 올바르게 작동하는데, 사실은 더 빠르게 작동한다. 그러나 만약 누산기를 사용한 판을 전에 제안한 대로 영어문장 생성에 사용한다면, 문제에 직면하게 되는데, 단어가 역순으로 나열된다! 역순 문제는 자전거의 경우 상관없는 것이, 그 이유가 부품의 순서가 중요하지 않기 때문이지만, 명백하게도 영어문장의 경우 단어가 나열되는 순서는 중요하다. '부품' 목록을 만드는 방식을 생각해본다면, 부품이 원래 확인한 순서와 반대의 순서로 결과 목록에 나열된다는 것이 놀라운 일이 아니다. partsacc의 첫 번째 절에서 기본 부품을 확인할 때마다 새로운 누산기를 생성하는데, 그 내용은 이 기본 부품 *다음에* 지금까지 확인된 모든 부품들을 나열한 것이다.

누산기를 활용할 때는 두 개의 인수를 운용하여 출력 구조체를 조직적으로 생성한다. 하나는 '지금까지의 결과'를 위한 것이고, 다른 하나는 '마지막 결과'를 위한 것이다. 차이 목록을 활용할 때에도 두 개의 인수를 운용하지만, 다른 의미를 부여한다. 첫 번째 인수는 '마지막 결과'를 위한 것이고, 두 번째 인수는 '마지막 결과의 허점'을 위한 것인바, 이 허점 영역에 추후 정보를 저장할 수도 있다. 구조체의 '허점'은 프롤로그 변수로 표현하는데, 구조체의 어떤 성분과 공유화 된다. 예를 들어, 다음 두 항은 함께 목록을 표현하는데, 추후 정보를 저장할 수 있는 유명의 '허점 변수' X를 포함하고 있다.

    [a, b, c|X] X

'허점'이 있는 목록이 있다면, 이 목록을 더 사례화 시킬 수 있는 바, 그 방법은 '허점 변수'를 인수로 받아 이를 사례화 시키는 목적을 호출하는 것이다. 일반적으로 다음 관심사는 이 목적이 충족되고 나서는 추후 정보를 채워 갈 위치가 어디냐가 된다. 이에 목적의 다른 인수를 통하여 *새로운* 허점을 반환하게 할 것이다. 그래서 이러한 과정의 예로서 다음에 보인 목적 연접에서는 우선 허점이 있는 목록을 생성하고, 술어 p를 사용해서 요소를 목록에 추가한 다음, 남아있는 허점을 목록 [z]로 채우는 일을 한다.

    ?- Res = [a, b, c|X], p(X, NewHole), NewHole = [z].

목적 p가 목록을 더 이상 사례화 하지 않는 경우도 고려할 수 있는 바, 그 방법은 다음과 같이 원래의 허점을 새로운 허점으로 반환시키는 절을 도입하는 것이다.

```
p(Hole, Hole).
```

만일 앞의 절이 선택되어 질문이 충족되었다면, 변수 Res의 값은 [a, b, c, z]가 될 것이다. 더 나아가 다음과 같은 절을 도입하여 원래의 허점이 새로운 변수를 포함하고 있는 구조체로 사례화 되게 하고 이 변수를 새로운 허점으로 반환할 수도 있다.

```
p([d|NewHole], NewHole).
```

일반적으로 허점을 메우는 절은, 당연하게도, 이러한 결과를 부분적으로는 호출하는 부목적의 실행 결과를 통해 얻을 것이다. 이제 만일 위의 절이 선택되어 질문이 충족되었다면, 변수 Res의 값은 [a, b, c, d, z]가 될 것이다.

다음에 부품 목록 프로그램이 있는데 차이 목록 기법을 활용한 판이다.

```
partsof(X, P) :- partsacc(X, P, Hole), Hole = [].

partsacc(X, [X|Hole], Hole) :- basicpart(X).
partsacc(X, P, Hole) :-
        assembly(X, Subparts),
        partsacclist(Subparts, P, Hole).

partsacclist([], Hole, Hole).
partsacclist([P|T], Total, Hole) :-
        partsacc(P, Total, Hole1),
        partsacclist(T, Hole1, Hole).
```

먼저 partsof 절을 보자. partsof 절이 partsacc을 처음으로 호출했을 때, 그 결과 값은 두 번째 인수 P에 생성될 것이고, Hole은 변수로 사례화 될 것이다. partsof가 partsacc를 한번만 호출하기 때문에, Hole을 []로 사례화 하여 차이 목록을 마감해야 한다. 참고로 partsof를 달리 다음과 같이 정의할 수 있는데, 완벽하게 올바른 대체 정의이다.

```
partsof(X, P) :- partsacc(X, P, []).
```

더욱 간결해진 이 개정판은 목록 내용이 파악되기 전이라도 최종 허점이 []로 채워진다는 것을 보장한다.

    pasrtsacc의 첫 번째 절은 차이 목록을 반환하는데, 첫 번째 인수로 전달된 객체가 이 목록의 내용인 바, 전달된 객체가 기본 부품이라면 적용되는 절이다. 두 번째 절은 조립 부품이라면 적용되는 것으로, 조립 부품의 하위 부품 목록을 알아내어 이 목록 순회를 partsacclist에 위임하는데, 이때 전달되는 두 개의 인수(P와 Hole)가 차이 목록을 구성한다. partsacclist의 두 번째 절은 partsacc를 통하여 하위 부품 목록을 얻는데, Total과 Hole1로 구성되는 차이 목록이 그것이다. 그런 다음, 재귀 목적이 차이 목록의 구획을 반환하는 바, Hole1으로 시작해서 Hole로 끝나는 영역이다. 전체 결과는 Total과 Hole 사이의 차이 목록인데, partsacclist의 두 번째 절이 반환한다. 다음 도해를 보면 부분 결과를 '엮어서' 목록을 구성해내는 방법을 알 수 있겠다. 차이 목록은 7.7절에 있는 quisortx 정의에서 다시 활용한다.

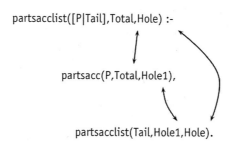

무름과 '자름'

목적을 처리하는 방식에 대하여 1, 2장에서 배운 것을 요약하자.

1. 프롤로그는 주어진 목적을 이루어 보려고 한다. 목적을 달성하기 위해서 데이터베이스 맨 앞에서부터 조사한다. 이때 두 가지 경우가 생길 수 있다.

   a) 통합할 수 있는 사실(또는 규칙의 머리)을 발견한다. 이때 목적이 (사실 또는 규칙의 머리와) 어울리게 되었다고 말한다. 그러면 데이터베이스 안에 발견 위치를 표시하고 통합되는 해례화 변수를 사례화 한다. 만약 규칙과 어울렸다면 우선, 규칙의 몸에 명시된 부목적을 이루려고 시도해야 할 것이다. 목적 충족에 성공한 후에는 다음 목적를 이루려고 노력한다. 전술한 도해법에서 이 목적은 화살표 머리 아래쪽에 있는 상자 안에 위치한다. 만일 원래 목적이 연접된 것이었다면, 이 목적은 프로그램에서 원래 목적 바로 오른쪽에 있는 것이다.

   b) 통합할 수 있는 사실(또는 규칙의 머리)을 찾을 수 없다. 이 경우, 목적 달성에 실패했다고 말한다. 그러면 목적을 재충족시켜 보려고 하는데, 화살표 머리 위쪽 상자 안에 있는 목적이 대상이다. 만일 원래 목적이 연접된 것이었다면, 이 목적은 프로그램에서 원래 목적 바로 왼쪽에 있는 것이다.

2. 프롤로그는 주어진 목적을 다시 이루어 보려고 한다. 먼저 각 부목적을 충족시킨 역순으로 재충족시켜 보려고 하는 바, 화살표가 쪽 위로 후퇴하게 된다. 만약 어떤 부목적도 적절한 방법으로 재충족시킬 수 없다면, 목적 자체를 위한 대안 절을 발견해보려고 한다. 이 경우, 이전 절 선택으로 발생했던 변수 사례화를 모두 취소하여 해례화 되게 정정해야 한다. 이것은 이 목적을 충족시키려고 행한 모든 작업을 취소하고 그 이전 상태로 '복구'하는 것을 의미한다. 그 다음에는, 데이터베이스 탐색을 재개하는데, 이때는 목적에 대응하는 위치표식이 놓여 있는 지점에서부터 탐색을 시작한다. 앞의 경우와 같이, 이렇게 '물러서' 새롭게 복구한 목적도 달성에 성공하거나 또는 실패할 수 있는데, 전술한 (a)나 (b) 단계 중 하나가 발생할 수 있는 것이다.

이 장에서는 무름에 대해 보다 자세히 다룰 것이다. 이와 함께 프롤로그 프로그램에서 사용할 수 있는 '자름(cut)'이라는 특별한 기제를 보게 될 것이다. 자름을 사용하면, 프롤로그에게 이전의 선택 중에서 어떤 것을 재고할 필요가 없는지를 알려줄 수 있다.

4.1 복수해 생성

사실 모임에 대한 질문을 했을 때 여러 해답이 나올 수 있는 가장 간단한 경우는 질문에 어울리는 사실이 여러 개 있을 때이다. 예를 들어 다음 사실이 주어진 경우를 생각하는데, 이때 father(X, Y)는 "X의 아버지는 Y이다"를 의미한다.

```
father(mary, george).
father(john, george).
father(sue, harry).
father(george, edward).
```

다음 질문에 대한 대답은 여러 가지 있을 수 있다.

```
?- father(X, Y).
```

만약 쌍반점으로 답을 구하게 시킨다면, 프롤로그는 다음과 같이 출력할 것이다.

X=mary, Y=george ;
X=john, Y=george ;
X=sue, Y=harry ;
X=george, Y=edward

이러한 대답은 데이터베이스를 탐색해서 father에 대한 사실과 규칙을 저장된 순서대로 알아내어 얻어진다. 프롤로그는 대답을 하는 데 있어 별로 영리하지 않다. 프롤로그는 이전 대답에 관한 어떤 사항도 기억하지 않는다. 그래서 "아무개의 아버지가 X인가?"를 다음 질문으로 물어보았을 때,

```
?- father(_, X).
```

다음과 같은 대답을 얻을 것이다.

X=george ;
X=george ;
X=harry ;
X=edward

George는 Mary와 John 둘 다의 아버지이기 때문에 george가 대답에서 두 번 반복되어 나타났다. 그 이유는 프롤로그가 만약 같은 것을 두 가지 방법으로 증명할 수 있다면, 그 둘을 다른 해답으로 간주하기 때문이다.

무릎은 대안이 프로그램 실행과정상 더 깊은 곳에서 나타난다고 하더라도, 꼭 같은 방식으로 일어난다. 예를 들어, "X의 자녀 한 명은 Y이다"의 정의에 다음 규칙이 나타날

수 있다.

```
child(X, Y) :- father(Y, X).
```

이때 다음 질문을 생각한다.

```
?- child(X, Y).
```

대답은 다음과 같을 것이다.

X=george, Y=mary ;
X=george, Y=john ;
X=harry, Y=sue ;
X=edward, Y=george

father(Y, X)에는 네 개의 해답이 있기 때문에, child(X, Y) 또한 마찬가지다. 더욱이 같은 순서로 해답이 생성된다. 다른 것은 인수의 순서뿐인 바, child의 정의에 명시된 대로이다. 이와 유사하게, "X는 아버지이다"를 의미하는 father(X)를 다음과 같이 정의했다고 한다.

```
father(X) :- father(_,X).
```

이때 다음 질문을 생각한다.

```
?- father(X).
```

도출된 대답은 다음과 같을 것이다.

X = george ;
X = george ;
X = harry ;
X = edward ;

만약 사실과 규칙이 섞여 있다 해도, 대안 검토순서는 역시 섞인 상황에서 펼쳐진 순서를 따른다. 예를 들어 "adam은 사람이다. 무엇이든 어머니가 있으면 사람이다. eve는 사람이다"를 프롤로그로 다음과 같이 표현할 수 있겠다. 이와 함께 누구의 어머니가 누구임을 나타내는 모자관계를 부언할 수 있다.

```prolog
person(adam).
person(X) :- mother(X, Y).
person(eve).

mother(cain, eve).
mother(abel, eve).
mother(jabal, adah).
mother(tubalcain, zillah).
```

이 경우, 다음과 같이 질문한다고 하자.

```prolog
?- person(X).
```

대답은 다음과 같을 것이다.

```prolog
X = adam ;
X = cain ;
X = abel ;
X = jabal ;
X = tubalcain ;
X = eve
```

이제 더 흥미로운 사례를 볼 것인데, 각기 여러 해답이 있는 두 개의 목적이 등장하는 경우이다. 가정하는 바, 파티를 계획하고 있고, 춤출 짝을 추측하고 싶다고 하자. 프로그램 작성은 다음과 같이 시작할 수 있다.

```
possible_pair(X, Y) :- boy(X), girl(Y).

boy(john).
boy(marmaduke).
boy(bertram).
boy(charles).

girl(griselda).
girl(ermintrude).
girl(brunhilde).
```

프로그램의 규칙이 표현하는 바는, "X와 Y는, 만약 X가 소년이고 Y가 소녀라면, 춤출 짝이 될 수 있다"이다. 춤출 짝이 될 수 있는 경우가 얼마나 있는지 알아보자.

```
?- possible_pair(X, Y).
```

X=john, Y=griselda ;
X=john, Y=ermintrude ;
X=john, Y=brunhilde ;
X=marmaduke, Y=griselda ;
X=marmaduke, Y=ermintrude
X=marmaduke, Y=brunhilde ;
X=bertram, Y=griselda ;
X=bertram, Y=ermintrude ;
X=bertram, Y=brunhilde ;
X=charles, Y=griselda ;
X=charles, Y=ermintrude ;
X=charles, Y=brunhilde

이제 확인해야 할 것은 프롤로그가 이러한 순서로 해답을 생성하는 이유를 파악했는지이다. 먼저, 목적 boy(X)는 첫 번째 소년 john이 발견되면서 충족된다. 그런 다음에 girl(Y)는 첫 번째 소녀 griselda가 발견되면서 충족된다. 이 시점에서, 프롤로그에게 또 다른 해답을 요청하는 바, ';'을 입력하여 무름을 발생시킨다. 그러면 프롤로그는 가장 최근에 충족시킨 목적을 재충족시켜 보려고 하는데, 그것은 possible_pair 목적을 충족시킬 때 나타났던 girl 목적이다. 프롤로그는 대안이 되는 소녀 ermintrude를 찾아내고 그래서 두 번째 해답은 john과 ermintrude이 된다. 같은 방식으로, 세 번째 해답은 john과 brunhilde가 된다. 그 다음으로, girl(Y) 목적을 재충족시켜 보려고 할 때, 프롤로그가 이 목적이 관리하는 위치표식이 데이터베이스의 끝에 있는 것을 확인하는 바, 그래서 목적 충족은 실패한다. 그렇다면 프롤로그는 boy(X) 목적을 재충족시켜 보려고 한다. 이 목적을 위한 위치표식은 소년에 대한 첫 번째 사실에 위치해 있었다. 그래서 발견한 다음 해답은 두 번째 소년(marmaduke)이다. 목적을 재충족시켰으므로, 프롤로그는 다음에 무엇을 해야 하는지 알아보려고 한다. 그것은 이제 처음부터 다시 시작하여 목적 girl(Y)을 충족시켜야 한다는 것이다. 그래서 첫 번째 소녀 griselda를 발견한다. 그리하여 이어지는 세 개의 해답에는 marmaduke와 세 소녀가 나타나게 되었다. 이런 다음, 대안을 요청하면 girl 목적이 재충족될 수 없는 상황이 다시 발생한다. 그래서 또 다른 소년을 발견하고, 소녀에 대한 탐사는 처음부터 다시 시작하는데, 이러한 과정이 반복된다. 그러나 결국에는 girl 목적 충족은 실패하게 되고, 또한 boy 목적에 대한 해답이 더 이상 존재하지 않게 된다. 그래서 프로그램은 춤출 짝을 더 이상 발견할 수 없는 것이다.

지금까지 본 예제들은 모두 매우 간단했다. 단지 많은 사실을 명세하거나 또는 그러한 사실에 접근하는 규칙 사용에 관련된 것이었다. 이 때문에 가능한 해답을 생성할 때 그 개수가 한정되었다. 때로는 가능성을 무한정하게 열어놓고 생성시키고 싶을 때가 있는데, 그 전부를 고려하고 싶기 때문에 아니라, 얼마나 많이 필요하게 될지 미리 알 수 없을지도 모르기 때문이다. 이러한 경우에 재귀 정의를 사용하는 바, 이전 장에서 논의한 적이 있다.

음이 아닌 정수가 무엇인지에 대한 다음 정의를 고찰해보자. 목적 is_integer(N)은 N이 음이 아닌 정수로 사례화 되었을 경우 충족될 것이다. 만약 N이 목적 is_integer(N)이 고려되는 시점에서 사례화 되어 있지 않은 상태라면, is_integer(N) 목적은 음이 아닌 정수를 선택하고, N을 그 정수로 사례화 시킬 것이다.

```
/* 1 */    is_integer(0).
/* 2 */    is_interger(X) :- is_integer(Y), X is Y + 1.
```

이때 다음 질문을 생각한다.

```
?- is_integer(X).
```

그 결과는 대답으로 쓸 수 있는 음이 아닌 정수 (0, 1, 2, 3, ...) 모두를 얻을 것인 바, 한 번에 하나씩 오름차순으로 나타날 것이다. 무름을 발생시킬 때마다 (아마도 쌍반점을 쳐서), is_integer는 충족되는데, 자신의 인수를 새로운 정수로 사례화 하게 된다. 그리하여 이론상 이 짧은 정의는 대답을 무한 개 생성한다. 그 이유를 알아보자. 처음 세 개의 답이 도출될 때까지 일어나는 사건이 그림 4.1, 4.2 그리고 4.3에 나타나 있다.

첫째 해답을 구하는 그림 4.1에서 숫자 (1)은 is_integer 목적을 충족시킬 수 있는 절의 집합에서 첫 번째 절이 선택되었다는 것을 표시하는 바, 다음에는 다른 선택을 할 수 있는 곳이다. 처음에는 사실 (1) 또는 규칙 (2) 중에서 선택하여 질문 대답에 사용할 수 있다. 만약 사실 (1)을 고른다면, 선택의 여지가 더 이상 없기 때문에 *X=0*가 된다.

그렇지 않고 규칙 (2)를 고른다면, 규칙에 수반된 부목적을 충족시키기 위한 선택을 해야 한다. 이때 만약 사실 (1)을 고른다면, *X=1*이라는 대답으로 끝나지만, 그렇지 않고, 규칙 (2)를 고른다면, 규칙에 수반된 부목적을 충족시키기 위한 선택을 또 다시 해야

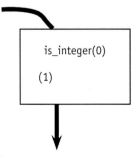

그림 4.1. 첫째 해답 도출 과정

한다. 이러한 과정은 계속 반복될 수 있다.

각 단계에서 프롤로그가 맨 먼저 하는 일은 사실 (1)을 선택하는 것이다. 무를 때 프롤로그는 최후의 선택을 취소하고 그 직전 상태로 복구한다. 이런 일을 할 때마다 사실 (1)을 마지막으로 선택한 자리로 돌아가서 규칙 (2)를 대신 선택한다. 규칙 (2)를 사용하기로 결정하면, 규칙에 수반된 부목적이 새로운 부목적으로 도입된다. 사실 (1)이 그 부목적을 충족시킬 수 있는 첫 번째 후보이다.

프롤로그 규칙 대부분은 사례화 되지 않은 많은 변수를 포함하고 있는 목적과 어울릴 때, 대안적 해답을 도출한다. 예를 들어, 3장에서 보았던 다음과 같은 목록에 대한 속격 관계는 대안적 해답을 도출할 것이다.

```
member(X, [X|_]).
member(X, [_|Y]) :- member(X, Y).
```

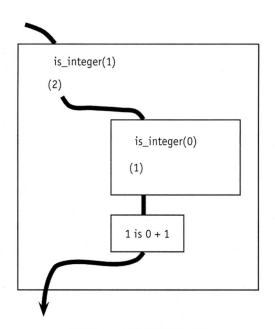

그림 4.2. 둘째 해답 도출 과정

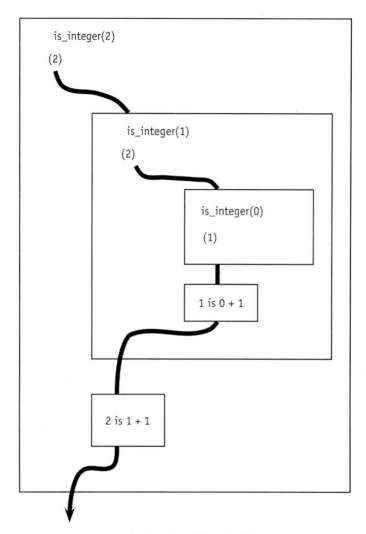

그림 4.3. 셋째 해답 도출 과정

다음과 같이 질문한다고 하자. 여기에서 X는 사례화 되지 않은 변수이다.

```
?- member(a, X).
```

그러면 X 값이 부분적으로 정의된 목록으로 차례차례 정해질 것인 바, 처음 목록에서는 a
가 첫 번째 요소로 나타나고, 두 번째 목록에서는 a가 두 번째 요소로 나타나고, 세 번째
목록에서는 a가 세 번째 요소로 나타나고, 등등. 이렇게 되는 이유를 파악해보는 것이 좋
을 것이다. 전술한 member 정의에 무릎을 적용할 수 있게 함으로써 생기는 추가 결과는
다음 질문이 실제로 다섯 번 충족될 수 있다는 것이다.

```
?- member(a, [a,b,r,a,c,a,d,a,b,r,a]).
```

분명하게도 member를 응용하는 데 있어서 어떤 경우에는, member를 충족시킨다고 하
더라도 한 번만 하고, 다른 네 개의 충족 후보는 버려야 하는 때가 있다. 프롤로그에게
후보자를 이런 방식으로 버리라고 '자름'을 사용하여 지시할 수 있다.

4.2 자름

이 절에서는 프롤로그 프로그램에서 활용할 수 있는 특별한 기제인 '자름'을 고찰한다.
자름은 충족시킨 일련의 목적을 무를 때, 이전의 어떤 선택 후보자는 다시 고려할 필요가
없다고 프롤로그에게 알려주는 작용을 한다. 이를 행하는 중요한 이유가 두 가지 있다.

- 프로그램이 더 빨리 실행될 것인데, 그 이유는 해답 도출에 결코 기여하지 않을
  목적을 미리 알아 그 목적을 충족시키려는 데 시간을 낭비하지 않기 때문이다.
- 프로그램이 컴퓨터 기억 공간을 더 적게 차지할 것인데, 그 이유는 차후 탐사를
  위해 무릎 지점을 기록하는데 이것이 불필요하다면, 메모리를 보다 효율적으로
  사용할 수 있게 되기 때문이다.

어떤 경우에는 자름의 포함 여부가 실행되는 프로그램과 그렇지 않은 프로그램의 차이가
될지도 모른다.

구문론적으로, 자름을 규칙에서 사용할 때는 외양이 인수가 없는 술어 '!'로 구성되는 목적과 같게 보인다. 목적으로서는 즉시 충족되는 것이지만 재충족될 수 없는 목적이다. 그렇지만 자름에는 부작용 또한 있는데, 차후에 일어나는 무름 방식을 변경한다. 그 부작용은 특정 목적에 대한 위치표식에 접근할 수 없게 만들어서 그 목적을 재충족시킬 수 없게 만든다는 것이다.

예를 통하여 그 작동방식을 보기로 하자. 도서관을 운영한다고 생각하는데, 프롤로그 데이터베이스가 있어서 책의 소장정보, 대출정보, 반납 기일 등을 관리한다고 가정한다. 관심사가 될 수 있는 것은 도서관의 어떤 시설을 어떤 사람에게 개방해야 하는가이다. 기본 시설이라고 할 수 있는 것은 모든 사람에게 공개되어야 한다. 여기에는 참고 자료실 및 문의 창구 사용이 포함된다. 반면에, 부가편익은 도서관에서 선택적으로 제공하려고 할 수 있는 바, 여기에는 도서 상호대차, 도서 대출 따위가 포함된다. 이와 함께 여느 도서관에도 있음직한 규정 하나를 도입한다. 책을 연체하고 있는 사람은 책을 반납할 때까지 부가편익을 이용할 수 없다는 것이다. 다음에 이러한 제도를 구현한 프로그램의 일부가 있다.

```prolog
facility(Pers, Fac) :-
        book_overdue(Pers, Book),
        !,
        basic_facility(Fac).
facility(Pers, Fac) :- general_facility(Fac).

basic_facility(reference).
basic_facility(enquiries).

additional_facility(borrowing).
additional_facility(inter_library_loan).

general_facility(X) :- basic_facility(X).
general_facility(X) :- additional_facility(X).
```

여기에 더하여 이용자 및 이용자 대출성향 관리용 데이터베이스가 필요한데, 일단 두 가지 사례를 다음에 보였다.

```
client('A. Jones').
client('W. Metesk').

book_overdue('C. Watzer', book10089).
book_overdue('A. Jones', book29907).
```

왜 이 프로그램에 자름이 있어야 하고 그것이 무슨 효과가 있을까? 모든 이용자를 훑어보고 싶고, 각자에게 허용된 시설을 알아본다고 하자. 그러면 질문을 다음과 같이 할 수 있다.

```
?- clinet(X), facility(X, Y).
```

프롤로그는 첫 번째 이용자 'A. Jones'를 찾는 것으로 해답 구하기를 시작할 것이다. 이 이용자가 책 몇 권을 연체하고 있다고 가정해보자. 이 사람에게 어떤 시설이 허용되는지 알아내는 작업은 시설 허용에 대한 첫 번째 절을 적용하면서 시작될 것이다. 이 절은 책을 연체했는지 알아보는 새로운 목적을 등장시킨다. book_overdue 사실을 탐색하면 A. Jones가 연체한 첫 번째 책에 대한 사실이 바로 발견된다. 그것은 book_overdue 술어에 대한 두 번째 사실이다. 다음에 볼 목적은 자름이다. 이 목적은 바로 충족되는데, 그 효과는 첫 번째 facility 절을 선택한 이후로 행해진 모든 결정에 프롤로그 시스템이 따르도록 하는 것이다. 자름에 도달하기 직전의 상황을 그림 4.4와 같이 도해할 수 있다.

자름을 만나게 됐을 때, 프롤로그는 충족류를 끊는데 그 결과 만약 이 지점을 넘어서 후퇴하게 되었다면, 그림 4.5에서 볼 수 있는 바와 같이, 지름길로 돌아가게 될 것이다. facility 규칙(첫 번째 절)에서 자름 효과는 이 규칙을 선택한 이후로 행해진 모든 결정에 프롤로그 시스템이 따르도록 하는 것이다. 충족류 경로의 흐름은 변경되는데, facility 목적에서 자름 목적까지 (양끝 포함) 설정된 모든 위치표식을 회피하기 위해서

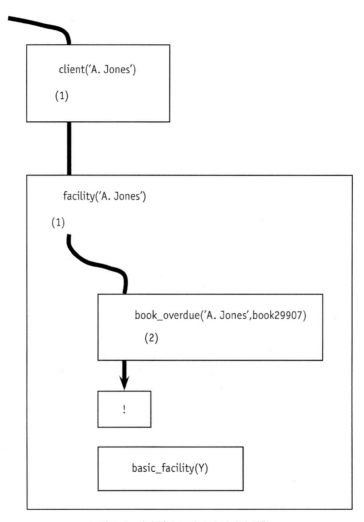

그림 4.4. '자름'에 도달하기 직전의 상황

이다. 그리하여 만약 나중에 무름이 일어나서 이 자름 지점을 넘어 후퇴하려고 한다면, facility 목적은 바로 실패할 것이다.

자름 때문에, 프롤로그 시스템은 book_overdue('A. Jones', Book) 목적을 충족시키는 대안 해답을 고려하지 않을 것이다. 이것이 매우 합리적인 이유는 도서관 규칙에서 이

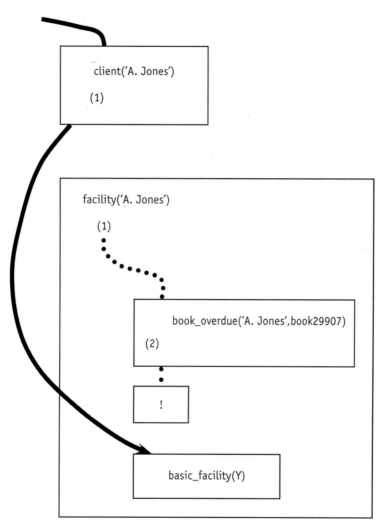

그림 4.5. '자름'은 지금까지의 해답에 책임을 지지만 충족류는 변경되고 그 결과 basic_facility가 실패한다면, 무름은 지름길을 통하여 목적 client에 도달하여 재충족시키려고 한다.

용자의 책 연체 여부가 고려 대상이지만 연체한 책 모두에 관심을 두는 것이 아니기 때문이다. 시스템은 또한 facility의 두 번째 절을 고려하지 않을 것인데, 이유인즉, 자름을 포함한 규칙을 선택한 결정은 무름에서 또한 우회 당하는 바, 규칙의 재선택이 불가능하기 때문이다. 이것도 여기에서 합리적인데, 모든 시설이 A. Jones에게 허용되었다는 해답이 도출되지 않기를 바라기 때문이다.

요컨대 이 예제에서 나타난 자름의 효과는 다음과 같다.

> *만약 어떤 이용자가 책을 연체하고 있다는 것이 확인된다면, 이 이용자에게는 도서관의 기본 시설만 허용된다. 이용자가 연체한 책 모두를 조사하지 말고, 시설 이용에 대한 어떤 다른 규칙도 고려하지 마라.*

이 예제에서 자름은 프롤로그 시스템이 자름에서부터 뒤로 facility 목적에 이르기까지 행해진 모든 결정에 따르도록 한다. facility 목적은 자름 목적의 부모 목적이라고 부르는데, 그것은 자름을 포함한 규칙을 사용하도록 유도한 목적이기 때문이다. 도해에서 자름 목적의 부모 목적은 언제나 '!' 상자를 내포하는 상자 중에서 가장 작은 것이 표현하는 목적이다. 자름 부호의 효과에 대한 형식적 정의는 다음과 같다.

> 목적으로 주어진 자름을 만났을 때, 프롤로그 시스템은 그 즉시 부모 목적을 호출한 이후로 행해진 모든 선택 결정을 기정사실로 확정하고 거기에 따른다. 시스템은 선택 결정의 다른 모든 대안은 버린다. 그러므로 부모 목적과 자름 목적 사이에 있는 어떤 목적에 대해서도 그것을 재충족시키려는 시도는 실패할 것이다.

자름의 영향을 받아 선택 결정에 무슨 일이 일어나는지를 묘사하는 몇 가지 방법이 있다. 선택 결정이 끊기거나 동결된다고 하거나, 시스템은 실행된 선택 결정을 따른다고 하거나, 또는 선택 결정의 다른 대안은 버린다고 하거나 등. 또한 자름 부호가 목적을 가르는 담과 같은 것이라고 볼 수 있다. 다음에 보인 목적의 연접을 생각한다.

```
foo :- a, b, c, !, d, e, f.
```

프롤로그는 목적 a, b, 그리고 c를 충족시키려고 하는 동안에는 별문제 없이 무릎을 할 수 있지만, 일단 목적 c를 충족시키고 나면 무릎을 막는 '담'을 넘어 오른쪽에 있는 목적 d에 도달한다. 그런 다음에는 무릎이 d, e, 그리고 f 사이에서 일어나는 경우도 있겠고, 그러는 중에 전체 연접을 여러 번 충족시키는 경우도 있을 수 있다. 그러나 만약 d를 충족시키는 데 실패한다면, '담'을 넘어 왼쪽으로 가야하지만 그 쪽은 무릎이 막힌 지역이기에, 목적 c를 재충족시키려는 어떤 시도도 할 수 없는 바, 목적의 연접 전체를 충족시키는 데 실패하고 그래서 결국 목적 foo 또한 충족시키는 데 실패하게 된다.

자름의 사용 예를 더 보기 전에 참고 사항을 하나 더 본다. 언급한 바, 만약 규칙에 나타난 자름 목적이 충족된다면, 프롤로그 시스템은 부모 목적 호출 이후 실행된 모든 선택 결정을 따른다고 하였다. 이것은 그 규칙의 선택과, 그리고 그 이후 그때까지 행한 다른 모든 선택 결정이 확정된다는 것을 의미한다. 나중에 소개할 내용인데, 내장 술어 ';' (이접 연산 'or'를 의미하는 쌍반점)을 사용하면 규칙 안에 대안을 표현해 넣는 것이 가능하다. 이 술어로 도입되는 대안의 선택도 앞의 경우와 똑같은 영향을 받는다. 즉, 자름 목적이 충족된 다음에는 그 규칙의 선택과 그 이후 그때까지 행한 다른 모든 or 대안들에 대한 선택 결정이 확정되어 그 당시 선택한 대안이 최종안이 된다는 것이다.

4.3 자름의 통상적 용법

자름의 통상적 용법을 세 가지 영역으로 나누어 볼 수 있다.

- 첫 번째는 승인 위치와 관련된 것인데, 프롤로그 시스템에게 주어진 목적을 충족 시키기 위한 올바른 규칙을 찾았음을 알려주기를 원하는 경우이다. 이때 자름이 의미하는 것은 "만약 여기에 도달했다면, 주어진 목적을 충족시킬 올바른 규칙을 선택하였다"이다.

- 두 번째는 실패 위치와 관련된 것인데, 프롤로그 시스템이 주어진 목적 충족을 바로 포기하고, 대안 해답 찾기를 하지 않게 만들고 싶은 경우이다. 이때 자름은 한 연접 안에서 fail 술어와 함께 나타나는 바, 그 의미는 "만약 여기에 도달했다면, 주어진 목적을 충족시키려는 시도를 중지해야 한다"이다.
- 세 번째는 종료 위치와 관련된 것인데, 프롤로그 시스템이 무름을 통하여 대안 해답을 생성시키는 과정에서, 끝내기를 원하는 경우이다. 이때 자름이 의미하는 것은 "만약 여기에 도달했다면, 주어진 문제에 대한 유일한 해답을 찾은 것이고, 대안 해답을 찾아 봐야 소용이 없다"이다.

이제 이 세 가지 쓰임새에 대한 몇 가지 예를 볼 것이다. 그러나 명심해야 할 것은 자름의 본질적 의미가 이 모든 응용 예에서 한 가지라는 것이다. 쓰임새를 세 가지 주요 영역으로 구분한 것은 순전히 설명의 편의를 도모하기 위해서이고, 프로그램에 자름을 도입하는 그럴듯한 이유를 보여주기 위해서이다.

4.3.1 규칙선택 승인

프롤로그 프로그램에서, 한 술어 정의에 여러 절이 필요한 경우를 종종 본다. 인수가 이런 형태라면 이 절이 적당하고, 인수가 저런 형태라면 저 절이 적당할 것이며, 등등. 대개 주어진 목적에 어떠한 규칙을 사용해야 하는지 명세할 수 있는데, 그 방법은 규칙 머리에 문양을 넣어 정해진 유형의 목적하고만 어울릴 수 있도록 하는 것이다. 그러나 이것이 언제나 가능하지는 않다. 만약 인수가 어떤 형태를 취할지 미리 알 수 없거나, 또는 문양을 총망라하여 명시할 수 없다면, 절충해야 하는 경우도 있는 것이다. 이 말은 몇몇 특정 유형의 인수를 처리하는 규칙은 앞에 두고, 다른 모든 유형의 인수를 처리하는 '포괄' 규칙은 뒤에 둔다는 것을 의미한다.

이에 대한 예로 삼아, 다음 프로그램을 살펴보자. 규칙은 술어 sum_to를 정의하는

데, 프롤로그에게 N을 정수로 정하여 목적 sum_to(N, X)을 제시하면, 1부터 N까지의 합으로 X를 사례화 시킨다. 그래서 예를 들어 1+2+3+4+5는 15이기 때문에 다음 결과를 얻는다.

```
?- sum_to(5, X).
X = 15 ;
no
```

프로그램은 다음과 같다.

```
sum_to(1, 1) :- !.
sum_to(N, Res) :-
        N1 is N - 1,
        sum_to(N1, Res1),
        Res1 is Res1 + N.
```

재귀를 사용하여 sum_to를 정의하였다. 착안점은 경계조건이 첫 번째 인수가 1일 때 일어난다는 것이다. 이 경우, 대답 또한 1이다. 두 번째 절에서 재귀적인 sum_to 목적이 등장한다. 그런데 새로운 목적의 첫 번째 인수가 원래 목적의 그것보다 1만큼 작다. 이 목적이 호출할 새로운 목적은 첫 번째 인수가 또다시 1만큼 작아질 것이다. 이런 과정이 경계조건에 도달할 때까지 반복될 것이다. 첫 번째 인수는 언제나 작아지기 때문에, 결국에는 경계조건에 도달하게 되고 (원래 목적의 첫 번째 인수가 1보다 작지 않았다고 가정한 경우), 그리하여 프로그램은 종료한다.

이 프로그램에서 흥미로운 점은 두 가지 경우를 처리하는 방법인데, 수가 1인 경우와 그 밖의 다른 것일 경우이다. 목록에 대해 논의할 술어를 정의하는 경우, 보통 일어날 수 있는 두 가지의 경우는 명시하기가 쉬운데, 목록이 []일 때와 [A|B] 형태일 때이다. 수의 경우에는 그렇게 쉽지가 않은데, 그 이유는 1이 아닌 정수하고만 어울릴 수 있는 문양을 명시할 수 없기 때문이다. 이 예에서 사용한 해법은 '1'인 경우임을 확인하는 문양을

규정함과 더불어 그저 변수를 등장시켜 그 밖의 어떤 것과도 어울리게 하는 것뿐이다. 프롤로그는 데이터베이스 탐사 방식에 따라, 주어진 수를 1과 어울리게 할 것이고, 이것이 실패한다면 단지 두 번째 규칙만을 적용해 볼 것이다. 그래서 두 번째 규칙은 1이 아닌 수일 때만 쓸 수 있게 만들어야 한다.

그러나 이것이 논의의 전부가 아니다. 만약 언젠가 무름이 발생하여 프롤로그가 정수 1인 경우에 행한 규칙의 선택을 재고하게 된다면, 프롤로그는 두 번째 규칙도 적용 가능하다는 것을 알게 될 것이다. 외형적으로는, 첫 번째와 두 번째 규칙 모두 목적 sum_to(1, X)에 대한 대안 절이다. 사정이 이렇기 때문에 프롤로그에게 알려야 할 바는, 주어진 수가 1이라면 두 번째 규칙 적용을 결코 고려하지 않는다는 것이다. 이를 실현하는 한 방법은 (예와 같이) 첫 번째 규칙에 자름을 쓰는 것이다. 이것이 프롤로그에게 지시한 내용은 첫 번째 규칙을 적용할 때 자름이 있는 위치까지 도착했다면, sum_to 목적을 대상으로 행한 규칙 선택 결정을 결코 재고해서는 안 된다는 것이다. 만약 사실상 주어진 수가 1이라면, 프롤로그는 자름이 있는 위치까지만 도달할 것이다. 충족류로 보면 이것이 어떠할지 알아보자.

다음과 같은 문맥과 foo(apples) 목적이 실패할 상황에서 sum_to(1, X)를 호출한 경우를 생각하는데, foo(apples) 목적이 실패한 시점의 상황이 그림 4.6과 같을 것이다.

```
go :- sum_to(1, X), foo(apples).

?- go.
```

프롤로그는 충족시킨 역순으로 목적을 재충족시키려고 하지만, 충족류 순서가 재설정되었기 때문에, sum_to 및 '!' 두 개의 목적은 재충족 될 수 없다는 것이 밝혀질 것이다. 그러므로 프롤로그는 sum_to(1, X)를 충족시키는 대안에 대한 탐색시도를 회피할 것인 바, 이는 급수의 다른 해가 없기 때문에 올바른 결정이다.

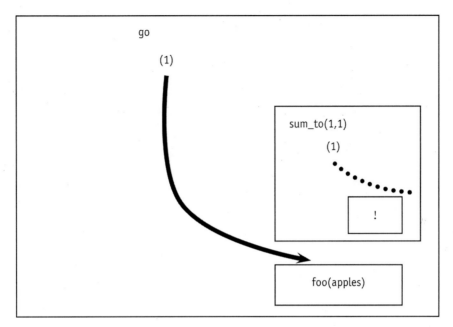

그림 4.6. foo(apples) 목적이 실패한 시점의 상황

연습문제 4.1: 만약 자름을 여기에서 제거하고, 무름으로 sum_to 목적을 다시 고려하게 되었다면, 무슨 일이 발생할까? 만약에 있다고 하면 어떤 대체 결과가 나오며, 그 이유는 무엇인가?

마지막 예는 자름을 사용하여 프롤로그가 합리적으로 작동할 수 있게 만드는 방법을 보이는데, 문제는 규칙 머리에 문양을 명시하여서 가능한 모든 경우를 분별할 수 없다는 데 있었다. 규칙 사용을 결정하는 문양의 명시가 불가능한 보다 일반적인 상황은 별도의 조건을 설정하고 싶을 때 발생하는데, 프롤로그 목적의 형태로 주어질 이 조건으로 적합한 규칙을 선정하는 경우이다. 앞서 본 예의 대안 형태인 다음을 고려해보자.

```
sum_to(N, 1) :- N =< 1, !.
sum_to(N, R) :-
        N1 is N - 1,
```

```
        sum_to(N1, R1),
        R is R1 + N.
```

이 경우에, 첫 번째 규칙은 주어진 수가 1보다 작거나 같으면 선택하는 규칙이라고 한다. 이 개정판은 이전 판보다 조금 나아졌는데, 그 이유는 첫 번째 규칙이 첫 번째 인수가 0이나 음수일지라도, 프로그램이 (무한정 실행되지 않고) 대답을 하게 만들기 때문이다. 만약 조건이 참이면, 결과 1이 바로 확정되고, 더 이상의 재귀 목적이 필요 없게 된다. 만약 조건이 참이 아니면, 이 경우에만 두 번째 규칙을 꼭 시험해보기를 바란다. 프롤로그에게 지시해야 할 것은 N =< 1임을 입증하고 나면 규칙 선택 결정을 재고해서는 안 된다는 것이다. 자름이 하는 일이 바로 이것이다.

　　자름 대용에 대한 일반적인 원칙인 바, 하나뿐인 올바른 규칙을 선정했음을 프롤로그에게 알리는 역할을 하는 자름은 \+로 대신할 수 있다는 것이다. \+는 프롤로그 내장 술어인데, 이 말은 프롤로그와 회기(session)를 시작했을 때, 이미 준비되어 있는 정의라는 뜻이다. \+는 또한 앞(prefix) 연산자로 이미 선언되어 있다. 그래서 내장 술어는 매번 정의를 새로이 하지 않고도, 개별 프로그램에서 사용할 수 있는 것이다. 내장 술어에 대해서는 6장에서 보다 상세하게 설명한다. 술어 \+가 정의되는 방식은, X를 프롤로그 목적이라고 했을 때 "목적 \+X의 충족이 성공하는 경우는 오로지 X의 충족이 실패할 때뿐이다"와 같다. 그리하여 \+X는 "X는 충족시킬 수 없는 프롤로그 목적이다"를 의미한다. 자름을 \+으로 대용한 예로서 두 가지를 들 것인데, sum_to 정의를 다음처럼 재작성할 수 있는 것이다.

```
sum_to(1, 1).
sum_to(N, R) :-
        \+(N = 1),
        N1 is N - 1,
        sum_to(N1, R1),
        R is N + R1.
```

또는

```
sum_to(N, 1) :- N =< 1.
sum_to(N, R) :-
        \+(N =< 1),
        N1 is N - 1,
        sum_to(N1, R1),
        R is N + R1.
```

사실, 프롤로그에는 이러한 두 용법에 대용할 적합한 내장 술어가 준비되어 있다. 예를 들면, \+(N = 1)을 N \= 1로 대용할 수 있고 \+(N =< 1)을 N > 1로 대용할 수 있다. 일반적으로는, 이런 일을 생각할 수 있는 모든 조건에 대하여 행할 수는 없을 것이다.

자름을 \+로 대용하는 것은 좋은 프로그램 작성법이다. 그 이유는 자름을 포함하고 있는 프로그램이 그렇지 않은 것보다 가독성이 떨어지기 때문이다. 만약 모든 자름의 출현을 \+ 정의 안으로 국한시킬 수 있다면, 프로그램을 이해하기가 더 쉬워질 것이다. 그러나 \+ 정의에는 주어진 목적이 충족될 수 있는지 그 여부를 확인하는 기능이 포함되어 있다. 그러므로 만약 다음과 같은 일반적인 형태의 프로그램이 주어진다면, 프롤로그는 *B*를 결국 두 번 충족시키려고 하게 될 것이다.

```
A :- B, C.
A :- \+B, D.
```

프롤로그는 첫 번째 규칙을 보고 *B*를 충족시키려고 할 것이다. 또한, 만약 언젠가 무름이 되어 두 번째 규칙을 검토하게 되면, \+B의 충족여부를 확인하기 위해서 다시 *B*를 충족시켜보려고 해야 할 것이다. 이러한 중복은 조건 *B*가 꽤 복잡하면, 매우 비효율적이 된다. 그 대신 다음과 같이 하면 그런 경우는 생기지 않는다.

```
A :- B, !, C.
A :- D.
```

그래서 때로 명백한 프로그램의 장점과 빠른 프로그램의 장점을 저울질해야 한다. 효율성 논의로 자름의 승인 용법에 대한 마지막 예에 이르게 되었는데, 이 용법으로 규칙 선택을 확정하고 있다. 3장에서 보았던 append 정의를 생각해보자.

```
append([], X, X).
append([A|B], C, [A|D]) :- append(B, C, D).
```

만약 항상 append를 사용하여 주어진 두 목록의 덧붙인 결과를 얻는다면, 무름이 발생하여 append([], [a,b,c,d], X)와 같은 목적을 재충족시키려고 할 때, 비록 그 시도가 실패하게 되어 있더라도, 두 번째 규칙을 사용해보게 되어 있는 바, 이것이 비효율적이라고 느껴질 것 같다. 이러한 상황에서, 첫 번째 목록이 []이라면, 이 경우에 유일하게 적합한 규칙이 첫 번째 규칙인데, 이 정보는 자름을 사용해서 프롤로그에게 알릴 수 있다. 일반적으로 프롤로그로 구현함에 있어서, 가용 기억공간을 보다 효율적으로 사용할 수 있으려면 이와 같은 정보를 알려야 하는데, 그렇게 하지 않으면 실제로 존재하지 않는 외관상 대안일 뿐인 것에 관한 기록을 관리하게 된다. 그래서 다음과 같이 정의를 재작성할 수 있다.

```
append([], X, X) :- !.
append([A|B], C, [A|D]) :- append(B, C, D).
```

이 append를 제한적으로 사용한다고 가정하면, 원래 프로그램이 발견할 해답에 전혀 영향을 주지 않는다. 단지 어느 정도로 공간적 효율성과 시간적 효율성이 증가될 뿐이다. 이에 대한 대가로, append가 다른 용법에서는 더 이상 기대한 바와 같이 작동하지 않을 수도 있음에 유의해야 하는바, 이를 4.4절에서 다시 논의하겠다.

4.3.2 자름-실패 조합

두 번째 주요 응용 분야에서는, 자름이 내장 술어 fail과 연접하여 사용된다. fail은 \+와 같은 또 다른 내장 술어이다. 이는 인수가 없는 술어인데, 그래서 fail 목적의 충족 여부가 어떤 변수가 무엇을 나타내는가에 의존하지 않게 된다. 사실 fail을 정의하는 방법을 보면, 목적으로 볼 때 언제나 실패하고 그래서 무름이 일어나게 하는 목적으로 규정된다. 이는 흡사 어떤 목적을 충족시키려고 했을 때 발생하는 일과 같은데, 그 목적에 대한 술어에 사실이나 규칙이 정의되지 않은 경우이다. fail이 자름 이후에 나타나면, 정상적인 무름의 거동이 자름 효과로 인하여 변경될 것이다. 사실, 특정 조합 '자름-실패'는 실제 상황에서 매우 유용하다는 것이 판명되었다.

'자름-실패' 조합을 납부할 세금을 계산하는 프로그램에서 어떻게 사용할 것인지 생각해보자. 한 가지 확인하고 싶은 사항은 납부자가 '일반 납세자'인지 여부일 것이다. 이 경우, 계산은 매우 간단하겠고, 특별한 경우를 많이 고려해야 할 필요가 없다. 술어 average_taxpayer를 정의하는데, average_taxpayer(X)는 "X가 일반 납세자이다"를 의미한다. 예를 들어, Fred Bloggs는 기혼자이고 아이가 두 명 있는 가장이며 자전거 공장에서 일하고 있는 바, 매우 일반적이라고 하겠다. 그러나 석유회사의 사장은 수입이 매우 많겠지만, 학생은 수입이 매우 적을 것이기 때문에 같은 종류의 세금 계산법을 적용할 수가 없을 것이다. 이러한 경우, 가능성이 있는 특별한 경우를 고려하는 것에서부터 시작해야 한다. 외국인에게는 특별한 세법이 적용될 것인데, 그 이유는 자기 나라에 납세의 의무가 있을지도 모르기 때문이다. 그러므로 외국인은 다른 면에서는 아무리 일반적이라고 하더라도, 일반 납세자로 분류되지 않을 것이다. 이에 대한 규칙 작성을 다음과 같이 시작할 수 있다.

```
average_taxpayer(X) :- foreigner(X), fail.
average_taxpayer(X) :- ...
```

이 발췌 내용에서, *아직 올바르지는 않지만*, 첫 번째 규칙은 "만약 X가 외국인이라면, average_taxpayer(X) 목적은 실패해야 한다"를 표현하고자 한다. 두 번째 규칙은 X가 외국인이 아닌 경우 일반 납세자가 충족시켜야 할 전반적인 판단 기준을 적용할 것이다. 문제는 widslewip라는 외국인에 대하여, 다음과 같이 질문할 때 발생한다.

```
?- average_taxpayer(widslewip).
```

짐작하건대, 질문은 첫 번째 규칙과 어울릴 것이고, foreigner 목적을 충족시킴에 성공할 것이다. 그런 다음 fail 목적은 무름을 시작시킬 것이다. average_taxpayer 목적을 재충족시키려고 할 때, 프롤로그는 두 번째 규칙을 발견할 것이고 widslewip에게 일반 납세자가 충족시켜야 할 전반적인 판단 기준을 적용시키기 시작할 것이다. 이제 widslewip가 국적을 제외한 다른 면에서는 일반적이라면, 이어지는 판단 시험을 통과할 수도 있는데, 이 경우 질문의 대답이 부정확하게 "yes"가 될 것이다. 결국, 외국인을 일반 납세자에서 제외시키는 데 첫 번째 규칙의 효과가 전혀 없다는 것이다.

그 이유를 생각해보자. 그것은 무름이 진행되는 동안 프롤로그는 충족시켰던 모든 목적을 재충족시키려고 하기 때문이다. 그래서 특히 다음에 보인, 원래 목적을 충족시킬 대안을 모색할 것이다.

```
?- average_taxpayer(widslewip).
```

대안 찾기를 방지하기 위해서는, 실패하기 전에 자름으로 선택의 여지를 잘라야 (선택 결정을 확정하여야) 한다. fail 목적 앞에 자름을 삽입하여 이를 실현할 수 있다. 이러한 변경을 추가하여 미세하게나마 더 포괄적이 된 average_taxpayer 정의를 다음에 보인다.

```
average_taxpayer(X) :- foreigner(X), !, fail.

average_taxpayer(X) :-
        spouse(X, Y),
        gross_income(Y, Inc),
        Inc > 3000,
        !, fail.

average_taxpayer(X) :-
        gross_income(X, Inc),
        2000 < Inc, 20000 > Inc.

gross_income(X, Y) :-
```

```
                receives_pension(X, P),
                P < 5000,
                !, fail.
        gross_income(X, Y) :-
                gross_salary(X, Z),
                investment_income(X, W),
                Y is Z + W.

        investment_income(X, Y) :- ...
```

이 프로그램에서 몇 가지 다른 '자름–실패' 조합의 쓰임새에 주목하자. average_taxpayer 의 두 번째 규칙에서는 배우자의 수입이 일정 금액을 초과하는 경우, 일반 납세자가 될 수 없음을 규정한다. 또한, 술어 gross_income의 정의에서는 (첫 번째 규칙에서), 일정 금액 미만의 연금 생활자는 처한 여타 상황에 무관하게 총소득이 없는 것으로 간주한다.

'자름–실패' 조합을 응용한 것 중에서 흥미로운 것이 술어 \+의 정의이다. 대부분의 프롤로그 시스템에서는 이 술어가 미리 정의되어 있어서 바로 쓸 수 있지만, 규칙으로 정 의하여 쓸 수 있는 방법을 강구하는 것도 재미있다. 목적 \+P의 충족 조건을 규정하는 방 법은, 목적 P의 충족이 실패하는 경우, 그리고 이 경우에만 목적 \+P가 충족된다고 정한 다. 이는 참임을 증명할 수 없기 때문에 참이 아니라고 정하는 것이기 때문에 '참이 아님' 에 대한 직관적인 개념과 정확하게 일치하는 것이 아닌 바, 항상 안심하고 받아들일 수 없는 것이다. 그렇지만 다음과 같이 정의할 수 있다.

```
        \+P :- call(P), !, fail.
        \+P.
```

\+의 정의에서는 내장 술어 call을 사용하는데, 목적형 인수 P를 호출한다. call은 단순 히 인수를 목적으로 간주하여 충족시켜보는 술어이다. 만약 P가 참이라는 것이 증명될 수 있다면 첫 번째 규칙이 적용되기 바라고, 그렇지 않을 경우 두 번째 규칙이 적용되기

를 바란다. 그래서 만약 call(P)가 충족된다면, 그 즉시 \+ 목적을 충족시키려고 하지 말아야 한다. 가능성 있는 다른 경우는 프롤로그가 call(P)를 증명할 수 없을 때이다. 이 경우, 프롤로그는 결코 자름에 도달하지 못한다. 왜냐하면 call(P) 목적이 실패하여, 무름이 발생하고, 그래서 프롤로그가 두 번째 규칙을 찾아낼 것이기 때문이다. 그러므로 목적 \+P는 P가 증명될 수 없을 때 충족에 성공할 것이다.

자름의 첫 번째 용법의 경우와 같이, '자름—실패'를 \+으로 대체하여 사용할 수 있다. 이 경우에서는 프로그램이 이전보다 조금 더 재구성되었으나, 비효율성이 동일하게 발생하지는 않는다. 만약 average_taxpayer 프로그램을 재작성한다면, 다음과 같이 시작될 것이다.

```
average_taxpayer(X) :-
        \+foreinger(X),
        \+((spouse(X, Y), gross_income(Y, Inc), Inc > 3000)),
        gross_income(X, Inc1),
        .
        .
        .
```

이 예에서 유의할 점은, \+ 내부에 연접된 목적 전체가 괄호로 묶여 위치한다는 것이다. 쉼표가 목적을 연접시키고 있음을 분명하게 알 수 있게 (\+ 인수를 여러 개로 나누기보다는) 추가 괄호로 \+의 인수를 묶었다.

4.3.3 '생성 후 검사' 종료

이제 자름의 마지막 주요 쓰임새를 보게 되었다. 그것은 프롤로그 프로그램에서 연속되는 '생성 후 검사(generate and test)' 과정을 종료시키는 것이다. 프로그램에서는 다음의 일반적인 모형과 일치하는 부분을 빈번하게 발견할 수 있다. 일련의 목적이 있는데, 이들은 여러 방법으로 충족시킬 수 있고 그리고 무름으로 해답 후보를 많이 생성할 수 있는 것들이다. 그 다음에는 검사하는 목적이 있는데, 생성해낸 해답이 주어진 목적에 부합하는지 확인한다. 만약 목적 충족이 실패한다면, 무름으로 또 다른 해답 후보가 제안될 것이다. 이 후보에 대해서도 주어진 목적에 부합하는지 확인할 것이고, 같은 방식으로 작업은 계속된다. 이 과정은 수용할 수 있는 해답 후보가 생성되거나 (충족 성공) 또는 더 이상의 후보를 발생시킬 수 없을 때 (충족 실패) 멈출 것이다. 해답 후보를 발생시키는 목적을 '생성기'라고 부를 수 있고, 해답 후보가 수용할 수 있는지 확인하는 목적을 '검사기'라고 부를 수 있다. 이에 대한 예를 보는데, OX(Noughts and Crosses) 놀이 일명 3목 놀이(Tic-Tac-Toe) 프로그램을 생각한다. 이 놀이를 해보지 않은 경우를 대비하여 간단히 설명하면, 두 명의 선수가 3행 3열 놀이판 위에서 교대로 0 말과 X 말을 칸에 놓는데, 일렬로 연속된 세 칸을 먼저 차지하면 승리한다. 한 선수는 0이 표시된 말을 놓아 정사각형 칸을 차지하고 다른 선수는 X가 표시된 말로 정사각형을 차지한다. 그림으로 설명하기 위해서, 놀이가 진행 중인 판을 다음에 보였다.

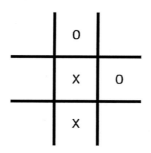

놀이판 표현에, 9개 성분을 갖춘 구조체 b('board'의 약어)를 사용할 수 있다. 상수 x와 0로 말을 나타내기로 한다. 만약 칸이 비어 있다면, e로 표시할 것이다. 놀이판 성분 9개는 행을 기준으로 왼쪽에서 오른쪽으로 정렬할 수 있다. 예를 들어 앞에서 본 그림의 놀이판은 b(e,0,e,e,x,0,e,x,e)로 나타낼 수 있다. 놀이의 목표는 다른 선수보다 먼저 일렬(수평, 수직, 대각)로 세 개의 말을 놓는 것이다. 여덟 가지 방법으로 말을 한 줄로 세울 수 있다. 놀이판의 한 줄을 표현하는 방법은, 다음과 같이 line(B, X, Y, Z)을 도입하여 인수 X, Y, Z를 세 칸의 내용으로 사례화 시키는 것이다. 이 세 칸은 놀이판 B에서 한 줄을 구성한다.

```
line(b(X,Y,Z,_,_,_,_,_,_), X, Y, Z).
line(b(_,_,_,X,Y,Z,_,_,_), X, Y, Z).
line(b(_,_,_,_,_,_,X,Y,Z), X, Y, Z).
line(b(X,_,_,Y,_,_,Z,_,_), X, Y, Z).
line(b(_,X,_,_,Y,_,_,Z,_), X, Y, Z).
line(b(_,_,X,_,_,Y,_,_,Z), X, Y, Z).
line(b(X,_,_,_,Y,_,_,_,Z), X, Y, Z).
line(b(_,_,X,_,Y,_,Z,_,_), X, Y, Z).
```

이제 대문자 X가 놀이판 칸을 표현하는 변수라는 것과, 소문자 x는 x 모양의 말을 나타내는 상수라는 것을 바로 분별해야 한다.

다음에는 놀이판에 o를 놓는 선수의 시각에서 놀이를 보겠다. 술어 forced_move는 "o 선수가 특정 위치에 말을 꼭 놓아야 하는가?"라는 질문에 답하기 위해 사용한다. 이 경우는 o 선수가 바로 이길 수는 없지만 (여기에서 이것을 다루지는 않겠다.) x 선수가 다음 착수로 바로 이길 수 있는 위협적인 때일 것이다.

```
forced_move(Board) :-
        line(Board, X, Y, Z),
        threatening(X, Y, Z),
        !.
```

유의할 점은 threatening 다음에 있는 자름이 나타내는 바가, 착수 강요는 한 번의 위협으로 충분하다는 것이다. 이제 위협적인 줄이 있는지 알아본다. 그러한 줄은 두 칸에 x가 있고 한 칸이 비어 있는 것이다. 이러한 위협적인 문양은 세 가지로 나뉜다. 적합한 정의는 다음과 같다.

```
threatening(e, x, x).
threatening(x, e, x).
threatening(x, x, e).
```

예를 들어, 다음과 같은 상황에서 o 선수는 화살표로 표시된 칸에 착수하도록 강요 받는데, 그 이유는 거기에 착수하지 않으면, x 선수가 다음 수로 두 번째 열을 채워서 이겨버리기 때문이다. 두 번째 열은 현재 threatening(x, x, e)과 어울린다. 프로그램은 두 칸에 x가 있고 한 칸이 비어 있는 줄을 찾는다. 찾으면 착수강요 상황이 발생했음을 보고한다.

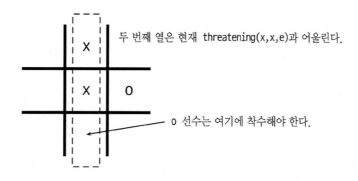

forced_move 절에서, 목적 line(Board, X, Y, Z)은 줄 후보를 만들어 내는 '생성기'로 작동한다. 이 목적은 여러 가지로 충족될 수 있는데, 변수 X, Y, Z가 후보 줄의 세 칸의 내용으로 사례화 된다. line이 후보 줄을 생성하면, 상대 선수가 이 줄을 차지하면 위협이 되는지 알아야 한다. 이 일을 '검사기' 목적이 한다. 즉 threatening(X, Y, Z)는 세 칸의 내용이 위협적인 문양 세 가지 중의 하나와 일치하는지 확인한다. 프로그램의 기본 착상은 매우 간단하다. 먼저 line이 후보 줄을 생성하면, threatening은 그 줄이 위협이 되는지 알아본다. 만약 그렇다면, 원래의 forced_move 목적은 충족된다. 그렇지 않다면, 무름이 일어나 line은 또 다른 후보 줄을 내놓는다. 그러면 이것 또한 위협이 되는지 알아보는데, 어쩌면 다시 무름이 일어나서 또 다른 후보 줄을 생성해야 하는 수도 있겠다. 만약 line이 후보 줄을 더 이상 생성할 수 없는 시점에 도착한다면 (착수 강요 없는 상황이다) forced_move 목적은 충족에 실패할 것인데, 이는 올바른 결과이다.

그러면 이 프로그램이 어떤 시스템의 일부로 작용할 때 착수 강요를 확인한 후에
는 어떻게 될지 알아본다. 착수를 강요당한 위치에 말을 놓기로 하고, 후속 수를 계산하
지만 어딘가에서 실패가 발생하여 무름이 일어나고, 결국에는 프롤로그가 forced_move 목
적을 재충족시켜야 한다고 가정해보자. 이때 line이 재가동 되어 검토할 후보 줄을 다시
생성할 필요는 없다. 생성은 무의미한데, 그 이유는 또 다른 착수 강요를 찾는 것이 아무
소용이 없기 때문이다. 만약 착수 강요 하나를 발견했다면, 강요된 것을 수행하는 것보
다 더 나은 것을 할 수는 없는데, 그 이유는 강요된 것을 하지 않으면 놀이에서 지는 것이
확실하기 때문이다. 그래도 대부분의 경우, 또 다른 착수 강요는 찾을 수 없을 것인 바,
forced_move 목적은 충족이 실패로 판명되기 전에 조사해보지 않은 후보 줄 모두를 헛되
이 탐색할 것이다. 한편, 착수 강요에 관하여 말하면, 비록 또 다른 착수 강요를 찾았다
고 할지라도 소용이 없는데, 첫 번째 착수 강요에 대응하였음에도 불구하고 실패가 발생
한 상황에서는 무용하다. 자름을 forced_move 절의 끝에 놓으면, 착수 강요를 또 다시 조
사하여 발생하는 시간 낭비를 예방할 수 있다. 이 자름의 효과는 최근에 충족된 후보 줄
을 해답으로 확정하는 것이다. 자름을 절의 끝에 놓아서 "착수 강요가 있는지 검사하고
있을 때, 오직 첫 번째 해답만이 중요하다"에 해당하는 내용을 표현하였다.

'생성 후 검사' 방식으로 작동하는 프로그램의 또 다른 예를 보도록 하자. 2.5절에
서 정수 나눗셈에 대한 개념을 다루었다. 대부분의 프롤로그 시스템에서 이 기능은 기본
적으로 쓸 수 있지만, 여기서는 정수 나눗셈을 덧셈과 곱셈만을 사용해서 직접 구현한 프
로그램을 보겠다.

```
divide(N1, N2, Result) :-
        is_integer(Result),
        Product1 is Result * N2,
        Product2 is (Result + 1) * N2,
        Product1 =< N1, Product2 > N1,
        !.
```

divide 규칙은 (4.1절에서 정의한) 술어 is_integer을 사용하여 N1을 N2로 나눈 몫을 생성시킨다. 예를 들어, 27을 6으로 나눈 몫은 4인데, 그 이유는 4 * 6은 27보다 같거나 작고, (4 + 1) * 6은 27보다 크기 때문이다.

divide 규칙에서 is_integer는 '생성기'로 적용하고 나머지 목적들은 적합한 '검사기'가 된다. 그런데 미리 알고 있는 사실은 주어진 특정 값 N1과 N2에 대해서 divide(N1, N2, Result) 충족을 성공시키는 Result 후보 값은 한 개뿐이라는 것이다. 그렇다면 비록 is_integer가 무한정 많은 후보를 생성할 수 있을지라도, 항상 오직 하나만이 검사를 통과할 수 있을 것이다. 이러한 사실은 규칙 끝에 자름을 놓아서 프로그램에 반영할 수 있다. 그렇게 하여, "만약 언젠가 나눗셈 결과 시험을 통과하는 Result를 성공적으로 생성하게 된다면, 더 이상 노력할 필요가 전혀 없다"는 것을 표현하는 것이다. 특히, divide, is_integer, 등등에 대하여 행한 규칙 선택 결정을 재고할 필요가 조금도 없다. 유일한 해답을 발견한 이상, 또 다른 것을 계속 찾기는 부질없는 일이다. 만약 자름이 그 자리에 없으면, 무름이 발생하는 경우 is_integer의 대안을 결국 다시 찾기 시작하게 된다. 그리하여 다시 Result 대안 후보 값을 계속해서 생성해 나갈 것이다. 이러한 대안 후보 값 중 어떤 것도 나눗셈의 올바른 결과가 될 수 없기 때문에 대안 후보가 무한정 계속해서 생성될 것이다.

4.4 '자름'의 문제성

이미 논의한 바 있지만, 프롤로그 프로그램에서 절을 나열하는 순서를 결정하는 데 있어서는 때로 프롤로그의 데이터베이스 탐사 방식을 참작해야 함과 더불어 목적의 사례화 상태도 고려해야 함을 보았다. 자름을 도입할 때의 문제는 프로그램 규칙이 정확히 어떻게 사용될 것인지 보다 더 확실하게 알아야만 한다는 것이다. 그렇다는 것은 규칙이 어떤 용법일 때는 자름이 무해하거나 심지어 유익한 반면, 규칙이 만약 갑자기 다른 용법으로

사용된다면, 똑같은 자름이 이상하게 작동할 수 있기 때문이다. 4.3절에서 보았던 append
의 변형판에 대해서 생각해보자.

```
append([], X, X) :- !.
append([A|B], C, [A|D]) :- append(B, C, D).
```

다음과 같은 목적에 대해서는 자름이 매우 적합하게 작동한다.

```
?- append([a, b, c], [d, e], X).
```

그리고

```
?- append([a, b, c], X, Y).
```

만약 목적의 첫째 인수가 이미 값이 정해져 있다면, 자름이 전적으로 하는 일은 "첫째 규
칙만이, 목적의 첫째 인수 값이 []인 경우와 관련된 유일한 규칙이다"는 사실을 재확인하
는 것이다. 그런데 다음과 같은 목적의 경우에는 무슨 일이 일어날지 생각해보자.

```
?- append(X, Y, [a, b, c]).
```

이 목적은 첫째 규칙의 머리와 어울릴 것인 바, 그 결과 자름을 만나 충족시키고 다음 내
용이 출력될 것이다.

X = [], Y = [a, b, c]

자름은 지금까지 행한 모든 선택을 확정시킬 것이고, 그래서 만약 또 다른 해답을 요청하
는 경우, 비록 질문에 대한 다른 해답이 실제로 있을지라도 대답은 *no*일 것이다.

　재미있는 예를 하나 더 보려고 하는데, 자름이 포함된 규칙을 예상하지 못한 방식
으로 사용했을 때 일어날 수 있는 일의 예이다. 술어 number_of_parents를 정의하는 바,
이 술어는 부모 명수에 대한 정보를 표현한다. 술어 정의는 다음과 같이 할 수 있다.

```
number_of_parents(adam, 0) :- !.
number_of_parents(eve, 0) :- !.
number_of_parents(X, 2).
```

즉, 부모 명수는 adam과 eve의 경우 0이지만, 그 밖의 모든 사람들은 두 명이다. 이제 만약 number_of_parents 정의를 언제나 주어진 사람의 부모 명수를 알아보기 위해 사용한다면, 이 경우 아무런 문제가 없다. 예상한 대로 다음과 같은 결과를 얻게 될 것이다.

```
?- number_of_parents(eve, X).
X = 0 ;
no

?- number_of_parents(john, X).
X = 2 ;
no
```

자름이 필요한 것은 주어진 사람이 adam이거나 eve인 경우, 언제나 셋째 규칙으로 이끄는 무릎을 방지하기 위함이다. 그러나 동일한 number_of_parents 규칙을 주어진 사람의 부모 명수가 주어진 수치인지 검증하는 데 사용한다면, 무슨 일이 일어날지 생각해보자. 다음과 같은 경우를 제외하면, 문제는 없다.

```
?- number_of_parents(eve, 2).
yes
```

이러한 결과가 왜 발생했는지 혼자서 알아내어야 한다. 이는 단지 프롤로그의 데이터베이스 탐사 방식에 따른 결과일 뿐이다. '그렇지 않으면'을 그저 '자름'으로 구현한 지금의 예는 더 이상 올바르게 작동하지 않는다. 이를 고치는 데 쓸 수 있는 수정법이 다음과 같이 두 가지가 있다.

```
number_of_parents(adam, N) :- !, N = 0.
number_of_parents(eve, N) :- !, N = 0.
number_of_parents(X, 2).
```

또는

```
number_of_parents(adam, 0).
number_of_parents(eve, 0).
number_of_parents(X, 2) :- \+(X=adam), \+(X=eve).
```

물론 이러한 개정판도 무름으로 가능한 모든 경우를 나열할 것을 기대하면서 다음과 같은 목적을 부여하면, 여전히 올바르게 작동하지 않을 것이다.

```
?- number_of_parents(X, Y).
```

그래서 여기서 얻은 교훈은 다음과 같다.

> *만약 어떤 유형의 목적 하에서 자름의 도입이 올바르게 작동하였다고 해서 다른 유형의 목적이 주어질 때도 합당한 일이 일어날 것이라고 확신할 수는 없다.*

따라서 자름을 안심하고 사용할 수 있는 경우는, 규칙을 어떻게 사용할지에 대한 분명한 방침을 지니고 있을 때에 한정된다. 만약 방침이 바뀐다면, 자름의 모든 용법을 재검토해야만 한다.

입력과 출력

지금까지 프롤로그 프로그램에 정보를 제공할 수 있는 유일한 수단은 프롤로그 시스템에게 질문을 하는 것이었다. 또한, 목적 충족 과정의 특정 시점에서 변수의 값을 알아내기 위한 유일한 방법은 질문을 하여 프롤로그가 '*X* = *값*' 형태의 대답을 보여주는 것이었다. 대부분의 경우, 그런 식의 질문을 통한 직접적인 상호작용은 프로그램이 올바르게 작동하는지 확인하는 데 필요한 전부일 뿐이다. 그러나 여러 상황에서 유용한 것은 스스로 사용자와 대화를 시작하는 프롤로그 프로그램을 작성하는 것이다.

가정하건대 16세기 세계적 사건에 대한 데이터베이스가 있다고 하자. 이것은 연도와 표제가 성분인 사실로 구성되어 있다고 한다. 우선 첫째로, 연도는 정수로 나타낼 수 있고, 표제는 원자 목록으로 나타낼 수 있다. 어떤 표제 단어는 홑작은따옴표로 묶어야 할 것인데 그 이유는 단어가 대문자로 시작하는 경우에 그대로 두면 변수로 간주되기 때문이다.

```
event(1505, ['Euclid', translated, into, 'Latin']).
event(1510, ['Reuchlin-Pfefferkorn', controversy]).
event(1523, ['Christian', 'II', flees, from, 'Denmark']).
```

이제 만약 특정 연도에 무슨 일이 일어났는지 알고 싶다면, 다음처럼 질문할 수 있다.

```
?- event(1505, X).
```

그러면 프롤로그는 다음과 같이 대답할 것이다.

X = [Euclid, translated, into, Latin].

역사 표제를 원자 목록으로 표현하면 주요 사건의 발생 연도를 찾는 '검색' 작업이 가능해진다는 이점을 생긴다. 예를 들어, when 술어를 정의하는 문제를 생각해보자. 목적 when(X, Y)가 충족되는 경우는 X가 Y년도 역사 표제에서 언급될 때이다.

```
when(X, Y) :- event(Y, Z), member(X, Z).
?- when('Denmark', D).
```

D = 1523

편리를 도모하기 위해서는 사용자가 이런 형태의 질문을 하는 대신, 프로그램이 우선 알기를 원하는 연도가 언제인지 질문하고 적합한 표제를 보여주면 좋을 것이다. 이런 종류의 작업을 수행하기 위해 프롤로그에는 컴퓨터 화면에 인수를 출력하는 내장 술어가 준비되어 있다. 또한 컴퓨터 자판으로 원문을 입력할 때까지 기다리며, 입력한 것으로 변수를 사례화 하는 술어도 있다. 이런 식으로 사용자의 *입력*을 받고 출력을 생성하면서 프로그램은 사용자와 상호작용할 수 있다. 프로그램이 사용자가 무엇인가 입력하기를 기다릴 때, 프로그램이 입력을 *읽고* 있다고 한다. 마찬가지로, 프로그램이 사용자에게 어떤 출력을 보여줄 때, 프로그램이 출력을 *쓰고* 있다고 한다.

　이 장에서는 읽고 쓰는 다양한 방법을 설명한다. 예제 하나는 역사 데이터베이스 표제를 보이는 것이고 마지막으로는 보통 문장을 받아들여서 다른 프로그램에서 사용할 수 있게 상수 목록으로 변환하는 프로그램을 제시한다. read_in이라고 부를 이 변환 프로그램은, 역사 표제와 같은 어구를 입력할 때 따옴표, 괄호, 그리고 쉼표를 치지 않아도 되게 하는 데 사용할 수 있다. 이 프로그램은 영어 구문분석기 제작에 필요한 중요한 구축

단위이다. 이러한 분석 프로그램은 나중 장에서, 특히 9장에서 논의할 것이다.

유념할 요점인즉, 표준 프롤로그에 명시된 입출력 술어는 이 책의 이전 판에서 다루었던 프롤로그 언어와 몇 가지 면에서 다르고 사실 특정 프롤로그 시스템에서 쓸 수 있는 술어와도 종종 다르다. 관련 내용이 나올 때, 몇 가지 주된 방식을 지적할 것인데, 새로운 술어가 여전히 일반적으로 사용되는 구판과 어떻게 호응하는가를 언급할 것이다. 부록 C에서는 표준 프롤로그로 프로그램을 용이하게 작성하는 방법을 설명하는데, 비록 비표준적인 프롤로그 시스템을 사용할지라도 참고할 만하다.

5.1 항 읽고 쓰기

5.1.1 항 읽기

특수 술어 read는 컴퓨터 자판 타자로 입력되는 항을 읽을 것이다. 항 뒤에는 점(. , 일반적으로 마침표 또는 종지부)과 함께 공백 또는 개행(Enter↵)과 같은 비출력 문자가 따라와야 한다. 만약 X가 해례화된 상태라면, 목적 read(X)는 다음 항을 읽게 하고, 읽은 항으로 X를 사례화 한다.

만약 read 술어가 목적으로 사용될 때 인수가 사례화된 상태라면, 다음 항을 읽은 후, 인수와 읽은 항을 어울리게 한다. 목적은 어울림의 달성 여부에 따라 충족에 성공하거나 실패할 것이다. read 술어는 재충족될 수 없다. 이 술어는 많아야 한 번 충족되고, 만약 재충족 시키려고 한다면 실패한다.

read를 사용하면, 좀 더 상호작용적인 프로그램을 작성할 수 있게 된다. 다음 프로그램은 사건 데이터베이스에서 뽑아온 역사 표제를 보인다.

```
hello1(Event) :- read(Date), event(Date, Event).
```

질문을 다음과 같이 했다고 하자.

        ?- hello1(X).

프롤로그는 read 목적을 충족시키려고 할 것인데, 응답을 기다릴 것이다. 만일 다음과 같이 입력했다고 하자.

        1523.

1523 뒤에 ⎡.⎤과 [Enter↵]를 타자로 입력해한다는 것을 상기한다. read 목적은 충족에 성공할 것인데, Date는 1523으로 사례화 될 것이다. 1523년도의 사건이 데이터베이스에서 검색될 것이고, 그 결과 Event가 적합한 원자 목록으로 사례화 될 것이다. 프롤로그의 응답은 다음과 같을 것이다.

    X = ['Christian', 'II', flees, from, 'Denmark'] ?

답을 더 요구한다면, 1523년도에 일어난 다른 사건을 얻을지도 모른다. 그러나 read를 무르려고 하면 실패할 것이어서 입력할 다른 연도를 질문 받을 수 없을 것이다.

    hello1 술어는 프로그램을 더욱 사용하기 편하게 하기 위한 노력의 시작이지만, 지금의 큰 문제는 사건이 보기 흉한 형식으로 출력된다는 것이다. 필요한 것은 원하는 형식으로 출력이 되게끔 프롤로그를 제어하는 방법이다.

5.1.2 항 쓰기

아마도 컴퓨터 터미널 화면에 항을 표시하는 가장 편한 방법은 내장 술어 write를 사용하는 것이다. 만약 X가 항으로 사례화된 상태라면, 목적 write(X)는 그 항을 화면에 나타나게 한다. 만약 X가 사례화 되지 않았다면, 유일한 자연수로 만든 변수('_253'과 같은 것)가 화면에 출력될 것이다. read와 같이, write도 단지 한번만 충족된다.

앞의 예에서 역사 표제를 쓰는 데 write 술어를 사용하는 것이 좋은 생각은 아닌데, 그 이유는 write가 역사 표제를 괄호와 쉼표가 있는 프롤로그 목록에 대한 표준 형식으로 화면에 출력할 것이기 때문이다. 이와는 달리, 만약 write를 사용하여 목록의 개별 성분을 출력한다면, 가독성이 향상된 출력물을 얻을 수도 있다.

소개할 술어가 한 가지 더 있고, 그 후에 write 술어를 사용한 첫 번째 예를 볼 것이다. 내장 술어 nl은 계속되는 모든 출력을 화면상에서 다음 줄에서부터 나타내는 데 사용한다. 'nl'이라는 이름은 '개행(new line)'을 의미한다. write처럼, nl 또한 단지 한번만 충족된다.

내장 술어 nl은 목록을 화면에 출력할 때 목록의 항목을 쉽게 파악할 수 있도록 표시하는 데 유용하다. 다른 목록이 포함되어 있는 목록은 읽기가 특히 어려운데, 게다가 내부에 구조체가 있을 때 특히 그렇다. 술어 pp를 정의하는 바, 목적 pp(X, Y)는 가독성을 향상시키는 방식으로 (X가 사례화 되어 있는) 목록을 화면에 출력한다. 'pp'라는 이름은 '꾸민 인쇄(pretty print)'를 의미한다. pp의 두 번째 인수는 나중에 설명할 것이다.

꾸민 인쇄 프로그램의 개발자는 제각기 목록 읽기를 더 쉽게 하는 자신만의 방법이 있다. 여기서는 간단히 할 수 있게, 목록 요소를 세로로 표시하는 방법을 사용할 것이다. 만약 목록 요소 자신이 목록이라면, 내부 목록 요소는 오른쪽으로 평행 이동한 세로 줄에 표시된다. 이러한 표현은 본질적으로 '덩굴 그림'(3장)이기 때문에, 옆으로 세운 덩굴이다. 예를 들어, 목록 [1, 2, 3]은 다음처럼 꾸민 인쇄가 된다.

1
2
3

그리고 목록 [1,2,[3,4],5,6]은 다음처럼 출력된다.

1
2

3
4
5
6

유의할 점은 구분자 쉼표와 대괄호를 제거하기로 했다는 것이다. 만약 목록 요소가 구조체라면, 마치 원자인 것처럼 취급할 것이다. 이렇다면 내용을 꾸민 인쇄로 출력하기 위해 구조체 내부로 들어갈 필요가 없다.

먼저, 내포 목록 출력에 활용할 만입(indentation) 표시법이 필요하다. 만약 화면에 출력하고 있는 목록 요소에 대한 깊이를 관리하고 있다면, 내포 목록의 각 요소를 출력할 때마다 그 목록의 내포 깊이에 따라 정해지는 개수만큼의 공백 문자를 반드시 먼저 인쇄해야 한다. 술어 space를 다음과 같이 정의하는데, 인수로 제공되는 값만큼 반복해서 공백 문자를 화면에 출력하여 특정 개수의 공백을 표시하는 술어이다.

```prolog
spaces(0) :- !.
spaces(N) :- write(' '), N1 is N - 1, spaces(N1).
```

다음 프로그램은 앞에서 명세한 꾸민 인쇄 방법을 구현한 것이다.

```prolog
pp([H|T], I) :- !, J is I + 3, pp(H, J), ppx(T, J), nl.
pp(X, I) :- spaces(I), write(X), nl.

ppx([],_).
ppx([H|T], I) :- pp(H, I), ppx(T, I).
```

여기에서, pp의 두 번째 인수가 내포 깊이 값을 저장하는 열 계수기임을 알 수 있다. 목록을 화면에 출력시키는 최상위 목적은 다음과 같겠다. 이 경우, 열 계수기를 0으로 초기화한다.

```prolog
..., pp(L, 0), ...
```

pp의 첫 번째 절은 특별한 경우를 다루는데, 첫 번째 인수가 목록인 경우이다. 만일 그러한 경우라면, 열 계수기를 특정 수치(여기에서는 3)만큼 증가시켜 새로운 열을 준비해야 한다. 다음에는, 목록의 머리가 목록일 수도 있기 때문에, 목록의 머리를 꾸민 인쇄할 필요가 있다. 그 다음에는, 목록의 꼬리에 있는 각 요소를 모두 같은 열에 표시해야 한다. 이것이 ppx가 하는 일이다. 그래서 ppx는 인수가 목록인 경우에 pp를 각 요소에 적용시켜야 한다. pp의 두 번째 절이 어울리는 경우는 목록이 아닌 값을 꾸민 인쇄하고 싶을 때이다. 이 경우에는, 다만 정해진 열로 수평 이동하여, write 술어로 출력한 뒤, 새로운 행으로 이동한다. pp의 첫 번째 절은 또한 각 목록의 출력을 마친 후 개행해야 하는데, nl이 마지막에 나타나 있다.

이 장의 시작부분에 있는 사건 데이터베이스 사실을 고려해보자. 원자 목록으로 표현된 역사 표제가 주어졌을 때, write를 사용하여 각 원자를 띄워 출력할 수 있다. 역사 표제를 출력하는 술어 phh('print history headline'의 생략형)를 살펴보자.

```
phh([]) :- nl.
phh([H|T]) :- write(H), spaces(1), phh(T).
```

그러면 다음 질문으로, 만약 모든 대안 해답을 요청한다면, 'England'가 포함된 역사 표제가 모두 출력될 것이다.

```
?- event(_, L), member('England', L), phh(L).
```

데이터베이스 탐색에 사용한 무름 용법에 유의하자. member 목적 충족에 실패할 때마다 event 목적을 재충족시키려고 하는데, 그 결과 England 원자가 포함된 사건을 데이터베이스 전체를 대상으로 시종을 한 번 조사하게 된다.

술어 write는 분별 있게 항을 출력하는데, 그 이유는 연산자 선언 내용을 참작하기 때문이다. 예를 들어, 어떤 원자를 낀 연산자로 선언해 두었을 경우, 이 원자가 함자이고 두 개의 인수가 있는 항은 두 인수 사이에 원자가 있는 모습으로 출력될 것이다. 연산자 선언 내용을 무시하는 것을 제외하면, write와 꼭 같은 방식으로 작동하는 또 다른 술어가 있다. 그 술어의 이름은 write_canonical이다. 참고로, 많은 프롤로그 시스템에서 이와 비슷한 술어 display를 사용할 수 있다.

술어 write와 write_canonical의 차이점은 다음 예로 설명할 수 있다.

```
?- write(a+b*c*c), nl, write_canonical(a+b*c*c), nl.

a+b*c*c
+(a,*(*(b,c),c))
yes
```

유의할 점은 write_canonical이 원자 +와 *을 단지 여느 다른 원자처럼 취급한다는 것이다. 대체로 이런 식으로 구조체를 출력하는 것을 선호하지 않는다. 그 이유는 연산자가 있으면 일반적으로 프로그램 출력을 읽기가 편해지기 때문인데, 프로그램의 입력을 준비할 경우에도 수월하기도 하다. 그러나 만약 연산자의 우선순위에 대해 명확히 알고 있지 않다면, write_canonical을 사용하는 것이 매우 유용할 수 있다.

이제 read의 쓰임새를 보았고 phh를 정의해두었으므로, 다음과 같이 역사 표제를 출력하는 향상된 프로그램에 이 술어를 함께 활용할 수 있다.

```
hello2 :-
        phh(['What', date, do, you, 'desire?']),
        read(D),
        event(D, S),
        phh(S).
```

여기에서는 인수가 없는 술어 hello2가 정의되었다. 이것이 호출되면, phh는 질문을 출력할 것이고, 그런 다음에 read는 연도를 읽을 것이며 (hello1에서처럼), 마지막으로 phh는 검색된 표제를 출력하는 데 다시 사용될 것이다. 유의할 점은 비록 역사 표제를 출력하는 데 쓰이진 않았지만, hello2 몸의 첫 번째 목적에서 phh를 사용했다는 것이다. 이는 다

만 phh가 또한 임의의 원자 목록을 출력하기에 충분하다는 것을 보이는데, 출력은 목록의
출처와 무관하다.

5.2 문자 읽고 쓰기

문자는 읽고 쓸 수 있는 가장 작은 실체이다. 표준 프롤로그에서, 문자는 그 이름 안에
정확히 한 개의 요소가 있는 원자로 본다. 그래서 'a', '\n' 그리고 ' ' 등은 문자의 예이고,
'abc'는 아니다. 사실, 효율적인 저급의 문자 연산은 일반적으로 작은 정수들을 활용하는
데, 문자를 표현하는 정수형의 문자 암호(code)는 다른 기계에서 차이가 날 수도 있다.
표준 프롤로그에는 문자 암호를 다루기 편한 도구가 있지만 여기에서 그것을 다루지는
않는다. 오래된 많은 프롤로그 시스템에서는 문자가 아닌 단지 문자 암호에 대한 연산만
을 할 수 있었는데, 그렇지만 이 책의 부록을 보면 문자 암호의 연산을 토대로 문자 연산
을 바로 정의할 수 있음을 알 수 있다.

　　표준 프롤로그에서는 문자를 읽고 쓰기 위한 내장 술어가 있는데, 이는 프로그램의
입력이 프롤로그 항 형태로 미리 준비되지 않은 경우에 입력하려고 할 때나 출력을 세밀
하게 제어하려고 하는 프로그램에 유용하다.

5.2.1 문자 읽기

문자 X는 get_char(X) 목적으로 건반을 통하여 입력할 수 있다. 오래된 프롤로그 시스템에
서는 get0(X)를 사용하는데, X가 문자 암호로 사례화 된다. get_char 목적은 인수가 해례
화된 상태라면 언제나 충족되지만, 그렇다고 재충족될 수 있는 것은 아니다. 이런 목적은
충족 과정에서 사용자가 문자를 타자할 때까지 컴퓨터를 기다리게 한다. 사용하는 컴퓨터
특성에 따라, 문자를 타자하더라도 Enter↵ 를 타자하여 행을 마감할 때까지 문자가 프롤

로그 시스템에 전달되지 않을 수도 있다. 만약 X가 이미 사례화 되었다면, get_char(X)는 X 값과 다음 문자가 같은지 비교하는데, 그 결과에 따라 충족에 성공하거나 실패한다.

다음에 보인 간단한 프로그램은 단순한 타자 검사기인데, get_char를 사용한다.

```prolog
check_line(OK) :-
        get_char(X),
        rest_line('\n', X, OK).

rest_line(_, '\n', yes) :- !.

rest_line(Last, Current, no) :-
        typing_error(Last, Current), !,
        get_char(New),
        rest_line(Current, New, _).

rest_line(_, Current, OK) :-
        get_char(New),
        rest_line(Current, New, OK).

typing_error('q', 'w').
typing_error('c', 'v').
```

check_line(X)가 호출되면, 개행 문자 '\n'을 만날 때까지 타자되는 모든 문자를 읽어 들인다. 한 줄을 읽으면서, 연속된 문자 쌍을 각각 '타자 오류(typing error)'라는 목록과 비교한다. 예를 들어, 'qw'와 'cv'는 둘 다 모두 타자 실수라고 간주할 수 있는데, 그 이유는 이 문자 쌍은 영문에서 통상 같이 나타나지 않기 때문이다. 다음의 check_line은 이러한 판단 기준에 근거하여 입력된 글이 올바른지 여부에 따라 X를 '*yes*'나 '*no*'로 사례화 한다.

```prolog
?- check_line(X).
Please could you enter your cvomments on the proposal
```

X = no

이 프로그램의 기본적인 착상은 한 행의 문자를 하나씩 읽으면서 (방금 읽은) 현재 문자와 직전 문자를 추적한다. rest_line 술어는 언제나 문자를 읽은 후에 호출되는데, 첫 번째 인수에는 직전 문자가, 그리고 두 번째 인수에는 현재 문자가 위치한다. rest_line은 세 번째 인수로 *yes*나 *no*를 반환하는데, 이 값은 (직전 및 현재 문자로 시작하는) 행의 나머지 부분이 무오류인지 여부에 따라 결정된다. 직전 문자의 초깃값은 '\n'으로 정하고 현재 문자는 처음으로 읽은 문자이다. 문자를 읽을 때마다 현재 문자는 직전 문자가 되고 새로운 문자는 현재 문자가 된다. rest_line이 재귀적으로 자신을 호출할 때, 첫째와 둘째 인수가 이러한 새로운 상황을 반영하여 변경된다. rest_line 절은 세 가지 다른 경우를 대비한 것이다.

1. 행의 끝에 도달했다. 이 경우, 행의 이 부분(끝 부분)은 무오류이다.
2. 직전 및 현재 문자 조합이 알려진 타자 오류와 어울린다. 이 경우, 행의 이 부분에 오류가 있다. 프로그램은 행을 끝까지 보지만, no라는 대답은 변하지 않는다.
3. 행의 현재 위치까지는 알려진 타자 오류를 아직 보지 못했다. 이 경우, 다음 문자를 읽고 프로그램은 타자 오류를 계속 확인한다.

5.2.2 문자 쓰기

만약 X가 한 문자로 사례화 되었다면, 프롤로그가 put_char(X) 목적을 만났을 때 화면에 출력될 것이다. 이전 프롤로그 시스템에서는 put(X)를 사용했는데, 이 X는 문자 암호여야 했다.

put_char 술어는 언제나 충족되지만, 그렇다고 재충족될 수 있는 것은 아니다(재충족을 시키려고 하면 실패한다). '부작용'으로서, put_char는 인수를 컴퓨터 화면에 문자로 출력한다. 예를 들어 다음과 같이 다소 서툴기는 하지만 단어 hello를 출력할 수 있다.

```
?- put_char('h'), put_char('e'), put_char('l'), put_char('l'), put_char('o').
hello
```

연접된 목적의 결과로서, 프롤로그가 문자 h, e, l, l, o를 앞에서 본 것처럼 질문 다음에 출력한다.

인수가 없는 nl 술어를 사용하면, 새 줄의 처음에서 출력 시작을 할 수 있다는 것을 이미 보았다. 실제로 nl이 하는 일은 컴퓨터 화면에서 커서가 다음 행의 처음으로 이동하게 하는 정해진 제어 암호를 보내는 것이다. 다음 질문을 생각해보자.

```
?- put_char('h'), put_char('i'), nl, put_har('t'),
   put_char('h'), put_char('e'), put_char('r'), put_char('e').
```

위의 질문은 다음과 같이 출력되도록 한다.

hi
there

타자 검사기를 향상시켜서 실제로 타자 오류를 수정하게 하는 데 문자 출력을 사용할 수 있다. 다음에 보인 check_line의 개선판, correct_line은 알려진 타자 오류가 감지될 때마다 그것을 수정한다.

타자 오류가 없는 문자들은 변경되지 않고 복제된다. 여기에서의 문제 해결 방침은 매우 제한적인데, 그 이유는 가정이 타자 오류는 인접 문자 두 개에 개재되어 있고, 두 문자에 대한 수정은 단순히 그 쌍을 대체할 수 있는 단일 문자라는 데 있기 때문이다. 이 정보는 typing_correction 술어에 기록하였는데, 앞의 두 인수는 (전술한 typing_error와 같이) 틀린 쌍을 나타내고 세 번째 인수는 교정한 것을 나타낸다. 이 표현을 일반화시키는 것은 상대적으로 쉽다.

```
correct_line :-
        get_char(X),
        correct_rest_line('\n', X),
correct_rest_line(C, '\n') :- !,
```

```
        put_char(C), nl.
    correct_rest_line(Last, Current) :-
            typing_correction(Last, Current, Corr), !,
            get_char(New),
            correct_rest_line(Corr, New).

    correct_rest_line(Last, Current) :-
            put_char(Last),
            get_char(New),
            correct_rest_line(Current, New).

    typing_correction('q', 'w', 'q').
    typing_correction('c', 'v', 'c').
```

correct_line 절차는, correct_rest_line에 세 번째 인수가 없는 것을 제외하면, 기본적
으로 check_line과 같은 구성이다. *yes*/*no* 결과를 반환하는 대신에 correct_rest_line은
첫 번째 인수에 있는 문자에서 시작하여 행을 교정한 결과를 출력물로 생성하는 역할을
한다.

이전과 같이 첫째 인수는 직전 문자이고, 둘째 인수는 현재 문자이다. 물론 어떤 문
자가 변경되지 않고 출력으로 가려면, 이 문자와 함께 다음 문자를 읽어서 형성되는 연속
된 두 개의 문자가 알려진 타자 오류를 나타내지 않아야 한다. 이것은 correct_rest_line
이 다음 글자로 이동하기 전에 항상 직전 문자만을 출력한다는 것을 의미한다.

5.3 영문 읽기

이제 볼 프로그램은 터미널에서 타자된 문장을 읽고, 프롤로그 원자 목록으로 바꾼다. 프
로그램에서는 인수가 한 개 있는 read_in 술어를 정의한다. 프로그램은 한 단어의 입력이
언제 끝나는지와 다음 단어가 언제 시작하는지를 알아야 한다. 이를 정하기 위해 한 단어

는 몇 개의 영문자, 숫자, 그리고 특수 문자로 구성된다고 가정한다.

문자와 숫자는 2.1절에서 논의한 것과 같고 홑작은따옴표(single quote) ''''와 붙임표(hyphen) '-'를 특수 문자로 간주할 것이다. 홑작은따옴표 문자는, 원자를 표시하는 따옴표 표현 안에서는 두 개를 연속해서 써야 함을 유의하자. 또한 다음 문자들 ',' '.' ';' ':' '?' '!' 등은 자체로 단어가 된다. 여느 문자들은 단지 단어 사이의 공백을 표시한다고 가정한다. 문장은 '.', '?', 또는 '!' 단어들 중 하나가 나타났을 때 끝나는 것으로 간주한다. 대문자는 자동으로 소문자로 변경되는데, 같은 단어는 언제나 같은 원자로 구성된다. 이러한 정의의 결과로, 프로그램은 다음과 같이 질문과 대답 연속물을 생성할 것이다.

```
?- read_in(S).
```

The man, who is old, saw Joe's hat.

S = [the,man,',',who,is,old,',',saw,'joe''s',hat,'.']

변환 결과에서 구두점도 원자임을 분명히 나타내기 위해 여분의 홑작은따옴표를 실제로 삽입하였다.

프로그램은 터미널로부터 문자를 읽어 들이는 데 get_char 술어를 사용한다. get_char의 불편한 점은 터미널을 통하여 한 문자를 읽었을 때 그 문자는 "영원히 사라진다"는 것이어서 어떤 다른 get_char 목적을 충족시키거나 get_char 목적을 재충족시키려는 과정으로는 전혀 그 문자를 다시 보지 못할 것이다. 그래서 만일 읽은 문자 손실을 회피하고 싶다면, get_char 사용에 무름이 일어나지 않게 해야 한다. 예를 들어, 문자를 읽고 a를 b로 바꾸어 다시 쓰는 다음 프로그램은 원하는 대로 작동하지 않을 것이다.

```
go :- do_a_character, go.

do_a_character :- get_char(X), X = 'a', !, put_char('b').
do_a_character :- get_char(X), put_char(X).
```

이 프로그램은 어쨌든 별로 좋지 않은데, 그 이유는 영원히 실행될 것이기 때문이다. 그 렇지만 do_a_character 목적을 충족시키려고 했을 때 그 결과를 살펴보자. do_a_character 첫째 규칙에서 읽은 문자 X가 a가 아니라면, 무름이 발생하여 둘째 규칙을 대신 적용하게 된다.

그러나 둘째 규칙의 get_char(X) 목적은 X를, 첫째 규칙에서 읽었던 문자 바로 다음 문자로 사례화 되도록 할 것이다. 그 이유는 첫째 규칙의 get_char 목적 충족이 비가역과 정이기 때문이다. 그래서 이 프로그램이 모든 문자를 출력하는 데는 실제로 실패할 것이 다. 게다가 때로는 a를 출력하기도 할 것이다.

read_in 프로그램에서 입력에 대한 무름 문제를 어떻게 다루어야 할까? 그 해법은 어떤 규칙에서 언제나 한 문자를 미리 읽고, 다른 규칙에서 그 문자를 검사하도록 프로그 램을 설계한다는 것이다. 프로그램의 실행 중 모처에서 문자가 입력되었지만 거기에서는 처리할 수 없을 때, 그 문자 처리가 가능하게 될 규칙으로 돌려준다. 그래서 단어를 읽는 술어 readword에는 실제로 세 개의 인수가 있다. 첫째 인수는 최근에 입력된 문자를 나타 내는데, 어느 규칙이든지 불문하고 get_char 목적이 직전에 충족되어 입력된 문자이지만 거기에서는 처리할 수 없었던 것이다. 둘째 인수는 프롤로그 원자를 나타내는데, 단어를 표현하게 만들 것이다. 마지막 인수는 그 단어 이후에 읽은 첫 번째 문자를 나타낸다.

단어가 끝났다는 것을 알아보려면, 끝 다음에 있는 문자를 읽어 확인해야 한다. 읽은 문자는 돌려주어야 하는데, 그 이유는 이 문자가 다음 단어의 소중한 첫째 문자일 경 우도 있기 때문이다. 그러면 다음에 프로그램이 있다.

```
/* 문장을 읽는다. */

read_in([W|Ws]) :- get_char(C), readword(C, W, C1), restsent(W, C1, Ws).

/* 단어와 후속 문자를 받고, 문장의 나머지 부분을 읽는다. */

restsent(W, _, []) :- lastword(W), !.
restsent(W, C, [W1|Ws]) :- readword(C, W1, C1), restsent(W1, C1, Ws).
```

```
/*
  단어 첫째 문자를 받고서, 단어 한 개를 읽는데,
  단어 바로 뒤에 오는 문자도 기억한다.
*/

readword(C, C, C1) :- single_character(C), !, get_char(C1).
readword(C, W, C2) :-
        in_word(C, NewC).
        !,
        get_char(C1),
        restword(C1, Cs, C2),
        atom_chars(W, [NewC|Cs]).
readword(C, W, C2) :- get_char(C1), readword(C1, W, C2).

restword(C, [NewC|Cs], C2) :-
        in_word(C, NewC),
        !,
        get_char(C1), restword(C1, Cs, C2).
restword(C, [], C).

/*
  이 문자들은 한 단어 안에 나타날 수 있다.
  두 번째 in_word 절은 영문자를 소문자로 바꾼다.
*/
in_word(C, C) :- letter(C, _).           /* a b ... z */
in_word(C, L) :- letter(L, C).           /* A B ... Z */
in_word(C, C) :- digit(C).               /* 1 2 ... 9 */
in_word(C, C) :- special_character(C).   /* '.' */

/* 특수 문자 */
special_character('-').
special_character("").
```

```
/* 이 문자는 자체로 단어가 된다. */
single_character(','). single_character(':').
single_character('.'). single_character('?').
single_character(';'). single_character('!').

/* 대문자와 소문자 */
letter(a, 'A'). letter(b, 'B'). letter(c, 'C').
letter(d, 'D'). letter(e, 'E'). letter(f, 'F').
letter(g, 'G'). letter(h, 'H'). letter(i, 'I').
letter(j, 'J'). letter(k, 'K'). letter(l, 'L').
letter(m, 'M'). letter(n, 'N'). letter(o, 'O').
letter(p, 'P'). letter(q, 'Q'). letter(r, 'R').
letter(s, 'S'). letter(t, 'T'). letter(u, 'U').
letter(v, 'V'). letter(w, 'W'). letter(x, 'X').
letter(y, 'Y'). letter(z, 'Z').

/* 숫자 */
digit('0'). digit('1'). digit('2'). digit('3'). digit('4').
digit('5'). digit('6'). digit('7'). digit('8'). digit('9').

/* 문장 마침표 */
lastword('.').
lastword('!').
lastword('?').
```

여기에서는 내장 술어 atom_chars를 사용하여 문자 목록으로부터 원자를 생성하였다(6.5절 참조).

연습문제 5.1: 앞에서 본 프로그램에서 각 변수의 용도를 설명하라.

연습문제 5.2: 무한정 문자를 읽으면서 다시 출력하는 프로그램을 작성하는데, a는 b로 변경한다.

5.4 파일 읽고 쓰기

이 장에서 지금까지 논의된 술어는 컴퓨터 자판과 화면을 통해서 읽고 쓰는 데만 사용되었지만, 실제로는 그보다 더 일반적이다. 표준 프롤로그 시스템은 *자료류(stream)*로부터 읽고, 자료류에 쓸 수 있는 것이 보통이다. 자료류는 컴퓨터 자판이나 화면 또는 *파일*에 상당하겠는데, 보조기억 매체에 기록된 일련의 문자를 파일이라고 한다. 기억 매체 종류는 컴퓨터 시스템 설치 방안에 의거 결정되지만, 오늘날 일반적으로 자기 원반에 저장된 파일을 읽거나 쓴다. 파일에는 확인용 이름인 *파일명*이 있다고 가정한다. 이 절을 이해하려면, 컴퓨터용 파일 작명과 파일 조직화 관행에 익숙해야 한다. 프롤로그 파일명은 원자로 나타내기는 하지만, 파일명의 문법에 가해지는 그 이상의 설치 의존적인 제약 가능성을 배제할 수는 없다.

파일은 길이가 정해진다. 즉, 파일은 유한개의 문자로 구성된다. 파일의 끝에는 특수한 표식이 있는데, *파일 끝(end of file) 표식*이라고 부른다. 지난 내용에서는 파일 끝 표식에 대해 논의하지 않았는데, 그 이유는 파일 끝 표식이 컴퓨터 화면에서보다는 파일을 처리할 때 조우하게 되는 것이 더 흔하기 때문이다. 프로그램이 파일을 읽는 경우, 프로그램이 항 또는 문자를 읽는지에 상관없이 파일 끝 표식이 탐지될 수 있다.

만약 get_char(X)나 read(X)가 파일 끝에 도달하면, X는 특수 원자 'end_of_file'로 사례화 될 것이다. 비표준 프롤로그는 'end_of_file'이 아닌 다른 값을 반환할 수도 있지만, 일반적으로는 파일 끝을 표현하는 어떤 특수 값이 있을 것이다. 만약 파일 끝을 넘을 정도로 읽으려 했다면, 오류가 발생한다.

내장 자료류가 두 가지 있는데, 입력용이 user_input이고 출력용이 user_output이다. 현 입력을 user_input(기정치, default)으로 설정하면 입력이 컴퓨터 자판에서 오게 하는 것이고, 현 출력을 user_output(기정치)으로 설정하면 출력 문자를 화면에 나타나게 한다. 이것이 통산적인 운용 방식이다. 컴퓨터 자판으로 입력을 할 때, 파일 끝 제어문자를 타자하여 파일 끝 표식을 생성할 수 있는데, 제어문자는 프롤로그 설치환경에 따라 다르다. 파일 끝 제어문자는 get_char 또는 read로 하여금 마치 파일의 끝에 도달한 것처럼 동작하게 한다.

5.4.1 자료류 열고 닫기

표준 프롤로그 시스템은 현 *입력 자료류*(*current input stream*)를 인식하고 그로부터 모든 입력을 읽어 들인다. get_char 또는 read가 반환한 입력은 현 입력 자료류에서 취한 것이다. 이와 함께 현 *출력 자료류*(*current output stream*)도 있는데, put_char 또는 write로 생성된 출력은 현 출력 자료류로 보내진다.

컴퓨터 터미널 자판이 보통 현 입력 자료류이고, 컴퓨터 화면이 현 출력 자료류로 보통 정해져 있지만, 이것 둘 다 프로그램이 실행되는 동안 임시로 변경하는 것이 가능하다.

파일에 접근하기 전에 그것과 결부된 새로운 자료류를 열어야 한다. 이를 위해 내장 술어 open을 사용하는데, open은 첫째 인수로 파일명, 둘째 인수로는 열고자 하는 파일의 용도, 즉 읽기 또는 쓰기를 지정하는 원자를 제공 받는다. 그러면 셋째 인수는 특수 항으로 사례화 되는데, 이 항은 새로이 열린 자료류에 부여된 이름이다. 그러면 예로서 다음을 보자.

```
?- open('myfile.pl', read, X).
```

여기에서 open 술어는 X를 특수 항으로 사례화 한다. 이 항은 'myfile.pl' 파일을 읽을 때 사용할 자료류에 부여된 이름이다. 한편, 다음을 보자.

```
?- open('output', write, X).
```

여기에서도 X가 자료류에 부여된 이름으로 사례화 한다. 그 이름은 'output' 파일로 출력을 보낼 때 사용한다.

유의할 점은 주어진 파일과 결부시켜 새로운 자료류를 열 때마다 그 자료류는 파일의 처음에서 시작한다는 점이다. 원칙적으로는 단일 파일에 여러 개의 자료류를 열 수 있지만, 서로 다른 자료류는 파일에서 흐름의 위치가 서로 다를 것이기 때문에 이러한 효과 달성이 필요한 경우는 매우 드물 것이다. 일반적으로는 주어진 파일에 대하여 어느 시점에서도 자료류가 한 개만 있도록 보장해야 하는데, 이는 파일을 맨 처음으로 사용하기 바로 직전에 open을 한 번만 호출하는 것을 의미한다. 입력 자료류를 충분히 읽었거나 출력 자료류를 완결하여서, 더 이상 자료류가 필요하지 않게 되었을 때, close 술어를 호출하여 모든 것을 완벽하게 종료시킨다. close 술어의 인수는 한 개인데, 이 인수는, 원래 open 호출로 얻은 자료류 이름이다. 따라서 파일을 읽는 프로그램의 일반적인 형태는 일단 다음과 같을 것인데, 차후에 정교화가 이루어질 것이다.

```
program :-
        open('myfile.pl', read, X),
        code_reading_from(X),
        close(X).
```

여기에서, code_reading_from(X)는 충족시키는 과정에서 입력을 X 자료류에서 취해야 하는 술어이다. 이와 비슷하게, 파일로 출력하는 프로그램의 일반적인 형태는 다음과 같다.

```
program :-
        open('output', write, X),
        code_writing_to(X),
        close(X).
```

여기에서 code_write_to(X)는 실질적인 작업을 하는 술어이다. 유의할 점은 code_reading_from과 code_writing_to가 실패해서는 안 된다는 것인데, 그 이유는 실패하면 자료류가 결코 닫히지 않을 것이기 때문이다. 만일 실패할 여지가 있다면, 수정해야 한다. 예를 들어 특별한 포괄(catchall) 절을 추가하는 방법을 쓸 수도 있겠다. 일반적으로 파일을 읽고 쓰는 술어는 구충(debug)하기 어렵기 때문에, 파일을 사용하기 전에 미리 컴퓨터 터미널을 사용하여 읽고 쓰면서 술어를 철저하게 검증하는 것이 좋다.

5.4.2 현 입력과 현 출력 변경

자료류 이름의 형태는 프롤로그 구현체(implementation)에 따라 다를 수 있기 때문에, 프로그램의 이식성을 생각한다면, 그 형태에 대해서 어떠한 가정도 해서는 안 된다. 일반적으로 새 자료류를 연 프로그램은 자료류 이름을 X로 받았다고 했을 때, X를 사용하여 다음 작업을 해야만 한다.

1. 프로그램 실행 중 어떤 부분에서 현 입력 또는 현 출력을 X로 설정한다.
2. 입력 또는 출력의 끝에서, X를 인수로 하여 close를 호출한다.
3. 프로그램의 어떤 다른 부분에서 앞의 두 가지 작업 수행이 필요하다면 X를 (술어 인수를 통해서) 그 곳으로 전달한다.

현 입력과 현 출력을 변경하는 것은 내장 술어 set_input과 set_output으로 한다. 이 술어는 인수가 한 개인데, 자료류 이름을 지정한다. user_input 또는 user_output이라는 원자도 자료류 이름인데, 이 술어의 인수가 될 수 있다. set_input 또는 set_output 목적을 충족시켜 얻는 효과는 이 술어를 다시 호출할 때까지 현 입력 또는 현 출력을 인수로 제공한 이름이 붙은 자료류로 변경하는 것이다. 확실히 이해해야 할 중요한 사실은 만일 set_input 또는 set_output 목적을 재충족시키려고 하여도 현 입출력이 이전 입출력으로 돌아가지 않는다는 것인데, 이러한 재충족 시도는 그저 실패한다.

set_input과 set_output은 비가역적인 효과를 내기 때문에, 잘 작성된 프로그램은 현 입출력을 항상 분명하게 관리할 것이고, 어떤 (예를 들어, 설사 어떤 중요한 목적이 실패하는) 일이 발생하더라도 적절하게 설정되어 있도록 할 것이다. 특히, 프로그램이 현 입력 또는 현 출력을 변경한다면, 작업을 끝냈을 때 이전 것으로 회복시켜야 한다. 이를 위해서는 입출력을 시작하기 전에 현 입출력이 무엇인지 확인해야 한다.

현 입출력은 내장 술어 current_input과 current_output으로 검사할 수 있다. 인수가 한 개인 이 술어는 현 입출력 자료류 이름으로 인수를 사례화 한다.

이제 set_input과 current_input을 알아보았으므로, 파일을 읽는 프로그램의 일반적인 모습을 보다 자세히 살펴볼 수 있다.

```prolog
program :-
        open('myfile.pl', read, X),
        current_input(Stream),
        set_input(X),
        code_reading,
        close(X),
        set_input(Stream).
```

유의할 점은 이제 code_reading이 X와 무관하게 되었다는 것이다. 현 입력은 code_reading이 호출되기 전에 X로 설정되었기 때문에, 단지 get_char와 read를 사용하면 되고, 이 둘 모두는 X가 지정하는 파일로부터 입력을 받을 것이다. 그리하여 code_reading과 같은 식으로 구현된 프로그램은 다른 시기에 다른 파일로 작업을 하는 경우에도 사용할 수 있다.

또한 유의할 점은 변수 Stream 포함하고 있는 한 쌍의 목적이 입력 작업 완수 이후에 현 입력을 회복시켜 주는 방법이다. 다음과 같이 파일로 출력하는 프로그램의 일반적인 형태도 이와 비슷하다.

```prolog
program :-
        open('output', write, X),
        current_output(Stream),
        set_output(X),
        code_writing,
        close(X),
        set_output(Stream).
```

5.4.3 인용

파일을 읽고 쓰는 것이 매우 유용할 때는 항을 입력하여 프롤로그 데이터베이스에 적재하고 싶지만, 사용자가 기꺼이 타자하여 입력할 수 있는 것보다 더 많은 항을 주어진 프로그램에 입력해야 하는 경우이다. 프롤로그에서는 프로그램을 파일에 저장하여 사용할 수 있다. 프롤로그 프로그램 원문이 파일에 수록되어 있을 때, 파일에 있는 모든 절을 읽어서 데이터베이스에 적재하는 것을 일컬어 파일을 '인용(consulting)'한다고 한다. 프롤로그 표준에서는 파일을 '인용'하는 편한 방법에 대한 사항을 개별적으로 구현할 수 있게 열어두었다. 이 절에서는 비록 반드시 의지할 수 있는 것은 아니지만, 자주 이용할 수 있는 장치를 설명하겠다. 7.13절에서는 만약 사용하는 프롤로그 시스템이 이러한 장치를 제공하지 않는다면, 표준 프롤로그에서 이 중 몇 개를 어떻게 정의할 수 있는지 보일 것이다.

많은 프롤로그 시스템에서 내장 술어 consult를 사용할 수 있다. X가 파일명으로 사례화 되었을 때, consult(X) 목적은 파일로부터 프롤로그 절과 목적을 읽어 들일 것이다. 또한 대부분의 프롤로그 시스템에서는 consult를 위한 특별한 표기법이 있는데, 파일명 목록을 써서 각 파일을 순서대로 인용할 수 있게 한다. 만약 원자 목록을 프롤로그 질문으로 제시하면, 프롤로그는 목록에 있는 원자를 파일명으로 간주하여 해당 파일을 인용할 것이다. 이 표기법의 예는 다음과 같다.

```
?- [file1, mapper, expert].
```

이것은 프롤로그가 마치 consultall(X) 목적을 실행하는 것처럼 작동한다. 여기에서 X는 질문에 제공한 목록이고 consultall은 다음과 같이 정의될 수 있겠다.

```
consultall([]).
consultall([H|T]) :- consult(H), consultall(T).
```

그렇지만 앞에서 본 목록 속표기법(shorthand notation)은 수고를 덜어주며, 그리고 이것은 프롤로그 전문 개발자가 하는 맨 처음의 행위가, 애용하는 술어를 쓸 수 있게 하려고 일련의 파일을 consult한다는 점을 고려할 때 특히 중요하다. 인용 술어는 파일의 끝을 만나면 절을 읽어 들이는 일을 자동으로 멈춘다. 6.1절에서 보다 상세히 consult를 설명할 것이다.

5.5 연산자 선언

연산자는 여기 '입력과 출력' 장에서 논의하는데, 그 이유는 연산자가 항을 읽고 쓰는 데 있어서 구문적인 편의를 제공하기 때문이다. 연산자 도입의 또 다른 이유는 없다. 우선 간단히 2.3절을 재검토하고 난 다음에 연산자를 어떻게 선언하는지 살펴보자.

프롤로그 문법은 연산자를 정의한다. 연산자의 특성에는 세 가지가 있다. 위치, 우선순위(precedence), 결합성(associativity) 등이 그것이다. 위치는 낀(infix), 뒤(postfix), 또는 앞(prefix) 등으로 구별할 수 있다. 두 인수 사이에 연산자가 끼일 수도 있고, 인수가 하나 뿐인 경우에 연산자가 인수의 뒤 또는 앞에 나타날 수 있다는 것이다. 우선순위 등급은 정수인데, 표준 프롤로그에서 그 범위가 1부터 1,200까지이다. 우선순위 등급은 수식의 모호성을 해소하는 데 사용한다. 그 경우는 괄호로 항의 구문구조를 명확하게 표현하지 않았을 때이다. 결합성은 수식에 우선순위가 같은 두 개의 연산자가 있을 때, 수식의 모호성을 해소하기 위한 장치이다. 프롤로그에서는 연산자에 특별한 원자를 결부시켰는데, 이 원자는 연산자의 위치와 결합성을 명시한다. 낀 연산자를 명세하는 가능한 방법은 다음과 같다.

```
xfx xfy yfx yfy
```

이 명세를 이해하기 위해서는 이들을 연산자 용법을 묘사한 '그림'으로 보면 도움이 된다. 그림에서, 글자 f는 연산자를 나타내고, x와 y는 인수를 나타낸다. 그러면 앞에 보인 모든 경우는 연산자가 두 인수 사이에 나타나는 그림이라서 낀 연산자임을 명세한 것이다. 이러한 표현 약속에 따라, 다음 두 가지 명세법은 앞 연산자(연산자가 그 자체의 단일 인수 앞에 위치한다)를 규정한다.

    fx fy

또한 다음의 두 가지 가능한 명세법은 뒤 연산자를 규정한다.

    xf yf

인수를 표현하는 데 두 개의 문자가 필요한 이유를 궁금해 할 수도 있겠다. 특정 위치에 x와 y를 선택적으로 배치함으로써 결합성 정보가 전달될 수 있게 한다. 괄호가 없는 식에서 생각할 때, y는 그 자리의 인수가 현 연산자보다 우선순위가 낮거나 같은 연산자를 포함할 수 있다는 것을 의미한다. 한편, x는 그 자리의 인수가 현 연산자보다 우선순위가 엄격하게 더 낮은 연산자만 포함한다는 것을 의미한다. 이러한 말이 yfx로 선언된, + 연산자에 대해서 무엇을 의미하는지 생각해보자. 다음과 같은 괄호 없는 식을 분석해 보자.

    a + b + c

이 식의 의미를 두 가지로 해석할 수 있다.

    (a + b) + c 또는 a + (b + c)

이 중 둘째 해석은 규칙에 의해 제외된다. 그 이유는 두 개의 + 연산자 중에서 첫째 + 연산자의 오른편 인수에 같은 우선순위의 연산자(바로 둘째 + 연산자)가 포함되어 있기 때문이다. 이것은 연산자 +의 명세자(specifier) yfx에서 f 오른편에 있는 x의 의미와 모순된다.

따라서, 특히 yfx로 선언된 연산자는 좌결합적(left associative)이다. 같은 원리로 xfy로 선언된 연산자는 우결합적(right associative)이다. 만약 선언할 낀 연산자의 결합성 요구사항을 알고 있다면, 명세자를 유일하게 결정할 수 있다.

유의할 점은 앞서 소개한 x와 y의 의미는 yfx에서뿐만 아니라 다른 명세자에 나타나는 경우에도 (어떠한 연산자가 x와 y가 지정한 위치에 괄호 없이 나타날 수 있는가를 따지는 관점에서 보면) 모두 같다는 것이다. 그 결과, 예를 들어 만약 논리 연산자 not을 fy로 선언해두었다면 다음 문자열이 구문적으로 올바르지만, fx로 선언되어 있다면 그르다고 판단된다.

```
not not a
```

프롤로그에서 만약 위치, 우선순위, 그리고 결합성이 주어진 연산자를 항을 읽거나 쓸 때 인식되도록 선언하기 원한다면, 내장 술어 op를 활용한다. 만약 Name이 원하는 연산자(연산자로 사용하고 싶은 원자)이고, Prec는 우선순위(적합한 범위내의 정수), 그리고 Spec은 위치 및 결합성 명세자(앞서 본 원자 중 하나)라면, 연산자는 다음과 같은 목적을 마련하여 선언한다. 만약 연산자 선언이 적법하다면, 목적은 충족에 성공할 것이다.

```
?- op(Prec, Spec, Name).
```

다음에 보인 것은 연산자 선언의 예로서 표준 프롤로그에서 이미 정의된 매우 중요한 연산자들을 나열하고 있다.

```
?- op( 1200, xfx, ':-' ).
?- op( 1200, fx, '?-').
?- op( 1200, fx, ':-').
?- op( 1100, xfy, ';').
?- op( 1000, xfy, ',').
?- op( 900, fy, '\+').
?- op( 700, xfx, '=').
?- op( 700, xfx, \=).
?- op( 700, xfx, '==').
?- op( 700, xfx, \==).
?- op( 700, xfx, '=..').
```

```
?- op( 700, xfx, '<').
?- op( 700, xfx, '>' ).
?- op( 700, xfx, '=<').
?- op( 700, xfx, '>=').
?- op( 700, xfx, '@<').
?- op( 700, xfx, '@=<').
?- op( 700, xfx, '@>').
?- op( 700, xfx, '@>=').
?- op( 700, xfx, 'is').
?- op( 500, yfx, '+').
?- op( 500, yfx, '-').
?- op( 400, yfx, '*').
?- op( 400, yfx, '//').
?- op( 400, yfx, '/').
?- op( 400, yfx, 'mod').
?- op( 200, fy,'-').
```

내장 술어

이 장에서는 프롤로그 시스템에서 쓸 수 있는 내장 술어 일부를 소개한다. 술어가 내장되었다고 말할 때 이는 무엇을 의미하는가? 술어 정의가, 사용자가 작성한 절이 아니라 그 대신 프롤로그 시스템에 미리 마련되어 있다는 것을 의미한다. 내장 술어는 순정 프롤로그의 정의로 얻을 수 없는 이기를 제공하는 경우도 있다. 혹은 편리한 이기를 제공하여 프로그래머가 그런 도구를 아마 손수 정의하지 않아도 될지도 모른다. 내장 술어 몇 개는 이미 본 적이 있는데, 5장에서 읽거나 쓰는 데 필요한 내장 술어를 논의하였다. 또한, 자름도 내장 술어로 볼 수 있다.

입출력 술어는 내장 술어에 '부작용(side effect)'이 있을 수 있다는 것을 예시한다. 즉, 이 술어를 포함하고 있는 목적을 충족시키면, 인수의 사례화와 함께 다른 것도 변경하는 일이 있다는 것이다. 내장 술어에 대한 또 다른 중요한 사실은, 특정 종류의 인수를 제공해야 할지도 모른다는 것이다. 예를 들어, "X < Y가 충족되는 경우는, 만일 X라는 수가 Y라는 수보다 작을 때이다"로 정의된 술어 '<'를 생각해보자. 실용적으로 보아 이런 관계는 산수 지식이 있는 어떤 외부 도움 없이는 프롤로그로 정의할 수 없다. 그래서 '<'는 내장 술어로서 제공되는데, 그 정의에는 기반을 이루는 기계 연산을 활용하는 것이 포함되어 있는 바, (이진 문양 또는 어떤 방식으로 표현된) 수에 대해서 비교가능형의 크기를 시험한다.

만약 X가 원자이거나 또는 비록 X와 Y 둘 다 사례화 되지 않은 상태로 X < Y 목적을 충족시키려고 한다면 무슨 일이 일어날까? '<' 정의는 기반을 이루는 기계 수준에서 그냥 간단하게 적용할 수 있는 정의가 아니다. 그래서 규정이 필요한데, X < Y가 사리에 맞는 목적이 되는 경우는 이를 충족시키려고 할 때 X와 Y 모두 수치로 사례화 되어 있는 경우라는 조항이다. 이 조건을 충족시키지 못했을 때 발생하는 일은 개별적인 프롤로그 구현 방식에 따라 결정될 것이다. 한 가지 있음직한 일은 목적이 그저 실패하는 것이다. 있을 법한 또 다른 경우에는 오류 문구가 출력될 것이고 시스템은 (현 질문에 대답하기를 포기 하는 것과 같은) 적절한 반응을 취할 것이다.

6.1 절 입력

프롤로그 프로그램을 작성할 때는 시스템에게 사용할 절을 알려주고 싶을 것이고, 게 다가 절에 대하여 질문하고 싶은 경우도 있을 것이다. 뜻밖에도, 프롤로그 표준에서 이 러한 일에 대한 정형화된 방식을 명세하지 않는 바, 그 의미는 구현체에 따라 다른 특징 을 제공할 수 있다는 것이다. 다음부터 프롤로그 시스템에서 공통적으로 사용하는 몇 가 지 방식을 설명한다. 프로그램을 작성하다 보면, 자판에서 새로운 절을 타자하거나 미 리 준비한 파일에서 절을 읽도록 프롤로그에게 알려주고 싶을 때가 있다. 사실, 이 두 작 업은 프롤로그 관점에서는 같은 것으로 간주되는데, 그 이유는 컴퓨터 자판이나 화면이 user라는 이름이 붙은 단지 또 다른 파일로 간주되기 때문이다. 새로운 절을 읽는 기본적 인 내장 술어가 하나 있는데, 바로 consult이다. 게다가 여러 개의 파일에서 절을 읽어 들 이고 싶을 때, 편리한 표기법이 있다. 바로 목록 표기법이다. 관심이 있다면 볼 만한데, consult를 프롤로그로 간소하게 정의한 것이 7.13절에 있다.

6.1.1 consult(X)

내장 술어 consult는 어떤 파일에 있는 (또는 터미널에서 타자되는) 특정 술어에 관한 절을 가지고 그 술어에 대한 기존 절을 대체하려는 상황에 사용하려고 마련된 것이다. 인수는 원자이어야 하는데, 절을 읽어낼 파일의 이름이 된다. 물론, 어떤 원자가 합당한 파일 이름이 되는지는 컴퓨터에 따라 다를 수 있다. 다양한 컴퓨터에서 볼 수 있는 consult 목적의 예는 다음과 같다.

```
?- consult(myfile).
?- consult('/user/john/pl/chat').
?- consult('\\john\\pl\\chat').
?- consult('lib:iorout.pl').
```

알아 볼 사항은 위의 파일 이름 규칙 중 어느 것을 컴퓨터를 쓸 때 평소 사용하는지 확인해 보는 것이다. 문자 '\'는 프롤로그에서 홑작은따옴표로 묶은 원자 내부에 타자될 때는 중첩시켜야 한다는 점을 유의하자.

질문이 파일에서 발견된다면, 단지 보통의 질문처럼 취급될 것이다. 일반적으로 파일에서 질문을 새로운 절과 함께 섞어 놓는 것은 이치에 맞지 않는데, 다만 새로운 연산자를 선언하거나 유용한 메시지를 인쇄하는 것과 같은 일은 예외로 친다.

만약 절을 수록한 파일 몇 개를 읽은 후, 절 하나에서 실수가 있었다는 것을 발견했을 경우, 모든 파일을 다시 읽지 않고도 수정할 수 있는 가능성이 있다. 그렇게 하려면, 단지 문제의 술어에 관한 올바른 절 집합을 수록한 파일을 consult 해야만 한다. 수정한 절은 consult(user_input)을 실행시켜서 자판으로 입력하거나 또는 프롤로그를 종료하지 않고 해당 파일을 수정하고 그 파일을 다시 consult 하여 적재할 수 있다. 물론 개정한 절을 터미널에서 타자하여 입력하면 프롤로그의 *데이터베이스*에는 수정이 반영되겠지만 잘못된 절이 있었던 원래 *파일*이 변경되지는 않는다. 프로그램 개발 과정에서 consult를 어떻게 사용하는지 8.5절에서 그 예를 볼 수 있다.

consult는 앞서 언급한 내용에서 알 수 있겠지만, 술어 정의가 여러 파일에 걸쳐 나타나는 것을 인정하지 않는다. 이 제약은 통상 합리적이라고 볼 수 있는데, 그 이유는 어떤 술어 대한 모든 절을 한 곳에서 유지하는 것이 보통은 사리에 맞는 일이기 때문이다. 어떤 술어 정의에 여러 파일이 필요한 경우에 대비하여, 프롤로그 시스템에서는 일반적으로 복수 파일 필요성을 알릴 수 있는 방법을 제공하거나, 서로 다른 상황에서 쓸 수 있는 몇 가지 consult류 술어를 마련한다.

6.1.2 목록 표기법

프롤로그 시스템은 종종 consult 목적을 더욱 편리하게 명세할 수 있게 하는 특별한 표기법을 제공하는데, 특히 프롤로그로 여러 개 파일을 입력시키고 싶을 때 편하다. 표기법에 의하면, (프롤로그 원자로 표현한) 파일명을 그저 목록 안에 놓고, 이 목록을 충족시켜야 하는 목적으로 사용한다. 가령 다음 질문의 효과를 생각해보자.

    ?- [file1, file2, 'fred.1', 'bill.2'].

앞의 질문은 길이가 더 긴 다음 것과 같은 의미로 쓴다.

    ?- consult(file1), consult(file2), consult('fred.1'), consult('bill.2').

목록 표기법은 전적으로 표기 편의를 위한 것이며, consult로 할 수 있는 그 이상의 어떤 편의도 제공하지 않는다.

6.2 성공과 실패

프롤로그 프로그램의 정상적인 수행 과정에서 목적은 그것을 충족시킬 수 있을 때 성공하고, 그것을 충족시킬 방법이 없을 때 실패한다. 목적의 성공 또는 실패 여부를 보다 편리하게 명세할 수 있게 하는 두 개의 술어가 있다. true와 fail 술어가 그것들이다.

6.2.1 true

이 목적은 충족시키는 데 언제나 성공한다. 실질적으로는 true가 필요하지 않은데, 그 이유는 절이나 목적을 재배열하거나 재조합하여 true를 사용하지 않을 수 있기 때문이다. 그러나 편의를 도모하기 위해서 남아 있다.

6.2.2 fail

이 목적은 충족시키는 데 언제나 실패한다. 이 목적이 유용한 두 가지 경우가 있다. 그 첫 번째 경우는 '자름-실패' 조합인데, 4.3절에서 설명한 바 있다. 다음과 같은 형태의 연접 목적을 생각해보자.

```
..., !, fail.
```

이 형태는 "만약 여기까지 실행했다면, 이 목적에 대한 충족 시도를 포기하라"를 표현할 때 사용한다. 연접은 fail 때문에 실패하고, 이 실패와 cut 때문에 부모 목적이 실패한다.

　　fail을 사용하는 두 번째 경우는, 어떤 목적에 대한 모든 해답을 무름으로 일람하기를 명시적으로 원하는 때이다. 해답을 모두 출력하기를 바라는 경우도 있겠다. 예를 들어 다음 질문을 살펴보자.

```
?- event(X, Y), phh(Y), fail.
```

앞의 질문은 5.1.2절에서 본 적이 있는 event와 phh를 사용해서 데이터베이스의 모든 사건을 출력(하고, 그런 다음 실패)한다. 7.13절에 있는 retractall의 정의에서 fail의 또 다른 활용법을 볼 수 있다.

6.3 항 분류

만약 인수의 자료형이 다양한 술어를 정의해야 한다면, 정의 안에서 각 자료형에 대한 작업을 구분할 수 있으면 편리할 것이다. 자료형을 근본적 수준에서 보아, 인수가 원자이기보다는 정수라면 각기 다른 절을 적용하고 싶을지도 모른다. 또는, 인수가 사례화 되었다면 어떤 절을 적용시키고, 아니라면 또 다른 절을 적용시키고 싶을 때가 있겠다. 프로그래머는 작성하는 절에서 다음에 소개한 술어를 채용하여 필요한 조건을 설정할 수 있다.

6.3.1 var(X)

var(X) 목적은 만약 X가 현재 *해례화* 된 변수라면 충족된다. 그래서 다음과 같은 반응을 예상할 것이다.

```
?- var(X).
yes
?- var(23).
no
?- X = Y, Y = 23, var(X).
no
```

해례화 된 변수는 아직 채워지지 않은 구조체의 일부를 나타낼 수 있다. 한 가지 예는 7.1 절에 있는데, 사전을 정렬 나무로 구현한 경우에 채워지지 않은 부분이다. 그런 구조체를 조사할 때는, var 술어가 필수적이 되는데, 이미 채워진 부분을 구별하는 데 사용한다. 이 것은 그 목적이 변수의 값을 검사하는 것임에도 불구하고, '우발적으로' 변수가 어떤 것으로 사례화 되는 것을 예방할 수 있다. 예를 들어, 정렬 나무 사전에서, 어떤 열쇠(key)에 대한 기재사항이 있는지 생성하기에 앞서 먼저 검사하여 중복을 피하고 싶을 때가 그 경우이다.

6.3.2 nonvar(X)

nonvar(X) 목적은 만약 X가 현재 해례화 된 변수가 아니라면 충족된다. 그래서 nonvar 술어는 var와 상반된다. 사실, 다음과 같이 프롤로그로 정의할 수 있다.

```
nonvar(X) :- var(X), !, fail.
nonvar(_).
```

6.3.3 atom(X)

atom(X) 목적은 만약 X가 현재 프롤로그 원자를 의미한다면 충족된다. 그 결과, 다음과 같은 반응이 일어난다.

```
?- atom(23).
no
?- atom(apples).
yes
?- atom('/us/chris/pl.123').
yes
```

```
?- atom(book(bronte, w_h, X)).
no
```

6.3.4 number(X)

number(X) 목적은 만약 X가 현재, 수를 의미한다면 충족된다. 사용 예는 7.12절의 수식 축약기 정의에서 이 술어의 사용법을 볼 수 있는데, 문제의 수식이 그저 수에 불과한지 검사하고 싶을 때 활용한다.

6.3.5 atomic(X)

atomic(X) 목적은 만약 X가 현재, 수 또는 원자를 의미한다면 충족된다. atomic 술어는 다음과 같이 atom과 number로 정의할 수 있다.

```
atomic(X) :- atom(X).
atomic(X) :- number(X).
```

6.4 절을 항으로 보기

프롤로그 개발자는 프로그램을 검사하고 변경할 수 있다. 프롤로그 프로그램은 절의 집합인 바, 절은 목적을 충족시키는 역할을 한다. 프롤로그 프로그램 변경은 특히 쉬운 일인데, 그 이유는 절을 단지 평범한 프롤로그 구조체라고 볼 수 있기 때문이다. 이에 따라 프롤로그 내장 술어가 마련된 바, 이를 사용하여 개발자는 다음과 같은 일을 할 수 있다.

- 데이터베이스에 수록할 수 있는 절을 구조체로 생성하기
- 구조체로 표현한 절을 데이터베이스에 추가하기
- 구조체로 표현한 절을 데이터베이스에서 삭제하기

대부분의 데이터베이스 연산은 전술한 술어로 수행할 수 있는데, 구조체를 생성하고 해체하는 통상적인 프롤로그 연산을 동원할 수도 있다. 여기에서 논의할 예제에 추가하여, 7.8절에서도 볼 활용법인 바, 술어를 이용하여 절을 추가하고 제거하는 방법이다.

이와 관련된 내장 술어를 보기에 앞서, 중요한 것은 프롤로그 절을 정말 어떻게 구조체로 간주할 수 있느냐이다. 절이 단순한 사실일 경우, 구조체는 단지 인수가 있는 술어이다. 즉, 다음에 보인 사실을 생각해보자.

    like(john, X)

앞의 사실은 함자 like와 두 개의 인수 john과 X가 있는 평범한 구조체로 볼 수 있다. 한편, 규칙은 주함자가 ':-'이고 두 개의 인수가 있는 구조체로 볼 수 있다. 이 함자는 끼인 연산자로 선언된다. 첫째 인수는 절의 머리이고 둘째 인수는 절의 몸이다. 이에 따라 다음 규칙을 구조체로 파악해보자.

    likes(john, X) :- likes(X, wine)

앞의 규칙은 실질적으로 다음과 같은 바, 전적으로 평범한 구조체이다.

    ':-'(likes(john, X), likes(X, wine))

마지막으로, 규칙에 여러 개의 목적이 있을 경우, 목적은 (인수 두 개가 있는) 함자 ','로 연접시킨 것으로 간주한다. 이 함자 역시 끼인 연산자로 선언된다. 이에 따라 다음 규칙을 구조체로 파악해보자.

```
grandparent(X, Z) :- parent(X, Y), parent(Y, Z)
```

앞의 규칙은 실질적으로 다음 구조체와 같다.

```
':-'(grandparent(X, Z), ','(parent(X, Y), parent(Y, Z)))
```

유의해야 할 중요한 사실은, 표준 프롤로그에서 다음의 내장 술어가, 프로그램에 나타난 모든 술어에 대하여 반드시 작동하지는 않는다는 점이다.

- clause(그리고 listing과 같은 내장 술어)는 '공개된(public)' 술어에 관한 절만을 찾을 수 있다. 참고로 이 말의 의미는 어느 정도 프롤로그를 구현한 시스템에 따라 달라질 수 있지만 그 취지는 예를 들어, 내장 술어에 대한 절은 조사할 수 없다는 것이다. 개발자가 정의한 술어에 중에 어떤 것을 '공개된' 것으로 간주되도록 영향력을 행사하는 것이 가능한 경우도 있다.

- asserta, assertz 그리고 retract는 술어 정의가 '동적(dynamic)'이라고 선언된 술어에 대해서만 작동한다. 또다시 그 취지는 술어 정의가 우발적이고 계획되지 않은 채로 변경되는 것을 예방함이다. 이름이 foo이고 인수가 네 개인 술어 (이를 foo/4라고 명시한다.) foo/4는 관련된 프로그램 파일에서 (foo/4의 정의 앞에, 또는 정의가 없는 경우 asserta 등등이 나타나는 지점 앞에) 다음 내용을 포함시켜 '동적'이라고 선언한다.

  ```
  :- dynamic foo/4.
  ```

  여러 개 술어를 쉼표로 구별해서 한 줄에서 동적이라고 선언할 수 있다. 다음에 그 예가 있다.

  ```
  :- dynamic foo/4, baz/3.
  ```

이제 개발자가 절을 조사하거나 변경할 때 사용하는 술어를 볼 것이다.

6.4.1 listing(A)

현재 적재한 절을 점검하기는 대부분의 프롤로그 시스템에서 할 수 있지만, 프롤로그 표
준에서는 그 구현법이 명세되지 않았다. 일반적인 처리법은 내장 술어 listing을 두는 것
인데, A가 원자로 사례화 된 listing(A) 형태의 목적을 충족시키면, A라는 이름의 술어를
정의한 모든 절을 프롤로그 항으로 현 출력 파일에 쓴다. 이것은 현재 특정 술어에 대해
어떤 절이 있는지 점검할 수 있는 방법을 제공한다. 출력의 정확한 형식은 사용하는 프롤
로그 구현체가 결정할 것이다. 유념할 사항은 인수 개수에 상관없이 주어진 원자가 술어
명으로 정해진 모든 절을 보게 된다는 점이다. listing을 사용하면, 프로그램에 있는 실
수를 발견하는 데 도움을 받을 수 있다. 예를 들어 다음의 예로 든 회기에서, 개발자는
reverse를 올바르게 정의하지 않았다는 것을 발견한다.

```
?- [test].
test consulted
yes

?- reverse([a,b,c,d], X).
no

?- listing(reverse).

reverse([], []).
reverse([_44|_45], _38) :-
        reverse(_45, _47),
        appenD(_47, [_44], _38).
yes
```

reverse 절을 일람시킨 결과에서 append 원자를 프로그램에서 (appenD로) 잘못 철자했다
는 것이 밝혀진다.

6.4.2 clause(X, Y)

clause(X, Y) 형태의 목적을 충족시키려면 X와 Y가 데이터베이스에 존재하는 ('공개된' 술어의) 절의 머리와 몸에 각각 어울려야 한다. 목적을 충족시키려고 할 때에는 X가 절의 주 술어(main predicate)를 분별하기에 충분할 정도로 사례화 되어 있어야만 한다. 즉, 절의 머리를 프롤로그 항으로 보았을 때, 항의 함자 값이 결정된 상태라야 한다는 말이다. 만약 술어에 대한 절이 없다면, 목적은 그저 실패한다. 만약 어울리는 절이 여러 개라면, 프롤로그는 첫째 절을 선택할 것이다. 이 경우, 만약 목적을 재충족시키려고 한다면, 어울리는 다른 절이 한 번에 하나씩 선택될 것이다.

유의할 사항은 비록 clause에 언제나 절의 몸에 대한 인수가 있지만, 몸이 없는 절이 실제로 있다는 점이다. 만약 절에 몸이 없다면, 가공의 몸 'true'가 있다고 간주한다. 이런 절을 '사실'이라고 불렀다. 부분적으로 사례화 된 X와 Y를 설정하여, 주어진 술어명과 인수 개수에 어울리거나 또는 어떤 문양과 어울리는 모든 절을 찾을 수 있다. 그래서 다음 예를 보자.

```
append([], X, X).
append([A|B], C, [A|D]) :- append(B, C, D).

?- clause(append(A, B, C), Y).
A = [], B = _3, C = _3, Y = true ;
A = [_3|_4], B = _5, C = [_3|_6], Y = append(_4, _5, _6) ;

no
```

clause 술어가 매우 긴요할 경우는, 다른 프로그램을 검사하거나 실행하는 프로그램을 만들고 싶을 때이다(7.13절 참조).

6.4.3 asserta(X), assertz(X)

두 개의 내장 술어 asserta와 assertz는 데이터베이스에 ('동적' 술어에 대한) 새로운 절을 추가할 때 사용한다. 두 술어는 asserta가 데이터베이스 *처음*에 절을 추가하는 반면, assertz는 *끝*에 절을 추가하는 것을 제외하면 꼭 같은 방식으로 작동한다. 이 규약은 a가 알파벳의 '처음' 글자이고, z가 '끝' 글자이기 때문에 쉽게 기억할 수 있다. asserta(X) 목적에서, X는 절을 표현하는 실체로 이미 사례화 되어 있어야 한다. 사실, 전술한 clause의 경우와 같이, X가 주술어를 확인하기에 충분하도록 사례화 되어 있어야 한다.

강조할 중요 사항이 있다. 데이터베이스에 절을 추가하는 작업은 무름이 발생했을 때라도 취소되지 *않아서* 데이터베이스가 원상회복되지 않는다는 점이다. 그러므로 asserta나 assertz로 새로운 절을 추가했다면, 추가시킨 절은 명시적으로 (retract를 사용해서) 제거해야 없어질 것이다. asserta 용법의 예가 7.8절에 있다.

6.4.4 retract(X)

내장 술어 retract는 프로그램으로 데이터베이스에서 ('동적' 술어에 대한) 절을 제거할 때 사용한다. 이 술어는 인수가 하나인데, 인수는 삭제할 절과 어울릴 항을 나타낸다. 이 항은 (asserta, clause 등등의 경우와 같이) 삭제할 절의 술어를 확인할 수 있을 만큼 충분히 사례화 되어 있어야 한다. retract(X) 목적을 충족시키려고 할 때는, 데이터베이스에서 X와 어울리는 첫 번째 절을 찾아낸 다음, 그 절을 제거한다. 목적을 재충족시킬 때는 첫 번째 절 이후에서부터 조사하여 어울리는 다른 절을 찾는다. 만약 찾으면, 이전과 마찬가지로 발견한 절을 제거한다. 목적을 또다시 재충족시킬 때는 두 번째 절 이후에서부터 조사하여 어울리는 또 다른 절을 찾는다. 이러한 방식으로 필요한 만큼 목적을 재충족시킬 수 있다. 유의할 점은 절이 제거되고 나면, 무름으로 retract 목적을 재충족시키려고 할지라도 결코 복귀되지 않는다는 것이다. 만약 더 이상 어울리는 절을 찾아낼 수 없는 시점에 도달하면, 목적은 실패한다.

인수 X는 제거되는 절과 어울리기 때문에, 정확히 어떤 절이 제거되는지 알아보는 것이 가능하다. 비록 X가 원래 그 안에 사례화 되지 않은 많은 변수가 있었던 실체이었다고 할지라도 그렇다. 그래서 retract는 clause의 기능에 더하여 발견한 절을 제거하기도 원하는 경우에 사용할 수 있다. 이것이 (7.8.2절) gensym 정의에서 retract를 활용한 방법이다.

6.5 구조체 성분 생성과 입수

보통 프롤로그 프로그램에서 어떤 종류의 구조체를 입수(access)하기 원할 때, 그런 구조체를 단지 '언급(mentioning)'하여 원하는 바를 성취한다. 즉, 만약 어떤 술어가 인수로 다양한 종류의 구조체를 다루어야 한다면, 보통 구조체 종류별로 절을 따로 설정한다. 이에 대한 좋은 예는 7.11절에 있는 기호 미분법(symbolic differentiation)의 정의이다. 함자 +, -, * 등등을 각각 처리하기 위한 구분된 절이 있다. 나타날 수 있는 모든 구조체를 예상하고 각각의 구조체를 처리하는 절을 준비한다.

어떤 프로그램에서는 나타날 수 있는 모든 구조체를 예상할 수 없을 수도 있다. 예를 들어 여러 줄과 들여쓰기를 사용해서 어떠한 프롤로그 구조체라도 출력할 수 있는 '꾸민 인쇄' 프로그램을 작성하고 싶은 경우가 있다. (5.1.2절을 보면 목록만을 대상으로 하는 축소판이 있다.) 그리하여 예를 들면, 다음 항을

```
book(b29, author(bronte, emily), wh)
```

다음과 같이 '꾸민 인쇄'하고 싶은 경우가 있다.

```
book
    b29
    author
        bronte
        emily
  wh
```

중요한 점은 이 프로그램이 주어지는 *어떤* 종류의 구조체에 대해서도 작동하기를 원한다는 것이다. 물론 가능한 한 방법은 예상할 수 있는 모든 함자에 대한 절을 마련하는 것이다. 그러나 이 작업은 결코 끝낼 수 없는데, 그 이유는 어떤 프로그램에는 예상할 수 없이 수많은 함자가 있을지도 모르기 때문이다. 이런 종류의 프로그램을 작성하는 방법은 어떤 구조체에 대해서도 작동하는 내장 술어를 사용하는 것이다. 이제 이런 종류의 술어 몇 가지 functor, arg, 그리고 '=..' 등을 설명할 것이다. 또한 원자를 대상으로 연산하는 술어 atom_chars도 설명할 것이다.

6.5.1 functor(T, F, N)

술어 functor를 정의한다. functor(T, F, N)는 "T는 함자가 F이고 가수(arity, 인수 개수)가 N인 구조체이다"를 의미한다. 이것은 기본적으로 두 가지 방식으로 사용할 수 있다. 첫 번째 방법에서는 T가 이미 사례화 되어 있는 경우이다. functor 목적은 만약 T가 원자이거나 구조체가 아니라면 실패한다. 만약 T가 원자이거나 구조체라면, F는 T의 함자와 어울리고 N은 함자의 가수를 나타내는 정수와 어울린다. 유의할 사항은 현재와 같은 맥락에서는 원자를 가수가 0인 구조체로 간주한다는 점이다. 다음의 예에서 functor를 포함하고 있는 목적을 볼 수 있다.

```
?- functor(f(a, b, g(Z)), F, N).
Z = _23, F = f, N = 3
```

```
?- functor(a + b, F, N).
F = +, N = 2
?- functor(apple, F, N).
F = apple, N = 0
?- functor([a, b, c], '.', 3).
no
?- functor([a, b, c], a, Z).
no
```

내장 술어 arg를 보러 가기에 앞서, functor의 두 번째 가능한 용법을 고려한다. 이 경우에는 functor 목적의 첫 번째 인수 T가 해례화 되어 있다. 이 경우, 다른 인수 둘 모두는 사례화 되어 함자와 인수의 개수를 각각 명세하여야 한다. 이 형태의 목적은 언제나 충족되고 그 결과로 T는 명세한 함자와 가수만큼의 인수가 있는 구조체로 사례화 될 것이다. 그래서 이것은 함자와 가수로 명세하여 임의의 구조체를 생성하는 방법이다. functor로 생성시킨 이런 구조체의 인수는 해례화된 변수들이다. 그래서 생성한 이 구조체는 함자와 가수가 같은 다른 어떤 구조체와도 어울릴 수 있다.

구조체를 생성하는 내장 술어 functor의 통상 용법은 기존 구조체의 '복사본'으로서 주함자(principal functor)가 같지만 새로운 변수로 채운 구조체를 만들 때 쓴다. 이러한 용법을 술어 copy의 정의로 다음처럼 요약해보일 수 있다.

```
copy(Old, New) :- functor(Old, F, N), functor(New, F, N).
```

앞의 예에서, functor 목적 두 개가 인접해서 나타나 있다. 만약 copy 목적에서 첫째 인수가 사례화 되어 있고 둘째 인수가 해례화 된 상태라면, 다음과 같은 일이 벌어질 것이다. functor 목적 두 개 중에서 첫째 것은 전술한 바 있는 functor의 첫 번째 용법으로 사용한 것이다. (왜냐하면 functor의 첫째 인수가 사례화 되어 있기 때문이다.) 그러므로 F와 N은 각각 기존 구조체 Old의 함자와 가수로 사례화 될 것이다. functor 목적 두 개 중에서 둘째 것은 전술한 바 있는 functor의 두 번째 용법으로 사용한 것이다. 처음에는 첫째 인자

New가 해례화 된 상태이지만, F와 N에 있는 정보로써 구조체롤 새롭게 생성하여 New를 사례화 한다. 생성된 구조체 New는 함자와 가수가 Old와 같은 구조체이지만, New 구조체의 성분은 Old의 경우와 달리 새로운 변수라는 점이 다르다. 이에 따라 대화가 다음과 같이 진행될 것이다.

```
?- copy(sentence(np(n(john)), v(eats)), X).
X = sentence(_23, _24)
```

functor 목적을 이런 식으로 결합하여 7.13절에 있는 consult 정의에서 사용할 것이다.

6.5.2 arg(N, T, A)

arg 술어는 사용할 때, 앞의 인수 두 개가 항상 사례화 된 상태이어야 한다. 이 술어는 구조체의 특정 인수를 입수할 때 사용한다. arg의 첫째 인수 N는 몇 번째 인수를 원하는지 명시한다. 둘째 인수 T는 구조체를 명시하는 바, 원하는 목표 인수가 T 내부에 있다. 프롤로그는 적합한 인수를 찾아서 세 번째 인수와 어울리게 한다. 따라서 arg(N, T, A)는 T의 N번째 인수가 A라면 충족된다. arg 용법과 관련하여 몇 가지 목적을 보자.

```
?- arg(2, related(john, mother(jane)), X).
X = mother(jane)

?- arg(1, a+(b+c), X).
X = a

?= arg(2, [a,b,c], X).
X = [b, c]

?- arg(1, a+(b+c), b).
no
```

때때로 구조체의 본보기를 알고 있는 경우, 내장 술어 functor와 arg를 사용하고 싶을 때가 있다. 그 이유는 인수가 많으면 매번 명시하는 것이 불편해지기 때문이다. 구조체로 책을 표현한 예를 상기해 보자. 제목, 저자, 출판사, 간행일, 등등의 성분이 있겠다. 최종 구조체가 열 네 개의 성분으로 구성된다고 하자. 다음과 같은 유용한 정의를 작성해야 할 지도 모른다.

```
is_a_book(book(_,_,_,_,_,_,_,_,_,_,_,_,_,_)).
title(book(T,_,_,_,_,_,_,_,_,_,_,_,_,_), T).
author(book(_,A,_,_,_,_,_,_,_,_,_,_,_,_), A).
```

사실, functor와 arg를 사용하면 앞의 정의를 다음과 같이 훨씬 더 간단하게 작성할 수 있다.

```
is_a_book(X) :- functor(X, book, 14).
title(X, T) :- is_a_book(X), arg(1, X, T).
author(X, A) :- is_a_book(X), arg(2, X, A).
```

6.5.3 X =.. L

functor와 arg 술어는 임의의 구조체를 생성하고 그 인수를 입수하는 방법을 제공한다. (역사적인 이유로 'univ'로 읽는) '=..' 술어는 대안을 제시하는데, 그것은 만약 구조체의 인수 모두를 얻고 싶거나, 또는 주어진 인수 목록으로 구조체를 생성하고 싶을 때 유용한 방법이다. 목적 X =.. L의 의미는 "L은 목록인데, X의 함자와 이를 따르는 X의 인수로 구성된다"이다. 이런 목적은 functor 목적을 활용하는 경우와 같이 두 가지 방식으로 사용할 수 있다. 만약 X가 사례화 되어 있다면, 프롤로그는 합당한 목록을 생성하고 그것을 L과 어울리게 한다. 이와는 달리 X가 해례화 되어 있다면, 목록 L을 사용하여 적합한 구조체를 생성하고 그것을 X가 나타내게 한다. 이 경우, 목록 L의 머리는 (X의 함자가 될 것이기 때문에) 원자이어야 한다. 다음에 =.. 목적에 대한 몇 가지 예가 있다.

```
?- foo(a, b, c) =.. X.
X = [foo, a, b, c]
?- append([A|B], C, [A|D]) =.. L.
A = _2, B = _3, C = _4, D = _5, L = [append, [_2|_3], _4, [_2|_5]]
?- [a, b, c, d] =.. L.
L = ['.', a, [b, c, d]].
?- (a+b) =.. L.
L = [+, a, b]
?- (a+b) =.. [+, X, Y].
X = a, Y = b.
?- [a, b, c, d] =.. [X|Y].
X = '.', Y = [a, [b,c,d]]
?- X =.. [a, b, c, d]
X = a(b,c,d).
?- X =.. [append, [a,b], [c], [a, b, c]].
X = append([a,b], [c], [a,b,c])
```

=.. 사용법의 예는 7.12절에서 볼 수 있다.

6.5.4 atom_chars(A, L)

functor, arg, 그리고 =.. 등은 임의의 구조체를 생성하거나 입수하는 데 사용하는 반면, atom_chars 술어는 임의의 원자를 처리하기 위한 것이다. atom_chars 술어가 없는 프롤로그 구현 시스템에서는 내장 술어 name을 제공하는데, 이 술어는 대략 atom_chars와 (다음에 논의할) number_chars를 묶은 것과 같은 기능을 수행한다. atom_chars 술어는 원자와 그 원자를 구성하고 있는 문자로 이루어진 목록을 관련짓는다. 이때, 목록 안의 각 문자는 실제로는 요소가 한 개인 (단문자) 원자이다. atom_chars는 주어진 원자에서 원하는 문자를 찾거나 또는 주어진 문자를 포함한 원자를 찾는 데 사용할 수 있다. atom_chars(A,

L) 목적은 "원자 A의 구성 문자는 목록 L의 요소이다"를 의미한다. 만약 인수 A가 사례화 된 경우라면, 프롤로그는 문자 목록을 생성하고 이를 L과 어울리게 한다. 그렇지 않다면, 프롤로그는 목록 L을 사용하여 원자를 생성하고 이 원자를 A가 나타내게 한다. atom_chars를 사용한 예는 다음과 같다.

```
?- atom_char(apple, X).
X = [a,p,p,l,e]
?- atom_char(X, [a,p,p,l,e]).
X = apple
```

9.5절에서는 atom_char을 사용하여 프롤로그 원자로 나타낸 영어 단어의 내부 구조를 파악한다.

6.5.5 number_chars(A, L)

이 술어는 원자가 아닌 수에 대한 작업이라는 것을 제외하면, atom_chars와 같다. 다음의 예를 보자.

```
?- atom_chars(X, ['1', '2', '3']).
```

앞의 예에서 변수 X는 원자 '123'으로 사례화 될 것이다. 만약 이것이 원자 대신 수가 되도록 하려면, number_chars를 사용해야 한다. 다음에 number_chars를 사용한 몇 가지 예가 있다.

```
?- number_chars(123.5, X).
X = ['1', '2', '3', '.', '5']
?- number_chars(X, ['1', '2', '3']).
X = 123
```

수에 대하여 생성한 실제 문자열은 프롤로그 구현체에 따라 다를 수가 있다. 예를 들어, 23의 결과가 ['2', '3', '.', '0']으로 나올 수 있다. 이 술어는 대개는 이와는 반대 방식으로 더 자주 사용하는데, 이 용법에서 술어는 둘째 인수 L을 통하여 문자 목록을 전달받는다. 이때 목록 L의 단문자 원자는 프롤로그 시스템이 일반적으로 수를 읽을 때 분별하는 각 문자에 대응한다. 7.8.2절에 있는 gensym의 정의에서 number_chars를 사용한다.

6.6 무름 제어

무름이 진행되는 동안 발생하는 사건의 정상적인 순서에 영향을 주는 내장 술어 두 개가 있다. 기본적으로 '!'는 목적을 재충족시킬 수 있는 가능성을 제거하고, repeat는 이전에는 없었던 새로운 대안을 만든다.

6.6.1 !

'자름' 기호는 프롤로그 수행 절차를 특정 선택물로 처분하는 내장 술어로 볼 수 있다. '자름'에 대해 보다 자세히 알고 싶다면 4장을 보라.

6.6.2 repeat

내장 술어 repeat는 무름으로 여러 해답을 생성시키는 또 다른 특별한 방법을 제공한다. 비록 내장 술어이기는 하지만 다음과 같은 정의로 그 작동 원리를 표현할 수 있다.

```
repeat.
repeat :- repeat.
```

만약 repeat를 프로그램의 어느 규칙에 목적으로 포함시키면 어떤 영향을 줄까? 무엇보다도 먼저 repeat의 첫 번째 절이 사실이기 때문에, 목적은 충족될 것이다. 두 번째로, 만약 무름으로 다시 여기 첫 번째 절에 도달한다면, 프롤로그는 대안을 시도할 것이다. 그것은 repeat의 두 번째 절로 나타나 있는 규칙이다. 이 규칙을 사용하면, 또 다른 목적 repeat가 생성된다. 이것은 첫 번째 사실과 어울리기 때문에, 다시 충족된다. 만약 무름으로 또 다시 여기 첫 번째 절에 도달한다면, 프롤로그는 직전에 사용했던 사실이 있었던 수준에서 대안을 시도할 것인 바, 규칙을 사용할 것이다. 그 규칙을 사용하면, 또 다른 목적 repeat가 생성된다. 생성된 새로운 목적을 충족시키기 위해 다시 첫 번째 선택물로서 사실을 취하여 사용할 것이다. 이러한 방식으로 필요한 만큼 목적을 재충족시킬 수 있다. 사실, repeat 목적은 무름을 통하여 무한 번 충족될 수 있을 것이다. 유의할 사항은 여기에서 절의 순서가 중요하다는 점이다. (만약 사실이 규칙 뒤에 나타난다면 무슨 일이 발생할까?)

무름으로 언제나 다시 충족되는 목적을 생성하는 것이 유용한 이유는 무엇일까? 그 이유는, 내부에 선택물이 없는 규칙을 기반으로 선택물이 있는 규칙을 제작할 수 있기 때문이다. 그리고 그 규칙이 매번 다른 값을 생성하도록 만들 수도 있다.

5장에서 설명한 내장 술어 get_char를 생각해보자. 만약 프롤로그가 get_char(X) 목적을 충족시키려고 한다면, 프롤로그는 이를 명령으로 간주하여 시스템에 입력되는 다음 문자(문자, 숫자, 공백, 또는 그 외 무엇이든)를 확인하고, 이 문자의 원자 표현을 X가 나타내는 값과 어울리게 한다. 만약 어울린다면, 목적은 충족되고 그렇지 않으면 실패한다. 다른 선택물은 없다. get_char 술어는 언제나 호출된 시점에서 다음으로 입력되는 문자만 고려한다. 그 다음, get_char를 포함하고 있는 어떤 목적이 호출되면, 전술한 문자 뒤에 있는 문자를 발견할 것인데, 그러나 또 다시 다른 선택물이 없을 것이다. 이에 다음과 같이 new_get이라는 새로운 술어를 정의할 수 있겠다.

```
new_get(X) :- repeat, get_char(X).
```

new_get 술어의 특징은 한 번에 하나씩 (올바른 순서로) 모든 입력 문자 값을 대안적 해답으로 생성한다. 왜 이렇게 동작할까? 처음으로 new_get(X)를 호출하면, 부목적 repeat는 충족되고 부목적 get_char(X)로 다음 문자 값이 X와 결속된다. 무름이 발생하면 돌아가야 할, 선택물이 있었던 마지막 단계는 repeat의 충족 과정에 있다. 그래서 프롤로그는 그때 이후로 행한 모든 것을 무효로 하고 또 다른 방식으로 repeat를 충족시키는 데 성공한다. 그런 다음 다시 부목적 get_char(X)를 검토해야 한다. 이제 '다음 문자'는 마지막으로 보았던 문자 다음에 있는 것이어서 X의 값은 두 번째 문자로 정해진다.

new_get의 정의를 이용하여, 입력할 때 공백 아닌 문자가 발견될 때까지 뛰어넘는 또 다른 유용한 술어를 정의할 수 있다. 만약 프롤로그가 get_non_space(X) 목적을 충족시키려고 한다면, 프롤로그는 이를 명령으로 간주하여 시스템에 입력되는 다음 문자를 읽어 들이는데, (공백이 아닌) 정식 인쇄 문자를 발견할 때까지 반복하여 읽는다. 발견한 경우에는, 그 문자의 원자 표현을 X와 어울리도록 한다. get_non_space의 대략적인 정의를 다음과 같이 작성할 수 있다.

```
get_non_space(X) :- new_get(X), \+ X = ' '.
```

get_non_space(X)를 충족시키려고 한다면 어떤 일이 일어날까? 무엇보다도 먼저, new_get(X)는 다음에 입력되는 문자와 X를 어울리게 한다. 만약 값이 ' '이라면, 둘째 목적 \+ X = ' '은 실패할 것이고, new_get은 새로운 해답 후보로 다음 문자를 생성해야 할 것이다. 그리고 나서 이 해답 후보를 ' '와 비교할 것이다. 이러한 방식으로 비공백 문자가 발견될 때까지 반복될 것이다. 결국, new_get은 비공백 문자를 발견할 것이고, 비교 목적은 충족될 것이며, 그리고 문자 값은 get_non_space의 결과 값으로 반환될 것이다.

연습문제 6.1: 앞에서 본 get_non_space 정의는 X가 이미 사례화 되어 있는 경우 get_non_space(X) 목적을 호출한다면 예상대로 반드시 작동하지는 않을 것이다. 그 이유는 무엇인가?

repeat의 문제점은 무름으로 다시 재충족시키려고 할 때 무른 후 취할 수 있는 선택물 하나가 언제나 있다는 점이다. 그렇기 때문에 적당한 방법으로 repeat가 발생시킨 선택물을 잘라내지 않으면, 무름으로는 repeat의 마지막 호출보다 먼저 생성된 선택물을 결코 다시 고려할 수 없을 것이다. 이것 때문에, 앞의 정의는 다음과 같이 재작성해야 한다.

```
new_get(X) :- repeat, get_char(X).
get_non_space(X) :- new_get(X), \+ X = ' ', !.
```

유의할 점은 이 정의는 여전히 X가 해례화된 상태에서 get_non_space(X) 목적을 충족시키려고 할 때만 동작한다는 것이다. repeat가 발생시킨 선택물에 대한 무름 문제 때문에, new_get을 활용하는 모든 술어는 입력된 문자가 목적에 부합되는 것이면 바로 repeat가 발생시킨 선택물을 잘라낼 책임이 있다.

6.7 목적 합성

X :- Y 또는 ?- Y 형태의 규칙과 질문에서, Y로 나타내는 항은 단일 목적이나 연접(conjunction)된 목적, 또는 이접(disjunction)된 목적으로 구성될 것이다. 더 나아가 변수를 목적으로 설정함이 가능하고, 실제로는 실패하는 목적을 \+로 충족시키는 것이 가능하다. 이 절에서 설명하는 술어는 목적 표현의 복잡한 방식을 명세하는 방법을 제공한다.

6.7.1 X, Y

',' 연산자는 연접된 목적을 명세한다. 이 연산자는 1장에서 소개하였다. X와 Y가 목적인 경우, 목적 X,Y가 충족될 때는 X가 충족되고 Y도 충족될 때이다. 만약 X가 충족되고 Y가 실패하면, X를 재충족시키려고 한다. 만약 X가 실패하면, 전체 연접이 실패한다. 이것이 무릎의 핵심이다. ',',는 내장 선언문에서 우결합적(right associative) 끼인 연산자로 규정된 바, 항 X,Y,Z는 항 X,(Y,Z)와 같다.

6.7.2 X ; Y

';' 연산자는 이접된 목적을 명세한다. X와 Y가 목적인 경우, 목적 X;Y가 충족될 때는 만일 X가 충족되거나 또는 Y가 충족될 때이다. 만약 X가 실패하면, Y를 충족시키려고 한다. 만약 Y가 실패하면, 전체 이접이 실패한다. 같은 절 안에 있는 대안을 표현할 때 ';' 연산자를 사용할 수 있다. 예를 들어, 어떤 존재가 Adam이거나 Eve라면, 또는 어머니가 있는 존재라면 사람이라고 규정하기로 하자. 이를 다음과 같이 규칙 하나로 표현할 수 있다.

```
person(X) :- (X = adam; X = eve; mother(X, Y)).
```

이 규칙에서 실제로는 세 가지 대안을 명세하였다. 그러나 프롤로그 입장에서 보면, 이것은 두 개의 대안으로 나뉘고, 이 중 하나는 다시 두 개의 대안으로 구성되었다. ';'는 내장 선언문에서 우결합적 끼인 연산자로 규정되어 있기 때문에, 앞의 절은 실제로 다음과 같다.

```
person(X) :- ';'(X = adam, ';'(X = eve, mother(X, Y)))
```

그래서 첫째 가능사항은 "X는 adam이다"이다. 둘째 가능사항은 두 가지 대안을 포함하는 바, "X는 eve이다"와 "X는 어머니가 있는 존재이다"이다.

이접은 프롤로그 프로그램 안에서 목적이 나타날 수 있는 곳이라면 어디라도 쓸 수 있다. 그러나 연산자 ';'와 ','의 상호작용으로 일어나는 혼동을 방지하려면 별도의 괄호를 사용하는 것이 좋다. 일반적으로 이접은 사실과 규칙을 사용해서 대체할 수 있는데, 술어를 추가로 정의해야 하는 경우도 있다. 예를 들어, 앞의 예는 다음과 정확하게 같다.

```
person(adam).
person(eve).
person(X) :- mother(X, Y).
```

이 개정판이 더 통상적이고 아마도 읽기가 더 쉽다. 일반적으로 ';'를 지나치게 많이 사용하지 않는 것이 좋다. 8장에서 이와 관련한 내용을 다루는데 ';'의 무분별한 사용이 프로그램의 가독성을 얼마나 떨어뜨리는지에 대한 것이다.

6.7.3 call(X)

X는 목적으로 간주할 수 있는 항으로 사례화 되었다고 가정한다. call(X) 목적 충족에 성공하는 조건은 X를 충족시킴에 성공하는 것이다. call(X) 목적 충족에 실패하는 조건은 X를 충족시킴에 실패하는 것이다. 언뜻 보면, 이 술어가 불필요하게 중복되는 것처럼 보일지도 모르는데, 그 이유는 "call의 인수가 call 없이 그저 홀로 나타나도 목적으로 간주할 수 있지 않은가?"라고 물어 볼 수도 있기 때문이다. 예를 들어, 다음의 목적은

```
..., call(member(a, X)), ...
```

언제나 다음 목적으로 대체할 수 있다.

```
..., member(a, X), ...
```

그러나 존재하지 않는 목적일 경우에는 일반적으로 그렇게 할 수 없다. 만약 '=..' 술어 또는 functor와 arg를 사용해서 목적을 *생성*한다면, 프로그램 내용을 입력하는 시점에는 함자가 *미지*이지만, 프로그램 실행 중에 목적의 함자 값을 정하여 목적을 확정시킨 후, 새로이 구성한 이 목적을 호출하는 것이 가능하다. 예를 들어, 7.13절에 있는 consult의 정의에서는 '?-'에 이어 읽은 항은 모두 목적으로 처리할 수 있기를 기대하고 있다. P, X 그리고 Y가 함자와 인수로 적절히 사례화 되었다고 가정하면, call을 다음과 같이 사용할

수 있다.

        ..., Z =.. [P, X, Y], call(Z), ...

앞의 예를 call 없이 일종의 특수한 호출로 다음과 같이 표현할 수 있지만, 함자가 변수이기 때문에 이 책에서 사용하는 표준 프롤로그의 문법에 합당한 구문은 *아니다*. 앞의 예가 이를 대신한다고 생각할 수 있다.

        ..., P(X, Y), ...

6.7.4 \+ X

부정(negation) 술어 \+는 ('not'으로 읽고) 앞 연산자로 선언된 것이다. X는 목적으로 간주할 수 있는 항으로 사례화 되었다고 가정한다. \+ X 목적 충족에 성공하는 조건은 X를 충족시킴에 실패하는 것이다. \+ X 목적 충족에 실패하는 조건은 X를 충족시킴에 성공하는 것이다. 이런 식으로 \+는 call과 상당히 비슷한데, 제외할 것은 목적으로 간주하는 인수의 성공과 실패가 반대로 된 것뿐이다. 다음 두 질문 사이에 어떠한 차이가 있을까?

        ?- member(X, [a, b, c]), write(X).
        ?- \+ \+ member(X, [a, b, c]), write(X).

차이가 없다고 생각할 수도 있겠는데, 그 이유는 두 번째 질문에서 목적 충족의 성패가 다음과 같이 결정되기 때문이다.

        member(X, [a, b, c])는 성공한다, 그래서
      \+ member(X, [a, b, c])는 실패한다, 그래서
    \+ \+ member(X, [a, b, c])는 성공한다.

여기까지가 부분적으로는 맞다. 그러나 첫 번째 질문은 원자 'a'를 출력시킬 것이지만, 두

번째 질문은 해례화 된 변수를 출력시킬 것이다. 다음은 전술한 두 번째 질문의 첫째 목
적을 충족시키려고 할 때 일어나는 일이다.

1. member 목적을 충족시킴에 성공하는 바, X가 a로 사례화 된다.
2. 안쪽 \+ 목적을 충족시키려고 하지만, 인수로 있는 member 목적이 성공했기 때문
   에 실패한다. 그런데 명심해야 할 사항이 있다. 목적 충족시킴에 실패하면, 예의 X
   와 같은 사례화 된 변수들은 현재 값을 '잊게' 된다는 것이다. 그러므로 X는 해례화
   된다.
3. 바깥쪽 \+ 목적을 충족시키려고 한다. 인수로 있는 \+ member(...)가 실패했기 때
   문에 성공한다. 그렇지만 X는 여전히 해례화 된 상태이다.
4. write 목적을 충족시키려고 한다. 이때 X는 해례화 되어 있는 상태이다. 해례화 된
   변수 출력은 6.9절에서 다룰 것인데, 특별한 방식으로 수행된다.

6.8 상등

이 절에서는 다양한 내장 술어를 간략하게 다루는데, 프롤로그에서 객체를 같게 만들거
나 같은지 검사하는 데 쓰는 것이다.

6.8.1 X = Y

프롤로그가 X = Y 목적을 만나면, X와 Y를 서로 어울리게 하여 같게 되도록 한다. 만약 어
울리게 할 수 있다면, 목적 충족은 성공한다. (그리고 X와 Y는 사례화 수준이 더 높아질
수도 있다.) 그렇지 않으면, 목적 충족에 실패한다. 이 술어에 대한 보다 충분한 논의가
2.4절에 있었다. 상등 술어는 마치 다음과 같이 정의할 수 있다.

```
X = X.
```

이 정의의 작동 방식을 이해할 수 있는지 점검해 보라.

6.8.2 X == Y

'==' 술어는 '='보다 훨씬 더 엄격하게 똑같은지(identical) 상등 검사를 한다. 즉, 만약 X ==
Y가 여하간 충족에 성공하면 X = Y 또한 충족에 성공한다. 반면에, 그 반대는 성립하지
않는다. '=='가 더 엄격한 이유는 변수들을 고려하는 방식이 다르기 때문이다. '=' 술어는
해례화 된 변수를 임의의 객체와 같다고 간주하는데, 그 이유는 해례화 된 변수가 어떤
것과도 어울릴 수 있기 때문이다. 반면에, '=='는 해례화 된 변수를 또 다른 해례화 된 변
수와만 같다고 간주하는데, 이때 두 변수는 이미 공유화 되어 있어야 한다. 그렇지 않으
면 검사는 실패할 것이다. 그리하여 다음과 같은 작동 방식을 보인다.

```
?- X == Y.
no
?- X == X
X = _23
?- X = Y, X == Y.
X = _23, Y = _23
?- append([A|B], C) == append(X, Y).
no
?- append([A|B], C) == append[A|B], C).
A = _23, B = _24, C = _25
```

6.9 입력과 출력

5장에서 문자와 항을 읽고 쓰는 데 사용하는 술어를 설명하였다. 여기에서는 그 요약을 보겠다.

6.9.1 get_char(X)

이 목적의 충족이 성공하는 조건은 X가 현 입력류의 다음 문자와 어울릴 수 있을 경우이다. get_char는 오로지 한 번만 충족되고 재충족시킬 수 없다. 입력 시 다음 문자로 이동하는 동작은 무름으로 취소할 수 없는데, 그 이유는 입력류를 역류시켜서 읽은 문자를 현 입력류 상에서 다시 앞에 놓을 수 있는 방법을 마련하지 않았기 때문이다.

6.9.2 read(X)

이 목적은 현 입력류에서 다음 항을 읽고 그것을 X와 어울리게 한다. read는 오로지 한 번만 충족된다. 항의 마지막에는 점 '.'과 함께 비출력 문자가 적어도 하나가 따라와야 하는데, 이 점은 항의 끝을 표시하는 것이지 항의 구성 요소가 아니다. 항을 읽고 나면 항과 함께 점은 현 입력류에서 흘러가 버린다.

6.9.3 put_char(X)

이 목적은 문자 X를 현 출력류에 쓴다. put_char는 오로지 한 번만 충족된다. X가 사례화 되어 있지 않으면 오류가 발생한다.

6.9.4 nl

이 목적은 현 출력류에 개행을 발생시키는 제어열(control sequence)을 쓴다. 컴퓨터 화면상에서는 nl을 사용한 이후의 모든 문자들이 해당 쪽에서 다음 줄에 나타난다. nl은 오로지 한 번만 충족된다.

6.9.5 write(X)

이 목적은 항 X를 현 출력류에 쓴다. write는 오로지 한 번만 충족된다. 항 X 안에 있는 사례화 되지 않은 변수는 '_239'와 같이 밑줄이 이끄는 번호 붙은 변수로 유일하게 표시된다. 같은 인수 안에 있는 공참조 변수들은 그 인수가 출력될 때 공참조 변수를 표시하는 숫자가 같다. write 술어는 항을 출력할 때 현재의 연산자 선언 내용을 감안한다. 그리하여 예를 들어, 끼인 연산자는 인수 사이에 출력될 것이다.

6.9.6 write_canonical(X)

이 술어는 연산자 선언을 모두 무시하는 것만 제외하면, write와 정확히 같은 방식으로 동작한다. write_canonical을 사용할 때 구조체 출력은 함자가 앞서고 괄호 안에 있는 인수가 뒤따르는 형식으로 인쇄된다.

6.9.7 op(X, Y, Z)

이 목적은 우선순위 X, 위치 및 결합성 Y, 이름 Z로 명세 되는 연산자를 선언한다. 위치 및 결합성 명세는 다음의 일련의 원자로 표현한다.

```
fx fy xf yf xfx xfy yfx yfy
```

만약 연산자 선언이 적법하다면, op 목적은 충족에 성공할 것이다. 보다 자세한 내용이 5.5절에 있다.

6.10 파일 처리

현 입력류와 현 출력류를 변경하는 프롤로그 술어를 5장에서 설명하였다. 여기에서는 그 요약을 보겠다.

6.10.1 open(X, Y, Z)

이 목적은 이름이 X(원자 하나)인 파일을 연다. 만약 Y가 read이라면, 파일이 읽기용으로 열리는데, 그렇지 않고 Y가 write이면, 파일이 쓰기용으로 열린다. Z는 입력류 또는 출력류의 이름으로 쓸 특별한 항으로 사례화 되는 바, 나중에 파일을 입수할 때 언급할 이름이다. X가 사례화 되지 않았거나, X가 나타내는 이름이 붙은 파일이 없다면 오류가 발생한다.

6.10.2 close(X)

이 목적을 사용할 때 X는 입력류 또는 출력류의 이름으로 사례화 된 항이다. 입출력류는 닫히고 나면 더 이상 사용할 수 없게 된다.

6.10.3 set_input(X)

현 입력처를 X가 나타내는 이름이 붙은 자료류로 설정한다. X는 open의 세 번째 인수로 반환된 항이거나, 또는 user_input이라는 원자가 될 수 있는데, user_input은 입력이 컴퓨터 자판으로부터 온다는 것을 명세한다.

6.10.4 set_output(X)

현 출력처를 X가 나타내는 이름이 붙은 자료류로 설정한다. X는 open의 세 번째 인수로 반환된 항이거나, 또는 user_output이라는 원자가 될 수 있는데, user_output은 출력이 컴퓨터 화면으로 간다는 것을 명세한다.

6.10.5 current_input(X)

이 목적은 현 입력류의 이름이 X와 어울리면 충족에 성공한다. 그렇지 않으면 실패한다.

6.10.6 current_output(X)

이 목적은 현 출력류의 이름이 X와 어울리면 충족에 성공한다. 그렇지 않으면 실패한다.

6.11 산술식 평가

산법은 2.5절에서 처음으로 논의하였다. 여기에서는 'is' 술어의 용법을 요약하고, 산술식 구성에 어떤 함자를 사용할 수 있는지 알아본다.

6.11.1 X is Y

여기에서 Y는 2.4절에서 설명한 것처럼 산술식으로 해석할 수 있는 구조체로 사례화 되어 있어야 한다. 먼저, Y를 사례화 시킨 구조체는 평가되어 수치가 결정되는데 이를 결과라고 부르자. 결과는 X와 어울리게 되고, 어울림 여부에 따라 is 목적은 충족에 성공하거나 실패한다. is의 오른쪽에 있는 구조체를 구성할 때 사용할 수 있는 함자는 다음과 같다.

6.11.2 X + Y

더하기 연산자이다. is의 오른쪽에서 그 값을 구할 때, 결과는 두 인수의 수치 합계이다. 인수는 수 또는 평가해서 수치가 되는 구조체로 사례화 되어 있어야 한다.

6.11.3 X − Y

빼기 연산자이다. is의 오른쪽에서 그 값을 구할 때, 결과는 두 인수의 수치 차이이다. 인수는 수 또는 평가해서 수치가 되는 구조체로 사례화 되어 있어야 한다.

6.11.4 X * Y

곱하기 연산자이다. is의 오른쪽에서 그 값을 구할 때, 결과는 두 인수의 수치 곱이다. 인수는 수 또는 평가해서 수치가 되는 구조체로 사례화 되어 있어야 한다.

6.11.5 X / Y

부동 소수점 나누기 연산자이다. is의 오른쪽에서 그 값을 구할 때, 결과는 X 나누기 Y의 몫이다. 단, 이 경우 일반적으로 몫은 정수가 아니다. 인수는 수 또는 평가해서 수치가 되는 구조체로 사례화 되어 있어야 한다.

6.11.6 X // Y

정수 나누기 연산자이다. is의 오른쪽에서 그 값을 구할 때, 결과는 X 나누기 Y의 몫에서 정수 값을 취한 것인 바, X/Y 이하에서 최대 정수이다. 인수는 수 또는 평가해서 수치가 되는 구조체로 사례화 되어 있어야 한다.

6.11.7 X mod Y

정수 나머지 연산자이다. is의 오른쪽에서 그 값을 구할 때, 결과는 X 나누기 Y의 나머지인 바, 그 값은 정수이다. 인수는 수 또는 평가해서 수치가 되는 구조체로 사례화 되어 있어야 한다.

프롤로그를 구현한 특정 시스템에는 지수함수나 삼각함수와 같은 더 많은 산술연산 기능이 포함된 경우도 있다. 이 책에서 다룰 예제에서는 지금까지 본 산술 연산자만을 사용한다.

6.12 항 비교

수를 비교하는 데, 술어 일곱 개를 사용할 수 있다. 이 술어는 산법을 논의했던 2.5절에서 처음 나타났다. 각 술어는 인수 두 개를 거느린 끼인 연산자로 쓴다.

6.12.1 X = Y

6.8절에서 설명하였던 상등(equality) 술어는 두 개의 수치 인수가 같을 때도 또한 충족에 성공한다. 그러나 만약 인수 중에 하나가 변수라면, 상등 술어는 두 인수의 통합을 수행하기 때문에 그 변수를 사례화 시킬 것이다. 수치 계산에서 많은 경우 이는 바람직하지 못하다. 프롤로그에서는 상등 술어 대신에, 수치가 같은지 아닌지를 비교할 때 쓰는 술어를 특별히 마련해 놓았다. 다음의 모든 술어에서 인수는 둘 다 모두 사례화 된 상태이어야 하는데, 그렇지 않으면 오류가 발생한다. 수치 계산을 겨냥하여 특별히 마련된 이러한 술어를 수치 계산에 사용하면 프로그램을 보다 효율적으로 실행되게 할 수도 있다.

6.12.2 X =:= Y

수치 상등 술어가 충족에 성공하는 조건은 왼쪽 수치 인수가 오른쪽의 수치 인수와 같은 경우이다.

6.12.3 X =\= Y

수치 부등(inequality) 술어가 충족에 성공하는 조건은 왼쪽 수치 인수가 오른쪽의 수치 인수와 같지 않은 경우이다.

6.12.4 X 〈 Y

'작기(less than)' 술어가 충족에 성공하는 조건은 왼쪽 수치 인수가 오른쪽의 수치 인수보다 작은 경우이다.

6.12.5 X 〉 Y

'크기(greater than)' 술어가 충족에 성공하는 조건은 왼쪽 수치 인수가 오른쪽의 수치 인수보다 큰 경우이다.

6.12.6 X 〉= Y

'크거나 같기(greater than or equal to)' 술어가 충족에 성공하는 조건은 왼쪽 수치 인수가 오른쪽의 수치 인수와 비교하여 크거나 같은 경우이다.

6.12.7 X =〈 Y

'같거나 작기(less than or equal to)' 술어가 충족에 성공하는 조건은 왼쪽 수치 인수가 오른쪽의 수치 인수와 비교하여 같거나 작은 경우이다. 유의할 사항은 이 술어의 철자법이 '<='가 아니고 '=<'로 되어 있다는 점인데, 그 결과 화살표처럼 보이는 연산자가 필요하면 '<='를 자유롭게 쓸 수 있게 되었다.

이와 함께 표준 프롤로그에는 임의의 항 두 개를 비교하는 술어도 있다. 한 항이 다른 항보다 작다는 것은 무엇을 의미할까? 예를 들어, f(X)가 123보다 작은가? 일반적으로 항 비교 연산자는 같은 종류의 두 항(예를 들면, 7.1절의 정렬 나무 사전 사례에서 고려한 원자 두 개)만을 비교할 때 쓴다. 그러나 이따금 다른 종류의 조합을 비교하고 싶은 경우도 있다. 어떤 항이 다른 항보다 작다고 볼 수 있는지 그 여부에 대한 결정 원칙이 다음에 있다.

- 해례화 된 변수는 부동 소수점 수치보다 작고, 부동 소수점 수치는 정수보다 작고, 정수는 원자보다 작으며, 원자는 구조체보다 작다.
- 두 개의 비공유 해례화 된 변수의 경우, 어느 하나는 다른 것보다 작을 것인데, 어느 변수가 더 작을지는 프롤로그 구현체에 따라 다를 수 있다.
- 부동 소수점 수치끼리의 대소 판별과 정수끼리의 대소 판별은 통상적인 산술 대소관계에 따른다.
- 어느 원자가 보통의 사전 순서로 보아 다른 원자보다 먼저 나온다면, 다른 것보다 작다. 이 순서는 엄밀하게 말해서, 문자 암호에 기초하여 결정된다. 그러나 문자 암호는 대개 예상가능한 방식으로 순서가 정해져 있는바, 적어도 영어 문자일 경우에는 자명하다.
- 어떤 구조체가 다른 구조체보다 작을 조건은 함자의 가수가 작은 경우이다. 만약 함자의 가수가 같다면, 함자를 원자로 보아 비교하는데, 작은 원자가 함자로 되어 있는 구조체가 작은 것이다. 만약 구조체의 함자와 가수가 모두 같다면, 인수를 차례대로 고려해서 서로 다른 첫 번째 인수를 찾은 다음, 인수의 순서로 구조체의 순서를 매긴다.

그래서 예를 들면 다음은 모두 충족된다.

```
?- g(X) @< f(X, Y).
?- f(Z, b) @< f(a, A).
?- 123 @< 123.
?- 123.5 @< 2.
```

6.12.8 X @< Y

'항 작기' 술어가 충족에 성공하는 조건은 전술한 순서결정 원칙에 의거하여 왼쪽 항 인수가 오른쪽의 항 인수보다 작은 경우이다.

6.12.9 X @> Y

'항 크기' 술어가 충족에 성공하는 조건은 전술한 순서결정 원칙에 의거하여 왼쪽 항 인수가 오른쪽의 항 인수보다 큰 경우이다.

6.12.10 X @>= Y

'항 크거나 같기' 술어가 충족에 성공하는 조건은 전술한 순서결정 원칙에 의거하여 왼쪽 항 인수가 오른쪽의 항 인수보다 큰 경우이거나, 또는 두 인수가 같은 경우이다.

6.12.11 X @=< Y

'항 같거나 작기' 술어가 충족에 성공하는 조건은 전술한 순서결정 원칙에 의거하여 왼쪽 항 인수가 오른쪽의 항 인수보다 작은 경우이거나, 또는 두 인수가 같은 경우이다.

6.13 실행 감찰

이 절에서는 실행 중인 프로그램을 감찰할 때 사용하는 내장 술어를 설명한다. 표준 프롤로그에서는 이러한 술어의 집합을 한정하여 명세하지 않았기 때문에, 여기에서 소개할 것들은 정식이기라기보다는 쓸 가망이 있는 편의 도구 종류를 보이기 위한 것이다. 여기에서는 내장 술어만 설명할 것이고, 구충(debugging)과 추적(tracing)에 대한 보다 자세한 논의는 8장을 참조하도록 하자.

6.13.1 trace

목적 trace를 충족시킨 효과는 철저 추적을 시작하는 것이다. 이것이 의미하는 바는, 이후 프로그램이 생성한 모든 목적의 충족과정을 네 개의 주요 사건 발생을 통하여 볼 수 있다는 것이다.

6.13.2 notrace

목적 notrace를 충족시킨 효과는 지금부터 철저 추적을 중지하는 것이다. 그러나 탐정 (spy) 지점 설정에 기인한 추적은 계속 진행될 것이다.

6.13.3 spy P

spy 술어는 특정 술어가 포함된 목적에 특별히 관심을 두고 싶을 때 사용한다. 관심표명 방법은 술어에 *탐정 지점*을 설정하는 것이다. 이 술어는 앞 연산자로 정의되었기 때문에, 인수를 괄호로 묶을 필요가 없다. 인수의 종류는 다음과 같다.

- 원자. 이 경우, 술어명이 주어진 원자와 같으면 가수에 상관없이 모든 술어에 탐정 지점이 설정된다. 그래서 만약 인수 개수가 두 개인 sort 절과 세 개인 sort 절이 있다면, spy sort 목적이 충족될 때 두 종류의 sort 절에 모두 탐정 지점이 설정된다.

- '이름/가수' 형태의 구조체. 여기에서 '이름'은 원자이고 '가수'는 정수이다. 이것은 함자 '이름'과 '가수'를 만족시키는 술어를 명세한다. 그래서 spy sort/2 목적이 충족될 때 탐정 지점이 인수가 두 개인 sort 술어 목적에 설정된다.
- 목록. 이 경우 목록은 '[]'로 끝나야 하고, 목록 요소는 그 자체로 spy의 인수가 될 수 있어야 한다. 프롤로그는 목록에 명세된 모든 위치에 탐정 지점을 설정할 것이다. 그래서 spy [sort/2, append/3] 목적이 충족될 때, 탐정 지점이 인수가 두 개인 sort 술어와 인수가 세 개인 append 술어에 설정된다.

6.13.4 debugging

내장 술어 debugging은 현재 설정해 놓은 탐정 지점을 검토해 볼 수 있게 한다. 탐정 지점 목록은 debugging 목적을 충족시키는 부작용으로 출력시킬 수 있다.

6.13.5 nodebug

nodebug 목적을 충족시키면 모든 탐정 지점이 제거된다.

6.13.6 nospy

spy와 같이 nospy 역시 앞 연산자이다. nospy는 nodebug보다 더 선택적인데 그 이유는 제거를 원하는 탐정 지점을 정확하게 명세할 수 있기 때문이다. 명세 방법은 인수를 통해서 행하고, spy의 인수를 명세한 방법과 동일하다. 그래서 nospy [reverse/2, append/3] 목적이 충족될 때, 인수가 두 개인 reverse 술어와 인수가 세 개인 append 술어에 설정된 모든 탐정 지점이 제거된다.

CHAPTER 7

프로그램 예제

이 장의 각 절에서는 프롤로그 프로그래밍 응용 문제를 다양하게 다룬다. 바라건대 이 장에 있는 모든 절을 통독하면 좋겠다. 혹시 특정 응용 부문에 대한 사전지식이 없어서, 프로그램의 목적을 이해할 수 없어도 염려할 필요가 없다. 예를 들어, 미적분학을 공부한 적이 있는 사람만이 기호 미분법(symbolic differentiation)의 가치를 인정할 것이다. 여하간 7.11절 기호 미분법을 읽어야 하는데, 그 이유는 기호 도함수를 유도해내는 프로그램은 문양 어울림(pattern matching)을 어떻게 사용하여 한 구조체(산술식)를 다른 구조체로 변형하는지 설명하기 때문이다. 중요한 것은 특정 응용문제에 상관없이 프롤로그 프로그래머가 갖추어야 할 프로그래밍 기술에 대한 이해를 도모하는 것이다.

바라건대 이 장에 대부분의 취향을 충족시키기에 충분한 응용 프로그램이 포함되어 있으면 좋겠다. 당연하지만, 모든 예제 프로그램은 프롤로그 방식으로 그 세계를 표현하기에 적합한 영역을 다룬다. 예를 들자면, 금속제 사각 파이프를 통한 열의 흐름을 계산하는 방법을 다루지는 않는다. 프롤로그로 이런 문제를 해결하는 것은 가능하지만, 프롤로그의 표현력과 능력의 강점이 부각되지 않는 문제는 그 본질이 대량의 반복적인 수치계산인 문제이다. 이 장에서는 대형 프롤로그 프로그램을 다루고 싶은데, 자연어 이해용으로 인공지능 연구자가 사용하는 프로그램과 같은 것이다. 안타깝게도 본서와 같은 책의 목적에 부합되려면, 분량이 한 쪽을 초과하거나 특정 독자층만 관심을 둘 그런 프로그램에 대한 논의는 피해야 한다.

7.1 정렬 나무 사전

가정하건대 정보 항목을 연관시키고, 필요한 경우 정보 항목을 검색하고 싶다고 하자. 정보 항목 연관의 예를 들면, 보통 사전에서는 표제어와 뜻풀이가 연관되어 있고, 외국어 사전에서는 한 언어의 단어가 다른 언어의 단어와 연관되어 있다. 사전 만드는 한 방법을 이미 보았는데, 프롤로그의 사실을 활용한 것이었다.

만약 1938년도 영국 제도의 경주마 성적 색인을 제작하고자 한다면, 간단하게 프롤로그 사실 winning(X, Y)로 정의할 수 있다. 여기에서 X는 말의 이름이고 Y는 이 말의 우승 상금(단위: 기니)을 나타낸다. 다음 데이터베이스는 winning(X, Y) 사실로 구성하였는데, 그러한 경주마 성적 색인의 일부로 사용할 수 있다.

```
winnings(abaris, 582).
winnings(careful, 17).
winnings(jingling_silver, 300).
winnings(maloja, 356).
```

만약 maloja가 얼마나 많이 우승상금을 탔는지 알고 싶다면, 다음과 같이 쉽게 올바른 질문을 하여 프롤로그로부터 대답을 얻을 수 있다.

```
?- winnings(maloja, X).
X = 356
```

상기할 사항은 프롤로그가 데이터베이스에서 어울리는 사실을 찾을 때, 탐색 지점이 데이터베이스 맨 위에서부터 아래 방향으로 이동한다는 점이다. 이것의 의미는 만일 사전 데이터베이스가 전술한 바와 같이 알파벳순으로 정렬된다면, 프롤로그가 ablaze 말의 우승상금을 빨리 찾을 것이고, zoltan 말의 우승상금을 더디게 찾을 것이라는 말이다. 비록 프롤로그가 사람이 인쇄물 색인을 찾는 것보다 훨씬 빠르게 데이터베이스를 검색할 수 있을지라도, 찾는 말이 색인의 끝 부근에 있다는 것을 미리 알고 있으면서 색인의 처음에서부터 조사를 시작하는 것은 어리석은 짓이다.

또한, 비록 프롤로그가 데이터베이스를 빠르게 검색하게 설계되었다 할지라도, 기대하는 만큼 항상 빠른 것은 아니다. 색인의 크기, 그리고 경주마 한 필에 대한 저장 정보량에 따라 프롤로그가 색인을 탐색하는 시간이 거북하게 많이 걸릴지도 모른다.

이런저런 이유로 전산학자들은 색인과 사전 같은 정보를 저장하는 좋은 방법을 강구하기 위해서 열심히 노력한다. 프롤로그 자체가 사실과 규칙을 저장하는 데 이렇게 고안된 방법 일부를 사용하기는 하지만, 때로는 응용 프로그램에서 이런 방법을 사용하는 것도 도움이 된다. 이제 그러한 방법 중 하나, *정렬 나무*(sorted tree)라고 부르는 사전 표현법을 설명하겠다. 정렬 나무는 사전을 효율적으로 사용하는 방식과 구조체 목록의 유용성을 보이는 예이다.

정렬 나무는 *마디*(node)라는 구조체로 구성되고, 마디가 사전의 표제어 등록사항에 대응한다. 마디는 네 개의 성분으로 구성되어 있다. 구성 성분 중에서 *열쇠*(key)라고 부르는 마디 성분은 그 이름(예제에서는 말의 이름)이 사전에서 마디의 위치를 결정한다. 또 다른 한 성분에는 대응하는 객체에 대한 어느 다른 정보(예제에서는 우승상금)를 저장한다. 이에 더하여, 각 마디에는 (목록의 꼬리와 같은) 꼬리가 있는데, 꼬리가 달린 마디의 열쇠 이름보다 꼬리가 가리키는 마디의 열쇠 이름이 알파벳순으로 보아 더 *앞선다*. 게다가 각 마디에는 또 다른 꼬리가 있는데, 꼬리가 달린 마디의 열쇠 이름보다 꼬리가 가리키는 마디의 열쇠 이름이 알파벳순으로 보아 더 *뒤선다*.

구조체 w(H, W, L, G)를 (w는 'winnings'의 약자이다) 사용하겠는데, 여기에서 H는 열쇠로 사용할 말 이름(원자)이고 W은 우승상금(정수, 단위는 기니)이다. L은 말에 대한 구조체인데 H보다 말 이름이 앞서는 것이다. G도 말에 대한 구조체인데 H보다 말 이름이 뒤서는 것이다. 만일 L과 G에 대한 구조체가 없다면, 해례화한 상태로 남겨둘 것이다. 말 몇 필이 주어졌을 때, 정렬 나무 구조체를 나무로 표현하면 다음과 같을 것이다.

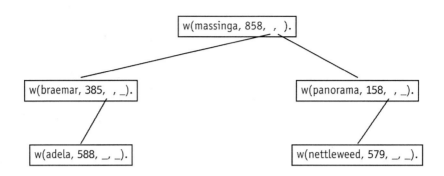

앞의 나무를 프롤로그 구조체로 표현하는데 있어서, 들여 쓰기로 구조를 표현하고, 폭을 조정하여 한 쪽에 표현할 수 있게 했을 때, 그 결과는 다음과 같을 것이다.

```
w(massinga, 858,
    w(braemar, 385,
        w(adela, 588, _, _),
    _),
    w(panorama, 158,
        w(nettleweed, 579, _, _),
    _)
).
```

이제 앞과 같은 구조체가 있다고 했을 때, 어떤 말이 1938년에 우승상금을 얼마나 많이 탔는지 말 이름으로 탐색한다고 하자. 구조체 형식은 앞의 경우와 같이 w(H, W, L, G)라고 한다. 현재 탐색하는 구조체가 w(H, W, L, G)이고, 찾고자 하는 말의 이름이 H일 때 경계조건이 성립한다. 이 경우, 탐색에 성공하는 바, 대안을 찾을 필요가 없다. 그렇지 않으면, 6.12절에서 소개한 항 비교 내장 술어를 사용해야 하는데, 비교 결과를 근거로 나무 '가지' L 또는 G를 선택한 다음, 재귀적으로 탐색을 계속한다. 이러한 원리를 다음과 같은 lookup 술어 정의에 사용하는데, 목적 lookup(H, S, G)의 의미는 "말 H의 우승상금을 색인 S(앞에서 본 w 구조체)에서 검색하면, G 기니이다"로 정한다.

```
lookup(H, w(H, G, _, _), G1) :- !, G = G1.
lookup(H, w(H1, _, Before, _), G) :-
    H @< H1,
    lookup(H, Before, G).
lookup(H, w(H1, _, _, After), G) :-
    H @> H1,
    lookup(H, After, G).
```

만약 이 술어를 정렬 나무 탐색에 사용한다면, 단일 목록으로 정렬해서 시작부터 끝까지 탐색하는 것보다, 일반적으로 말에 대한 조사를 더 적게 하게 될 것이다.

이 lookup 절차에는 놀랍고 흥미로운 특징이 하나 있다. 만약 w 구조체에 수록되지 않은 말 이름을 탐색한다면, 목적 lookup을 사용하면서 찾고자 하는 말에 대하여 알려준 정보는 그 무엇이든지 간에 w 구조체를 사례화 시키는 정보로 사용되고, lookup이 재귀로 부터 귀환할 것이다. 예를 들어 다음 질문을 생각해보자.

```
?- lookup(ruby_vintage, S, X).
```

앞의 질문에서 lookup의 속뜻은 다음과 같다.

어떤 구조체가 있건대, ruby_vintage와 X가 한 조를 이룬다는 정보가 기록되어 있고, 이 구조체가 S를 (전체적으로 혹은 부분적으로) 사례화 한다.

그래서 lookup은 부분적으로 명세된 구조체에 새로운 성분을 삽입한다. 따라서 lookup을 반복적으로 사용하여 사전을 제작할 수 있다. 예를 들어 다음 질문을 생각해보자.

```
?- lookup(abaris, X, 582), lookup(maloja, X, 356).
```

앞의 질문은 X를 두 개의 표제어가 있는 정렬 나무 사전으로 사례화 할 것이다. lookup 하나로 성분을 저장할 뿐 아니라 탐색도 할 수 있다. 구체적으로 어떤 일이 실제로 일어나서 그렇게 되는지 그 방법은 프롤로그 대해 이미 알고 있어야 하는 지식을 활용한 것이기 때문에 혼자 lookup 정의를 분석하여 확인하는 것이 좋겠다. 귀띔: lookup(H, S, G)가 연접된 목적에서 사용됐을 때, S에 가해진 '변경'은 단지 S의 범위 안에서 유지된다.

연습문제 7.1: lookup 술어를 실험해보되, 항목을 매번 다른 순서로 사전에 입력하면 어떤 차이가 나타나는지 확인하라. 예를 들어, 항목이 massinga, braemar, nettleweed, panorama 등의 순서로 입력된다면 사전의 나무 구조가 어떠한 모습일까? 이와는 달리 panorama, braemar, nettleweed, massinga 등의 순서로 입력된다면 어떻게 될까?

7.2 미로 탐색

어둡고 폭풍우가 치는 밤이다. 외진 시골길을 운전하는 중 차가 고장이 났고, 화려한 궁전 앞에 차가 멈춘다. 대문으로 가서 문이 열린 것을 알고, 전화기를 찾기 시작한다. 길을 잃지 않고 궁전을 탐색할 수 있을까? 모든 방을 조사했는지 어떻게 알 수 있을까? 또한, 어떤 길이 전화기로 가는 최단 경로일까? 이런 상황을 해결하기 위하여 미로 탐색 방법이 개발되었다.

　　　미로 탐색 프로그램과 같은 많은 컴퓨터 프로그램에서는 정보 목록을 유지하는 것이 유용한데, 나중에 필요한 정보가 있을 경우 그 목록을 검색한다. 예를 들어, 만약 궁전에서 전화기를 찾기로 했다면, 지금까지 방문한 방 번호 목록을 만들어 관리하면서 같은 방에 반복해서 다시 들어가지 않게 방 번호 검색에 사용한다. 기본적으로 해야 할 일은 방문한 방 번호를 목록에 기입하는 것이다. 방에 들어가기에 앞서 방 번호가 목록에 있는지를 확인한다. 만약 그렇다면 이전에 그 방에 들렀기 때문에, 그 방을 무시한다. 만약 방 번호가 목록에 없다면 방 번호를 목록에 기입하고 방에 들어간다. 전화기를 찾을 때까지 이와 같은 과정을 반복한다. 이 방법에는 몇 가지 개선할 여지가 있는데, 나중에 그래프 탐색을 논의할 때 개선을 행할 것이다. 그러나 우선, 해법의 단계를 순서대로 써서 풀어야 할 문제가 무엇인지 파악해 보자.

1. 어떤 방을 향한 문으로 간다.
2. 방 번호가 목록에 있다면 그 방을 무시하고 제1단계로 가는데, 이때 더 이상 갈 방이 보이지 않으면 현재 방을 '물러서' 직전에 방문했던 방으로 돌아간 다음 (방문했던 방 이웃의 어떤 다른 방을 검토하기 위하여) 제1단계로 간다.
3. 그렇지 않고 방 번호가 목록에 없다면, 방 번호를 목록에 추가한다.
4. 방에 들어가 안에 전화기가 있는지 살펴본다.
5. 만약 전화기가 없다면 제1단계로 간다. 그렇지 않다면 실행을 멈추는데, 이때 목록에는 전화기가 있는 방으로 이끄는 경로가 있다.

방 번호를 상수라고 가정하는데, 번호가 수인지 원자인지는 중요하지 않다. 먼저, 방 번호 목록을 검색하는 문제는 3.3절에서 정의한 member 술어를 사용해서 해결할 수 있는 바, 목록을 목록으로 표현한다고 가정하면 된다. 그러면 이제 미로를 탐색하는 문제에 착수할 수 있다. 작은 예제를 한번 생각해보는데 여기에서는 그림 7.1과 같은 집의 평면도가 주어지되 각 방에 문자 이름이 붙어 있다.

벽이 끊긴 부분은 문을 나타내고, 방 a는 그저 집 밖의 공간을 나타낸다는 점을 기억하자. 방 a에서 방 b로 가는 문이 있고, c에서 d로, f에서 e로 등등의 문이 있다. 문의 위치 정보를 프롤로그 사실로 나타낼 수 있다. 문에 대한 정보는 중복되지 않는다는 점에 유의하자. 예를 들면, 비록 방 g와 방 e 사이에 문이 있다고 했지만, 방 e와 방 g 사이에 문이 있다고 하지 않았던 바, d(e, g)를 단언하지 않았다.

양방향 문을 표현하는 문제는 문을 표현하는 d 사실을 인수 순서를 바꾸어 복사하는 방법으로 해결할 수는 있다. 그렇지 않고, 문을 표현하는 d 사실을 양방향으로 해석할 수 있음을 프로그램에 반영할 수도 있다. 이 후자의 방법을 다음에 소개할 예제 프로그램에서 사용하였다.

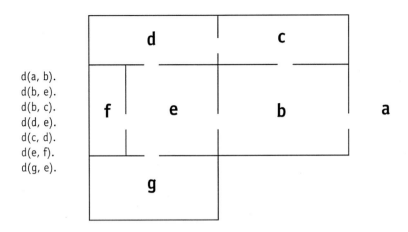

그림 7.1. 집의 평면도와 프롤로그 표현

한 방에서 다른 방으로 가려면, 상황을 다음과 같은 두 경우 중 하나로 분간해야 한다.

- 가고 싶었던 방에 있다, 또는
- 문을 통과하고 나서 다시 (재귀적으로) 상황을 이러한 두 경우 중 하나로 분간한다.

목적 go(X, Y, T)에 대해서 생각해보건대, 이것은 만약 방 X에서 방 Y로 가는 것이 가능하다면 충족에 성공한다. 세 번째 인수 T는 관리 목록인 바, 지금까지 방문한 방 번호의 '자취'를 기록한다.

방 X에서 방 Y로 가기에 대한 경계조건은 "만약 이미 방 Y에 있으면"(즉, "만약 X = Y라면")이다. 이것은 다음과 같은 절로 표현한다.

go(X, X, T).

그렇지 않고 방 Y에 있지 않으면, 어떤 인접한 방 Z를 선택하되 이전에 방문했는지의 여부를 확인한다. 만약 방문하지 않았다면, Z를 목록에 추가하면서, '방 X에서 방 Y로 가기'

목적을 '방 Z에서 방 Y로 가기' 목적으로 바꾼다. 이 모두를 다음 절과 같이 표현한다.

```
go(X, Y, T) :- d(X, Z), \+ member(Z, T), go(Z, Y, [Z|T]).
```

앞의 절은 다음과 같은 말로 해석할 수 있다.

> 목록 T에 기록된 방을 통과하지 않으면서, 방 X에서 방 Y로 '가기'를 하려면, X와 인접한 방(Z)을 찾아서 Z가 T에 아직 없음을 확인한 다음, T에 Z를 추가한 목록을 가지고, Z에서 Y로 '가기'를 하면 된다.

앞의 go 규칙을 사용할 때 실패가 일어날 수 있는 경우가 세 가지 있다. 첫째, X에서 어느 다른 곳으로 갈 수 있는 문이 없는 경우이다. 둘째, 선택한 방이 목록에 존재하는 경우이다. 셋째, 보다 깊은 수준의 재귀 실행에서 실패가 발생했기 때문에, 선택했던 Z에서 Y로 '가기'를 할 수 없는 경우이다. 앞의 go 규칙에서 첫 번째 목적 d(X, Z)가 실패한다면, 이 go의 사용이 실패하게 될 것이다. 최상위 (즉, 재귀 호출이 실행되지 않은) 수준에서, 이 것은 X에서 Y로 갈 수 있는 경로가 없음을 의미한다. 하위 (즉, 재귀 호출이 실행되는) 수 준에서는 이것은 다만 물러서 다른 문을 찾아야 함을 의미한다.

프로그램은 전술한 바와 같이 문을 한 방향 문으로 간주한다. 만약 방 a에서 방 b로 가는 문이 있는 것이 방 b에서 방 a로 가는 문이 있는 것과 같다고 가정한다면, 앞서 지적 한 대로 이 가정을 명시적으로 만들어야 한다. 문을 표현하는 d 사실과 이 사실의 인수 순 서를 바꾼 복사판 사실을 함께 사용하는 대신, 프로그램에 이러한 가정 정보를 표현하는 방법이 두 가지 있다. 가장 명백한 방법은 다음과 같이 또 다른 규칙을 도입하는 것이다.

```
go(X, X, T).
go(X, Y, T) :- d(X, Z), \+ member(Z, T), go(Z, Y, [Z|T]).
go(X, Y, T) :- d(Z, X), \+ member(Z, T), go(Z, Y, [Z|T]).
```

또는 다음과 같이 쌍반점 (이접 연산자) 술어를 사용할 수 있다.

```
go(X, X, T).
go(X, Y, T) :-
        (d(X, Z) ; d(Z, X)),
        \+ member(Z, T),
        go(Z, Y, [Z|T]).
```

그러나 아마도 가장 명쾌한 방법은 프로그램의 단순성을 유지하면서, d(X, Y) 관계를 다음과 같이 확장하여 대칭이 되게 하는 것이다.

```
d(a, b). d(b, a).
d(b, e). d(e, b).
d(b, c). d(c, b).
d(d, e). d(e, d).
d(c, d). d(d, c).
d(e, f). d(f, e).
d(g, e). d(e, g).
```

이제 전화 찾는 문제를 다룬다. hasphone(X) 목적을 생각하건대, 만약 방 X에 전화기가 있다면 충족시킴에 성공하는 목적이다. 방 g에 전화기가 있다고 표현하고 싶다면, 그저 다음과 같은 사실을 데이터베이스에 수록한다.

```
hasphone(g).
```

방 a에서 출발한다고 가정하고 전화기로 가는 경로를 찾고자 하여 던질 수 있는 질문 하나는 다음과 같다.

```
?- go(a, X, []), hasphone(X).
```

이 질문은 '생성 후 검사' 방식을 활용하였는데, 먼저 후보 방을 찾고 그 다음에 전화기가 있는지 확인하는 순서를 밟는다. 또 다른 방법은 다음과 같이 먼저 hasphone(X) 목적을 충족시키고 그 다음에 a에서 X로 갈 수 있는지 확인하는 순서를 밟는다.

```
?- hasphone(X), go(a, X, []).
```

두 번째 방법이 더 효율적이지만, 검색 시작 전에 전화기가 어디에 있는지 "안다"는 것을 가정한다.

셋째 인수를 빈 목록으로 초기화한 것은 방 목록이 깨끗한 상태에서 시작함을 의미한다. 이를 바꾸어 다양하게 활용할 수 있다. 질문 "방 a에서 출발하되 방 d와 f에 들어가지 않고 전화기를 찾아라"는 다음과 같이 프롤로그로 표현할 수 있다.

```
?- hasphone(X), go(a, X, [d, f]).
```

7.9절에서 일반적인 그래프 탐색 절차를 몇 개 설명할 것인데, 그래프의 최단 경로를 찾는 프로그램도 포함되어 있다.

연습문제 7.2: 앞의 프로그램에 실행 주석을 달되, 적합한 방 번호를 채워서 '방 Y에 들어가기' 그리고 '방 Y에서 전화기를 찾음'과 같은 문구가 출력되게 하라.

연습문제 7.3: 대안 경로를 이 프로그램에서 발견할 수 있는가? 만약 그렇다면, 다른 경로 발견을 막는 '자름' 목적을 어디에 두어야 하는가?

연습문제 7.4: 방 탐색 순서를 무엇이 결정하는가?

7.3 하노이 탑

하노이 탑(The Towers of Hanoi) 문제는 기둥 세 개와 원반 한 벌을 가지고 진행하는 놀이이다. 원반은 지름이 다르고, 원반의 중앙에 뚫려있는 구멍으로 기둥에 끼운다. 시작할 때 원반은 모두 왼쪽 기둥에 끼워져 있다. 놀이의 목표는 원반을 모두 가운데 기둥으로 옮기는 것이다. 오른쪽 기둥은 원반 작업의 임시 거치대로서 '예비' 기둥으로 사용할 수 있다. 원반을 한 기둥에서 다른 기둥으로 옮길 때, 두 가지 조건을 지켜야 한다. 즉 기둥에서 맨 위에 있는 원반만을 옮길 수 있고, 지름이 큰 원반을 지름이 작은 원반 위로 옮길 수는 없다.

왼쪽 기둥   가운데 기둥   오른쪽 기둥

이 놀이를 하는 많은 사람들은 세 개의 기둥과 N개의 원반이 있는 하노이 탑 놀이를 제대로 할 수 있는 매우 간단한 전략을 실제로 잘 알아채지 못한다. 발견의 수고를 덜기 위해 그것을 여기에서 공개한다.

- 경계 조건은 원천(왼쪽) 기둥에 원반이 없을 때 성립한다.
- $N-1$ 개의 원반을 원천 기둥에서 예비(오른쪽) 기둥으로 옮기되, 이 과정에서 목적(가운데) 기둥을 임시 거치대, 즉 예비 기둥으로 사용한다. 유의할 사항은 원반 옮기는 과정이 재귀적 공정이라는 점이다.
- 남아 있는 맨 아래 원반을 원천(왼쪽) 기둥에서 목적(가운데) 기둥으로 옮겨라.
- 끝으로, $N-1$ 개의 원반을 예비(오른쪽) 기둥에서 목적(가운데) 기둥으로 옮기되, 이 과정에서 원천(왼쪽) 기둥을 임시 거치대, 즉 예비 기둥으로 사용한다.

이 전략을 구현한 프롤로그 프로그램은 다음과 같이 정의한다. 한 개의 인수가 있는 hanoi 술어를 정의하는데, hanoi(N)은 N개 원반이 원천 기둥에 있다고 할 때, 원반 옮기는 차례를 출력하는 것을 의미한다. 두 개의 move 절에서, 첫째는 앞서 언급했던 경계 조건을 확인하는 절이고, 둘째 절은 재귀적 공정을 구현한다. move 술어에는 네 개의 인수가 있다. 첫째 인수는 옮길 원반 개수이다. 나머지 세 개의 인수 자리에는 순서대로 원천 기둥, 목적 기둥, 그리고 예비 기둥의 이름이 들어간다. 원반 옮김에 사용할 기둥 이름은 프롤로그 원자로 표현한다. inform 술어는 원반 옮김에 관련된 기둥 이름을 write를 사용하여 출력한다.

```
hanoi(N) :- move(N, left, centre, right).

move(0, _, _, _) :- !.
move(N, A, B, C) :-
    M is N -1,
    move(M, A, C, B), inform(A, B), move(M, C, B, A).

inform(X, Y) :-
    write([move, a, disc, from, the, X, pole, to, the, Y, pole]),
    nl.
```

7.4 부품 목록

3장에서는 부품 목록이 주어졌을 때, 조립 부품 구성에 필요한 부품 목록을 결정하고 그 목록을 출력하는 프로그램 문제를 논의했다. 이 절에서 설명할 개정판 프로그램에서는 각 부품이 얼마나 많이 필요한지 계산할 것이다. 그 방법은 조립 부품을 분해하여 그 구성 부분을 파악하면서 소요 부품의 양을 누적하는 방식이다. 또한 개정판 프로그램에서는 조립할 때 여러 개가 소요되는 부품이기 때문에 발생하는 부품의 중복출현 문제를 적절히 해결한다. 그 방법은 대답을 출력하기 전에 collect 절차가 각 부품 소요량을 누산하면서 중복 부품을 제거하는 방식이다.

부품 목록 데이터베이스 구조는 3장에서 설명한 것과 비슷하다. 조립 부품은 목록으로 표현하는데, 그 요소는 quant(X, Y) 형태의 구조체이다. quant(X, Y)에서 X는 부품(기본 부품이나 조립 부품)의 이름이고, Y는 이 부품의 소요량이다. 예를 들어, 자전거가 바퀴 두 개와 뼈대 하나로 구성된 조립품임을 표현할 때 쓰는 구조체 목록은 다음과 같을 것이다.

    [quant(wheel, 2), quant(frame, 1)].

이 목록은 또한, 다음에 보인 식료품 목록과 같은 어떠한 항목 목록으로도 사용할 수 있다.

    [quant(apple, 12), quant(banana, 2), quant(loaf, 2)].

이제 개정판 프로그램의 각 술어를 목적 설명과 함께 열거한다.

- partlist(A): 목록을 출력하는데, 여기에는 조립 부품 A를 구성하는 데 필요한 모든 기본 부품과 각 소요량이 나타나 있다.

    ```
    partlist(T) :-
        partsof(1, T, P),
        collect(P, Q),
        printpartlist(Q).
    ```

- partsof(N, X, P): P는 목록인데, 그 요소는 quant(Part, Num) 형태의 구조체이다. 여기에서 Part는 부품 이름이고, Num은 이 부품의 소요량이다. Num 값은 부품 X를 N개 구성하는 데 필요한 소요량을 나타낸다. 여기에서 N은 정수이고 X는 부품 이름을 나타내는 원자이다.

    ```
    partsof(N, X, P) :- assembly(X, S), partsoflist(N, S, P).
    partsof(N, X, [quant(X, N)]) :- basicpart(X).
    ```

- partsoflist(N, S, P): P는 partsof의 경우와 같이 목록인데, 그 요소는 quant(Part, Num) 형태의 구조체이다. P에는 목록 S 요소로 등록된 모든 부품을 구성하는 데 필요한

부품 정보가 있게 된다. 이때, 부품 목록 S 내용의 N 배수만큼의 부품이 필요하다고 가정한다. 여기에서 N은 정수이고 S는 목록인데, 그 요소는 quant 구조체이다.

```
partsoflist(_, [], []).
partsoflist(N, [quant(X, Num)|L], T) :-
    M is N * Num,
    partsof(M, X, Xparts),
    partsoflist(N, L, Restparts),
    append(Xparts, Restparts, T).
```

- collect(P, A): P와 A는 목록인데, 그 요소는 quant 구조체이다. A는 중복 요소가 없는 것을 제외하면, P와 요소가 같은 목록이다. P에 있는 중복 부품에 대한 소요량은 A에 있는 대응하는 부품의 소요량으로 합산된다. 같은 부품 모임에 대한 중복된 명세를 취합하기 위해 collect를 사용한다. 예를 들어, '나사 3개, 완충재 4개, 그리고 나사 3개'는 '나사 7개와 완충재 4개'로 취합된다.

```
collect([], []).
collect([quant(X, N)|R], [quant(X, Ntotal)|R2]) :-
    collectrest(X, N, R, O, Ntotal),
    collect(O, R2).
```

- collectrest(X, M, L, O, N): L과 O는 목록인데, 그 요소는 quant 구조체이다. O는 부품 X에 대한 요소를 제외하면, L과 요소가 같은 목록이다. X는 부품명을 나타내는 원자이다. N은 재귀의 끝에서 그 값이 결정되는데, 목록 L에 있는 X에 대한 모든 소요량 합계와 M을 더한 값이다. M은 정수인데, 목록 L에 있는 X에 대한 소요량 누산에 사용한다. 이를 collectrest 재귀 호출 시 인수로 전달한다. 경계 조건이 성립하는 재귀의 끝에서 M은 N으로 반환된다.

```
collectrest(_, N, [], [], N).
```

```
collectrest(X, N, [quant(X, Num)|Rest], Others, Ntotal) :-
    !,
    M is N + Num,
    collectrest(X, M, Rest, Others, Ntotal).
collectrest(X, N, [Other|Rest], [Other|Others], Ntotal) :-
    collectrest(X, N, Rest, Others, Ntotal).
```

- printpartlist(P): P는 목록인데, 그 요소는 quant 구조체이다. 한 줄에 구조체 한 개를 출력한다. put_char('\t') 목적으로 수평 탭(tab) 이동을 실행하면서 출력한다.

```
printpartlist([]).
printpartlist([quant(X, N)|R]) :-
    write(' '), write(N), put_char('\t'), write(X), nl,
    printpartlist(R).
```

- 마지막으로, partsoflist 정의에서 사용한 append(A, B, C)는 이전에 여러 번 보았던 술어이다.

7.5 목록 처리

이 절에서는 목록 운용에 유용한 기본 술어를 설명한다. 프롤로그에서는 필요한 자료구조를 마음대로 생성할 수 있기 때문에, 목록이 프롤로그에서는 무소불위의 역할을 떠맡지는 않을 것인 바, 이는 LISP와 POP-2 같은 다른 프로그래밍 언어에서는 그러한 것과 대조가 된다. 프로그램에서 목록을 활용할 것인지의 여부에 관계없이, 이 절에서 정의한 술어의 작동 방식에 대한 이해가 언제나 중요한데, 그 이유는 이 술어에 어떤 종류의 자료구조를 운용하더라도 적용할 수 있는 원리가 녹아 있기 때문이다.

- *마지막 요소 찾기*: last(X, L) 목적이 충족에 성공하는 경우는 요소 X가 목록 L의 마지막 요소일 때이다. 경계 조건은 L에 요소가 한 개만 있을 때 성립할 수 있다. 첫째 규칙에서 이를 확인한다. 둘째 규칙에서는 흔히 볼 수 있는 재귀적 경우를 다룬다.

  ```
  last(X, [X]).
  last(X, [_|Y]) :- last(X, Y).

  ?- last(X, [talk, of, the, town]).
  X = town
  ```

- *이웃 요소 확인*: nextto(X, Y, L) 목적이 충족에 성공하는 경우는 요소 X와 요소 Y가 목록 L에서 연달아 나타날 때이다. 변수의 작동 방식을 감안하면, X나 Y, 또는 양자가 목적을 충족시키려고 할 때 해례화 된 상태일 수 있다. 경계 조건을 확인하는 첫째 절에서는 X와 Y 뒤에 목록 요소들이 더 있을 수 있다는 것을 또한 참작해야만 한다. 이러한 이유로 익명 변수가 목록 꼬리에 나타나 있다.

  ```
  nextto(X, Y, [X,Y|_]).
  nextto(X, Y, [_|Z]) :- nextto(X, Y, Z).
  ```

- *목록 붙이기*: 지난 3.6절에서 이에 대한 예를 본 적이 있다. append(X, Y, Z) 목적이 충족에 성공하는 경우는 Z가 Y를 X의 끝에 붙여서 만든 목록일 때이다. 예를 들어 다음과 같다.

  ```
  ?- append([a, b, c], [d, e, f], Q).
  Q = [a, b, c, d, e, f]
  ```

append 술어는 다음과 같이 정의된다.

  ```
  append([], L, L).
  append([X|L1], L2, [X|L3]) :- append(L1, L2, L3).
  ```

경계 조건은 첫째 인수가 빈 목록일 때 성립한다. 그 이유는 "빈 목록에 어떤 목록을 붙이면, 결과 목록이 바로 붙인 목록이다"가 참이기 때문이다. 게다가 append는 경계 조건을 향하여 점진적으로 접근해 갈 것인데, 그 이유는 append의 각 재귀 단계에서 첫째 인수의 머리 요소를 한 개씩 제거하기 때문이다.

유의할 사항은 append에서 임의의 인수 두 개가 사례화 되는 경우도 있고, 이때 append가 나머지 인수를 적합한 결과로 사례화 시킨다는 점이다. 이러한 특성은 이 장에서 정의한 많은 술어의 공통적인 성질이다. append의 유연성 덕분에 앞에서 본 다른 술어를 다음과 같이 append를 활용하여 실제로 정의할 수 있다.

```
last(El, List) :- append(_, [El], List).
next_to(El1, El2, List) :- append(_, [El1, El2|_], List).
member(El, List) :- append(_, [El|_], List).
```

• 목록 *뒤집기*: rev(L, M) 목적이 충족에 성공하는 경우는, 목록 L의 요소를 역순으로 나열하여 얻은 결과 목록이 목록 M인 때이다. 첫째 프로그램에서는 표준 기법을 사용하는데, 목록을 뒤집는 방법은 (rev를 재귀적으로 사용하여) 목록 꼬리를 뒤집기 한 결과에 목록 머리를 붙이는 방식이다. 그리고 둘째 프로그램에서는 rev 자체를 사용하지 않고 누산기를 활용하여 꼬리를 뒤집는 더 나은 방법을 구현한다. 경계 조건은 첫째 인수가 빈 목록으로 축소된 경우에 성립하는데, 그 결과 값 또한 빈 목록이다.

```
rev([], []).
rev([H|T], L) :- rev(T, Z), append(Z, [H], L).
```

유의할 사항은 append의 둘째 인수가 목록인데 요소가 H뿐이라는 점이다. 그 이유는 다음과 같다. 먼저, H는 첫째 인수 [H|T]의 머리 요소인데, 목록 T를 뒤집어서 얻은 Z 목록의 마지막 요소로 H가 들어가야 한다. Z의 끝에 H를 추가함을 Z 목록과 어떤 목록의 붙임, 즉 append로 실현하려면 Z 목록에 붙이는 목록이 [H]이어야 하기 때문이다. 관례로, 목록 꼬리는 언제나 목록이다.

rev를 보다 효율적으로 구현하기 위해서 다음과 같이 append를 rev 절에 통합시킬 수 있다.

```
rev2(L1, L2) :- revzap(L1, [], L2).
revzap([X|L]), L2, L3) :- revzap(L, [X|L2], L3).
revzap([], L, L).
```

revzap의 둘째 인수는 '현행 해답'을 기록하는데, 달리 말해서 3.7절에서 소개한 누산기로 사용된다. 대답의 새로운 부분(X)을 발견할 때마다, X를 현 누산기에 누적시키고 그 결과 누산기를 프로그램의 다른 부분으로 전달한다. 종국에는 마지막 누산기 값이 최초 목적의 대답으로 전달된다.

- *요소 삭제*: efface(X, Y, Z) 목적은 목록 Y로부터 요소 X를 처음 나타난 것만 제거하고, 결과 목록을 Z로 한다. 만약 목록 Y에 X와 같은 요소가 존재하지 않는다면, 목적 충족은 실패한다. 경계 조건은 X와 같은 요소를 발견했을 때 성립한다. 그렇지 않으면, Y의 꼬리를 가지고 재귀 호출한다.

```
efface(A, [A|L], L) :- !.
efface(A, [B|L], [B|M]) :- efface(A, L, M).
```

절을 쉽게 추가하여 둘째 인수가 빈 목록으로 축소된 경우에도, 술어 충족에 실패하지 않게 할 수 있다. 새로운 경계 조건을 인식하는 새로운 절은 다음과 같다.

```
efface(_, [], []).
```

- *한 요소 모두 삭제*: delete(X, L1, L2) 목적은 목록 L1에서 X 요소를 모두 지워서 L2 목록을 얻는다. 경계 조건은 L1이 빈 목록인 경우인데, 목록 전체 길이에 대해 재귀했음을 의미하는 경우이다. 그렇지 않고 X가 목록 L1의 머리에 있다면, 결과는 L1의 꼬리인데, 단, 이 꼬리에서도 X를 지워야 한다. 마지막 경우는, 둘째 인수 L1 목록의 머리 요소가 X와 다른 때인데, 이 경우는 그냥 재귀한다.

```
delete(_, [], []).
delete(X, [X|L], M) :- !, delete(X, L, M).
delete(X, [Y|L1], [Y|L2]) :- delete(X, L1, L2).
```

- *대체*: 이 술어는 delete와 비슷한데, 지정 요소를 제거하는 대신 그 위치에 어떤 다른 요소를 바꾸어 넣는 것이 다르다. subst(X, L, A, M) 목적은 목록 L의 요소로 목록 M을 얻는데, 다만 L에 요소 X가 있으면 모두 요소 A로 바꾼다. 고려해야 할 경우가 세 가지 있다. 첫째는, delete의 경우와 꼭 같이 경계 조건이다. 둘째는, X가 두 번째 인수(의 머리)에서 나타난 경우이다. 셋째는, X가 *아닌* 것이 두 번째 인수(의 머리)에서 나타난 경우이다.

```
subst(_, [], _, []).
subst(X, [X|L], A, [A|M]) :- !, subst(X, L, A, M).
subst(X, [Y|L], A, [Y|M]) :- subst(X, L, A, M).
```

- *부분 목록*: 목록 X가 목록 Y의 부분 목록(sublist)인 경우는 X의 모든 요소가 Y에 그대로 나타나되, 연속해서 같은 순서로 나타날 때이다. 다음 목적은 충족에 성공할 것이다.

```
sublist([of, the, club], [meeting, of, the, club, will, be, held]).
```

sublist 프로그램은 두 개의 술어로 구성한다. sublist는 X의 첫째 요소와 어울리는 요소를 Y에서 발견하고, prefix는 X의 남은 부분이 Y의 남은 부분과 요소 대 요소로 어울림을 확인한다.

```
sublist([X|L], [X|M]) :- prefix(L, M), !.
sublist(L, [_|M]) :- sublist(L, M).

prefix([], _).
prefix([X|L], [X|M]) :- prefix(L, M).
```

- *중복 제거*: 술어 remdup는 임의의 요소가 있는 목록을 훑어보고, 새로운 목록을 생성한다. 비록 입력 목록에 중복 요소가 있어도 출력 목록은 유일한 요소로만 구성한다. remdup(L, M) 목적이 충족에 성공하는 경우는 입력 목록 L의 모든 요소가 목록 M에 중복 없이 나타나 있는 때이다. remdup 정의에서는 보조 술어 dupacc를 사용하는 바, 호출 시 빈 목록으로 초기화된 누산기(3.7절 참고)가 둘째 인수 자리에 있다. 또한 (3.3절에서 본) member 술어를 사용한다.

  ```
  remdup(L, M) :- dupacc(L, [], M).

  dupacc([], A, A).
  dupacc([H|T], A, L) :- member(H, A), !, dupacc(T, A, L).
  dupacc([H|T], A, L) :- dupacc(T, [H|A], L).
  ```

  술어 dupacc predicate는 절 세 개로 이루어져 있다. 경계 조건이 시사하는 바, 입력 목록을 소진하면 지금까지 누적된 그 어떤 것이라도 결과 값임을 말한다. 둘째 절에서는 입력 목록의 머리 요소가 누적된 목록에 나타나는지 확인한다. 만약 그렇다면, 누산기 변경 없이, 입력 목록의 꼬리에 그냥 재귀를 적용한다. 그렇지 않다면, 셋째 절에서 새로운 요소(H)를 추가한 누산기와 함께 입력 목록의 꼬리에 재귀를 적용한다.

- *사상*: 목록 변환 기법 중에서 강력한 것으로, 첫 번째 목록 각 요소의 함수 값을 순서대로 두 번째 목록의 요소가 되게 하는 목록 변환 방법이 있다. 한 문장을 다른 문장으로 바꾸는 3.4절의 프로그램은 사상(mapping)의 한 예이다. 이때 "한 문장을 다른 문장으로 사상한다"고 말한다. 사상은 대단히 유용하기 때문에 독립된 절에서 다룰 만하다. 그렇지만 프롤로그에서 목록은 단지 구조체의 특별한 경우이기 때문에, 목록 사상에 대한 논의는 구조체 사상을 다루는 7.12절까지 연기할 것이다. 사상은 또 다른 모습으로 나타나기도 한다. 7.11절의 기호 미분법에서는 산술식을 다른 산술식으로 사상하는 방법을 기술한다.

7.6 집합 표현 및 연산

집합은 수학에서 사용하는 가장 중요한 자료구조 중 하나이고, 집합 연산을 응용하여 컴퓨터 프로그래밍에도 활용한다. 집합은 요소 모임인데, 어느 정도 목록이라고 할 수 있지만, 목록과 달리 집합에서는 어떤 요소가 어디에 있고 몇 번 나타나는지 묻는 것이 의미가 없다. 그래서 집합 {1, 2, 3}은 집합 {2, 3, 1}과 같은데, 왜냐하면 따질 것은 주어진 항목이 집합의 요소인지의 여부뿐이기 때문이다. 집합의 요소가 또한 다른 집합일 수 있다. 집합에 대한 가장 기본적인 연산은 어떤 요소가 주어진 집합에 소속하는지의 여부를 결정하는 것이다.

집합을 손쉽게 표현하는 방법으로 목록을 사용한다는 것이 놀라운 일은 아니다. 목록은 임의의 요소와 함께 다른 목록을 포함할 수 있고, 그래서 목록에 대한 속격 술어를 정의하는 것도 가능하다. 그렇지만 집합을 목록으로 표현할 때는, 집합에 속하는 각 객체에 대해 한 개의 요소만이 목록에 있도록 조처할 것이다. 목록을 중복 요소가 없게 처리하면, 요소 삭제와 같은 연산이 단순화 되는 이점이 생긴다. 그래서 지금부터 중복된 요소가 없는 목록만을 다룰 것이다. 이 절에서 설명할 술어는 이러한 요소 유일성을 전제하고 또 유지할 것이다.

일반적으로 집합에 대해 다음 연산을 정의한다. 표기법에 익숙한 경우를 생각해서, 통상의 수학적 표기법을 포함시켰다.

- *집합 속격*: $X \in Y$

  X가 집합 Y의 원소인 경우는, X가 목록 Y의 요소 중의 하나일 때이다.

  예: $a \in \{c, a, t\}$
- *부분 집합*: $X \subseteq Y$

  집합 X가 집합 Y의 부분 집합인 경우는, X의 모든 요소가 또한 Y의 요소인 때이다. Y에는 X에 없는 요소가 있을 수도 있다.

예: {x, r, u} ⊆ {p, q, r, s, t, u, v, w, x, y, z}

- *교집합*: X ∩ Y

  집합 X와 Y의 교집합은 X의 원소이면서 Y의 원소인 요소를 포함하는 집합이다.

  예: {r, a, p, i, d} ∩ {p, i, c, t, u, r, e} = {r, i, p}

- *합집합*: X ∪ Y

  집합 X와 Y의 합집합은 X 또는 Y 또는 둘 다의 원소를 포함하는 집합이다.

  예: {a, b, c} ∪ {c, d, e} = {a, b, c, d, e}

이상이 집합을 운용할 때 보통 사용하는 기본적 집합 연산이다. 이제 프롤로그 프로그램을 작성하여 각 연산을 구현할 수 있다. 첫 번째 기본 연산, 속격은 앞에서 여러 번 보았던 동일한 그 member 술어이다. 그러나 사용할 member 정의는 경계 조건에 '자름' 목적을 포함하지 않기 때문에, 무름으로 목록 요소를 하나씩 순서대로 훑어볼 수 있다.

```
member(X, [X|_]).
member(X, [_|Y]) :- member(X, Y).
```

다음은 subset 술어인데, subset(X, Y) 목적이 충족에 성공하는 경우는 X가 Y의 부분집합일 때이다. 정의의 첫째 절은, 공집합은 모든 집합의 부분 집합이라는 수학적 개념을 구체화하였다. 프롤로그 프로그램에서 이 개념은 첫째 인수에 대한 경계 조건 확인 방법으로 사용하는데, 그 이유는 첫째 인수 꼬리에 재귀를 적용하기 때문이다.

```
subset([], Y).
subset([A|X], Y) :- member(A, Y), subset(X, Y).
```

다음에는 가장 복잡한 보기인 바, intersection이다. intersection(X, Y, Z) 목적이 충족에 성공하는 경우는 X와 Y의 교집합이 Z일 때이다. 여기에서는 목록에 중복 요소가 없다고 가정한다.

```
intersection([], X, []).
intersection([X|R], Y, [X|Z]) :-
     member(X, Y),
     !,
     intersection(R, Y, Z).
intersection([X|R], Y, Z) :- intersection(R, Y, Z).
```

마지막으로 union이다. union(X, Y, Z) 목적이 충족에 성공하는 경우는 X와 Y의 합집합이 Z일 때이다. 유의할 사항은 union이 intersection과 append를 중매결혼 시킨 결과와 어느 정도 비슷하다는 점이다.

```
union([], X, X).
union([X|R], Y, Z) :- member(X, Y), !, union(R, Y, Z).
union([X|R], Y, [X|Z]) :- union(R, Y, Z).
```

이것으로 집합 처리 술어 목록이 완성되었다. 비록 집합이 지향한 목표 프로그래밍 분야에서 주역을 담당하지 않을지라도 여기 예제를 학습할 만한 가치가 있는데, 그 이유는 재귀를 사용하는 방법과 무름 작용에 대한 명확한 이해를 할 수 있기 때문이다.

7.7 정렬

때로는 목록 요소를 순서대로 정렬하는 것이 유용하다. 만약 목록 요소가 정수라면, 두 정수가 순서대로 있는지 확인할 때 '<' 술어를 사용할 수 있다. 목록 [1, 2, 3]은 순서대로 정렬된 것인데, 인접한 요소 쌍으로 이루어지는 각 정수 쌍에 대해 '<' 술어가 충족되기 때문이다. 만약 요소들이 원자라면, 7.1절에서 논의한 것처럼 '@=<'를 사용할 수 있다. [alpha, beta, gamma] 목록도 순서대로 정렬된 것인데, 인접한 요소 쌍으로 이루어지는 각 원자 쌍에 대해 '@=<' 술어가 충족되기 때문이다.

전산학자들은 목록 내용을 순서대로 정렬하는 기술을 많이 개발하였는데, 그 전제는 인접한 요소 쌍에 대한 순서 확인 술어가 있다는 것이다. 그러한 정렬 방법 네 가지를 프롤로그 프로그램으로 구현한 사례를 볼 것이다. 숫정렬(naive sort), 삽입 정렬(insertion sort), 거품 정렬(bubble sort), 그리고 휙 정렬(Quicksort) 등이다. 각 프로그램에서는 순서 확인 술어 order를 사용할 것인데, 이 술어를 정의할 때 정렬 대상이 되는 구조의 종류에 따라 '<' 또는 '@<'를 사용하거나 원하는 다른 술어를 쓸 수 있다. order(X, Y) 목적이 충족에 성공하는 경우는, 객체 X와 Y가 정해진 어떤 순서에 맞게 있을 때라고 가정하는데, 다시 말해서 X가 Y보다 정해진 어떤 의미에서 작을 때라고 가정한다.

객체를 오름차순으로 정렬하는 한 방법은 객체 순열을 차례로 생성하면서 오름차순으로 되어 있는 순열을 확인하여 선택해 내는 것이다. 객체 순열이 오름차순으로 되어 있지 않을 때는 다른 객체 순열을 발생시켜야 한다. 이 방법을 숫정렬법이라고 하고 다음과 같이 구현할 수 있다.

```
sort(L1, L2) :- permutation(L1, L2), sorted(L2), !.

permutation([], []).
permutation(L, [H|T]) :-
      append(V, [H|U], L),
      append(V, U, W),
      permutation(W, T).
sorted([]).
sorted([X]).
sorted([X, Y|L]) :- order(X, Y), sorted([Y|L]).
```

append 술어의 정의는 지금까지 여러 번 보았다. 프로그램에서 각 술어의 의미는 다음과 같다. sort(L1, L2)는 "목록 L1을 정렬한 목록이 L2이다"를 뜻한다. permutation(L1, L2)는 "목록 L1 요소로 만들 수 있는 순열의 한 가지 경우가 목록 L2에 나열되어 있다"를 뜻하는데, 이 술어의 역할을 4.3절의 전문용어로 표현하면, *생성기*이다. sorted(L)는 "목록

L의 요소들이 오름차순으로 정렬되어 있다"를 뜻하는데, 이 술어의 역할은 *검사기*이다. 참고로, 첫째 append의 역할은 순열의 첫째 요소가 될 후보 요소 H를 선택하는 것이고, 둘째 append에서는 후보 요소를 제외한 목록 W를 구성한다. W에 대한 순열 T를 구한 뒤 [H|T]를 구성하면, 바로 목록 L에 대한 순열이 되는 것이다.

주어진 목록에 대한 정렬된 목록을 찾는 sort 목적은 요소의 순열을 생성하기와 그것의 정렬 여부를 검사하기로 구성된다. 만약 생성시킨 순열이 정렬되어 있다면, 유일한 대답을 발견한 것이다. 그렇지 않다면 다른 순열을 계속 발생시켜야 한다. 이러한 숫정렬법은 효율적으로 목록을 정렬하는 방법은 아니다.

*삽입 정렬법*에서는 목록 내 자료 항목을 한 번에 하나씩 고려하면서, 각 항목을 결과 목록의 적합한 위치에 삽입한다. 만약 카드놀이를 한다면, 아마도 이 방법을 사용하여 한 번에 하나씩 카드를 집으면서 손에 든 패를 정렬할 것이다. insort(L1, L2) 목적이 충족에 성공하는 경우는 목록 L1을 정렬한 목록이 L2일 때이다. 다음 프로그램의 insort 둘째 절에서 각 요소 X는 목록 머리에서 떼어져서 insortx로 넘겨지는데, insortx에서는 X와 함께 목록 꼬리 L을 (재귀적으로) 정렬한 N을 넘겨받고, X를 N에 '삽입'하여 얻은 변경된 목록 M을 반환한다.

```
insort([], []).
insort([X|L], M) :- insort(L, N), insortx(X, N, M).

insortx(X, [A|L], [A|M]) :-
      order(A, X), !, insortx(X, L, M).
insortx(X, L, [X|L]).
```

손쉽게 술어를 정의하여 보다 범용적인 삽입 정렬법을 구현하려면, 순서 확인 술어를 insort의 인수로 사용하는 방법을 쓰면 된다. 다음 프로그램에서는 순서 확인 절차용으로 insort에 셋째 인수를 추가하고, 6.5절에서 논의된 '=..' 술어를 사용하여 호출할 목적을 생성한다.

```
insort([], [], _).
insort([X|L], M, O) :- insort(L, N, O), insortx(X, N, M, O).

insortx(X, [A|L], [A|M], P) :-
    P =.. [O, A, X],
    call(P), !,
    insortx(X, L, M, O).
insortx(X, L, [X|L], O).
```

그러면 순서 확인 술어명이 order라는 제약에서 벗어나 insort(A, B, '<')와 insort(A, B, '@<')와 같은 목적을 사용할 수 있다. 이 기법은 이 절에 있는 다른 정렬 알고리즘에도 적용할 수 있다.

*거품 정렬법*에서는 주어진 목록에서 인접한 요소 두 개의 순서가 어긋나는지의 여부를 확인한다. 만약 그러한 경우가 있다면, 두 요소의 위치를 교환한다. 이러한 과정은 더 이상 교환이 필요하지 않을 때까지 반복된다. 이러한 내용이 다음 프로그램으로 구현되었다. 삽입 정렬법에서는 요소를 합당한 수준으로 '하강'시키는 한편 거품 정렬법에서는 요소를 합당한 수준으로 '상승'시키기 때문에 '거품'이 정렬법 이름을 구성하게 되었다.

```
busort(L, S) :-
    append(X, [A,B|Y], L),
    order(B, A), !,
    append(X, [B,A|Y], M),
    busort(M, S).
busort(L, L).

append([], L, L).
append([H|T], L, [H|V]) :- append(T, L, V).
```

유의할 사항은 append 술어의 정의는 앞에서 보았던 것과 같고, 이 예제에서는 append가 발견한 해답을 append 그 자체가 무를 수 있어야 한다는 점이다. 그래서 '자름'이 append 의 첫째 절에 없다. 앞의 프로그램은 어떤 사람들이 '비결정적(nondeterministic)' 프로그래밍이라고 일컫는 구현 방식에 대한 또 다른 예인데, 그 이유는 append를 사용하여 목록 L에서 요소를 임의로 (비결정적으로) 선택하기 때문이다. 이 용법의 append는 목록 L에서 요소를 선택할 수 있는 모든 경우를 전부 망라할 수 있어야 한다.

*획 정렬법*은 더욱 정교한 정렬 방법인데, C.A.R. Hoare가 고안하였다. 프롤로그로 획 정렬법을 구현하려면, 먼저 머리 H와 꼬리 T로 구성된 목록을 다음 조건을 충족시키는 두 목록 A과 B로 구분하기에서부터 시작한다.

- A의 모든 요소는 H보다 작다.
- B의 모든 요소는 H와 비교하여 같거나 더 크다. 그리고
- A에 있는 요소의 순서대로 각 요소가 [H|T]에 나타나 있다.
- B에 있는 요소의 순서대로 각 요소가 [H|T]에 나타나 있다.

목록 구분이 끝나면, 각 목록 A와 B를 (재귀적으로) '획 정렬'시켜서 A1과 B1을 얻고, 그 다음에는 A1 뒤에 B1을 결합시키되, 그 경계에 H를 끼워 넣는다. 그러면 주어진 목록의 정렬이 완성된다. 다음에 보인 split(H, T, A, B) 목적은 목록 [H|T]를 앞에서 설명한 대로 목록 A와 B로 구분한다.

```
split(H, [A|X], [A|Y], Z) :- order(A, H), split(H, X, Y, Z).
split(H, [A|X], Y, [A|Z]) :- \+(order(A, H)), split(H, X, Y, Z).
split(_, [], [], []).
```

다음은 이제 획 정렬 프로그램이다.

```
quisort([], []).
quisort([H|T], S) :-
      spilt(H, T, A, B),
      quisort(A, A1),
      quisort(B, B1),
      append(A1 [H|B1], S).
```

한편, 다음과 같이 append를 정렬 프로그램 안에 붙박이로 만드는 것이 가능한데, 그러면 프로그램의 효율성이 증진된다. 이는 3.8절에서 논의한 차이 목록을 활용한 것이다.

```prolog
quisortx([], X, X).
quisortx([H|T], S, X) :-
    split(H, T, A, B),
    quisortx(A, S, [H|Y]),
    quisortx(B, Y, X).
```

이 경우, 셋째 인수는 임시적 작업영역으로 사용하는데 quisortx를 목적으로 사용할 때는 빈 목록으로 초기화된다. quisortx(L1, L2, L3) 술어의 의미는 목록 L1을 '획 정렬'시킨 결과가 목록 L2에서 목록 L3을 뺀, 차이 목록이라는 것이다.

정렬에 대한 자세한 사항은 Addison-Wesley에서 1973년에 출간된 Donald Knuth의 저서 『*The Art of Computer Programming*』 제3권 Sorting and Searching에서 찾을 수 있다. Hoare의 획 정렬법은 학술지 「*Computer Journal*」 제5권 (1962년) 10~15쪽 논문에 기술되어 있다.

연습문제 7.5: 정해진 목록 L1이 주어졌을 때, permutation(L1, L2)가 L1의 모든 순열을 한 번에 하나씩 L2의 대안 값으로 생성함을 검증하라. 그 해답이 어떤 순서로 생성 되는가?

연습문제 7.6: 획 정렬법은 긴 목록에서 가장 잘 작동하는데, 그 이유는 더욱 빨리 해답으로 수렴하기 때문이다. 그러나 quisort의 각 재귀에서 하는 작업의 양은 다른 정렬법보다 더 많은데, 왜냐하면 split를 사용해야 하기 때문이다. 그래서 짧은 목록을 정렬할 때는 quisort의 재귀 호출을 삽입 정렬과 같은 다른 정렬법 호출로 대체할 수 있겠다. 합체(hybrid) 정렬 프로그램을 개발하되, 큰 분할(split 술어가 생성한 목록)을 정렬할 때는 획 정렬법을 사용하고, 분할의 크기가 삽입 정렬법을 사용할 수 있을 만큼 충분히 작아지면 또 다른 정렬법으로 변경하는 정렬 프로그램이다. 귀띔: split는 목록의 모든 요소를 어쨌든 하나씩 검토하기 때문에 목록 길이 계산에 사용할 수 있다.

7.8 데이터베이스 활용

지금까지 논의한 모든 프로그램에서는 술어를 정의하는 사실이나 규칙을 저장하는 용도로만 데이터베이스를 활용하였다. 프로그램 실행 중에 생성되는 구조체와 같은, 통상적인 구조체를 저장하는 데 데이터베이스 사용하는 것도 가능하다. 지금까지는 이런 구조체를 인수를 사용해서 한 술어에서 또 다른 술어로 전달했다. 그러나 인수 통해 정보를 전달하기보다 데이터베이스에 정보를 저장하는 이유 한 가지는 그 정보가 때로 프로그램의 여러 부분에서 필요한 경우가 있고, 데이터베이스를 쓰지 않을 경우 대부분의 술어에 정보 전달용 인수를 한 두 개씩 추가로 포함시켜야 하기 때문이다. 또 다른 이유는 무름을 하면서도 정보를 보전하고 싶기 때문이다. 이 절에서는 구조체 저장에 데이터베이스를 활용하는 세 개의 술어를 설명하는데, 이 구조체에는 변수 활용으로 가능한 것보다 더 확장된 존속기간이 부여된다. 세 개의 술어는 호출될 때마다 가성(pseudo) 무작위로 선택된 정수를 생성하는 random, 목록을 생성하되, 주어진 술어를 충족시키는 모든 구조체가 그 요소가 되는 findall, 그리고 이름이 유일한 원자를 생성하는 gensym 등이다.

7.8.1 random

random(R, N) 목적은 1과 R 사이에서 무작위로 선택한 정수(난수)로 N을 사례화 한다. 난수를 선택하는 방법은, 합동법(congruential method)을 활용하는데, 임의의 정수로 초기화된 '종자(seed)'를 쓴다. 난수가 필요할 때마다 현재 있는 종자를 사용해서 대답을 구하고 새로운 종자를 결정해서 저장하는 바, 추후의 난수 요청에 대비한다. random 호출에 필요한 종자는 데이터베이스를 사용하여 저장한다. 종자를 사용한 후에는 중고가 되어버린 종자 값 정보를 철회한다(retract). 그런 다음 새로운 종자를 계산하여, 종자 값 정보를 새롭게 단언한다. 초기 종자는 데이터베이스에 그저 하나의 사실로 존재하는데, 인수가 한 개 있는 동적 술어 seed로 표현되고 종자의 정수 값이 인수이다.

```
:- dynamic seed/1.

seed(13).

random(R, N) :-
    seed(S),
    N is (S mod R) + 1,
    retract(seed(S)),
    NewSeed is (125 * S + 1) mod 4096,
    asserta(seed(NewSeed)), !.
```

그런데 retract 의미를 활용하여 random 정의를 간소화 시킬 수도 있다. 다음과 같은 방식으로 종자 값을 알아냄과 동시에 종자를 철회시키는 방법을 쓴다.

```
random(R, N) :-
    retract(seed(S)),
    N is (S mod R) + 1,
    NewSeed is (125 * S + 1) mod 4096,
    asserta(seed(NewSeed)), !.
```

1과 10 사이의 난수를 생성하여 출력하기를 계속하되, 5가 생성되어 출력된 후에는 멈추게 하고 싶은 경우, 다음과 같이 질문을 하면 된다.

```
?- repeat, random(10, X), write(X), nl, X = 5.
```

유의할 사항은 합동법이 난수 수열을 생성하기에 특별히 좋은 해법이 아니란 점인데, 여기에서는 계산 상태를 저장하는 문제를 설명하는 목적으로 사용하였다.

7.8.2 Gensym

gensym 술어로 새로운 프롤로그 원자를 생성할 수 있다. 만약 세상에 대한 정보를 (아마도 세상을 묘사한 글 이해를 통해서) 받아들여 축적하는 프로그램이 있다면, 새로운 객체가 발견된 상황을 처리해야 하는 문제를 다루었을 것이다. 객체 표현의 자연스러운 방식은 프롤로그 원자를 사용하는 것이다. 만약 지금까지 본 적이 없는 객체가 나타났다면, 그것에 이름으로 부여할 원자가 다른 어떤 객체를 나타내는 원자와 우연이라도 일치하지 않도록 조처해야 한다. 즉, 새로운 원자를 생성할 수 있는 능력이 있어야 한다. 또한 원자에 어떤 암기형 의미를 부여하는 것도 좋겠는데, 그렇게 하면 프로그램의 출력 해독이 쉬워진다. 만약 학생을 표현하는 경우, 합리적인 해법은 첫째 학생을 student1, 둘째를 student2, 그리고 셋째를 student3 등으로 이름 짓는 것이다. 그런 다음에, 만약 추가적으로 선생님을 나타내야만 한다면, 원자 teacher1, teacher2, teacher3 등을 골라 그분들을 나타낼 것이다.

gensym의 목적은 주어진 (전술한 student나 teacher와 같은) 어근을 토대로 새로운 원자를 생성하는 것이다. 각 어근에 대해, 마지막으로 어떤 수를 사용했는지 기억해야 한다. 그래야 다음번에 해당 어근에 대한 새로운 원자 생성의 요청이 들어 왔을 때, 이전과 다른 원자를 생성함을 보장할 수 있는 것이다. 그리하여 다음과 같은 질문을 처음하면,

    ?- gensym(student, X).

그 대답은 다음과 같다.

    X = student1

앞의 질문을 다음에 다시 하면, 그 대답이 *X = student2* 등등일 것이다. 유의할 사항은 (gensym(X, Y)은 재충족이 불가능하기 때문에) 이러한 서로 다른 해답을 무름으로 생성시키는 것이 아니고, gensym으로 질문을 연속적으로 하여 서로 다른 해답을 얻는다는 점이다.

gensym 정의에서는 동적 술어 current_num을 보조로 사용한다. gensym은 주어진 어근에 대해 마지막으로 어떤 수를 사용했는지 추적하는데, current_num 사실을 데이터베이스에 기록하는 (또한 더 이상 필요 없으면 제거하는) 방식을 쓴다. current_num(Root, Num) 사실은 어근 Root에 사용한 마지막 수가 Num임을 의미한다. 즉, 이 어근으로 생성한 마지막 원자의 문자 구성은 Root을 구성하는 문자열에 Num을 구성하는 문자열을 붙인 것이다. 프롤로그가 gensym 목적을 충족시킬 때 실행되는 정상적인 과정은 주어진 어근에 대한 마지막 current_num(Root, Num1) 사실을 데이터베이스에서 제거하고, 포함된 수 Num1에 1을 더해서 Num을 얻은 다음, 새로운 current_num(Root, Num) 사실을 대체용으로 데이터베이스에 추가하는 것이다. 이와 함께 새로운 수 Num은 원자명 생성의 재료로 사용된다. 데이터베이스를 활용하기 때문에 current_num 정보 관리가 매우 편하다. 유일한 대안은 gensym에 직간접적으로 개재되어 있는 모든 술어에 추가 인수를 설정하여 현재 수 Num에 대한 정보 매체로 쓰는 것이다. 다음에 gensym 프로그램이 있다.

```prolog
:- dynamic current_num/2.

gensym(Root, Atom) :-
    get_num(Root, Num),
    atom_chars(Root, Name1),
    number_chars(Num, Name2),
    append(Name1, Name2, Name),
    atom_chars(Atom, Name).

get_num(Root, Num) :-
    retract(current_num(Root, Num1)), !,
    Num is Num1 + 1,
    asserta(current_num(Root, Num)).
get_num(Root, 1) :- asserta(current_num(Root, 1)).
```

get_num 술어는 주어진 어근 Root에 붙여 사용할 다음 수 Num을 구한다. (첫째 절의 의미이되) 만약 Root와 연관된 수 Num1이 이미 존재한다면, get_num은 다음 수 Num을 반환 값으로 결정하고 데이터베이스를 갱신한다. (둘째 절의 의미이되) 만약 Root와 연관된 수가 지금까지 존재하지 않았다면, 사용할 수를 1로 정하고 current_num 기록을 시작한다. gensym에서 해야 할 것은 적합한 내장 술어로 어근 Root와 접미사 Num을 문자 목록으로 변환하고, 두 목록을 연결시켜 원자명을 표현하고, 이 목록으로 원자를 만드는 것이다.

7.8.3 Findall

일부 응용 프로그램에서는 특정 술어를 충족시키는 모든 항을 알아 두는 것이 유용하다. 예를 들어 1장의 parents 술어를 (그리고 parents 사실에 대한 데이터베이스가 있다고 가정하면서) 사용하여 Adam과 Eve의 모든 자녀를 수록한 목록을 만들고 싶은 경우가 있겠다. 이때 findall이라는 술어를 사용할 수 있는데, 표준을 준수하는 프롤로그 구현 시스템에서는 이미 준비되어 있는 술어이다. 표준 프롤로그에는 이와 비슷한 술어 setof도 있다. findall이 프롤로그 데이터베이스 활용의 좋은 예이기 때문에, 프롤로그로 findall을 어떻게 정의할 수 있는지 알아볼 것이다.

findall(X, G, L) 목적은 목록 L을 생성하는데, G 목적을 충족시킬 때 나타난 객체 X 값 모두가 목록의 요소가 된다. G는 일반적인 항으로 사례화 된다고 가정한다. 단, findall은 G를 프롤로그 목적으로 취급한다. 또한, X는 G 내부 어딘가에 나타나 있을 것이다. 그래서 G는 임의의 복잡도를 지닌 프롤로그 목적으로 사례화 될 수 있다. 다음에, Adam과 Eve의 모든 자녀를 알아내는 방법이 있다.

```
?- findall(X, parents(X, eve, adam), L).
```

앞에서 변수 L은 parents(X, eve, adam)을 충족시키는 모든 X 값의 목록으로 사례화 될 것이다. findall이 해야 할 일은 둘째 인수를 충족시키는 작업을 반복적으로 시도하고, 충족될 때마다 X의 사례화 결과가 무엇이든지 간에 데이터베이스에 수록하는 것이다. 둘째 인수 충족시키기가 마침내 실패하면, 돌아가 데이터베이스에 기록했던 모든 X를 수집

한다. 그 결과 목록은 셋째 인수로 반환된다. 만약 둘째 인수를 결코 충족시킬 수 없다면, 셋째 인수는 빈 목록으로 사례화 될 것이다. 자료 항목을 데이터베이스에 기록할 때, 내장 술어 asserta를 사용하는데, 이 술어는 항을 삽입하되, 삽입할 항과 같은 함자로 정의된 술어 앞에 그 항을 삽입한다. 자료 항목 X가 발견되었음을 기록하기 위해 데이터베이스에 동적 술어 found에 대한 사실을 추가한다. findall을 정의하는 프롤로그 절이 다음에 있다.

```prolog
:- dynamic found/1.

findall(X, G, _) :-
    asserta(found(mark)),
    call(G),
    asserta(found(result(X))),
    fail.
findall(_, _, L) :- collect_found([], M), !, L = M.

collect_found(S, L) :-
    getnext(X),
    !,
    collect_found([X|S], L).
collect_found(L, L).

getnext(Y) :- retract(found(X)), !, X = result(Y).
```

findall 술어는 먼저 found 사실을 추가하는데, 이는 특별한 표식용이고 그 형태는 원자 mark가 인수로 있는 사실의 모습이다. 이 특별한 표식은 데이터베이스의 특정 위치에다 표시를 할 때 사용하는데, 이 표식을 한 다음부터 findall의 사용에서 G 목적을 충족시킬 때 나타난 객체 X 값 모두가 단언되어 기록될 것이다. found의 다른 인수는 모두 result(X) 형태인데 여기서 X는 발견한 값이다. 그 다음에는 call(G)로써 G를 충족시키려고 한다. 이에 성공할 때마다, found(result(X))를 데이터베이스에 삽입한다. fail은 강제로 무름을 발생시켜서 G를 재충족시켜 보려고 한다. 유의할 사항은 asserta가 많아야 한 번 충족되는 술어라는 점이다. 마침내 G가 충족시킴에 실패했을 때, 무름 과정은 충족시 킬 수 없었던 첫째 findall 절을 떠나, 둘째 절을 충족시켜 보려고 할 것이다. findall의 두 번째 절은 collect_found를 호출하는데, collect_found 술어는 데이터베이스에서 found 구조체를 모두 철회하면서 회수한 found 구조체의 성분을 목록에 축적한다. collect_ found는 회수한 성분이 '현행 목록'을 수록한 구조체의 머리가 되게 하는 방법으로 회수 한 성분을 목록에 축적한다. getnext가 실패하는 때는 구조체 성분 mark를 (또는 실제로 는 result(X)의 형태가 아닌 것을) 발견하자마자 일어난다. 그 결과 collect_found의 둘째 절이 충족되는데, 여기에서 (현행 축적 목록이 저장된) 첫째 인수를 (결과를 저장할) 둘째 인수와 공유시킨다.

유의할 사항은 데이터베이스에 found(mark)가 있으면 어떤 findall이 실행 중임을 알 수 있다는 점이다. 이 말은 findall을 재귀적으로 사용할 수 있음을 의미한다. findall 둘째 인수의 성분으로 사용된 다른 findall은 올바르게 처리될 것이다.

7.9절에서 findall을 활용하는 프로그램을 개발하는데, 그래프의 어떤 마디에서 유 래한 모든 자손의 목록을 만드는 것이다. 이것은 너비−우선(breadth-first) 그래프 탐색 프로그램을 구현할 때 사용된다.

연습문제 7.7: 술어 random_pick을 정의하는 프롤로그로 프로그램을 작성하라. 여기에서 목적 random_pick(L, E)는 목록 L에서 무작위로 선택한 요소로 E를 사례화 시킨다. 귀띔: 난수 발생기를 활용하고, 목록에서 N번째 요소를 반환하는 술어를 정의하라.

연습문제 7.8: findall(X, G, L) 목적이 주어졌을 때, X와 공유되지 않으면서 해례화 된 변수가 G에 있다면 어떤 일이 일어날까?

7.9 그래프 탐색

그래프는 일종의 그물인데, 마디(node)와 이를 연결하는 호(arc)로 구성된다. 예를 들어 지도는 그래프로 볼 수 있다. 이 경우, 마디는 마을이고 호는 마을을 이어 주는 도로이다. 만약 두 마을을 잇는 최단 여정을 발견하고 싶다면, 그래프 마디를 연결하는 최단 경로를 발견해야하는 문제를 해결해야 한다.

그래프를 표현하는 가장 쉬운 방법은 그래프의 마디 사이에 있는 호를 사실로 표현하여 데이터베이스에 수록하는 것이다. 예를 들어 그림 7.2와 같이 마디와 호의 문양으로 구성된 그래프는 왼편에 보인 사실로 나타낼 수 있다.

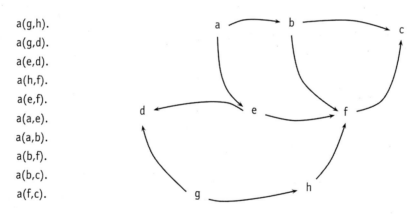

```
a(g,h).
a(g,d).
a(e,d).
a(h,f).
a(e,f).
a(a,e).
a(a,b).
a(b,f).
a(b,c).
a(f,c).
```

그림 7.2. 유향 그래프 표현

유의할 사항은, 호는 표현용 술어명이 a이고, a라는 이름이 붙은 마디 또한 존재한다는 점이다. 술어 a는 언제나 두 개의 인수를 수반하는 반면, 마디 a는 상수이기 때문에 혼동은 없을 것이다. 그래서 마디 a에서 c로 갈 때, a, e, f, c 경로나, 호의 화살촉이 이끄는 다른 가능한 경로 하나를 택할 수 있다. 따라서 술어 a의 해석은 다음과 같은데, a(X, Y)가 X에서 Y까지의 호가 있음을 의미하며, 그 자체로는 Y에서 X까지의 호 또한 있음을 함축하지 않는다.

앞과 같이 표현된 그래프를 탐색하는 가장 쉬운 프로그램은 다음과 같다.

```
go(X, X).
go(X, Y) :- a(X, Z), go(Z, Y).
```

이 프로그램은 7.2절에서 논의한 것보다 더 엄격한데, 그 이유는 호 화살촉이 이끄는 방향으로만 경로를 탐색하기 때문이다. 이전 경우와 같이 이 프로그램도 되돌이에 빠질 위험이 있다. 단지 다음에 보인 호를 전술한 그래프 정의에 추가하면 순환되는 그래프가 된다.

```
a(d, a).
```

이렇기 때문에, 이전의 경우와 같이 목록 T를 사용하여 술어의 어느 특정 재귀 단계에서 방문한 마디의 '자취'를 다음과 같이 기록해야 한다.

```
go(X, X, T).
go(X, Y, T) :- a(X, Z), legal(Z, T), go(Z, Y, [Z|T]).
legal(X, []).
legal(X, [H|T]) :- \+ X = H, legal(X, T).
```

유의할 사항은 술어 legal이 '비속격' 검사에 지나지 않는다는 점이다.

앞의 프로그램은 이른바 '깊이–우선(depth-first)' 탐색을 하는데, 그 이유는 그래프 마디 X에서 갈 수 있는 이웃 마디 Z를 하나만 먼저 골라 탐색을 진행하고 나머지는 나중에 고려하는 방식이기 때문이다. 다른 이웃들은 탐색 진행의 실패가 무름을 일으켜서 X로 복귀할 때까지 무시되다가, 복귀한 후 비로소 다른 이웃 Z를 고려하게 된다.

이제 그래프를 *무향적(undirected)*이라고 가정하는 바, 즉 모든 호가 양방향적이다. 그러면 주어진 호 정보를 토대로, 어느 방향으로든지 호를 사용할 수 있게 제시해야 한다. 이 가정은 7.2절 미로 탐색의 경우에 설정했던 가정과 같다. 이것은 프로그램에서 다음과 같이 나타난다.

```
go(X, X, T).
go(X, Y, T) :-
      (a(X, Z) ; a(Z, X)),
      legal(Z, T), go(Z, Y, [Z|T]).
```

실제로 유용할 수 있는 그래프 탐색 사례를 지금 보도록 하자. 한 마을에서 다른 마을로 가는 운전 경로를 계획해야 한다면 어떨까? 영국 북부의 마을 사이를 잇는 도로와 도로 길이 정보가 수록된 데이터베이스가 다음과 같이 주어질 수 있다.

```
a(newcastle, carlisle, 58).
a(carlisle, penrith, 23).
a(darlington, newcastle, 40).
a(penrith, darlington, 52).
a(workington, carlisle, 33).
a(workington, penrith, 39).
```

당장은 거리를 무시할 수 있는 바, 새로운 술어를 다음과 같이 정의할 수 있다.

```
a(X, Y) :- a(X, Y, Z).
```

두 술어는 각각 뒤 따르는 인수의 개수가 다르기 때문에 혼동되지 않는다. a의 정의가 주어졌을 때 기존의 그래프 탐색 절차 **go**는 그래프의 한 곳에서 어떤 다른 곳으로 운전 가능한 길을 찾을 것이다. 그러나 **go**에는 미흡한 점이 하나 있다. 경로 탐색에 성공했을지라도 그 경로 내용을 알려주지 않는다는 것이다. 최소한 **go**가 올바른 순서로 방문할 곳의 목록을 만들어 주기를 기대할 수 있다. 더욱이 프로그램은 원하는 바와는 반대의 순서이지만, 이미 방문한 마디의 '자취'를 상비하고 있다. 7.5절에서 정의한 rev를 사용하여 자취를 다시 올바른 방향으로 바꿀 수 있다. 다음에 **go**에 대한 새로운 정의가 있는데, 셋째 인수를 통하여 탐색에 성공한 경로를 반환한다.

```
go(Start, Dest, Route) :-
    go0(Start, Dest, [], R),
    rev(R, Route).

go0(X, X, T, [X|T]).
go0(Place, Y, T, R) :-
    legalnode(Place, T, Next),
    go0(Next, Y, [Place|T], R).

legalnode(X, Trail, Y) :-
    (a(X, Y) ; a(Y, X)), legal(Y, Trail).
```

유의할 사항은 legalnode를 사용하여 어떤 마디에서 갈 수 있는 마디의 적법성을 규정하였고, legal은 이전과 같이 정의하였다는 점이다. 다음에 이 프로그램의 작동 예가 있는데, Darlington에서 Workington까지의 경로를 찾는다.

```
?- go(darlington, workington, X).
X = [darlington, newcastle, carlisle, penrith, workington]
```

아마도 최선의 경로가 아닐지 모르지만, 무름을 통해 대안을 찾게 한다면 다른 경로를 찾을 것이다.

이 프로그램에는 미흡한 점이 많이 있다. 이 프로그램은 다음에 조사할 경로를 결정하는 데 있어서 제어권이 충분하지 못한데, 그 이유는 가능한 경우 모두를 조사하는 입장에 서지 않기 때문이다. 고려가 연기된 나머지 선택대상은 프로그램으로 조사할 수 있는 명시적(explicit)인 구조 안이라고 하기보다는 프롤로그의 무름 구조 안에 묵시적(implicit)으로 존재하는 것이다. 다음은 보다 범용적인 개정판이다. 이 프로그램에서 간단한 변경으로 다양한 탐색 작용을 유도할 수 있음을 볼 것이다.

```
go(Start, Dest, Route) :-
    go1([[Start]], Dest, R),
    rev(R, Route).

go1([First|Rest], Dest, First) :- First = [Dest|_].
go1([[Last|Trail]|Others], Dest, Route) :-
    findall([Z, Last|Trail], legalnode(Last, Trail, Z), List),
    append(List, Others, NewRoutes),
    go1(NewRoutes, Dest, Route).
```

술어 legalnode는 이전과 같이 정의하였다. go1 술어에는 목적지와 함께 탐색 중인 경로 목록을 제공하고, 마지막 인수로는 탐색에 성공한 경로가 반환된다. 탐색 중인 경로 목록은 출발지부터 지금까지 거쳐 온 모든 경로의 모임일 뿐이다. 이 중에서 하나를 목적지에 도착하는 경로가 되도록 전개시킬 수 있기를 바란다. 경로는 방문의 역순으로 정리된 장소 목록인 바, 방문의 '자취'로도 쓸 수 있다.

시작할 때는 전개시킴직한 경로가 하나만 있다. 이것은 출발지에서 시작해서 더 이상 나가지 않은 경로이다. 만약 Darlington에서 출발한다면, 이것은 [darlington]일 것이다. 이제 Darlington에서 인접 마을로 가는 경로를 조사한다면, 가능한 경로가 두 가지인데, [newcastle, darlington] 그리고 [penrith, darlington]이다. 목적지 Workington이 두 경로 어디에도 없기 때문에, 어떤 경로를 지금 전개시켜야 할지를 결정해야 한다. 첫째 경로를 전개시켜 보기로 했다면, (현재 경로의 마지막 마을) Newcastle에 인접해 있는 적법한 마디가 하나뿐이라는 것을 알게 된다. 그래서 새로운 경로 [carlisle, newcastle, darlington]를 얻고 Darlington-Penrith 경로와 함께 고려한다.

탐색기 go1은 탐색해 볼 만한 경로 모두를 목록화하여 관리한다. 제일 먼저 검토해야 할 경로를 어떻게 선정할까? go1은 그냥 첫 번째 것을 선택한다. 경로 선택 후, 한 마을만큼 그 경로를 전개할 수 있는 모든 후보경로를 (findall을 사용해서 그러한 모든 전개된 경로의 목록을 생성하는 바) 한꺼번에 알아내고, 다음 반복 과정에서 고려할 수 있도록 기존 후보경로 목록의 *머리* 요소를 대체하여 그 자리에 나열한다.

결과적으로 go1 작용은 가능한 모든 방법으로 첫 번째 경로를 전개하되, 이는 언젠가 해야 할 대안 고려 작업에 우선하여 시행한다는 것이 된다. 이는 탐색 전략이 *깊이-우선 탐색류*가 되게 한다. 그런데 go1은 go0과 꼭 같은 순서로 경로를 탐색한다. 왜 그렇게 되는지 정확히 밝혀내는 것도 좋겠다.

만일 관심이 Darlington에서 Workington까지의 최단 경로에 있다면, 기존 프로그램은 별로 좋은 것은 아니다. 프로그램이 발견하는 첫째 해답[darlington, newcastle, carlisle, penrith, workington]은 최단 경로가 아닌데, 사실은 (현재 경우) 오히려 최장 경로이다. 우선, 프로그램을 변경하여 경로 길이 순서로 전개되도록 한다. (경로 길이를 경로상의 마을 개수로 정한다고 했을 때) 만약 프로그램을 변경하여 보다 긴 경로를 고려하기 전에 보다 짧은 경로를 언제나 먼저 전개하도록 한다면, 최단 경로를 먼저 발견하게 된다. 변경한 프로그램은 *너비-우선 탐색*을 수행할 것이다. 이를 위해 해야 할 일은 새로운 후보경로 대안을 기존 후보경로 목록의 끝에 놓는 일인데, 직전의 예에서는 이와는 달리 머리 부분에 나열하였다. go1의 둘째 절을 간단히 다음과 같이 수정한다.

```
go1([[Last|Trail]|Others], Dest, Route) :-
    findall([Z, Last|Trail], legalnode(Last, Trail, Z), List),
    append(Others, List, NewRoutes),
    go1(NewRoutes, Dest, Route).
```

수정된 프로그램은 이제 Darlington에서 Workington까지의 후보경로를 다음 순서로 찾는다.

```
[darlington, penrith, workington]
[darlington, newcastle, carlisle, workington]
[darlington, penrith, carlsisle, workington]
[darlington, newcastle, carlisle, penrith, workington]
```

앞의 프로그램을 상당히 간소화할 수 있는데, 질의(query)에 대한 대답이 언제나 있고 단지 첫 번째 해답만 필요한 경우에 한한다. 이런 조건 하에서는 더 이상 legalnode에서 되돌이를 확인할 필요가 없다. 그 이유를 밝힐 수 있는지 알아보라.

안타깝게도 경로상의 마을 개수가 최소라고 해서 항상 최단 경로가 되는 것이 아니다. 지금까지는 그래프에서 거리에 대한 정보를 무시하였다. 만약 가상의 마을을 그래프에 추가한다면 다음과 같이 된다.

```
a(newcastle, carlisle, 58).
a(carlisle, penrith, 23).
a(darlington, newcastle, 40).
a(smallville, metropolis, 15).
a(penrith, darlington, 52).
a(smallville, ambridge, 10).
a(workington, carlisle, 33).
a(workington, ambridge, 5).
a(workington, penrith, 39).
a(darlington, metropolis, 25).
```

이 경우, 최단 경로는 실제로 최후에 생성되는데, 그 이유는 너무 많은 마을을 통과하는 여행 경로이기 때문이다. 최단 경로 발견을 위해 해야 할 일은 전개할 후보경로 각각에 대하여 길이 정보를 관리하는 일이다. 그러면서 항상 최단 후보경로를 전개한다. 이를 *최선-우선(best-first)* 탐색이라고 부른다.

목록화 하여 관리할 후보경로는 r(M, P) 형태로 나타낼 것인데, 여기에서 M은 마일 단위의 경로 전체 길이, P는 방문지 목록이다. 수정판 술어 go3은 이제 후보경로 목록에서 최단 경로를 발견한다. 술어 shortest는 경로 목록이 주어지면, 최단 경로와 나머지 경로를 구분하여 같이 반환한다. 현행의 최단 경로가 주어지면, 술어 proceed는 갈 수 있는 바로 다음 마을 모두로 적법하게 전개하여 후보경로 목록에 추가한다. 이는 결국 legalnode의 개정판이 필요하게 만드는데, 개정판은 다음 마을까지의 거리를 현행의 경로 길이에

합한다. 전체 프로그램은 다음과 같다.

```
go3(Routes, Dest, Route) :-
    shortest(Routes, Shortest, RestRoutes),
    proceed(Shortest, Dest, RestRoutes, Route).

proceed(r(Dist, Route), Dest, _, Route) :-
    Route = [Dest|_].
proceed(r(Dist, [Last|Trail]), Dest, Routes, Route) :-
    findall(
        r(Dl, [Z,Last|Trail]),
        legalnode(Last, Trail, Z, Dist, Dl),
        List),
    append(List, Routes, NewRoutes),
    go3(NewRoutes, Dest, Route).

shortest([Route|Routes], Shortest, [Route|Rest]) :-
    shortest(Routes, Shortest, Rest),
    shorter(Shortest, Route),
    !.

shortest([Route|Rest], Route, Rest).

shorter(r(Ml,_), r(M2,_)) :- Ml < M2.

legalnode(X, Trail, Y, Dist, NewDist) :-
    (a(X, Y, Z) ; a(Y, X, Z)),
    legal(Y, Trail),
    NewDist is Dist + Z.
```

이 프로그램을 사용하려면, 다음과 같이 정의된, go 술어를 충족시키도록 한다.

```
go(Start, Dest, Route) :-
    go3([r(0,[Start])], Dest, R),
    rev(R, Route).
```

이 새로운 프로그램은 실제 길이 순으로 후보경로를 구성해내는 데 성공한다. 프로그램을 변경하여 대답과 함께 경로 길이도 구할 수 있겠다.

체계적으로 그래프를 탐색할 수 있는 방법에 대한 고려는 거의 시작하지도 않았다. 그래프 탐색법에 대한 정보는 인공지능 책에서 볼 수 있는데, '최선-우선'보다 더 효과적인 어림셈을 채용한 다양한 탐색 해법이 있다. 예를 들어, Nils Nilsson이 저술하고 Springer-Verlag에서 1982년에 발간된 『*Principles of Artificial Intelligence*』, Patrick Winston이 저술하고 Addison Wesley에서 1984년에 발간된 『*Artificial Intelligence*』(제2판), 그리고 Stuart Russell과 Peter Norvig이 저술하고 Prentice-Hall에서 1995년에 발간된 『*Artificial Intelligence: A Modern Approach*』 등이다.

7.10 2와 3의 배수 걸러내기

> *2의 배수를 걸러내고 3의 배수를 걸러내라:*
> *에라토스테네스의 체.*
> *배수가 승화되고 나면,*
> *남은 수는 소수일 것이니.*
>
> 무명씨

소수(*prime number*)는 1과 그 자신을 제외한 어떠한 약수도 없는 수이다. 예를 들어, 5는 소수이지만 15는 아닌데 그 이유는 정수 3이 약수이기 때문이다. 소수 생성법 중에 에

라토스테네스의 체(Sieve of Eratosthenes)라는 것이 있다. 정수 *N*까지의 소수를 체질 후 남기는 방법은 다음과 같이 작동한다.

1. 2와 *N*사이의 모든 정수를 '체'에 넣는다.

2. 체에 남아있는 가장 작은 정수 *I*를 선택하여 제거한다.

3. *I*를 소수 결과에 포함시킨다.

4. 체를 훑으면서 *I*의 모든 배수를 제거한다.

5. 만일 체가 비지 않으면, 제2단계에서 5단계까지를 반복 실행한다.

전술한 해법을 프롤로그로 번역한다. 먼저 술어 integers를 정의하여 정수 목록을 발생시키는 데 쓰고, 술어 sift를 정의하여 '체' 안의 각 요소를 검사하는 데 쓰며, 그리고 술어 remove를 정의하여서는 선택된 수의 배수를 체에서 걸러내어 새로운 체를 생성하는 데 쓴다. 이 새로운 체는 다시 sift로 전달된다. 다음과 같이 술어 primes를 정의하여, 목 적 primes(N, L)가 L을 2 이상, N 이하의 소수 목록으로 사례화 되게 한다.

```prolog
primes(Limit, Ps) :-
    integers(2, Limit, Is),
    sift(Is, Ps).

integers(Low, High, [Low|Rest]) :-
    Low =< High,
    !,
    M is Low + 1,
    integers(M, High, Rest).
integers(_, _, []).

sift([], []).
sift([I|Is], [I|Ps]) :-
    remove(I, Is, New),
    sift(New, Ps).
```

```
remove(P, [], []).
remove(P, [I|Is], [I|Nis]) :-
    \+ 0 is I mod P,
    !,
    remove(P, Is, Nis).
remove(P, [I|Is], Nis) :-
    0 is I mod P,
    !,
    remove(P, Is, Nis).
```

더 좋은 프로그램을 얻기 위해서는 때로는 해법을 너무 축자적으로 번역하지 않아야 한다. 실제로 다음과 같이 보다 직접적인 방식으로 소수를 발견하는 방법도 있다. 목적 primes(I, L, P)는 정수 목록 I를 검사하여 소수 목록 P를 생성하는데, '현행의 소수 목록'을 수록한 L을 누산기로 사용한다. I의 각 요소 H에 대해서는 L의 어떤 요소로 나누어떨어지는지 확인해야 한다. 만일 그러한 요소가 L에 없다면, H를 L에 추가한다. 목록의 끝에 도달했을 때, 누산기 L을 소수 목록 P로 설정한다.

```
primes([], P, P).
primes([H|T], P, Z) :-
    legal(H, P),
    !,
    primes(T, [H|P], Z).
primes([H|T], P, Z) :- primes(T, P, Z).

/*
   X가 적법한 경우는,
   X를 L의 어떤 요소로도 나누어떨어지게 할 수 없을 때이다.
*/
legal(X, []).
legal(X, [H|_]) :-
```

```
        0 is X mod H,
        !,
        fail.
    legal(X, [_|L]) :- legal(X, L).
```

이러한 산술적인 맥락 안에서 함께 볼 프롤로그 프로그램이 있는데, 유클리드 호제법(Euclid's algorithm)을 재귀적으로 정형화한 것이다. 호제법으로 정수 쌍의 최대공약수를 구한 다음에는, 정수 곱을 최대공약수로 나누어 최소공배수를 얻는다. 다음에서 목적 gcd(I, J, K)은 I와 J의 최대공약수가 J일 때 충족된다. 목적 lcm(I, J, K)는 I와 J의 최소공배수가 K일 때 충족된다.

```
    gcd(I, 0, I) :- !.
    gcd(I, J, K) :- R is I mod J, gcd(J, R, K).

    lcm(I, J, K) :- gcd(I, J, R), K is (I * J) // R.
```

유의할 사항은 나머지 계산 방식 때문에, 앞의 술어는 '가역적(reversible)'이지 않다는 점이다. 즉, 변수 I와 J는 이 술어를 사용하려 할 때 사례화 된 상태이어야 한다.

연습문제 7.9: 세 개의 자연수 x, y와 z가 *피타고라스의 삼중수(Pythagorean triple)*를 형성하는 경우는 z의 제곱이 x와 y 각각의 제곱의 합과 같을 (즉, $z^2 = x^2 + y^2$) 때이다. 피타고라스의 삼중수를 생성하는 프로그램을 작성하라. 술어 **pythag**를 정의하되 다음과 같이 질문할 수 있게 하고, 대안 해답을 구할 때 원하는 만큼 많은 다른 피타고라스의 삼중수가 나오도록 하라. 귀띔: 4장에서 본 **is_integer**와 같은 술어를 활용하라.

```
    ?- pythag(X, Y, Z).
```

7.11 기호 미분

수학에서, 기호 미분(symbolic differentiation)이란 주어진 산술식을 도함수라는 또 다른 산술식으로 변환하는 연산이다. U를 산술식이라고 하되 변수 x가 나타날 수 있다고 하자. x에 관한 U의 도함수는 $\frac{dU}{dx}$라고 쓰고 재귀적으로 정의하는데, 산술식 U에 다음에 보인 변환 규칙을 적용하는 방식을 쓴다. 처음에 두 개의 경계 조건이 나타나 있고, 화살표는 "~로 변환된다"로 읽는다. U와 V는 수식을 나타내고, c는 상수를 나타낸다.

$$\frac{dc}{dx} \rightarrow 0$$

$$\frac{dx}{dx} \rightarrow 1$$

$$\frac{d(-U)}{dx} \rightarrow -\left(\frac{dU}{dx}\right)$$

$$\frac{d(U+V)}{dx} \rightarrow \frac{dU}{dx} + \frac{dV}{dx}$$

$$\frac{d(U-V)}{dx} \rightarrow \frac{dU}{dx} - \frac{dV}{dx}$$

$$\frac{d(cU)}{dx} \rightarrow c\left(\frac{dU}{dx}\right)$$

$$\frac{d(UV)}{dx} \rightarrow U\left(\frac{dV}{dx}\right) + V\left(\frac{dU}{dx}\right)$$

$$\frac{d(U/V)}{dx} \rightarrow \frac{d(UV^{-1})}{dx}$$

$$\frac{d(U^c)}{dx} \rightarrow cU^{c-1}\left(\frac{dU}{dx}\right)$$

$$\frac{d(\log_e U)}{dx} \rightarrow U^{-1}\left(\frac{dU}{dx}\right)$$

전술한 변환 규칙은 프롤로그로 쉽게 번역할 수 있는데, 그 이유는 산술식을 구조체들로 나타낼 수 있고, 연산자를 구조체의 함자로 사용할 수 있기 때문이다. 또한 목적을 규칙의 머리와 어울리게 할 때 발생하는 문양 어울림도 활용할 수 있다.

목적 d(E, X, F)를 고찰해보건대, 이 목적은 '변수' X에 관한 수식 E의 도함수가 수식 F일 때 충족되는 것이고 여기에서 '변수'는 프롤로그 문법의 변수가 아니라 수식 E를 구성하는 변수를 지칭함에 유의하자. 비록 +, -, *, 그리고 / 연산자에 대해서는 내장 선언이 있지만, '^' 연산자를 선언해야 하는 바, x^n을 X^Y로 표현할 것이다. 연산자 선언의 사용 목적은 단지 수식 어구배열의 가독성 향상에 있다. 예를 들어, d를 정의한 후에 다음과 같은 질문을 할 수 있겠다.

```
?- d(x+1, x, X).
X = 1+0
?- d(x*x-2, x, X).
X = x*1+1*x-0
```

유의할 사항은 수식을 변환 규칙으로 그냥 다른 수식으로 바꾸면 단순화된 결과 수식을 항상 얻을 수 있는 것이 아니라는 점인데, 축약기(simplifier)를 (7.12절에서와 같이) 독립된 절차로 작성할 수도 있다. 기호 미분 프로그램의 구성은 다음과 같이, 추가로 필요한 연산자 선언과 함께 전술한 변환 규칙을 한 행씩 프롤로그 절로 번역한 것으로 이루어져 있다.

```
?- op(300, yfx, ^).

d(X, X, 1) :- !.
d(C, X, 0) :- atomic(C).
d(-U, X, -A) :- d(U, X, A).
d(U+V, X, A+B) :- d(U, X, A), d(V, X, B).
d(U-V, X, A-B) :- d(U, X, A), d(V, X, B).
d(C*U, X, C*A) :- atomic(C), \+ C = X, d(U, X, A), !.
d(U*V, X, B*U+A*V) :- d(U, X, A), d(V, X, B).
d(U/V, X, A) :- d(U*V^(-1), X, A).
d(U^C, X, C*U^(C-1)*W) :- atomic(C), \+ C = X, d(U, X, W).
d(log(U), X, A*U^(-1)) :- d(U, X, A).
```

자름이 발생하는 두 곳에 주목하자. 첫째 자름은 변수 X에 관한 수식 X의 도함수를 구하는 경우, 첫째 절하고만 어울리게 하는 바, 둘째 절과 어울릴 가능성을 제거한다. 두 번째로, 곱의 도함수 구하기에 대한 두 개의 절이 있는데, 첫째는 계수가 상수인 특별한 경우를 다룬다. 만약 특별한 경우가 충족된다면, 일반적인 경우는 후보에서 제거되어야 한다.

앞에서 지적한 것처럼 이 프로그램에서 생성된 해답은 축약된 것이 아니다. 예를 들어, 수식 x*1을 x로 쓰는 것이 좋고 그 밖의 어떤 수식, 예를 들면 x*1+1*x-0은 2*x로 쓰는 것이 좋은 것이다. 다음 절에서 대수적 축약기를 설명하겠는데, 산술식 축약에 사용될 수 있는 것으로서, 앞에서 도함수를 유도한 방식과 흡사한 방식으로 작동한다.

7.12 구조 사상과 나무 변환

구조체를 복사하되 성분을 하나씩 처리하여 새로운 구조체를 형성한다면 한 구조체를 다른 구조체로 *사상*했다고 한다. 구조체를 복사하면서 각 성분을 미세하게 수정하는 것은 통상적인데, 3장에서 한 문장을 또 다른 문장으로 변환할 때도 그러하였다. 그 예에서, 때로는 문장의 단어를 원문과 동일하게 복사하고자 했고, 때로는 단어가 변환된 새로운 사본을 구하기도 하였다. 거기에서 다음 프로그램을 사용했는데, 첫째 인수를 둘째 인수로 *사상*하는 술어 alter이다.

```
alter([], []).
alter([A|B], [C|D]) :- change(A, C), alter(B, D).
```

사상은 범용 연산이기 때문에 다음과 같이 술어 maplist를 정의할 만도 한 바, 목적 maplist(P, L, M)가 충족되는 경우는 술어 P를 목록 L의 각 요소에 적용하여 새로운 목록 M을 생성하는 때이다. 술어 P에는 두 개의 인수가 있다고 가정하는데, 첫째 인수는 '입력' 요소이고, 둘째 인수는 변환된 요소로서 목록 M에 삽입할 것이다.

```
maplist(_, [], []).
maplist(P, [X|L], [Y|M]) :-
    Q =.. [P, X, Y], call(Q), maplist(P, L, M).
```

이 정의에는 유의할 점이 몇 가지 있다. 먼저, 이 정의는 (첫째 절) 경계 조건과 (둘째 절) 일반적인 재귀 경우로 구성된다. 둘째 절은, 'univ'로 발음하는 '=..' 연산자를 사용하여 목적을 생성하는데, 그 성분은 주어진 술어 P, 입력 요소 X, 그리고 술어 P가 변환한 요소로 사례화할 변수 Y 등이다. 다음에는, Q를 호출하여 충족시켜 본다는 것인데, 그 결과 Y가 사례화 되어 maplist의 둘째 절 머리, 셋째 인수의 머리 요소가 된다. 마지막으로 재귀 호출은 꼬리 L을 꼬리 M으로 사상한다.

술어 alter는 maplist를 사용하여 대체할 수 있다. 술어 change를 3장과 같이 정의하였다고 가정하면, maplist를 다음과 같이 사용할 수 있겠다.

```
?- maplist(change, [you,are,a,computer], Z).
Z = [i,[am,not],a,computer]
```

maplist의 간이형은 applist인데, 다음과 같이 인수가 한 개라고 가정하고 목록의 각 요소에 주어진 술어를 그냥 적용한다. 새로운 목록은 생성하지 않는다.

```
applist(_, []).
applist(P, [X|L]) :-
    Q =.. [P, X], call(Q), applist(P, L).
```

이 술어를 사용한 예로서 5장에서 본 술어 phh를 다음과 같이 달리 정의할 수도 있겠다.

```
phh(List) :- applist(write_space, List).
write_space(X) :- write(X), spaces(1).
```

사상은 목록에만 국한되지 않고, 어떤 종류의 구조체를 대상으로도 정의할 수 있다. 예를 들어 각각 인수가 두 개인 *와 +와 같은 함자로 구성된 산술식을 고려해보자. 어떤 식을 또 다른 식으로 사상하고자 하되, 1하고 하는 모든 곱셈을 제거하려고 한다고 하자. 이러한 대수적 간소화를 설명하는 한 방법은 술어 s를 정의하는 것일 터인데, 여기에서 s(Op, La, Ra, Ans) 의미는 연산자 Op의 왼쪽 인수 La와 오른쪽 인수 Ra로 구성된 수식의 간소화된 형태가 수식 Ans이라는 것이다. 1하고 하는 곱셈을 제거하는 사실은 다음과 같은데, 곱셈의 교환성을 반영하여 두 개의 사실로 구성되었다.

```
s(*, X, 1, X).
s(*, 1, X, X).
```

그래서 1*X 형태의 수식이 주어지면, 전술한 축약표에 의거하여 여하간 X로 사상될 수 있다. 프로그램에서 이를 어떻게 활용할 수 있는지 보기로 하자.

전술한 바와 같은 축약표의 규칙을 사용해서 수식 E를 축약하려면, 먼저 E의 왼쪽 인수를 축약한 다음 오른쪽 인수를 축약하고 그 축약된 결과가 축약표의 항목과 어울리는지 확인해야 한다. 만일 어울린다면, 축약표에 명시된 바가 여하간 새로운 수식이 된다. 이를 다음 프로그램의 simp 둘째 절에서 확인하자. 수식을 표현하는 나무의 '잎'에는 정수나 원자가 있게 되는데, 이러한 경계 조건을 내장 술어 atomic으로 확인하여, 잎을 축약하는 경우 그 자체가 되게 한다. 앞에서와 같이, 연산자 '=..'를 사용하여 수식 E를 함자와 성분으로 분해할 수 있다.

```
simp(E, E) :- atomic(E), !.
simp(E, F) :-
    E =.. [Op, La, Ra],
    simp(La, X),
    simp(Ra, Y),
    s(Op, X, Y, F).
```

그리하여 simp는 축약표 s에서 찾아낸 사실을 활용하여 식 E를 식 F로 사상한다. simp에게 축약 불가능한 연산을 주면 어떻게 될까? 술어 s(Op, X, Y, F)의 실패를 피하려면, 축약표의 각 연산자 끝 부분에 '포괄' 규칙을 두면 된다. 다음 축약표에는 덧셈과 곱셈에 대한 규칙이 있고, 각 연산자에 대한 포괄 규칙도 볼 수 있다.

```
s(+, X, 0, X).
s(+, 0, X, X).
s(+, X, Y, X+Y).    /* 덧셈 포괄 규칙 */
s(*, _, 0, 0).
s(*, 0, _, 0).
s(*, 1, X, X).
s(*, X, 1, X).
s(*, X, Y, X*Y).    /* 곱셈 포괄 규칙 */
```

포괄 규칙이 있기 때문에, 이제는 식의 축약법을 선택해야 하는 상황이 되었다. 예를 들어 수식 3+0에 대해서 축약표 s의 첫째 사실을 적용하거나, 또는 +에 대한 포괄 규칙을 쓸 수 있다. 축약표 s에서 사실이 나열된 순서 때문에, 프롤로그는 포괄 규칙에 앞서 언제나 특수 규칙을 먼저 적용하려 할 것이다. 그래서 simp의 (해답이 있는 경우의) 최초 해답은 언제나 제대로 축약된 수식일 것이다. 그러나 대안 해답은 가능한 최대로 축약된 수식이 아닐 것이다.

컴퓨터 보조 대수학(computer-aided algebra)에서 사용하는 또 다른 축약법으로 상수 겹침(constant folding)이라는 것이 있다. 수식 3*4+a에서 상수 3과 4가 '겹쳐지면 (folded)' 수식 12+a가 된다. 겹침 규칙은 앞에서 본 축약표의 적당한 위치에 추가할 수 있다. 덧셈에 대한 규칙은 다음과 같다.

```
s(+, X, Y, Z) :- number(X), number(Y), Z is X + Y.
```

다른 산술 연산에 대한 규칙도 이와 비슷하다.

곱셈과 덧셈과 같은 교환적 연산에서는 앞에서 설명한 축약화 효과가 대수적으로는 동등하지만 쓰인 바가 다른 수식에 다른 영향을 주는 일이 있다. 예를 들어 만약 곱셈에 대한 겹침 규칙이 있다면, simp 술어는 2*3*a를 6*a로 정확히 사상할 것이지만 a*2*3 또는 2*a*3은 각각 그 자체로 사상되어 변화가 없을 것이다. 이렇게 되는 이유를 알아보기 위해 다음과 같이 수식을 나무로 보면 어떠한지 생각해보자.

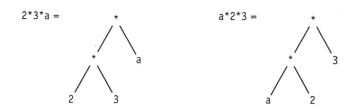

첫째 나무에서는 최하위 곱셈 2*3을 6으로 겹칠 수 있지만, 둘째 나무에서는 겹칠 수 있는 하위 나무가 없다. 곱셈은 교환적이기 때문에, 다음 규칙을 축약표에 추가하면 이 특별한 경우는 충족시킬 수 있을 것이다.

```
s(*, X*Y, W, X*Z) :- number(Y), number(W), Z is Y*W.
```

보다 일반적인 대수 시스템은 술어 simp를 정교하게 확장하는 대신에, 단순히 s 절을 더 추가하는 방법으로도 구축할 수 있다. 축약 기법은 수식 처리에 관한 더 일반적인 문제와 함께 『Clause and Effect』라는 책에서 보다 포괄적으로 다룬다. (이 장의 마지막 절에 자세한 정보가 있다.)

7.13 프로그램 처리

이 책에서 논의한 많은 내장 술어는 더 간단한 내장 술어를 사용해서 실제로 프롤로그로 정의할 수 있다. 이 절에서 그러한 정의를 몇 가지 보겠다. 이 정의는 사용 중인 프롤로그 시스템이 어떤 면에서 부족하다고 생각하는 프로그래머에게는 유용할 것이지만, 여하간 프롤로그 프로그래밍의 예제로서도 흥미로운 것들이다. 어쩌면 이 정의에서 영감을 받아 논의한 술어와 다소 다른 개인용의 개정판을 개발하게 될 수도 있겠다.

7.13.1 listing

술어 listing의 다른 판을 정의하는 데 내장 술어 clause를 사용할 수 있다. 그러나 유의할 사항은 비표준의 어떤 프롤로그 구현 시스템에서는 술어 clause를 동적 술어에 적용하는 것만을 허용하는 경우도 있다는 점이다. 술어 list1을 정의하되, 목적 list1(X)을 충족시키면 X와 어울리는 머리가 있는 절을 데이터베이스에서 찾아 출력하게 하자. list1의 정의에는 술어 clause의 첫째 인수로 X를 사용하기 때문에, X가 충분히 사례화 되어 주함자를 분별할 수 있어야 한다. 다음에 list1에 대한 정의가 있다.

```
list1(X) :-
        clause(X, Y),
        output_clause(X, Y), write('.'), nl, fail.
list1(X).

output_clause(X, true) :- !, write(X).
output_clause(X, Y) :- write((X :- Y)).
```

목적 list1(X)를 충족시키려 할 때, 첫째 절에서는 clause로써 X와 머리가 어울리는 절을 찾는다. 만약 하나가 발견되면, 그 절을 출력한 후 강제로 실패하게 한다. 그러면 무름이 일어나 clause 목적에 되돌아가서 재충족 시키려고 하는 바, X와 머리가 어울리는 절이 또 있는지 찾을 것이다. 전술한 과정이 반복 진행된다. 그러다가 X와 머리가 어울리는 절을 더 이상 찾을 수 없을 때, clause 목적은 재충족 될 수 없고 그리하여 충족에 실패할 것이다. 이 시점에서 list1의 둘째 절이 선택될 것이고, 그래서 list1(X) 목적은 충족될 것이다. 목적 충족의 '부작용'으로서, 질문에 적합한 모든 절이 출력될 것이다. output_clause의 정의는 절을 출력하는 방식을 명시한다. 먼저, 절의 몸이 true인 특별한 경우를 찾고, 그러한 절에 대해서는 단지 머리만을 출력한다. 그렇지 않으면, 함자 ':-'로 절의 머리와 몸을 연결하여 출력한다. 유의할 사항은 여기에서 '자름'의 용법이 절의 몸이 true인 경우 오직 첫째 규칙만이 타당하다는 것을 나타낸다는 점이다. 이 예제는 무름에 의존하기 때문에, 첫째 규칙에 있는 자름은 여기에서 필수적인 것이다.

7.13.2 프롤로그 통역기

내장 술어 clause는 또한 프롤로그 통역기(interpreter)를 프롤로그로 구현할 때도 활용할 수 있다. 즉, 프롤로그 프로그램 자체를 프롤로그 프로그램으로 실행하는 것이 무엇인지 정의할 수 있다. 다음에 술어 interpret에 대한 정의가 있는데, interpret(X)가 목적으로서 충족되는 경우는 X가 목적으로서 충족되는 바로 그 때라고 정의한다. 술어 interpret는 내장 술어 call과 흡사하지만 더 제약적인데, 그 이유는 자름이나 다른 내장 술어를 처리하지 못하기 때문이다.

```
interpret(true) :- !.
interpret((G1, G2)) :- !, interpret(G1), interpret(G2).
interpret(Goal) :-
        clause(Goal, MoreGoals), interpret(MoreGoals).
```

첫째와 둘째 절은 각각 목적이 true인 특별한 경우와 목적이 연접된 경우를 다룬다. 마지막 절은 단일 목적을 처리한다. 처리 절차는 그 머리가 목적과 어울리는 절을 찾은 다음, 절의 몸에 있는 목적에 interpret를 적용하는 것이다. 유의할 사항은 현재의 정의로는 내장 술어가 나타나는 프로그램을 처리할 수 없다는 점인데, 그 이유는 내장 술어의 정의를 구성하는 절이 특수하여, 통상의 의미로 일컫는 절이 없기 때문이다.

7.13.3 retractall

retract의 사용 예로서, retractall이라는 유용한 술어 대한 정의가 다음에 있다. retractall(X) 목적이 충족되면, 머리가 X와 어울리는 모든 절은 데이터베이스로부터 제거된다. 정의에서 retract를 사용하기 때문에, X가 해례화된 상태이면 안 되는데, 그 이유인즉 X가 해례화된 상태에서는 철회할 절의 술어를 결정할 수 없기 때문이다. 정의에서는 머리가 X와 어울리는 절에 대한 두 가지 경우, 즉 사실과 규칙일 경우를 다루어야 한다. 이러한 두 종류의 절을 입수할 목적으로 retract에 다른 인수를 사용한다. 이 정의에서는 인수와 어울리는 모든 절이 데이터베이스에서 제거될 때까지 retract를 무르는 속성을 활용한다.

```
retractall(X) :- retract(X), fail.
retractall(X) :- retract((X:-Y)), fail.
retractall(_).
```

7.13.4 consult

retractall 술어의 사용 예로서, 술어 consult에 대한 프롤로그 정의가 다음에 있다. 그 내용은 6.1절에서 논의된 바와 같이 파일에 수록된 절을 읽어 들이되, 기존의 절 중에서 파일에서 정의한 술어는 지우는 것이다. 물론 consult 또는 이와 비슷한 술어 도구를 대부분의 프롤로그 시스템에서 내장 술어로 쓸 수 있지만, 프롤로그로 어떻게 정의할 수 있는지 보는 것도 흥미로울 것이다. 사실, 다음의 정의는 부분적인 것에 불과한데, 파일에 수록된 지령(directive)을 적절하게 처리하지 않는다는 점에서 불완전한 정의이고 그리고 어쨌든 표준 프롤로그 구현방식과 불일치한다는 점에서도 그러한데, 그 이유는 미리 관련 절을 동적으로 선언하지 않고 파일에 수록된 절에 대하여 assertz를 사용하기 때문이다.

지령은 특수한 내장 술어인데, 프로그램 실행 중이 아니라, 일반적으로 원시 파일이 적재될 때 호출되어 어떤 식으로든 적재 과정에 영향을 준다. 지령은 ':- G.' 형식의 목적으로 호출할 수 있다. 통상적인 질문 형식 '?- G.'이 아님에 주의하자. 지령 형식으로 목적을 호출했을 때 나타나는 실행상 제일 큰 차이는, yes나 no 출력을 하지 않거나, 또는 질의에 대한 해답을 찾으면 다른 대안 해답은 찾지 않는다는 것이다. 이 책에서 다루는 지령은 술어 op/3와 dynamic/1뿐이다.

```prolog
consult(File) :-
    retractall(done(_)),
    current_intput(Old),
    open(File, read, Stream),
    repeat,
    read(Term),
    try(Term),
    close(Stream),
    set_input(Old),
    !.

try(end_of_file) :- !.      % "파일 끝" 표식을 읽었다.
try((?- Goals)) :- !, call(Goals), !, fail.
try((:- Goals)) :- !, fail. % 지령 형식의 목적은 무시한다.
try(Clause) :-
    head(Clause, Head),
    record_done(Head),
    assertz(Clause),
    fail.

:- dynamic done/1.

record_done(Head) :- done(Head), !.
record_done(Head) :-
```

```
            functor(Head, Func, Arity),
            functor(Proc, Func, Arity),
            asserta(done(Proc)),
            retractall(Proc),
            !.
    head((A :- B), A) :- !.
    head(A, A).
```

이 정의에 재미있는 점이 몇 가지 있다. 목적 current_input(Old)와 그 짝 set_input(Old)은 현 입력 파일을 consult를 수행한 후라도 반드시 현 상태로 재개하기 위한 것이다. 술어 try 정의의 핵심은 입력 파일에서 읽은 각 항에 대하여 적합한 처리를 시행한다는 점이다. 목적 try는 가 충족되는 경우는 오로지 인수가 '파일 끝' 표식일 때이다. 그 외의 경우에는, 적합한 처리를 시행한 후에 실패를 발생시켜서 무름 작용으로 repeat 목적으로 되돌아간 다. consult 정의 끝에 있는 '자름'의 중요성에 주목하자. 이 '자름'은 repeat가 발생시킨 '선 택물'을 잘라내는데, 선택물이란 무름 과정에서 선택할 수 있는 대안을 지칭한다.

술어 try에 대한 몇 가지 마지막 주안점인데, (둘째 절의 경우) 만약 파일에서 읽은 항이 질문이라면, 바로 (6.7절) call 술어를 사용해서 해당 목적을 충족시키려고 한다. 만 일 질문이 아니라 지령 호출을 읽었다면, 그 호출은 무시한다. 이 프로그램에서는 지령의 효과를 재현할 수 없는데, 그 이유는 지령이 적용될 프로그램의 원문에서부터 지령이 (술 어 try를 통하는 간접적인 방법이 아니라) 직접 호출되어야 하기 때문이다.

입력 파일에서 읽은 항이 주어진 술어에 대한 최초의 절일 경우, 데이터베이스에 있 는 이 술어에 대한 기존 절은 새로운 절을 추가하기 전에 모두 제거되어야 한다. 그러나 입력 파일에서 읽은 항이 이 술어의 후속 절일 경우에는 기존 절을 제거하면 안 되는데, 그 이유는 그렇게 하면 입력 파일에서 새로이 읽었던 절을 없애는 것이 되기 때문이다. 입 력 파일에서 읽은 항이 주어진 술어에 대한 최초의 절임을 어떻게 알 수 있을까? 그 대답 은 데이터베이스에 술어 기록을 관리한다는 것인데, 입력 파일에서 읽은 절에 대한 술어가 기록 대상이다. 이것은 동적인 술어 done으로 구현한다. 술어에 대한 첫째 절, 예를 들어 인수 두 개가 있는 술어 foo를 입력 파일에서 읽었을 때, 기존 절은 모두 제거되고 방금 읽은 새로운 절이 데이터베이스에 추가된다. 이와 함께 기존 절이 모두 제거되었음을 나타내는 다음 사실도 데이터베이스에 추가된다.

    done(foo(_,_)).

입력 파일에서 foo 후속 절을 읽었을 경우에는 이 done 사실을 통하여 기존 절이 모두 제거된 상태임을 알게 되는 바, 새로이 읽었던 절을 보존할 수 있게 된다. 중요한 사항은, 정의가 제대로 작동하기 위해서는 다음과 같은 형태의 사실을 추가해서는 안 된다는 것이다.

    done(foo(a, X)).

그 이유는 done의 인수 foo(a, X)가 일반적인 형태가 아닌 바, 술어 foo에 대한 절 중에서 머리가 foo(a, X)와 어울리지 않는 절이 있을 수 있기 때문이다. 다음에 보인 목적 한 쌍은 Proc을 구조체로 사례화 하는데, 구조체의 함자는 Head가 나타내는 구조체의 함자와 같고, 구조체의 인수는 모두 새로운 변수이되 Head가 나타내는 구조체와 인수 개수가 같다(6.5절 참조).

    ..., functor(Head, Func, Arity), functor(Proc, Func, Arity),...

7.14   서지 정보

주석이 달린 일부 대형 프롤로그 프로그램을 다음에서 볼 수 있다.

MIT 출판사에서 1994년에 출간된 Leon Sterling의 편집물 「*The Practice of Prolog*」

또한 다음 책에는 사례 연구가 포함되어 있으며 그중 일부는 고속 푸리에 변환과 같은 의외의 응용 프로그램을 프롤로그로 개발한 사례를 소개한다.

Springer-Verlag에서 1997년에 출간된 William Clocksin의 저서 「*Clause and Effect*」

프롤로그 프로그램 구축하기

이 시점까지는 앞에서 설명한 많은 예제 프로그램을 사용해 보고 또 수정해 보았을 것이며, 프로그램도 자작해 보았을 것이다. 이제 프로그램이 의도한 대로 작동하지 않을 때 어떻게 해야 하는지를 생각하기에 적절한 시점이 되었다. 프로그램에 있는 이런 문제들을 '해충(bug)'이라고 한다. 그리고 프로그램에서 해충을 제거하는 과정을 '구충(debugging)'이라고 한다. 프로그래밍 문제에 쉽게 접근할 수 있는 방법은 '예방 프로그래밍(preventative programming)'이라고 부를 수 있는 방법일 것이다. 오래된 격언으로 바꿔 말해 보면, "신중한 프로그래밍 1온스는 구충 경비 1파운드의 가치가 있다"로 표현할 수 있다. 이 장에서는 몇 가지의 구충 기술을 설명할 것이지만, 그보다 먼저 프로그램에 해충이 창궐하는 것을 막는 방법을 논의할 것이다. 이 문제에 대한 일반적인 해결 방안이 없다는 것을 알고 있지만, 다른 프롤로그 개발자에게 도움이 되는 몇 가지 비공식적인 구충 기법을 전수하고자 할 따름이다.

　　어떤 창조적인 활동과 마찬가지로 작곡, 문학, 또는 건축, 컴퓨터 프로그래밍은 특정 문제에서 발견되는 객체와 관계를 *표현*하고 *처리*하는 방식을 기술하는 다양한 방법을 제공한다. 일반적으로, 프로그램에서 정보의 일부 항목을 표현하고 조작하는 방법에는 여러 가지가 있을 것이다. 개발자가 프로그램에서 사용할 방법을 결정할 때마다, 개발자가 *설계 결정(design decision)*을 했다고 말한다.

　　초심자는 설계 결정에 처음으로 임할 때 종종 혼란스러워 한다. 선택 가능하게 주

271

어진 대상물을 이해하는 것이 도움이 될 것이고, 지도자가 프로그래밍의 전반적인 기술을 설명하는 것도 중요하다. 그 이유는 프로그래밍에서 설계 결정을 내리는 기술이 그 자체로 학문 분야를 구성하기 때문이다. 설계 결정 문제의 특색을 제시하고자 한 적이 있는데, 1.1절에서 절의 의미를 이해하는 다른 방법을 논의할 때였다. 그때의 문제는 "객체와 관계를 어떻게 *표현*할 것인가?"이었다. 또한 7.7절에서 설계 결정 문제가 분명해진 적도 있는데, 객체 목록을 정렬하는 세 가지 다른 방법을 설명할 때였다. 그때의 문제는 "객체와 관계를 어떠한 다른 방법으로 *처리*할 것인가?"이었다.

설계 결정에 이 책이 두 가지 방식으로 도움이 되기를 기대한다. 첫째, 다수의 예제 프로그램을 수록하여 현역 프로그래머가 습득한 해답의 착안점을 전수할 것이다. 둘째, 이 장이 프롤로그에 특화된 조언과 지침을 제공할 것이다.

8.1 프로그램 정돈

개발자가 문제에 내재한 객체와 관계의 표현 및 처리 방법을 결정했다고 하면 다음 단계는 프로그램 원문의 위치와 형상 그리고 구문을 명확하고 읽기 쉽게 하는 것이다. 주어진 술어가 머리로 나타나는 절의 집합을 *절차(procedure)*라고 한다. 이 책의 예에서 절차의 각 절은 새로운 행에서 시작하고 절차 사이에 공백 행이 하나 있음을 보았을 것이다. 예를 들어, (집합을 목록으로 표현하는 경우) 집합 상등 술어를 정의하는 한 방법은 세 개의 술어를 사용하되, 다음과 같이 각 술어를 두 줄로 된 절차로 정의하는 것이다.

```
eqset(X, X) :- !.
eqset(X, Y) :- eqlist(X, Y).

eqlist([], []).
eqlist([X|L1], L2) :- delete(X, L2, L3), eqlist(L1, L3).
```

```
delete(X, [X|Y], Y).
delete(X, [Y|L1], [Y|L2]) :- delete(X, L1, L2).
```

앞의 것이 반드시 집합 상등에 대한 최선의 정의라고는 할 수 없지만, 절차를 배치하는 방법은 예시하고 있다. 유의할 사항은 각 절차의 절은 함께 집단화하며 절차는 빈 행으로 구분된다는 점이다. 그리고 각 규칙의 몸이 한 줄에 들어가기에 충분히 짧다는 점도 간과하지 말자. 많은 프롤로그 개발자가 채택한 또 다른 관행은 전체 절이 한 줄에 들어갈 경우, 각 절을 한 줄에 배치하는 것이다. 그렇지 않을 경우, 첫째 줄에 절의 머리와 ':-'을 쓰고, 다음 줄마다 들여쓰기로 연접된 각 목적을 쓴다. 예를 들어, 어떤 목록에 대한 모든 순열을 생성하는 프로그램은 다음과 같이 배치할 수 있다.

```
permute([], []).
permute(L, [H|T]) :-
        append(V, [H|U], L),
        append(V, U, W),
        permute(W, T).
```

앞의 정의는 append에 무릎을 적용하여 각 순열의 첫째 요소 H를 얻고 있는데, 그 결과 새로운 순열 Y는 목적 permute(X, Y)를 재충족시키려고 할 때마다 X로부터 생성된다. 여기서 유의할 사항은 둘째 절의 연접된 각 목적이 지면에 배치되는 방식이다.

중요한 점은 어떤 관행이든지 간에 일관된 관행이 정해져야 한다는 것이다. 일반적으로 주석을 추가하고, 항을 적절히 집단화하며, 연산자 우선순위가 애매할 경우에는 괄호를 사용하고 일관된 방식으로 많은 여백(공백 및 빈 줄)을 사용하는 것이 좋다. 주석은 (절이나) 구조체의 인수를 어떻게 해석해야 하는지 표현해야 하는데, 인수 구성과 순서가 어떠한지, 그리고 각 인수를 채울 것으로 예상되는 (상수 또는 구조체와 같은) 자료구조는 어떠한지를 설명한다. 또한 절이 충족될 때 변수가 사례화 될 것으로 예상되는 방식에 주석을 붙이는 것도 좋다.

프로그램을 보다 광범위하게 조직화하려면 프로그램을 상당히 자립적인 부분으로 나누는 것이 좋은데, 예를 들어 목록 처리 절차를 모두 한 파일에 모아 둘 수도 있겠다. 약 다섯에서 열 개의 규칙으로 이루어지는 프롤로그 절차는 읽기가 어려울 수 있으므로, 어떤 보조 술어 정의를 통해 자연스럽게 분해할 수 있는지 여부를 고려한다. 만약 프로그램에서 7.12절의 단순화 규칙과 같이 많은 사실이 나타난다면 모든 사실을 동일한 파일에 함께 수록해야 한다. 일반적으로 규칙이 많은 것보다 사실이 많은 것이 읽기가 쉽고, 심지어 몇 개 안 되는 규칙이 이해하기 어려울지라도, 몇 쪽에 걸친 특정 사실은 이해할 수 있는데 그 이유는 사실의 의미가 덜 복잡하기 때문이다.

프롤로그 프로그램의 가독성에 영향을 주는 또 다른 논점은 쌍반점(;, or, 이접)과 느낌표(자름)의 사용이다. '자름'의 과도한 사용에 대한 문제점은 4장에서 소개하였다. 여분의 절을 정의하여 쌍반점(;)을 피할 만한 가치가 있는지 항상 고려해야 한다. 예를 들어, 다음 프로그램은 가독성이 낮은 *나쁜* 사례이다.

```prolog
nospy(X) :-
    check(X, Functor Arity, A), !,
    ( spypoint(_, Functor, A), !,
    ( deny(spypoint(Head, Functor, Arity),_),
    makespy(Head, Body), deny(Head, Body),
    write('Spypoint on '), prterm(Functor, Arity),
    write(' removed.'), nl,
    fail ; true) ; write('There is no spypoint on'),
    write(X), put(46), nl), !.
```

앞의 프로그램을 정돈하여 똑같은 일을 하되 가독성을 높인 개정판은 다음과 같다.

```prolog
nospy(X) :-
        check(X, Functor, Arity, A), !,
        try_remove(X, Functor, Arity, A).
```

```
try_remove(_. Functor, Arity, A) :-
        spypoint(_. Functor, A), !,
        remove_spy(Functor, Arity, A).

try_remove(X, _, _, _) ;-
        write(There is no spypoint on '),
        write(X), put(46), nl, !.

remove_spy(Functor, Arity, A) :-
        deny(spypoint(Head, Functor, Arity),_),
        makespy(Head, Body),
        deny(Head, Body),
        write('Spypoint on '),
        prterm(Functor, Arity),
        write(' removed'), nl, fail.
remove__spy(_, _, _).
```

진정으로 쌍반점(:, or, 이접)을 사용하고 싶다면, ';'이 나머지 목적보다 두드러지게 보이게 연접된 목적을 정렬하고, ';'의 범위가 뚜렷하게 보이게 목적을 괄호로 묶는 것이 좋을 것이다.

이 책 전반을 통하여 중요성을 강조하는 사고방식이 있다. 그것은 일반적인 경우의 규칙과 함께 경계 조건의 관점에서 많은 문제를 생각한다는 것이다. 가능하다면, 경계 조건 절을 절차에 속하는 다른 모든 절 앞에 위치시킨다. 이렇게 하면 무엇이 경계 조건인지 알기 쉽게 만들고, 또한 순환 정의를 예방하는 장치를 얻을 수 있다. 그러나 어떤 경우에는 절차에 속하는 다른 절 다음에 경계 조건을 배치하는 것이 바람직할 때도 있다. 명백하게도, 이전에 여러 번 보았던 것처럼 '포괄' 규칙은 절차의 끝에 배치해야 한다.

프롤로그 절차를 독해할 때는 다음과 같은 절차의 주요 속성을 매번 살펴보는 것이 좋다.

- 절차의 각 술어와 변수의 *철자*를 확인한다. 오탈자는 흔한 실수이다.
- 절차에서 언급한 각 함자의 *성분 개수*를 확인한다. 성분의 개수와 순서가 설계 결정과 일치하는지 확인한다.
- 절에 있는 모든 *연산자*를 찾아서 우선순위, 결합성, 그리고 연산자의 인수 위치를 확인한다. 이 작업은 연산자 선언과 괄호의 존재를 참고하여 수행할 수 있다. 의심이 들면 여분의 괄호를 추가한다. 또한 연산자가 예상대로 작동하는지 확인하기 위해서 내장 술어 write_canonical을 사용하여 예시용 항을 인쇄해 본다.
- 각 변수의 *범위*를 확인하고 범위 내의 모든 유사 변수를 찾는다. 변수 중 하나가 사례화 될 때, 어떤 변수와 사례화를 '공유'할지 확인한다. 절의 머리에 있는 변수가 그 절의 몸에도 나타나는지 확인한다.
- 절을 사용하는 시점에서는 각 변수에 대해서 사례화 되거나 해례화 된 상태를 판별해 본다.
- 경계 조건을 구성하는 절을 찾는다. 모든 상상할 수 있는 경계 조건을 구비했는지 여부를 확인한다.

일단 이런 식으로 절차를 '분석'할 수 있으면, 주어진 절차 내용에 대한 이해가 증진될 것이다.

8.2 흔한 오류

이 절에서는 프롤로그 초보자나 전문가 모두가 직면할 수 있는 여러 가지 문제를 일람하겠다. 문제의 범주는 *구문*(*syntax*) 오류와 *제어 흐름*(*control flow*) 오류로 분류된다.

일단 프로그래머가 어떤 프로그램을 개발할지, 그리고 인쇄 종이 (또는 터미널 표시화면) 위에 프로그램을 어떻게 배치할지를 결정하고 나면, 순서상 그 다음 과제는 프로그램을 파일에 수록하기거나 또는 프롤로그 시스템의 최상위 수준에서 직접 타자하여 입력하기이다. 여기에서 마주치는 주된 문제는 프로그램 구문이 올바른지 확인하는 것이다. 다음에 흔히 볼 수 있는 구문 오류를 다양하게 정리해 두었다. 이러한 오류를 개발자가 인지하지 못했다면, 프롤로그 프로그램이 consult 되는 도중에 오류 전언이 출력될 수 있다.

- 흔한 구문 오류는 절의 끝에 점 '.'을 찍는 것을 잊어버린 것이다. 또한 술어 read가 읽는 항 뒤에도 항상 점이 있어야 한다. 점 뒤에는 공백 문자가 하나 이상 있어야 한다. 그래서 주의할 사항은 마지막 절의 끝에 있는 점으로 파일을 마감해야 한다는 점인데, 파일의 진짜 맨 끝에는 반드시 [Enter↵]가 있도록 해야 한다.
- 일부 특수 문자는 쌍으로 되어 있다. 항을 집단화하는 데 소괄호 '(' 및 ')'를 쓰고, 목록 표기법에 대괄호 '[' 및 ']'를, 그리고 (9장에서 다룰) 문법 규칙 표기법에 중괄호 '{' 및 '}'를 사용한다. 또한 원자를 표현할 때 사용하는 홑작은따옴표(')도 쌍으로 있어야 한다. 복합 괄호 '/*'와 '*/'는 주석을 둘러싼다. 각 종류의 괄호가 너무 적거나 너무 많지 않도록 균형을 잡는다.
- 단어에 오탈자가 생기지 않게, 특히 내장 술어의 이름 표기에 주의한다. 철자가 잘못된 술어는 데이터베이스의 어떤 절과도 일치하지 않으므로 예기하지 않은 오류가 발생할 수 있다. 또는, 철자가 잘못되었지만 우연히 그런 이름이 붙은 절이 있을 경우, 생각지도 않게 어울릴 수도 있다.
- 연산자는 오류를 발생시킬 수 있는 또 다른 원인이다. 확신할 수 없는 경우, 소괄호를 사용하여 연산자의 결합성을 명시적으로 만든다. 정의한 연산자를 내장 술어 write_canonical을 사용하여 시험해 본다.

목록 표기법을 고려할 때, 다음 질문 및 답변을 참고한다.

- [a,b,c]와 [X|Y]가 어떻게 어울리는가? (X는 a로 *사례화 되며*, Y는 [b,c]로 *사례화 된다*.)

- [a]와 [X|Y]는 어울리는가? (*예. X는 a로 사례화 되고, Y는 []로 사례화 된다.*)
- []와 [X|Y]는 어울리는가? (*아니오.*)
- [X,Y|Z]는 의미가 있는가? (*예.*)
- [X|Y,Z]는 의미가 있는가? (*아니오.*)
- [X|[Y|Z]]는 의미가 있는가? (*예. 그것은 [X,Y|Z]와 같다.*)
- [a,b]와 [A|B]는 어떻게 어울리는가? (*A는 a로 사례화 되며, B는 [b]로 사례화 된다.*)
- 이들을 어울리게 하는 방법이 둘 이상 있는가? (*전혀 아니오.*)

목록이나 다른 구조를 다룰 때는 3장에서 소개한 '나무 그림'의 유용성을 떠올려 활용하는 것이 중요하다.

프로그램에 구문 오류가 없다고 확신하는 경우에도 프로그램에서 목적을 충족시키려고 할 때 프로그램에서 예기치 않은 작동 상황이 발생할 수도 있다. 전형적인 증상은 프로그램이 멈추지 않고 ('무한 되돌이') 반복 수행이 진행되는 것처럼 보인다거나, 응답이 예상한 바와는 다르게 *no*로 나오거나, 변수가 예기치 않은 항으로 사례화 되는 것 등이다. 이러한 오류가 발생하는 일반적인 원인은 다음과 같다.

- 3장에서 언급한 순환 정의가 존재할 때
- 경계 조건이 충분하게 설정되어 있지 않거나, 문제의 명세에 누락된 부분이 있는 경우
- 내장 술어를 재정의한 무용한 절차가 있을 때
- 함자의 가수에 맞지 않는 인수를 사용할 때. 이 경우는 구문 문제로 간주되지 않는데, 그 이유는 함자 이름이 같아도 가수가 다르면 다른 함자로 인정되는 바, 함자의 인수 개수는 함자의 용도에 따라 다를 수 있기 때문이다.
- 술어 **read**를 사용할 때 예기치 않게 파일의 끝에 도달하는 경우

특히 방심하기 쉬운 오류 유형을 예시하는 것으로 목록 상등을 검사하는 다음 프로그램을 본다.

```
eq([], []).
eq([X|L], M) :- del(X, M, N), eq(L, N),

del(X, [X|Y], Y).
del(X, [Y|L1], [Y|L2]) :- del(X, L1, L2).
```

실수가 보이는가? eq의 둘째 절은 쉼표로 끝난다. 비록 이것이 아마도 타자 오류라 할지라도, 앞의 프로그램은 쉼표 다음에 있는 항 'del(X, [X|Y], Y)'이 그 다음 목적으로 취급되기 때문에 *올바른* 구문으로 인정된다. 앞의 프로그램은 다음 프로그램과 동일한데, 다음 프로그램은 리스트 상등을 검사하는 것이 분명히 아니다.

```
eq([], []).
eq([X|L], M) :- del(X, M, N), eq(L, N), del(X, [X|Y], Y).

del(X, [Y|L1], [Y|L2]) :- del(X, L1, L2).
```

이 문제를 약간 바꾼 것이 다음에 있다.

```
eq([], []).
eq([X|L], M) :- del(X, M, N). eq(L, N).

del(X, [X|Y], Y).
del(X, [Y|L1], [Y|L2]) :- del(X, L1, L2).
```

실수가 보이는가? eq의 둘째 절에는 목적이 점으로 구분되어 있다. 전례와 같이 이것이 타자 오류일 가능성이 높지만 그러나 앞과 같이 타자된 프로그램이라도 올바른 구문으로 인정되는 바, 다음과 동일하다. 이는 또 전례와 같이 의도한 바는 아닌 것이다.

```
eq([], []).
eq([X|L], M) :- del(X, M, N).
eq(L, N).

del(X, [X|Y], Y).
del(X, [Y|L1], [Y|L2]) :- del(X, L1, L2).
```

'무름'의 본성에 관한 다음과 같은 오해를 하지 않도록 유의한다.

- *오해*: '무름'을 하는 이유 중 하나는 프롤로그가 이미 행해진 어울림으로 돌아가서 다른 방식으로 다시 어울릴 수 있게 하기 위함이다.

  사실: 프롤로그가 데이터베이스를 검색하면서 주어진 목적과 어울리는 사실 또는 규칙의 머리를 탐색할 때, 그 결과는 성공이거나 실패이다. 프롤로그는 이미 행해진 '어울림'으로 물러가서 다른 방식으로 다시 어울릴 수 있는지 재검토하지는 않는데, 그 이유는 주어진 목적과 데이터베이스의 특정 절이 어울리는 방식은 유일하기 때문이다.

- *오해*: 목록 표기법 [X|Y]는 목록의 어떤 단편과도 어울릴 수 있고, 그래서 목록을 다양하게 분리하는 데 활용할 수 있다. append (X,Y,[a,b,c,d])의 작동 방식은 그러한 사실 때문이다.

  사실: [X|Y]가 다른 목록과 어울릴 때, X는 목록의 머리하고만 어울리고 Y는 목록의 꼬리하고만 어울린다. append 목적으로 목록의 서로 다른 분할을 찾아낼 수 있는 것은 무름에 기인한 결과이지 어울림 때문이 아니다.

8.3 추적 모형

다양한 방법으로 프롤로그가 목적을 충족시키려는 방법을 살펴볼 수 있다. 2장에서 소개한 모형에서는 '충족류'를 사용하였는데, 목적을 나타내는 상자를 통과하는 흐름이었다. 여기에서는 추적 도구와 같은 여러 가지 구축 지원기에서 사용하는 프롤로그 실행 모형을 제시한다. 이 모형은 저자의 동료 Lawrence Byrd가 주되게 기여한 바, Byrd 상자 모형(box model)으로 알려져 있다. 프롤로그 시스템은 제공하는 구축 지원기가 다를지라도 (또한 프롤로그 표준에서 명세된 바가 아니기도 하지만) 다음에 기술한 내용은 여러 프롤로그 시스템에서 구현된 바와 대략 일치할 것이다.

추적 도구 trace 술어를 사용할 때, 프롤로그 시스템은 목적의 서열 정보를 인쇄하여 프로그램 실행 중에 도달한 위치를 알 수 있게 한다. 그러나 무슨 일이 일어나고 있는지 이해하기 위해서는 각 목적이 인쇄되는 시기와 이유를 이해하는 것이 중요하다. 전통적인 프로그래밍 언어를 구사할 때의 주요 관심 사항은 함수의 호출 시점과 반환 시점의 상황 정보이다. 그러나 프롤로그를 사용하면 비결정적 프로그램을 작성할 수 있는데, 이로 인해 무름에 관련된 복잡성이 등장한다. 절은 호출과 반환될 뿐만 아니라 무름으로 갑자기 다시 활성화되어 대안 해답을 생성할 수 있다. 또한, 자름 목적 '!'은 해당 목적이 단 하나의 해답만 갖도록 처분함을 나타낸다. 프로그램 작성 초보자가 빠지는 주된 혼란 중 하나는 목적이 실패하여 시스템에서 무름이 갑자기 시작되었지만 실제로 무슨 일이 일어나고 있는지 모르는 상황이다. 이에 대해서는 이전 장에서 충분히 설명했다고 본다. 어쨌든 이전 장에서는 제어 흐름뿐만 아니라 변수의 사례화 방법, 목적이 데이터베이스에 저장된 절 머리와 어울리는 방법, 그리고 부목적을 충족시키는 방법 등에 대해서도 설명하였다. 추적 모형에서는 프롤로그 프로그램 실행에 대한 설명을, 발생할 수 있는 네 가지 종류의 *사건*을 통하여 기술한다.

- *CALL.* 사건 CALL(호출)은 프롤로그가 목적을 충족시키려고 시작할 때 발생한다. 그 시점은 도해에서 화살표가 상자로 위에서 들어갈 때이다.
- *EXIT.* 사건 EXIT(퇴거)는 목적이 막 충족되었을 때 발생한다. 그 시점은 도해에서 화살표가 상자에서 바닥을 관통하여 나오는 때이다.
- *REDO.* 사건 REDO(개정)는 시스템이 목적으로 돌아와서 재충족시키려고 할 때 발생한다. 그 시점은 도해에서 화살표가 상자 바닥에서 안으로 후퇴할 때이다.
- *FAIL.* 사건 FAIL(실패)은 목적 충족이 실패할 때 발생한다. 그 시점은 도해에서 화살표가 상자에서 빠져나와 위로 후퇴할 때이다.

구충 지원기는 프로그램 실행 중에 이러한 네 가지 사건이 언제 발생하는지 알려준다. 이러한 사건은 프롤로그가 실행 중에 고려하는 다양한 목적에서 일어난다. 그래서 어떤 사건이 어떤 목적에서 발생했는지 구분할 수 있도록 각 목적에는 고유한 정수 식별자인 호출 *번호*를 부여한다. 곧 이어 호출 번호가 붙은 목적의 예를 몇 가지 볼 것인데, 호출 번호는 대괄호 안에 들어 있다.

이제 예제를 살펴보기로 한다. 술어 descendant에 대한 다음 정의를 생각해보자.

```
descendant(X, Y) :- offspring(X, Y).
descendant(X, Z) :- offspring(X, Y), descendant(Y, Z).
```

이 프로그램 조각은 어떤 사람의 자손을 추론해낼 수 있는데, 그 경우는 데이터베이스에 다음과 같은 offspring 사실이 있을 때이다.

```
offspring(abraham, ishmael).
offspring(abraham, isaac).
offspring(isaac, esau).
offspring(isaac, jacob).
```

descendant의 첫째 절은 Y가 X의 자녀인 경우, Y가 X의 자손임을 나타낸다. 둘째 절은 Y가 X의 자녀이고 Z가 Y의 자손인 경우, Z가 X의 자손임을 나타낸다. 이제 다음 질문을 고려할 것인데, 제어 흐름을 따라 가면서 다양한 종류의 사건이 언제 발생하는지 확인하려고 한다.

```
?- descendant(abraham, Answer), fail.
```

여기에서 중요한 것은 지금부터 살펴보려고 하는 궤적을 따라가려는 노력인데, 충족류가 목적 표현 상자를 어떻게 출입하는지 연상하면서 추적하여야 한다. 현재 상태는 도해 형태로 주기적으로 표시할 것이다.

질문에서 첫째 목적 뒤에는 목적 fail이 있다. 목적 fail이 있는 이유는 descendant 목적이 가능한 모든 무름 작용을 하도록 만들기 위함이다. 목적 fail이 있기 때문에, 질문 전체는 당연히 결코 충족될 수 없다. 그러나 이 추적의 요점은 둘째 목적 fail의 실패로 야기되는 실행 흐름을 관찰하는 것이다. 다음과 같이 (아직 진입하지 않은 상태의) 두 개의 목적 표현 상자로 시작한다.

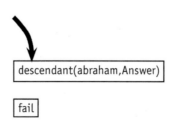

첫째 사건은 descendent 목적이 호출된 것이다. 이것의 호출 번호는 (대괄호 안에 있는) 1 이다. 이 호출은 descendant 절차의 첫째 절과 어울리고, 그 결과 offspring 목적을 호출한다.

```
[1] CALL: descendant(abraham, Answer)
[2] CALL: offspring(abraham, Answer)
```

이제 상황은 다음과 같은데, 화살표가 아래로 움직였다.

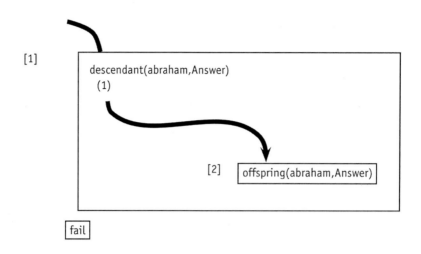

프로그램 실행은 다음과 같이 계속되는데, offspring 첫째 절에서 바로 충족되므로 목적은 퇴거된다.

    [2] EXIT: offspring(abraham, ishmael)

그리하여 descendant 절차의 첫째 절을 충족시켰다.

    [1] EXIT: descendant(abraham, ishmael)

그런 다음 fail을 충족시키려고 하지만 예상대로 이 목적은 실패한다. 화살표는 fail 상자에서 나와 뒤로 물러나 위의 descendant 상자 안으로 후퇴한다. 다음 도해가 현재 상황을 표현하고 있다. 화살표가 fail 상자에서 나와서 위로 후퇴하고 있다.

    [3] CALL: fail
    [3] FAIL: fail
    [1] REDO: descendant(abraham, ishmael)

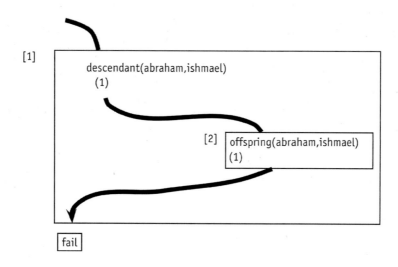

프로그램 실행은 다음과 같이 계속된다. offspring 목적 충족을 위한 대안 절이 선택되고, 그래서 화살표는 다시 이 상자로부터 아래로 움직일 수 있다.

```
[2] REDO: offspring(abraham, ishmael)
[2] EXIT: offspring(abraham, isaac)
```

다시 fail이 이 해답을 각하하고 무름을 시작시킨다. 유의할 사항은 fail에 대한 호출이 전적으로 새로운 호출이었다는 점인데, 충족류가 fail 표현 상자로 들어갈 때 새롭게 '위'에서 안으로 들어갔다는 점을 상기하자.

```
[1] EXIT: descendant(abraham, isaac)
[4] CALL: fail
[4] FAIL: fail
[1] REDO: descendant(abram, isaac)
```

이번에는 offspring으로 어울릴 수 있는 다른 대안이 없으므로 무름이 계속 진행되어 화살표가 offspring 상자에서 빠져 나와 위쪽으로 후퇴한다.

```
[2] REDO: offspring(abraham, isaac)
[2] FAIL: offspring(abraham, Answer)
```

여기에서 일어나는 일은 프롤로그가 descendant 절차의 둘째 절을 선택했고, 절에서 첫째 부목적 offspring을 호출하는 바, 전혀 새로운 offspring 호출을 다음과 같이 했다는 것이다.

```
[5] CALL: offspring(abraham, Y)
```

화살표는 이제 아래로 다시 움직인다. 프로그램 실행은 다음과 같이 계속 진행된다. 여기에서는 offspring 호출로 얻은 해답 'ishmael'을 재귀적으로 descendant를 호출하는 데 사용한다. 이제 descendant에 대한 새로운 호출이 실행된다.

```
[5] EXIT: offspring(abraham, ishmael)
[6] CALL: descendant(ishmael, Answer)
```

이 예제에서는 Ishmael이 자녀가 없기 때문에 descendant 절 둘 다에서 offspring 부목적은 실패하고 그래서 결국 descendant 목적은 충족에 실패한다.

```
[7] CALL: offspring(ishmael, Answer)
[7] FAIL: offspring(ishmael, Answer)
[8] CALL: offspring(ishmael, Y2)
[8] FAIL: offspring(ishmael, Y2)
[6] FAIL: descendant(ishmael, Answer)
```

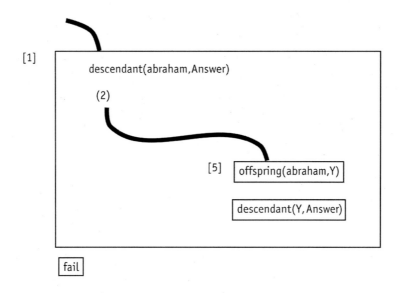

이제 대안을 찾으러 후퇴한다.

    [5] REDO: offspring(abraham, ishmael)

무릎으로 offspring을 재충족시켜서 얻은 해답 'isaac'을 재귀적으로 descendant를 호출하
는 데 사용한다. 이제 descendant를 새롭게 호출하는데, descendant 절의 offspring 부목
적을 충족시키는 데 성공하여 해답 'esau'를 얻는다. (그림 참조)

    [5] EXIT: offspring(abraham, isaac)
    [9] CALL: descendant(isaac, Answer)
    [10] CALL: offspring(isaac, Answer)
    [10] EXIT: offspring(isaac, esau)

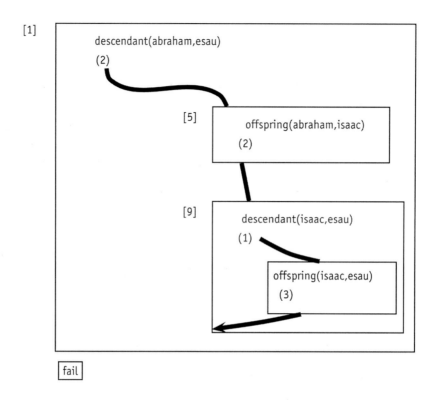

프로그램 실행은 다음과 같이 계속 진행된다. 처음에 주어진 질문에 대한 목표 해답 'esau'는 구했지만, fail이 무릎을 다시 강제로 발생시키고, 그래서 개정(REDO) 경로를 따라 후퇴하게 된다.

[9] EXIT: descendant(isaac, esau)
[1] EXIT: descendant(abraham, esau)
[11] CALL: fail
[11] FAIL: fail
[1] REDO: descendant(abraham, esau)
[9] REDO: descendant(isaac, esau)

offspring 부목적에는 처음에 주어진 질문의 descendant 목적에 대한 또 다른 목표 해답이 될 수 있는 별개의 대안이 있다. 앞에서 사실로 표현해 둔 바와 같이, 그것은 Abraham 의 자손으로 추론 가능한 마지막 사람 'jacob'이기는 하지만, 아직 처리해야 할 후속 작업 이 남아 있다.

```
[10] REDO: offspring(isaac, esau)
[10] EXIT: offspring(isaac, jacob)
[9] EXIT: descendant(isaac, jacob)
[1] EXIT: descendant(abraham, jacob)
```

계속하여 제어 흐름을 따라가 보는데, 충족이 없는 무름을 하여 종국에는 처음 시작한 곳 에 돌아가게 된다.

```
[12] CALL: fail
[12] FAIL: fail
[1] REDO: descendant(abraham, jacob)
[9] REDO: descendant(isaac, jacob)
[10] REDO: offspring(isaac, jacob)
[10] FAIL: offspring(isaac, Answer)
[13] CALL: offspring(isaac, Y3)
```

현재, descendant의 둘째 절을 적용하여 'isaac'의 후손을 찾고 있다. 다음과 같이 둘째 절의 첫째 부목적으로는 'esau'를 구한 다음, 둘째 부목적으로는 'esau'의 후손을 찾으러 간다.

```
[13] EXIT: offspring(isaac, esau)
[14] CALL: descendant(esau, Answer)
```

이제 다시 descendant를 새롭게 호출했지만, descendant의 첫째 절에 있는 offspring 부목 적을 충족시킬 수 없다. descendant의 둘째 절 적용도 실패한다. 결국 'esau'의 후손을 찾 는 데 실패한다. 'isaac'에게는 'jacob'이라는 자녀도 있다. 'esau'에 대해서 수행했던 작업을 'jacob'에게도 실시한다.

```
[15] CALL: offspring(easu, Answer)
[15] FAIL: offspring(esau, Answer)
[16] CALL: offspring(esau, Y4)
[16] FAIL: offspring(esau, Y4)
[14] FAIL: descendant(esau, Answer)
[13] REDO: offspring(isaac, esau)
[13] EXIT: offspring(isaac, jacob)
[17] CALL: descendant(jacob, Answer)
```

또 다시 descendant를 새롭게 호출하여, 다음과 같이 'jacob'의 후손 찾기가 시작되었다.

```
[18] CALL: offspring(jacob, Answer)
[18] FAIL: offspring(jacob, Answer)
[19] CALL: offspring(jacob, Y5)
[19] FAIL: offspring(jacob, Y5)
[17] FAIL: descendant(jacob, Answer)
[13] REDO: offspring(isaac, jacob)
[13] FAIL: offspring(isaac, Y3)
[9] FAIL: descendant(isaac, Answer)
[1] FAIL: descendant(abraham, Answer)
```

no

궤적은 여기에서 끝난다. 바라건대 철저히 추적해 본 이 예제를 통해 프롤로그 프로그 램 실행에 결부된 제어 흐름을 이해할 수 있겠다. 유의할 사항은, 어떤 목적에 대한 개 정(REDO)과 이에 대응하는 퇴거(EXIT)는 그 개수에 제한이 없지만, 호출(CALL)과 실패 (FAIL)는 언제나 하나뿐이라는 것이다. 다음 절에서는 추적 전언을 살펴보겠는데, append 가 있는 더 복잡한 추적의 예를 다룬다.

연습문제 8.1: 앞의 추적 모형에서는 '자름' 목적 '!'을 어떻게 다룰 것인지에 대한 언급이 없다. 모형을 확장하여 '자름' 활동을 설명할 수 있게 하라.

8.4 추적과 탐정

프로그램이 (오류가 발생하거나 '*no*'라는 답이 나오거나 또는 오답을 생성하기 때문에) 제대로 작동하지 않는다는 것을 알게 되면 오류를 수정할 수 있도록 실수한 곳을 신속하게 찾고 싶을 것이다. 이 절에서는 프로그램 실행을 '감시'할 수 있게 하는 내장 술어 모음에 대해 설명한다. 이를 사용하면 프로그램이 동일한 작업을 다시 시행하게 할 수 있는 바, 어디에서 잘못이 시작되는지 감시할 수 있다. 개발자가 보게 될 내용은 바로 앞 절에서 목적 descendant의 사례로 보았던 것처럼 추적 모형의 다양한 사건이 언제 발생하는가에 대한 것이다. 구충 술어가 갖춘 정확한 기능은 특정 프롤로그 구현 시스템에 따라 다르지만, 다음 내용은 각종 선택사항에 대한 지침을 제공하는바, 사용하는 시스템이 구비한 기능을 이해할 수 있도록 한다. 어쨌든 이러한 기능을 사용하기 전에 프롤로그 시스템 설명서를 반드시 참고해야 할 것이다.

추적과 탐정의 기본 원리는 개발자에게 프로그램을 실행할 때 발생하는 특정 목적의 충족에 대한 정보를 제공한다는 것이다. 개발자는 첫째, 어떤 목적에 대하여 정보를 얻고자 하는지를 결정할 수 있고 둘째, 목적 충족 방식과 얼마나 상호 작용할 것인지를 결정할 수 있다. 첫째 결정 사항은 조합에 대한 것인데, 철저한(exhaustive) 추적과 사용할 탐정 지점(spy point)의 짜맞춤을 결정한다. 요컨대, 철저 추적은 모든 목적에 관한 정보를 제공하며, 탐정 지점은 개발자가 지정한 특정 술어에 대한 정보만 얻을 수 있게 한다. 그런데 이 선택사항을 다양한 방식으로 혼합할 수 있다. 여기에서 사용되는 관련 내장 술어를 6.13절에서 개략적으로 설명한 바 있다. 술어 spy로 문제의 술어에 탐정 지점을 설정하고, 술어 nospy로 탐정 지점을 제거한다. 술어 trace로 철저 추적을 시작하고 술어 notrace로 철저 추적을 종료한다.

둘째 결정 사항은 사용할 *구속*(*leashing*) 수준에 대한 것이다. 방임형(unleashed) 추적에서는 목적에 대한 정보가 단말기에 표시되고 프로그램은 계속 실행된다. 구속형 (leashed) 추적에서는 목적에 대한 정보가 단말기에 표시될 뿐만 아니라, 개발자는 진행의 각 단계에서 어떤 선택을 할 것인지 질문을 받는다. 이와 함께 명세할 수 있는 것으로서 추적 수준의 변경, 프로그램의 정상적인 흐름에서 벗어나기, 그리고 기타 다양한 선택 사항의 확정 등을 할 수 있다. 사용하는 프롤로그 시스템에서는 아마 다음의 네 가지 사건 각각에 대해 구속형 또는 방임형 추적을 독립적으로 선택할 수 있을 것이다.

- 목적을 처음으로 충족시키려고 할 때: 목적과 처음으로 조우한 경우 (호출 사건)
- 목적이 성공적으로 충족되었을 때 (퇴거 사건)
- 목적을 재충족시키려고 할 때 (개정 사건)
- 목적을 재충족시키려고 했던 모든 시도가 실패했기 때문에 목적 충족에 실패하려고 할 때 (실패 사건)

합리적인 추적 선택의 예를 든다면, 호출 사건과 개정 사건은 구속형으로 추적하고 퇴거 사건과 실패 사건은 방임형으로 추적하도록 명시하는 것이다. 이러한 네 가지 사건에 대해서 보다 자세하게 설명한 적이 있는데, 사건이 목적 충족 과정에서 어떻게 일어나는지 살펴본 8.3절에서였다.

이제 주목하고 있는 목적에 사건이 발생했을 때 시스템이 보고한 정보를 고려해 보자. 우선, 목적 자체가 제시되고 이와 함께 발생한 사건의 종류 표시, 그리고 아마도 호출 번호도 표시된다. 만약 발생한 사건 유형에 대한 추적이 방임형이었다면, 보고될 정보는 이것이 전부이다. 그렇지 않고 구속형이었다면, 프롤로그는 다음에 수행해야 할 작업에 대한 선택사항 중 하나를 지정하도록 개발자에게 요청한다. 철저 추적이며 방임형 추적을 사용하는 경우, 회기의 진행 모습은 다음과 같을 것이다.

```
?- [user].

append([],Y,Y).
append([A|B],C,[A|D]) :- append(B,C,D).
/* type the end of file character here */
```

yes

```
?- append([a],[b],X).
```

CALL append([a],[b],_43)
CALL append([],[b],_103)
EXIT append([],[b],[b])
EXIT append([a],[b],[a,b])

X = [a,b] ;

REDO append([a],[b],[a,b])
REDO append([],[b],[b])
FAIL append([],[b],_103)
FAIL append([a],[b],_43)

no

```
?- append(X,Y,[a]).
```

CALL append(_37,_38,[a])
EXIT append([],[a],[a])

X = [], Y = [a] ;

REDO append([], [a],[a])
CALL append(_93,_38,[])
EXIT append([],[],[])
EXIT append([a],[],[a])

X = [a], Y = [] ;

REDO append([a],[],[a])

```
REDO append([],[],[])
FAIL append(_93,_38,[])
FAIL append (_37,_38,[a])

no
```

여기에서는 각 목적에 대하여 네 가지 사건 모두가 나타나 있다. 그러나 개발자는 어느 시점에서든 프로그램을 일시 중지시킬 수 있는 기회가 없고, 추적의 양을 도중에 변경하거나 프로그램 실행 방식에 다른 방법으로 영향을 끼칠 수 없다. 이러한 기능은 구속형 추적에서 쓸 수 있는 것이다.

구속형 추적을 논의하기 전에, 프롤로그가 추적할 때 목적을 표시하는 방법에 대해 설명해야 하겠다. 그런데 실제로는 추적 기능에 의해 목적이 표시되는 방식이 술어 write를 사용하여 출력된 것 같은 결과와 반드시 같은 것은 아니다. 그 이유는 특수한 목적을 가진 정의를 개발자가 규정하여 프로그램 상의 목적을 출력하는 데 쓸 수 있기 때문이다. 이 기능을 사용하면, 통상적으로 술어 write로 출력하는 것보다 더 명확하거나 간결하게 개발자의 프로그램에서 자주 나타나는 공통 구조를 출력할 수 있다. 이 기능이 작동하는 방식은 다음과 같다. 실제로 목적을 인쇄하는 표준 방법은 인수가 하나인 내장 술어 print를 사용하는 것이다. 술어 print는 마치 다음과 같이 정의된 것처럼 동작한다.

```
print(X) :- portray(X), !.
print(X) :- write(X).
```

그런데 술어 portray가 내장 술어가 아니므로 직접 절을 정의해 줄 수 있다. 특정 목적 X에 대하여 충족되도록 portray(X)의 절을 정의하여서, 이 정의가 X에 대한 모든 출력을 만들어 내도록 한다. 그렇지 않은 목적은 write를 대신 사용해서 출력할 것이다. 따라서 모종의 이유로 append 목적의 셋째 인수에 전혀 관심이 없는 경우, 다음과 같은 절을 정의하여 이를 확보할 수 있다.

```
portray(append(A, B, C)) :-
        write('append('), write(A), write(','),
        write(B), write(','),
        write('<foo>)').
```

이 절은 목적 X의 술어가 append일 때마다, 목적 portray(X)가 충족되게 할 것이고, 그 결과 원하는 형태의 출력만 나타날 것이다. 목적 X의 술어가 append가 아닌 다른 술어일 경우, 목적 portray(X)를 충족시킬 수 없고, 그 결과 술어 write를 사용하여 X가 출력될 것이다. 만약 앞의 절이 데이터베이스에 있었다면, 이미 본 예제 회기 내용의 일부가 다음과 같았을 것이다.

```
?- append([a],[b],X).
```

CALL append([a],[b],<foo>)
CALL append([],[b],<foo>)
EXIT append([],[b],<foo>)
EXIT append([a],[b],<foo>)

X = [a,b] ;

REDO append([a],[b],<foo>)
REDO append([],[b],<foo>)
FAIL append([],[b],<foo>)
FAIL append([a],[b],<foo>)

no

이제는 구속형 추적에 대해 논의할 차례이다. 어떤 유형의 사건 대해 구속형 추적을 지정한 경우, 그런 유형의 사건이 발생할 때 다음에 수행해야 할 작업을 지정하라는 문구가 표시된다. 이것이 터미널에서 다음과 같이 나타날 것이다.

```
?- append([a],[b],X).
```

CALL append([a],[b],_43) ?

이 프로그램은 '?'를 출력한 후에 멈춘다. 사용자는 이제 선택 가능한 것 중의 하나를 지정하여 대답해야 한다. 만약 지정한 선택물이 프로그램을 통상적으로 계속되게 하는 것이었다면, 추적하는 술어에 구속형 사건이 다시 일어날 때까지 프로그램이 계속 실행되다가 다음과 같이 다시 묻게 될 것이다.

CALL append([],[b],_103) ?

아마 선택 사항 중의 어떤 것은, 터미널에서 고를 수 있는 선택 사항의 목록을 표시하게 하는 것도 있을 것이다. 이제부터 지정 가능한 선택 사항 목록의 일부를 보겠다.

8.4.1 목적 조사

선택 사항의 첫 번째 부류는 목적을 다양한 방식으로 살펴보고자 할 때 사용하는 선택물로 구성된다. 지금까지 보았듯이 표준적인 방법은 내장 술어 print를 사용하여 목적을 출력하는 것인데, 이는 지정된 술어를 portray 절을 통하여 특별한 방식으로 출력할 수 있는 여지를 마련한다. 그러나 작성해둔 portray 절의 정확성에 의구심이 들기 시작할 수도 있고, 변화를 주어 통상적인 방법으로 출력된 목적을 보고 싶을 수도 있다. 따라서 프롤로그는 선택 가능한 사항으로 현재의 목적을 술어 write 또는 write_canonical로 선택하여 출력할 수 있게 할 것이다. 이 경우, 프로그램이 더 이상 진행되지 않고, 프로그램을 계속 진행하는 방법 지정을 요청하는 또 다른 선택 사항을 묻는 문구가 표시된다. 전형적인 상호작용은 다음과 같을 것이다.

```
?- append([a],[b],X).
```

CALL append([a],[b],<foo>) ?   write

CALL append([a],[b],_103) ?

대개는 술어 write를 오로지 목적을 살펴보는 대안적인 방법으로 사용하고만 싶을 것이다. 목적에 연산자가 많이 나타나지만 다양한 우선순위가 생각나지 않을 때, 술어 write_canonical을 사용하고 싶을 경우가 있다. 그러한 경우, write_canonical을 사용하면 함자의 켜(nest) 구조를 명확하게 볼 수 있다.

8.4.2 조상 조사

어떤 목적 G의 조상이 어느 목적 A라고 할 때, G의 충족이 결국에는 A를 충족시킴에 공헌해야 한다. 목적을 표현하는 상자 도해에서는 조상에 해당하는 상자 안에 현재 검토 중인 목적이 내용물로 들어 있다. 따라서 각 목적은 그 조상이 원래 질문을 구성하는 목적 중 하나로 귀착되는 바, 이 조상을 충족시키는 데 공헌한다. 또한 규칙이 사용될 때마다 규칙 머리와 어울렸던 목적이 규칙 몸에 나타나 도입된 각 목적의 조상이 된다. 조상의 몇 가지 예를 살펴보자. 7.5절에서 거론했던 간단한 다음 프로그램을 생각해보는데, 목록을 역순으로 바꾸는 것이다.

```
rev([], []).
rev([H|T], L) :- rev(T, Z), append(Z, [H], L).

append([], X, X).
append([A|B], C, [A|D]) :- append(B, C, D).
```

처음 질문을 다음과 같이 한다면, rev의 둘째 절이 만족시켜야 할 두 개의 부목적을 유도해 낼 것이다.

```
?- rev([a,b,c,d], X).
```
                                                                                    (A)

이 부목적 각각에 대해서는 질문에 있는 목적이 바로 윗대 조상이 된다. 부목적은 다음과 같다.

    rev([b,c,d], Z).   (B)
    append(Z, [a], X)   (C)

rev의 둘째 절이 다시 (B)를 충족시키는 데 사용될 것이기 때문에, 다시 두 개의 부목적 을 유도해 낼 것이다.

    rev([c,d], Z1)   (D)
    append(Z1, [b], Z)   (E)

(D)와 (E)의 조상은 모두 (A)와 (B) 둘 다이다. 유의할 사항은 목적 (C)가 (D)와 (E)의 조상이 아니라는 점인데, 그 이유는 (D)와 (E)가 (B)의 충족에만 바로 기여하기 때문이 고, 이 (B)는 (A)의 충족에 기여한다. 목적 (D)와 (E)는 어떤 식으로든 (C)의 충족에 기 여하지 않는다. 이 질문에 대한 충족 처리가 상당히 진척되었을 때, 다음 형태의 목적이 나타날 것이다.

    append([c], [b], Y)

이 단계에서 앞의 목적 append([c], [b], Y)과 그 조상은 다음과 같이 표시될 것이다.

    rev([a,b,c,d], _46)   목적 (A).
    rev([b,c,d], [d|_50])   목적 (B).
    append([d,c], [b], [d|_51])
    append([c], [b], _51)

더 읽기 전에 점검해 보아야 할 사항은 왜 이러한 목적들이 목적 append([c], [b], _51)의 조상인지, 그리고 왜 다른 조상이 더 이상 없는지를 확실히 파악하고 있는가이다. 앞의 예시에서 조상을 표시하는 특이한 방식을 볼 수 있는데, 아마 사용 중인 프롤로그 시스템에도 반영되어 있을 것이다. 조상을 출력하는 방식에는 두 가지가 있다. 첫째, 조상을 처음 충족시키려고 했을 때의 모습을 표시하거나, 둘째, 현재의 모습을 출력하되 변수 사례화 상황을 반영하는 것이다. 이 책에서는 둘째 방침을 따른다. 목적 *(B)*가 처음 나타났을 때, rev의 둘째 인수는 해례화 되어 있었다. 그러나 이 인수는 조상 목록을 보면 부분적으로 사례화 된 것으로 표시되어 있다. 그 이유는 인수 위치에 있던 변수가 현재 시점에서 그렇게 사례화 되었기 때문이다. 즉, 지금까지 알아낸 것은 [b, c, d]의 역순 목록의 첫 번째 요소가 d라는 것이다.

현재 목적의 조상을 살펴보면 프로그램이 무엇을 꾀하는지, 그리고 프로그램이 어떤 이유로 그 역할을 하는지를 충분하게 파악할 수 있다. 프롤로그 시스템이 목적에 관련하여 제공할 수도 있는 선택 사항 중에서 어떤 목적에 구속형 사건 발생했을 때, 그 시점의 조상 일부분을 출력할 수 있게 하는 것이 있다. 따라서 프로그램이 어딘가를 실행하는 데 시간이 많이 걸려서 되돌이에 빠졌다고 의심이 들 때, 이에 대한 좋은 해결 전략은 실행을 중단하고 추적을 완전 추적 방식으로 전환한 다음, 조상을 살펴보면서 현재 위치를 확인하는 것이다.

8.4.3 추적도 변경

구속형 사건에서 사용할 수 있을 또 다른 선택 사항의 목록이 있는데, 추적량 변경에 관한 선택 목록이다. 상대적으로 덜 정교한 제어이지만, 실행 가능한 몇몇은 다음과 같다.

- 탐정 지점 모두 제거하기. 이는 목적 nodebug를 호출하는 것과 같은 효과가 있다.
- 철저 추적 기능 *끄*기. 이는 목적 notrace를 호출하는 것과 같은 효과가 있다.
- 철저 추적 기능 켜기. 이는 목적 trace를 호출하는 것과 같은 효과가 있다.

nodebug, notrace 그리고 trace 목적은 모두 6.13절에서 설명하였다.

이 모든 것이 있더라도 개발자가 지정한 새로운 조건하에서 추적하고자 하는 목적에 도달할 때까지 프로그램은 실행은 그 후 계속될 것이다. 사용하는 프롤로그 시스템에 따라 추적에 더 정교한 제어를 할 수도 있다. 이러한 기능은 개발자로 하여금 중요하지 않은 프로그램 실행 부분을 빠르게 넘어갈 수 있도록 도와서, '해충'이 있음직한 위치에 집중할 수 있게 한다. 선택 가능한 기능은 다음과 같다.

- 포복(creep): 다음 구속형 사건에서 재촉부(prompt)가 다시 표시될 때까지 철저 추적을 하면서 프로그램을 계속 수행하라.
- 생략(skip): 현 목적에 관련된 다른 사건이 발생할 때까지 추적 문구를 전혀 생성하지 않으면서 프로그램을 계속 수행하라.
- 도약(leap): 탐정 지점에 도달하거나 현 목적에 관련된 사건이 발생할 때까지 추적 문구를 작성하지 않고 프로그램을 계속 수행하라.

이 중 첫째 기능은 어느 시점에서 프로그램을 자세히 추적하려고 할 때 사용하고 싶을 것이다. 둘째 기능은 특정 목적이 어떻게 충족되는지 개의치 않고 다음에 발생할 사건으로 빠르게 이동하려는 경우에 사용한다. 셋째 기능은 어떤 목적 충족 과정에서 관심이 없는 작업이 수행되다가 중간 어딘가에서 관심을 둔 (그래서 탐정 지점을 설정해둔) 목적이 나타날 때 사용한다. 따라서 셋째 기능은 탐정 지점에 도달하기 전까지는 모든 추적 문구를 무시하고 싶거나 또는 프로그램의 결함 때문에 탐정 지점에 미치지 못하더라도 현 목적이 충족에 성공 또는 실패할 때까지 모든 추적 문구를 무시하고 싶을 경우에 사용한다. 이제 '포복'과 '생략'을 사용한 예를 볼 것이다. 일단 7.7절에 있는 숫정렬 프로그램에 '해충'이 있다고 가정하는데, 순열을 생성하는 부분은 문제없다고 확신한다고 하자. 회상해보면 숫정렬 정의는 다음과 같이 시작하였다.

```
sort(L1, L2) :- permutation(L1, L2), sorted(L2), !.
```

이 경우, '생략' 선택 기능을 사용하면 순열이 어떻게 계산되는지 자세히 나타나게 하지 않고 다음과 같이 시작하여 진행되는 추적을 생성할 수 있다.

```
CALL sort([3,6,2,9,20],_45) ?        creep
CALL permutation([3,6,2,9,20],_45) ?        skip
EXIT permutation([3,6,2,9,20],[3,6,2,9,20]) ?        creep
CALL sorted([3,6,2,9,20]) ?        creep
CALL order(3,6) ?
...
```

8.4.4 목적 충족 변경

다음 선택 사항을 지정하면 프로그램 작동 방식을 변경할 수 있다. 이를 활용하면 자세히 살펴보고 싶은 것을 반복시킬 수 있고, 목적과 무관한 선택 작업을 피할 수도 있으며, 프로그램으로 하여금 달리 찾지 못했을 선택 사항을 고려하게 할 수 있다. 이렇게 하면, '구축' 속도가 크게 빨라질 수 있는데, 그 이유는 프로그램 전체를 다시 실행할 필요 없이 프로그램의 어려운 부분을 반복적으로 정밀 조사를 할 수 있기 때문이다.

- 재심(retry): 어떤 목적에 대한 사건에서 '재심' 선택 기능을 지정하면, 프롤로그는 그 목적을 원래 호출(CALL)했을 때의 위치로 되돌아간다. 모든 것이 (데이터베이스에 추가된 사항이 있다면 그것을 제외하고) 이 목적을 처음 마주쳤을 때와 정확히 같을 것이다. 그러므로 다시 한 번 목적을 충족시키는 과정에서 어떤 일이 발생하는지 볼 수 있다. 일반적인 방법은 '재심'과 '생략' 선택 사항을 결합하여 사용하는 것이다. 어떤 목적을 충족시키는 데 '해충'이 있는지 확실하지 않다면, 추적 문구를 처음에는 '생략'하게 설정할 수 있다. 이 말은 완전히 올바르게 충족되는 목적에 대해서는 많은 추적 출력물을 볼 필요가 없다는 뜻이다. 만일 '해충'이 있고 목적이 실패하거나 잘못된 결과를 생성하는 경우, 나중에 '재심' 선택 기능을 사용하여 다시 돌아가 더 자세히 살펴볼 수 있다.
- 대안(or): 이 선택 사항은 질문의 대안 해답을 구하려고 타자하는 꼭 ; 와 같다. 만약 현 시점이 어떤 목적에 대하여 퇴거(EXIT) 사건이 발생한 때라면 대안 탐색

도 요청할 수 있다. 따라서 첫 번째 대답을 획득했지만 그것으로는 프로그램의 나머지 부분을 충족시키지 못한다는 것을 알고 있을 경우, 즉시 다른 해답을 찾게 할 수 있는 것이다. 이것의 의미는 프로그램에서 '해충'이 있는 위치로 더 빨리 갈 수 있다는 것이다. 대안을 선택함으로써 첫 번째 대답을 얻은 후, 최종 실패가 어떻게 발생하는지 주시할 수 있을 것이다.

- 실패(fail): 이것은 주로 목적에 대한 호출(CALL) 사건이 발생했을 때 사용한다. 목적이 결국 실패할 것임을 알고, 또한 목적에 관심이 없다면 이 선택 사항을 지정하여 목적을 즉시 실패하게 만들 수 있다.

다음 예에서는 이러한 다양한 선택 사항을 지정하여 질문의 충족 과정을 돌아보고 있음을 볼 수 있다.

```
?- member(X,[a,b,c]), member(X,[d,c,e]).

CALL member(_44,[a,b,c]) ?      creep
EXIT member (a, [a,b,c]) ?      or
REDO member(a,[a,b,c]) ?        creep
CALL member(_44,[b,c]) ?        fail
FAIL member (_44,[b,c]) ?       creep
FAIL member(_44,[a,b,c]) ?      retry
CALL member(_44,[a,b,c]) ?      creep
EXIT member(a,[a,b,c]) ?        creep
CALL member(a,[d,c,e]) ?        fail
FAIL member(a,[d,c,e]) ?        creep
REDO member(a,[a,b,c]) ?        creep
CALL member(_44,[b,c]) ?        creep
EXIT member(b,[b,c]) ?          or
REDO member(b,[b,c]) ?          creep
CALL member(_44,[c]) ?          fail
FAIL member(_44,[c]) ?          retry
```

CALL member(_44,[c]) ?   creep

EXIT member(c,[c]) ?   creep

EXIT member(c,[b,c]) ?   creep

EXIT member(c,[a,b,c]) ?   creep

CALL member(c,[d,c,e]) ?   creep

CALL member(c,[c,e]) ?   creep

EXIT member(c,[c,e]) ?   creep

EXIT member(c,[d,c,e]) ?   or

REDO member(c,[d,c,e]) ?   creep

REDO member(c,[c,e]) ?   creep

CALL member(c,[e]) ?   creep

CALL member(c,[]) ?   creep

FAIL member (c,[]) ?   creep

FAIL member(c,[e]) ?   creep

FAIL member(c,[c,e]) ?   retry

CALL member(c,[c,e]) ?   creep

EXIT member(c,[c,e]) ?   creep

EXIT member(c,[d,c,e]) ?   creep

8.4.5 기타 선택 사항

구속형 사건에서 쓸 수 있을 다른 선택 사항은 다음과 같다.

- 중단(break): 이것은 현재 실행을 일시 정지하고, 새로이 기동시킨 프롤로그 통역기(interpreter)를 쓰게 한다. 중단 전후의 실행 환경은 공유된다. 이것을 사용하여 절이 어떻게 정의되어 있는지 질문을 하거나, 탐정 지점을 설정하거나, 또는 원하는 어떤 것도 할 수 있다. ('파일 끝' 문자를 타자하여) 새로이 기동시킨 통역기를 종료시키면 중단되었던 이전 프로그램의 실행이 계속될 것이다.

- 좌절(abort): 이것은 현재 실행 중인 모든 프로그램을 포기하고 프롤로그 통역기

를 '재기동'하여 다음 질문을 할 수 있게 한다.

- 종료(halt): 이것은 프롤로그 통역기 실행이 완전히 끝나게 한다. '해충'을 보자마자 이를 사용하고자 할 것인데, 그 이유는 통역기에서 빠져나와 편집기를 호출하여 프로그램 원시 파일을 교정하고 싶을 것이기 때문이다.

8.4.6 요약

그러면 결론적으로 다음과 같이, 프로그램 실행을 관찰하기 시작할 때 고려할 사항이 세 가지가 있다.

1. 어떤 목적을 관찰하고 싶은가? 만약 모든 것을 보고 (trace로 철저 추적을 하고) 싶다면, 터미널에 나타나는 정보의 양에 압도당할 수도 있다. 반면에, (spy로 탐정 지점을 설정하여) 단지 몇 가지 술어에 어떤 일이 일어나는지 살펴본다면, 프로그램이 잘못 동작하고 있는 곳을 놓칠 수도 있다. 최선의 해결책은 아마도 절충안인데, 탐정 지점을 주의 깊게 설정하여 검색 범위를 좁히고, 마지막에 철저히 추적하여 '해충'을 격리하는 방식이다.

2. 터미널에서 프로그램의 진행 제어를 어느 정도로 하고 싶은가? 모든 사건의 추적 유형을 방임형이라고 설정하면 프로그램을 전혀 통제하지 못하게 되는 바, 프로그램이 오류가 있는 부분을 빠르게 지나치기 때문에 오류를 감지하여 더 자세하게 살펴볼 기회가 없을 것이다. 반면에, 모든 사건의 추적 유형을 구속형이라고 설정하면 각각의 사건 처리를 계속적으로 지시해야 하는 바, 개발자는 완전히 지치게 된다.

3. 목적에 특화된 출력 기능이 있기를 바라는가? 이는 일부 목적에 중요하지 않은 거대 구조가 포함되어 있어 실제로 관심이 있는 인수에 대한 주의력을 산만하게만 할 경우 유용하다. 이 경우, portray 기능을 활용하여 무시할 정보를 감출 수 있다.

8.5 구축

결함 있는 프로그램을 작동시켜 보다가 문제가 있음을 발견한 경우, '해충'을 '구제'하고 프로그램을 다시 시험하고 싶을 것이다. 프로그램의 크기가 상당한 경우, 프로그램을 이미 디스크 파일에 수록해 두었을 것이다. 이제 편집기 프로그램을 사용하여 디스크 파일의 내용을 변경해야 할 것이다. 현재 실행 가능한 수단이 두 가지가 있다.

1. 사용 중인 컴퓨터 시스템에서는 아마도 편집기로 디스크 파일의 내용을 변경한 후, 데이터베이스 변경 없는 편집 직전의 프롤로그 실행 상태로 돌아갈 수 있을 것이다. 이 작업은 직접 수행할 수도 있겠는데, 예를 들어, 다른 창에서 편집 작업을 한 다음 다시 프롤로그 프로그램으로 돌아가는 방식이다. 이와는 달리, 프롤로그에서 데이터베이스의 현 상태를 특수 파일에 저장한 다음, 나중에 복원할 수도 있겠다. 그렇다면 현재 상태를 저장하고 프롤로그를 종료하고, 프로그램을 변경하고 프롤로그를 다시 실행하고, 이전 데이터베이스 상태를 복원하는 과정을 밟게 된다. 이렇게 하여 이전의 위치로 돌아가지만 하나 이상의 프로그램 파일이 변경된 상황인 바, 프로그램 파일을 다시 '인용'하기만 하여 이전의 정의를 새로운 것으로 교체해야 한다.

2. 사용 중인 프롤로그 시스템에 편집기를 사용한 후 이전 상태로 돌아가게 하는 기능이 없는 경우에는 프로그램 파일을 변경 한 후에 프롤로그를 실행하고 초기화 상태에서 모든 프로그램 파일을 다시 '인용'해야 한다.

이 과정을 보다 쉽게 실행할 수 있는 방법이 있는데, 한 파일에 프로그램 파일을 모두 인용하는 프롤로그 명령을 수록하면 된다. 그러면 전체 프로그램을 읽어 들이고자 할 때는 프롤로그에게 그 파일만을 인용하도록 명령하면 된다. 예를 들어, 프롤로그에게 내용이 다음과 같은 파일을 인용하도록 지시한 경우 그 결과, 각 파일 file1, file2, file3, file4, file5, file6 등을 읽어 들일 것이다.

```
?- [file1, file2, file3].
?- [file4, file5, file6]
```

어떤 상황에서는 프로그램을 수정할 양이 너무 적어서 consult(user)를 실행하여 터미널을 통해 입력할 수도 있다. 그러나 이를 너무 자주하는 것은 경계해야 한다. 조심하지 않으면, 이 방법으로 행한 소소한 모든 수정사항을 망각하고, 나중 회기에서 프로그램을 실행할 때 같은 '해충'에 마주칠 것이다. 또한, 수정 사항은 결국 프로그램 파일에 통합시키고 싶을 것이기 때문에, 터미널에서 중복 타자하게 되는 것은 상당한 시간 낭비이다. 그래서 프로그램을 빨리 완성할 요량으로 터미널을 통하여 절을 입력하고 싶더라도, 그 유혹에 빠지지 않아야 한다.

술어 consult로 터미널에서 프로그램을 변경하는 방법을 볼 수 있는 예시용 짧은 회기가 다음에 있는데, 유달리 경솔한 개발자가 진행한 것이다. 회기는 개발자가 데이터베이스에 절이 없는 상태에서 시작하기 때문에 프로그램 절 일부를 자판에서 입력한다.

```
?- consult(user).

append([A|B], C, [A|D]) :- append(A, C, D).
append([], X, X).

reverse([], []).
reverse([A|B], C) :- reverse(B, D), append(D, [A], C).

/* the end of file character is typed here */
```

yes

이제 개발자는 어떤 목적을 충족시켜 본다.

```
?- reverse([a,b,c,d,e], X).
```

no

```
?- append([a,b,c,d,e], [f], X).
no

?- append([], [a,b,c], X).
X = [a,b,c]
yes
```

제대로 작동하지 않는 듯하다. append를 다시 정의해 본다.

```
?- consult(user).

append([A|B], C, [A|D]) :- append(B, C, D).

/* the end of file character is typed here */

yes
```

이제 다시 시도한다.

```
?- reverse([a,b,c,d], X).

no
```

현재 reverse는 작동하지 않는다. 정의를 보다 길게 해본다.

```
?- consult(user).

append([], X, X).
append([A|B], C, [A|D]) :- append(B, C, D).

/* the end of file character is typed here */

yes
```

이제 다시 시도한다.

```
?- reverse([a,b,c,d,e], X).
X = [e,d,c,b,a]
yes
```

이 회기는 개발자가 터미널에서 append와 reverse 술어에 대한 절을 입력하면서 시작한다. 물론, 개발자가 술어 정의 절을 먼저 파일에 입력한 다음, 프롤로그가 그 파일을 '인용(consult)'하도록 지시할 수도 있었겠지만, 이렇게 크기가 작은 예제에 대해서는 그렇게 할 가치가 없었을 것이다. 안타깝게도, append의 첫째 절에서 실수를 했다. 목적 append(A, C, D)에서 B가 있어야 할 곳에 A가 있다. 이 실수는 시스템이 append와 reverse에 대한 질문에 응답할 수 없을 때 드러난다. 어쨌든 (실제 회기에서는 '구충' 도구를 사용한 후에 이런 일이 발생할 수 있겠지만) 개발자는 append의 정의가 잘못되었음을 깨닫게 된다. 따라서 그는 consult를 사용하여 기존 정의를 새 정의로 바꾸기로 결정한다. 딱하게도, 새로운 정의에서는 경계 조건, 즉 []인 경우를 지정하는 것을 빠뜨린다. 그래서 프로그램은 여전히 작동하지 않는다. 이 시점에서 절 두 개로 구성된 append의 원래 정의는 절 한 개로 구성된 새로운 정의로 대체되었지만 완전한 정의는 아니다. 개발자는 자신이 한 일을 살펴보고, 기존 정의에 새로운 절을 추가하기만 하면 상황을 바로 잡을 수 있다. 이를 성취하기 위해 다시 한 번 consult를 사용한다. 그래서 프로그램이 이제는 작동한다.

결론적으로, 프로그램을 변경할 때에는 프로그램의 초판을 작성할 때와 동일한 주의를 기울여야 한다. 프로그램에 추가한 내용도 기존 결정 사항에 계속 부합해야 하는데, 그 결정 사항이란 어떤 변수를 언제 어떤 인수가 어떤 용도로 사용될 때 사례화 할 것인지에 대한 사항이다. 무엇보다도, 프로그램을 다시 살펴볼 수 있는 기회를 만들어야 한다. 다른 실수가 있을 수도 있기 때문이다.

9 프롤로그 문법 규칙 활용

9.1 구문 분석 문제

영어와 같은 언어의 문장은 단어의 임의적인 나열 이상의 것이다. 한 무리의 단어를 한 줄로 늘어놓는다고 해서 합당한 문장이 되는 것이 아니다. 최소한 나열 결과가 문법적으로 옳은 것이라고 간주하는 것에 들어맞아야 한다.

언어에 대한 문법(grammar)은 한 무리의 규칙인데, 해당 언어의 문장으로 인정할 수 있는 단어의 서열(sequence)을 명세한다. 문법은 단어가 모여 어구(phrase)를 구성하는 방법과 적법하게 어구를 나열하는 순서를 규정한다. 언어에 대한 문법을 알고 있다면, 어떤 단어 서열을 보고 그것이 문장으로 수용 가능한 기준을 충족하는지 확인할 수 있다. 단어 서열이 문장으로 수용 가능하다면, 이것을 검증하는 과정은 단어의 합당한 묶음이 무엇인지, 그리고 이렇게 묶여진 어구가 어떻게 조합되는지를 확증할 것이다. 즉, 이 과정은 문장의 기본 구조에 대한 중요 사항을 분명하게 제시할 것이다.

문법 중에서도 간단한 부류에 속하는 '무문맥(context-free)' 문법이라는 것이 있다. 그러한 것이 무엇인지에 대한 정형적인 정의를 내리기보다는 간단한 예를 들어 설명할 것이다. 다음은 영어 문장에 대한 문법의 시작이라고 할 수 있겠다.

```
sentence --> noun_phrase, verb_phrase.

noun_phrase --> determiner, noun.

verb_phrase --> verb, noun_phrase.
verb_phrase --> verb.

determiner --> [the].

noun --> [apple],
noun --> [man].

verb --> [eats].
verb --> [sings].
```

문법은 일련의 규칙으로 구성되며, 여기에서는 한 줄에 하나씩 나타나 있다. 각 규칙은 특정 종류의 어구가 될 수 있는 형태를 명세한다. 첫째 규칙은 문장이 noun_phrase라는 어구와 뒤따르는 verb_phrase라는 어구로 구성됨을 말한다. 이 두 어구는 일반적으로 문장의 주어와 술어로 알려져 있으며 그 구성은 다음과 같이 나무로 설명할 수 있다.

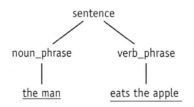

무문맥 문법의 규칙이 의미하는 바를 알기 위해서는 'X --> Y'를 "X는 Y의 모습을 할 수 있다"로 읽고, 'X, Y'는 "X 다음에는 Y이다"로 읽는다. 따라서 첫째 규칙은 다음과 같이 읽을 수 있다.

문장은 다음의 모습을 할 수 있다: noun_phrase 다음에는 verb_phrase이다.

아주 그럴듯해 보이지만, noun_phrase는 무엇이고 verb_phrase는 무엇일까? 어떻게 이러한 것을 인식할 수 있고, 무엇이 이들의 문법적인 형태를 구성하는지 알 수 있을까? 문법의 둘째, 셋째 및 넷째 규칙은 이러한 질문에 대한 대답이다. 다음 예를 보자.

noun_phrase는 다음의 모습을 할 수 있다: determiner 다음에는 noun이다.

약식으로 말해서 명사구는 사물이나 사물들을 지칭하는 단어 무리이다. 그러한 명사구에는 해당 사물이 속한 종류를 나타내는 'noun'인 단어가 포함되어 있다. 따라서 'the man'은 남자를 지칭하고, 'the program'은 프로그램을 지칭한다. 또한, 앞의 문법에 따르면, 'noun' 앞에 'determiner'라는 어구가 나타난다. 다음 나무 도해를 보자.

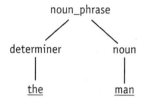

비슷한 방식으로 verb_phrase의 내부 구조도 규칙으로 기술된다. 유의할 사항은 verb_phrase를 규정하는 규칙이 두 개가 있다는 점이다. 앞의 문법에 따르면, 동사구의 가능한 형태가 두 가지이기 때문이다. verb_phrase는 "the man eats the apple"의 경우와 같이 noun_phrase를 포함할 수 있거나, 이와는 달리 "the man sings"의 경우에서처럼 noun_phrase를 포함할 필요가 없을 때도 있다.

앞의 문법에서 다른 규칙의 용도는 무엇일까? 그 규칙들은 어떤 어구가 하위 어구가 아닌 실제 단어로 어떻게 구성될 수 있는가를 나타낸다. 대괄호 안에 있는 것은 언어의 실제 단어를 지칭하므로 다음 규칙은

```
determiner --> [the].
```

다음과 같이 새긴다.

determiner는 다음의 모습을 할 수 있다: 단어 the

이제 문법 전체를 살펴보았으므로, 어떤 단어 서열이 문법을 따르는 실제 문장인지를 살펴보기 시작할 수 있다. 앞의 문법은 매우 간단한 것이어서 여러 방법으로 확장해야 하는데, 특히 다섯 개의 다른 단어로 구성된 문장만 허용하므로 그렇다. 만약 주어진 단어 서열이 실제로 문법 기준을 따르는 문장인지 여부를 조사하려면, 첫째 규칙을 적용해야 하는데, 그러면 조사 문제는 다음과 같이 바뀐다.

단어 서열을 두 개의 어구로 분해하여, 첫째를 noun_phrase라고 인정할 수 있고
둘째도 verb_phrase라고 인정할 수 있는가?

그런 다음, 첫째 어구가 명사구인지 여부를 검사하려면 둘째 규칙을 적용해야 하는 바, 다음과 같이 새길 수 있다.

어구를 분해하면, determiner 다음에 noun이 있는가?

같은 방식으로 어구에 대한 조사를 계속한다. 결국 어구에 대한 조사가 성공한다면, 문법에 규정된 대로 문장의 모든 어구와 하위 어구를 확인해낼 것이며, 문장 구조를 확증할 것인데, 그 구조는 예를 들어 다음과 같다.

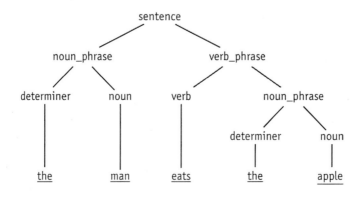

문장의 구문구조 분석결과가 나타난 이 도해를 문장의 *문석목(parse tree)*이라고 한다.

지금까지 언어의 문법을 파악하면 어떻게 문석목을 구성할 수 있게 되고 문장 구조를 보여 줄 수 있는지 그 방법을 보았다. 문법이 주어진 문장의 문석목을 구성하는 문제를 *문석(parsing) 문제*라고 한다. 컴퓨터 프로그램으로서, 어떤 언어의 문장에 대한 문석목을 구성해내는 도구를 일컬어 *문석기(parser)*라고 한다.

이 장에서는 프롤로그로 문석 문제를 정형화하는 방법을 설명하고, 그리하여 프롤로그 문법 규칙 정형계(grammar rule formalism)를 소개할 것인 바, 프롤로그로 문석기를 작성하기가 상당히 더 편해질 것이다. '한정 절 문법(Definite Clause Grammar)' 또는 DCG라고도 일컫는 문법 규칙 정형계를 위한 문석기가 실제로는 표준 프롤로그 정의의 일부는 아니지만 많은 프롤로그 구현 시스템에 자동으로 구비된다. DCG의 유용성은 자연어 문법과 관련된 응용 프로그램에만 국한되지 않는다. 사실 DCG 기술은 정보 항목의 서열이 주어진다고 할 때, 항목을 합당하게 묶을 수 있게 보이고, 이러한 묶음의 배치를 일련의 규칙으로 명세할 수 있는 모든 문제에 적용된다. 그러나 논의를 단순화하기 위해, 이후 내용에서는 영어 문장을 문석하는 문제에 집중할 것이며 다른 분야로의 일반화는 독자의 몫이 될 것이다.

9.2 문석 문제 표현

문석 문제를 논의할 때 화제가 되는 가장 중요한 구조는 단어 서열인데, 구조 파악 대상이 된다. 기대하는 바는 이 구조를 부분 서열로 다양하게 구분하되 문법이 어구로 수용할 수 있게 분리해 나가서, 결국 전체 단어 서열이 문석목 뿌리 sentence 유형의 어구로 수용될 수 있음을 보이는 것이다. 서열을 표현하는 표준 방법은 목록이므로 문석기에 대한 입력을 프롤로그 목록으로 나타낼 것이다. 단어 그 자체는 어떻게 표현할 것인가? 지금 당장은 단어의 내부 구조를 파악하는 것이 무의미하게 보인다. 일단 하고 싶은 작업은 단어를 서로 비교하는 것뿐이다. 그래서 단어를 프롤로그 원자로 표현하는 것이 합당하게 보인다.

주어진 단어 서열이 앞에서 본 문법에 맞는 문장인지 확인하는 프로그램을 개발해보자. 이것을 위해서는 프로그램이 주어진 문장의 기본 구조를 확증해야 할 것이다. 나중에 이 구조를 기억하여 출력하는 프로그램의 개발 방안을 고려할 것인 바, 지금은 이 여분의 복잡성을 무시하면 현재의 작업이 더 수월해질 것이다. 프로그램의 주된 기능이 입력물이 문장인지 검사하는 것이기 때문에, 술어 sentence에서부터 정의하기로 하자. 술어에는 인수가 하나만 있으면 되고, 다음과 같이 그 의미를 부여할 것이다.

> sentence(X)는 다음을 뜻한다:
> > X는 단어 서열인데, 문법에 맞는 문장을 구성하고 있다.

그래서 다음과 같은 질문을 예상할 수 있다.

> ?- sentence([the,man,eats,the,apple]).

이 질문은 "the man eats the apple"이 문장이면 충족에 성공하고, 그렇지 않으면 실패할 것이다.

프롤로그 원자 목록으로 문장을 인위적으로 명세하는 것은 어색하다. 좀 더 본격적인 응용 프로그램을 생각한다면, 아마도 터미널에서 통상적인 방법으로 타자하여 영어 문장을 입력할 수 있기를 바랄 것이다. 5장에서는 술어 read_in을 정의할 수 있는 방법을 살펴보았는데, 그 결과 타자 입력된 문장을 프롤로그 원자 목록으로 변환할 수 있었다. 물론 이 기능을 문석기에 구현하여, 프로그램 사용자에게 보다 자연스러운 의사소통 수단이 되게 할 수 있다. 그러나 지금은 그러한 '겉치레' 문제를 차치하고 문장 분석의 실제 문제에 집중할 것이다.

단어 서열이 문장인지 확인하는 검사에 무엇이 필요할까? 먼저, 문법의 첫째 규칙에 따르면, 검사 작업은 단어 서열의 시작 부분에서 noun_phrase를 찾은 다음, 남은 부분에서 verb_phrase를 찾는 것으로 분해된다. 검사 작업 끝날 때는 서열의 단어를 더도 말고 덜도 말고 정확히 다 사용해 (해당 어구에 소속시켜) 버려야 한다. 술어 noun_phrase와 verb_phrase를 도입하여 명사구와 동사구의 속성을 표현하겠다. 명사구에 대한 술어는 다음과 같다.

noun_phrase(X)는 다음을 뜻한다: X는 단어 서열인데, 명사구를 구성하고 있다.

또한, 동사구에 대한 술어는 다음과 같다.

verb_phrase(X)는 다음을 뜻한다: X는 단어 서열인데, 동사구를 구성하고 있다.

sentence에 대한 정의는 이러한 술어를 부품으로 하여 조립할 수 있다. 단어 서열 X가 문장일 경우는 만일 X가 두 개의 하위 서열 Y와 Z로 나뉘는데 여기서 Y는 noun_phrase이고 Z는 verb_phrase일 때이다. 단어 서열을 목록으로 표현하기 때문에, 하나의 목록을 두 개로 분리시키기는 데 이미 준비된 술어 append를 쓸 수 있다. 그래서 sentence 정의를 다음과 같이 쓸 수 있다.

```
sentence(X) :-
    append(Y, Z, X), noun_phrase(Y), verb_phrase(Z).
```

명사구와 동사구에 대한 정의도 비슷하게 다음과 같이 쓸 수 있다.

```
noun_phrase(X) :-
    append(Y, Z, X), determiner(Y), noun(Z).

verb_phrase(X) :-
    append(Y, Z, X), verb(Y), noun_phrase(Z).
verb_phrase(X) :- verb(X).
```

유의할 사항은 verb_phrase에 대한 문법 규칙은 술어 verb_phrase의 두 개의 절로 표현되는데, 단어 서열이 verb_phrase임을 검증하는 두 가지 경우에 대응한다는 점이다. 끝으로 실제 단어를 확인하는 문법 규칙은 다음과 같이 쉽게 처리할 수 있다.

```
determiner([the]).
noun([apple]).
noun([man]).

verb([eats]).
verb([sings]).
```

그 결과 프로그램이 완성되었다. 실제로, 앞의 프로그램은 어떤 단어 서열이 문법에 맞는 문장인지를 잘 판별해준다. 그러나 작업을 끝마치기 전에, 일부 예제 서열로 질문할 때 실제로 어떤 일이 일어나는지 살펴보아야 한다. 다음의 sentence 절만 한번 고려해보자.

```
sentence(X) :-
    append(Y, Z, X), noun_phrase(Y), verb_phrase(Z).
```

그리고 질문은 다음과 같다.

```
?- sentence([the,man,eats,the,apple]).
```

sentence 규칙에서 변수 X가 [the, man, eats, the, apple]로 사례화 되지만 처음에는 변수 Y와 Z가 해례화된 상태이므로, 목적 append는 Y와 Z로 쓸 수 있는 한 쌍의 값을 생성하되, Y에 Z를 연결하면 결과가 X가 되게 한다. append의 무름 과정에서 Y와 Z로 쓸 수 있는 모든 쌍이 한 번에 하나씩 생성될 것이다. 목적 noun_phrase는 Y 값이 실제로 noun_phrase로 수용될 경우에만 충족에 성공한다. 그렇지 않으면 실패하고, append로 다른 값을 구해야 한다. 따라서 질문 처리 과정 첫 부분에 대한 실행 제어의 흐름은 다음과 같을 것이다.

1. 충족시킬 목적은 sentence([the, man, eats, the, apple])이다.
2. 단어 서열 목록을 두 개의 목록 Y와 Z로 분해한다. 다음과 같이 분해할 수 있다.

```
Y = [], Z = [the,man,eats,the,apple]
Y = [the], Z = [man,eats,the,apple]
Y = [the,man], Z = [eats,the,apple]
Y = [the,man,eats], Z = [the,apple]
Y = [the,man,eats,the], Z = [apple]
Y = [the,man,eats,the,apple], Z = []
```

3. 앞의 선택 가능 목록에서 Y와 Z의 잠정 값을 선택하고, Y가 noun_phrase인지를 확인한다. 즉, noun_phrase(Y)를 충족시켜본다.

4. 만약 Y가 noun_phrase이면, 충족된다. (그러면 verb_phrase에 대한 조사를 시작한다.) 그렇지 않으면, 단계 3으로 돌아가서, Y와 Z에 대한 다른 값을 선택한 뒤 다시 시도한다.

이 처리방법에서는 불필요한 검색을 많이 하는 것 같다. 목적 append(Y, Z, X)가 해답을 많이 생성하지만, 대부분은 명사구를 식별하는 관점에서 쓸모가 없는 것들이다. 해답을 얻기 위한 보다 직접적인 방법이 필요하다. 전술한 문법이 의미하는 것처럼 noun_phrase에는 정확하게 두 단어가 있어야 하는 바, 이 사실에 근거하여 생각할 수 있는 것은 단어 서열을 잠정적으로 분해하여 확인하는 일을 피할 수 있다는 것이다. 그러나 문제는 문법을 변경했을 때 이러한 피할 수 있는 상황이 유지되지 않을 수도 있다는 점이다. determiner에 대한 문법 규칙의 작은 변화조차도 noun_phrase의 길이에 영향을 끼치고, 그래서 noun_phrase의 존재를 검사하는 방식에 영향을 줄 수 있다. 프로그램을 설계할 때에는 단위성(modularity)을 유지하는 것이 좋다. 절 하나를 변경할 때, 수반되는 파급 효과가 전체 프로그램에 대해서 없어야 한다.

그래서 전술한 바와 같은 명사구 구간 추정에 관한 경험적(heuristic) 방법은 너무 구체적이어서 프로그램에 구현될 수 없겠다. 그럼에도 불구하고 그것을 일반 원칙의 특수한 경우로 볼 수 있다. 만일 noun_phrase가 될 서열 일부를 선택하고자 한다면, noun_phrase의 속성을 토대로 어떤 종류의 서열을 실제로 고려해야 하는지 제한할 수 있다. 그러나 noun_phrase 정의가 변경되기 쉬운 경우, 모든 처리를 noun_phrase 절에서 하지 않는 한 그렇게 할 수 없다. noun_phrase의 속성을 표현하는 것은 noun_phrase 절이기 때문에, 검사해야 할 서열 구간 길이 결정을 noun_phrase 절을 이용하여 하지 않을 이유가 없다. noun_phrase 절에서 결정할 것은 조사해야 할 서열 구간인데, 이로써 확정되는 남겨진 그 이후의 서열은 verb_phrase 정의로 조사할 내용이 되게 하자.

앞의 논의는 noun_phrase 술어를 새롭게 정의할 생각을 하게 하는데, 이번에는 다음과 같이 두 개의 인수가 필요하다.

> noun_phrase(X, Y)가 충족되는 경우는 만일
>> 서열 X의 시작 부분에는 명사구가 있고
>> 명사구 다음의 남은 부분은 Y일 때이다.

그래서 다음과 같은 질문을 예상하는데,

```
?- noun_phrase([the,man,eats,the,apple], [eats,the,apple]).
?- noun_phrase([the,apple,sings], [sings]).
?- noun_phrase([the,man,eats,the,apple], X).
?- noun_phrase([the,apple,sings], X).
```

모두 충족에 성공할 것이고, 마지막 두 질문에서 변수 X는 목록에서 noun_phrase 다음의 남은 내용으로 사례화 된다.

이제 이러한 의미 변화를 반영하여 noun_phrase의 정의를 수정해야 한다. 이를 함에 있어, noun_phrase가 차지할 단어 서열을 한정사 determiner가 차지하려는 서열에 이어 명사 noun이 차지할 서열로 분할하는 문제를 풀어야 한다. 단어 서열에서 얼마나 많은 부분을 차지할 것인지에 대한 문제는 전술한 경우와 마찬가지로 다음과 같이 성분 구를 처리하는 절에 다시 위임할 수 있다.

```
noun_phrase(X, Y) :- determiner(X, Z), noun(Z, Y).
```

그래서 noun_phrase가 단어 서열 X의 시작 부분에 존재하는 경우는 X의 맨 앞에서 한정사를 발견하여 그 이후를 Z로 남겨두고, Z의 맨 앞에서 명사를 찾을 수 있을 때이다. noun_phrase 전체를 확인하고 남겨진 단어 서열 구간은 명사 noun을 확인하고 남겨진 것(Y)과 동일하다. 도해로 표현하면, 다음과 같다.

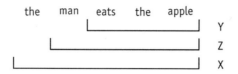

이를 구현하기 위해서는 noun_phrase에 대해 적용했듯이 determiner와 noun에 대해서도 유사한 규정을 적용해야 한다.

앞의 절은 noun_phrase인 단어 서열을 찾는 문제가 determiner 뒤에 noun이 따르는 부분 서열을 찾는 문제로 어떻게 분해되는지 보인다. 비슷하게도, sentence를 찾는 문제는 noun_phrase 뒤에 verb_phrase가 따르는 것을 발견하는 문제로 분할된다. 이는 전적으로 매우 추상적이다. 이 중 어느 것도 determiner, noun_phrase 또는 sentence에 얼마나 많은 단어가 실제로 소속되는지를 알려주지 않는다. 현재 개발 중인 프로그램에서 이러한 정보는 영어 단어를 실제로 확인하는 규칙에서 획득해야 한다. 이를 프롤로그 절로 다시 표현할 수 있지만, 이번에는 별도 인수를 추가해야 하며, 그 예를 들면 다음과 같다.

```
determiner([the|X], X).
```

이 규칙이 표현하는 사실은 the라는 단어로 시작하는 서열 맨 앞에서 한정사를 확인할 수 있다는 것이다. 게다가 한정사는 단지 서열의 첫 단어만을 인정하고 나머지는 남겨 둔다.

사실, 어구 종류를 인식하는 모든 술어에 별도의 인수를 추가할 수 있는데, 해당 종류의 어구가 단어 서열 일부를 어떻게 '차지'하고 또 나머지를 남기는지 표현하는데 쓴다. 특히, 일관성을 생각한다면 sentence 술어에도 인수를 추가하는 것이 합당하다. 그러면 프로그램으로 실행할 최초 목적은 어떤 모습일까? 질문을 구성하는 sentence 술어의 두 인수 값을 어떻게 설정할지 결정해야 한다. 두 인수는 각각 sentence가 시작되는 단어 서열과 뒤에 남겨 둘 단어 서열을 나타낸다. 이들 중 첫째 인수는 앞에서 본 sentence에서 사용한 인수와 분명히 같다. 게다가, 단어 서열 전체를 '차지'하는 문장을 찾고자 하므로 문장이 인식된 후에는 소속이 결정되지 않는 단어가 남아 있지 않아야 할 것이다. 즉, 빈 서열만 남겨지기를 바란다. 따라서 프로그램에 다음과 같은 질문을 해야 한다.

```
?- sentence([the,man,eats,the,apple], []).
```

이제 앞의 설명을 염두에 두고 개정한 전체 문법이 어떻게 되는지 살펴보기로 한다.

```
sentence(S0, S) :-
        noun_phrase(S0, S1),
        verb_phrase(S1, S).

noun_phrase(S0, S) :- determiner(S0, S1), noun(S1, S).

verb_phrase(S0, S) :- verb(S0, S1), noun_phrase(S1, S).
verb_phrase(S0, S):- verb(S0, S).

determiner([the|S], S).

noun([apple|S], S).
noun([man|S], S).

verb([eats|S], S).
verb([sings|S], S).
```

이리하여 이제 효율성이 증진된 개정판을 만들었는데, 문법에 맞는 문장을 인식하는 프로그램이다. 하지만 원시 프로그램이 이전 판보다 더 복잡하게 보여 안타깝다. 별도 인수가 불필요하게 프로그램을 혼란스럽게 보이게 한다. 이제 이 문제에 대처하는 방법을 보려고 한다.

9.3 문법 규칙 표기법

프롤로그 문법 규칙 표기법은 전술한 기술을 사용하여 문석기 작성자의 보조 도구로 개발되었다. 이 표기법에서는 관심 없는 정보를 표시하지 않기 때문에 원시 프로그램을 읽기가 쉽다. 표기법이 일반 프롤로그보다 더 간결하기 때문에, 문법 규칙을 사용하여 문석기를 작성하는 경우, 어처구니없이 타자 실수를 할 가능성도 낮아진다.

문법 규칙 표기법은 자족형(self-contained)이기는 하지만, 일반적인 프롤로그 원시 프로그램의 속기형일 뿐이라는 것을 인식하는 것이 중요하다. 문법 규칙은 이미 프롤로그 시스템에 내장되어 있거나 또는 문고 꾸러미(library package)가 있기 때문에 활용할 수 있다. (부록 D와 같은 것이 문고 꾸러미인데, consult의 특수형을 쓸 수 있게 미리 준비해 두었다.) 두 경우 모두 시스템이 문법 규칙을 처리하는 방식은 입력된 규칙을 인식한 다음, 일반 프롤로그로 변환하는 것이다. 따라서 문법 규칙은 일반 프롤로그로 절로 결국 나타나게 되지만, 당연히 입력한 것과는 모습이 조금 다르다.

실제 표기법은 이 장의 시작 부분에서 소개한 무문맥 표기법을 기반으로 작성되었다. 실제로, (다음에 다시 보인) 거기에서 본 문법을 프롤로그에 입력하면, 문석기 프로그램의 최종판 결과와 똑같은 절로 번역된다.

```
sentence --> noun_phrase, verb_phrase.

noun_phrase --> determiner, noun.

verb_phrase --> verb, noun_phrase.
verb_phrase --> verb.

determiner --> [the].

noun --> [apple],
noun --> [man].

verb --> [eats].
verb --> [sings].
```

실제 문법 규칙은 프롤로그 구조체이며, 끼인 연산자로 선언된 주함자 '-->'가 있다. 프롤로그 시스템이 수행할 작업은 consult 또는 유사 입력 술어로 읽은 항에 함자 '-->'가 있는지 확인하고, 그러할 경우 적절하게 절로 변환하는 것이다.

변환은 구체적으로 어떻게 이루어지는가? 우선, 어구를 명명하는 모든 원자는 두 개의 인수가 있는 술어로 변환되어야 한다. 앞의 프로그램에서 본 것처럼 한 인수는 주어진 단어 서열을 표시하고 다른 인수는 뒤에 남겨질 서열을 표시하기 위한 것이다. 둘째, 어떤 문법 규칙에서 차례로 나오는 어구를 명세할 때, 하나의 어구가 '차지'하고 뒤에 남겨진 단어 서열이 다음 어구의 입력이 된다는 사실을 각 인수가 반영하도록 조처해야 한다. 마지막으로, 문법 규칙에서 어떤 어구가 일련의 하위 어구로 구성될 수 있다고 명세하는 경우, 전체 어구가 '차지'하는 단어 서열 구간이 '-->'의 오른쪽에 나타난 하위 어구가 '차지'한 총구간과 같아야 한다는 점이 명세되어야 한다. 이러한 변환 방침은 예를 들어, 다음과 같은 문법 규칙이 주어진다면

```
sentence --> noun_phrase, verb_phrase.
```

다음과 같은 변환을 보장한다.

```
sentence(S0, S) :-
        noun_phrase(S0, S1), verb_phrase(S1, S).
```

또는 자연어로 표현하면 다음과 같다.

문장이 S0와 S 사이에 있는 경우는 만일:
  명사구가 S0과 S1 사이에 있고, 이와 함께 동사구가 S1과 S 사이에 있을 때이다.

끝으로, 프롤로그 시스템은 실제 단어를 확인하는 문법 규칙도 변환해야 한다. 변환 방침은 술어의 인수 자리에 목록을 두고 거기에 실제 단어를 삽입하는 것인 바, 예를

들어 다음과 같은 문법 규칙은,

determiner --> [the].

다음과 같이 변환된다.

determiner([the|S], S).

문석 프로그램을 문법 규칙으로 표현한 후에는 목적을 어떻게 명세하여 문석 프로그램을 작동시킬까? 이제 문법 규칙이 일반적인 프롤로그 절로 변환되는 방법을 알게 되었으므로, 필요한 프롤로그 목적을 표현할 수 있는데, 이때 별도의 인수를 추가하여야 한다. 추가해야 할 첫째 인수는 '차지'할 단어 목록이고 둘째 인수는 '차지'하고 뒤에 남겨질 단어 목록인데, 정상적인 경우 빈 목록 '[]'이다. 따라서 다음과 같이 목적을 명세할 수 있다.

?- sentence([the,man,eats,the,apple], []).
?- noun_phrase([the,man,sings], X).

이의 대안으로, 일부 프롤로그 시스템에서는 그저 별도의 인수를 추가하는 내장 술어 phrase를 쓸 수 있다. 술어 phrase의 정의는 다음과 같다.

phrase(P, L)이 충족되는 경우는 만일:
　　목록 L이 유형 P인 어구로 문석될 수 있을 때이다.

그러면 앞에서 본 첫째 목적, sentence 목적을 다음과 같이 대체할 수 있다.

?- phrase(sentence, [the,man,eats,the,apple]).

유의할 사항은 술어 phrase의 정의에는 전체 목록이 문석되고 빈 목록이 남게 됨이 함축되어 있다는 점이다. 그러므로 앞에서 본 둘째 목적, noun_phrase 목적을 술어 phrase를 사용하여 대체 할 수 없는 것이다.

만일 사용 중인 프롤로그 시스템에 내장 술어 phrase가 없다면 다음과 같이 쉽게 정의하여 사용할 수 있다.

```
phrase(P,L) :- Goal =.. [P, L, []], call(Goal).
```

그러나 유의할 사항은 다음 절에서 더 일반적인 문법 규칙을 고려할 때는 이 정의가 적합하지 않을 것이라는 점이다.

9.4 별도 인수 추가

지금까지 고려한 문법 규칙은 상당히 제한된 종류에 속하는 것들뿐이었다. 이 절에서는 유용한 확장 기능 한 가지를 고려할 것인데, 어구 유형에 추가 인수를 둘 수 있게 할 것이다. 이 확장 기능도 역시 대부분의 프롤로그 시스템이 제공하는 표준 문법 규칙 기능의 일부이다.

이전 절에서 본 것은 문법 규칙에서 명세된 어구 유형이 별도의 인수가 두 개 있는 프롤로그 술어 용법으로 어떻게 변환되는가에 대한 사항이었다. 그래서 지금까지 본 문법 규칙은 인수가 두 개인 술어가 많이 나타나게 한다. 그런데 프롤로그 술어에는 인수가 몇 개든지 있을 수 있으며, 입력 단어 서열을 '차지'하는 구간을 표시하는 인수를 제외하고, 때로는 문석기에 별도의 인수가 필요할 경우도 있다. 문법 규칙 표기법에서는 그러한 일이 가능하다.

별도의 인수가 유용하게 보이는 예를 살펴보겠다. 문장의 주어와 동사의 '수의 일치(number agreement)' 문제를 고려한다. 다음과 같은 단어 서열은

```
* The boys eats the apple.
* The boy eat the apple.
```

비록 현재까지 구현한 문법을 간단히 확장하여 수용할 수 있을지라도, 모두 문법에 맞지 않는 영문이다. (여기에서 '*'은 비문을 나타내는 표식이다.) 이들이 문법에 맞지 않은 이유는 문장의 주어가 단수라면, 이 문장에 역시 동사의 단수형을 사용해야 하기 때문이다. 마찬가지로, 주어가 복수인 경우, 동사의 복수형을 사용해야 한다. 문법 규칙에서 이를 표현할 한 방법은 두 종류의 문장 즉 단수 문장 및 복수 문장이 있다고 명세하는 것이다. 단수 문장은 단수 명사구로 시작해야 하며, 단수 명사구에는 단수 명사 및 다른 단어가 있어야 한다. 결국, 이 논의는 다음과 같은 규칙 무리와 함께 복수형 어구를 처리하는 많은 규칙들로 정리될 것이다.

```
sentence --> singular_sentence.
sentence --> plural_sentence.

noun_phrase --> singular_noun_phrase.
noun_phrase --> plural_noun_phrase.

singular_sentence -->
    singular_noun_phrase, singular_verb_phrase.

singular_noun_phrase -->
    singular_determiner, singular_noun.

singular_verb_phrase --> singular_verb, noun_phrase.
singular_verb_phrase --> singular_verb.

singular_determiner --> [the].

singular_noun --> [boy].

singular_verb --> [eats].
```

앞의 문법 규칙은 매우 정연하지도 않고 단수형과 복수형 문장에 공통적인 구조가 많다는 사실이 뚜렷하게 나타나 있지도 않다. 더 좋은 방법은 단수형인지 복수형인지에 따라 별도 인수를 어구 유형과 관련짓는 것이다. 따라서 sentence(singular)은 단수형 문장인 어구를 지칭하기로 하는데, 일반적으로는 sentence(X)가 복수성이 X인 문장을 나타 내기로 한다. 그러면 주어와 동사의 '수의 일치' 규칙은 이 별도 인수 값에 대한 일관성 조 건 조항에 귀착한다. 주어 명사구의 복수성은 동사구의 복수성과 같아야 한다. 이 방식으 로 문법을 다시 작성하면 다음과 같은 결과를 얻을 수 있다.

```
sentence --> sentence(X).

sentence(X) --> noun_phrase(X), verb_phrase(X).

noun_phrase(X) --> determiner(X), noun(X).

verb_phrase(X) --> verb(X).
verb_phrase(X) --> verb(X), noun_phrase(Y).

noun(singular) --> [boy],
noun(plural) --> [boys].

determiner(_) --> [the].

verb(singular) --> [eats].
verb(plural) --> [eat].
```

유의 사항은 the의 복수성을 명시할 수 있는 방식이다. 이 단어는 단수형 또는 복수형 어 구를 이끌 수 있으므로 복수성은 어떤 것과도 호환된다. 또한 verb_phase의 둘째 규칙에서 변수명 용법이 나타내는 사실은 (주어와 일치해야 하는) verb_phase의 복수성은 verb에서 결정되는 것이지 목적어가 있다고 하더라도 목적어에서 결정되는 것이 아님을 나타낸다.

이제 어구 유형에 별도의 인수를 도입하여 다른 중요한 정보 및 '수의 일치'를 표현 할 수 있게 되었다. 예를 들어, 이들을 활용하여 '정상적인' 위치를 벗어난 문장 구성 성 분을 추적할 수 있는 바, '이동(movement)'이라 일컫는 언어학적 현상을 처리할 수 있다. 또는 별도의 인수로 중요한 의미 항목을 기록할 수도 있는데, 예를 들어 어구의 의미가 하위 어구의 의미로 어떻게 구성되는지 보일 수도 있다. 비록 9.7절에서 문석기에 의미처 리 기능을 부여한 간단한 예를 보겠지만, 여기서는 더 이상 깊이 논의하지 않겠다. 그러나 여기서 한 가지 지적해야 할 점이 있다. 언어학자들의 지적 호기심을 자극할 만한 것인데, 문법 규칙에 별도의 인수를 도입하면 문법으로 정의한 언어가 그렇지 않은 경우도 자주 있지만, 여전히 무문맥 언어임을 보장할 수 없게 된다는 점이다.

별도의 인수를 요긴하게 쓰는 또 다른 경우는, 문장 분석 결과로 문석목(parse tree)을 반환할 때이다. 3장에서 나무를 프롤로그 구조체로 표현할 수 있는 방법을 보았는데, 이제 이를 응용하여 문석기를 확장하고 문석목을 만들 수 있게 할 것이다. 문석목은 문장의 구조를 표현하기 때문에 유용하다. 이러한 구조적 표현을 처리하는 프로그램은 작성하기가 용이한데, 7장에서 논의한 산술식과 목록 처리 방식과 유사하게 해결한다. 새 프로그램에 다음과 같은 문법에 맞는 문장이 주어지면,

```
The man eats the apple.
```

실행 결과로 다음과 같은 구조를 생성할 것이다.

```
sentence(
        noun_phrase(
                determiner(the),
                noun(man)),
        verb_phrase(
                verb(eats),
                noun_phrase(
                        determiner(the),
                        noun(apple))
                )
        )
```

문석기가 이렇게 할 수 있으려면 단지 각 술어에 별도의 인수만 추가하면 되는데, 전체 어구에 대한 나무가 다양한 하위 어구의 나무로 어떻게 구성되는지를 규정한다. 따라서 첫째 규칙을 다음과 같이 변경할 수 있다.

```
sentence(X, sentence(NP, VP)) -->
        noun_phrase(X, NP), verb_phrase(X, VP).
```

이 규칙의 뜻을 새기면 다음과 같다. 만약 문석목 NP로 표현되는 noun_phrase 서열 뒤에 문석목 VP를 표현되는 verb_phrase 서열이 이어진다면, 완전한 문장 전체를 구성하는 단어 서열을 확인하게 되었고 문석목은 sentence(NP, VP)이다. 또는 더 절차적으로 표현하면 다음과 같다. 주어진 문장을 분석하려면, noun_phrase와 이어지는 verb_phrase를 확인한 다음, 이 두 구성 성분의 문석목을 함자 sentence와 함께 구조체로 결합하여 전체 문장에 대한 문석목을 얻어야 한다.

문법 규칙 sentence와 문석목의 sentence 마디의 이름이 일치한 것은 우연일 뿐이다. 예를 들어, 문석목의 마디 이름을 sentence 대신 s라고 할 수도 있었다. 유의할 사항은 인수 X가 이전에 언급한 '수의 일치'용 인수일 뿐이며, 문석목 생성용 인수를 일치용 인수 앞이 아니라 뒤에 두는 결정은 임의적이었다는 점이다. 만약 별도의 인수를 도입한 이러한 확장을 이해하는 데 어려움이 있다면, 다음과 같은 통상의 프롤로그 절을 보는 것이 도움이 될 것인데, 그 이유는 이 절을 속표기법으로 나타낸 것이 바로 문법 규칙 sentence이기 때문이다.

```
sentence(X, sentence(NP, VP), S0, S) :-
        noun_phrase(X, NP, S0, S1),
        verb_phrase(X, VP, S1, S).
```

여기에서 S0, S1 그리고 S는 전술한 바 있는 입력 단어 서열의 일부 구간을 나타낸다. 문법 전체에 걸쳐 문석목 생성용 인수를 기계적인 방법으로 도입할 수 있다. 다음은 이 작업을 수행할 때 만들어지는 내용의 일부인데, 표현의 명료성을 감안하여 '수의 일치' 인수를 생략하였다.

```
sentence(sentence(NP, VP)) -->
        noun_phrase(NP), verb_phrase(VP).
```

```
verb_phrase(verb_phrase(V)) --> verb(V).

noun(noun(man)) --> [man].

verb(verb(eats)) --> [eats].
```

별도의 인수가 나타나는 문법 규칙을 처리하는 데 필요한 번역 기제는 앞서 설명한 번역 절차를 간단히 확장해서 얻는다. 앞서 본 내용에서는 각 어구 유형에 대해 새로운 술어를 만들고, 두 인수를 사용하여 입력 단어 서열의 점유 구간을 나타내었다. 이제는 문법 규칙에서 언급한 것보다 인수가 두 개 더 있게 술어를 작성해야 한다. 관례로 이별도의 인수 두 개는 술어의 (프롤로그 시스템에 따라 다를 수 있지만) 마지막 인수 자리에 추가된다. 따라서 다음 문법 규칙은

```
sentence(X) --> noun_phrase(X), verb_phrase(X).
```

다음과 같이 변환된다.

```
sentence(X, S0, S) -->
        noun_phrase(X, S0, S1), verb_phrase(X, S1, S).
```

만일 프롤로그 통역기의 최상위 수준이나 일반적인 프롤로그 규칙에서 문법 규칙과 관련된 목적을 호출하려면, 별도의 인수를 명시적으로 추가하여 호출해야 한다. 따라서 문법 규칙으로 정의한 sentence를 호출하기에 적합한 목적의 모습은 다음과 같다.

```
?- sentence(X, [a,student,eats,a,cake],[]).
?- sentence(X, [every,bird,sings,and,pigs,can,fly],L).
```

연습문제 9.1: 이것은 일부에게는 어려운 연습문제일 수 있다. 다음을 프롤로그 절차 translate로 정의하라. 목적 translate(X, Y)가 충족에 성공하는 경우는 만일 X가 이전 절에서 본 유형의 문법 규칙이고 Y는 프롤로그 절로 변환한 X를 나타내는 항일 때이다.

연습문제 9.2: phrase 새로운 판을 작성하여 별도의 인수가 나타나는 문법 규칙을 처리할 수 있게 하고, 그래서 다음과 같은 목적을 호출할 수 있게 하라.

```
?- phrase(sentence(X), [the,man,sings]).
```

9.5 별도 검사 추가

지금까지의 문석기에서는 문법 규칙에 언급된 모든 내용이 입력 문자 서열을 '차지'하는 방식과 관련이 있었다. 규칙의 모든 항목은, 문법 규칙 변환기에 의해 추가된 별도의 인수 두 개가 나타내는 구간과 관련이 있었다. 변환 결과, 프롤로그 절의 모든 목적은 입력 문자 서열을 얼마나 '차지'하는가와 관련되었다. 때로는 구간을 '차지'하는 유형과는 다른 프롤로그 목적을 명세할 필요도 있는데, 문법 규칙 정형계에서는 이를 행할 수 있다. 관련 규약은 "중괄호 {}로 묶은 목적은 변환기가 변경하지 않고 그대로 둔다"이다.

이 기능을 사용하는 것이 언어를 처리하는 문석기의 '사전' 즉 문석기의 단어 지식을 향상시키는 데 도움이 되는 몇 가지 예를 살펴보겠다. 먼저, 프로그램에 별도의 인수 두 개 조를 사용한다고 할 때, 새 단어를 처리할 수 있게 확장하는 경우 치러야 할 부담(overhead)을 고려해보자. 만약 예를 들어 새로운 명사 banana를 추가하려면 적어도 다음 규칙을 추가해야 할 것이다.

```
noun(singular, noun(banana)) --> [banana].
```

이것은 통상의 프롤로그 표현으로 다음과 같이 변환된다.

```
noun(singular, noun(banana), [banana|S], S).
```

이는 각 명사에 대해 명세하기에는 너무 많은 정보인데, 특히 모든 명사가 입력 목록의

한 요소만 차지할 것이고, 함자 noun이 있는 작은 하위 문석목을 생성시킬 것임을 헤아려 볼 때 더욱 그렇다. 훨씬 더 경제적인 방법은 모든 명사에 대한 공통 정보를 한 곳에서 표현하고, 특정 단어에 대한 정보는 다른 곳에서 표현하는 것이다. 이를 가능하게 하는 방법은 문법 규칙을 통상적인 프롤로그 절과 혼합하는 것이다. 문법 규칙으로써 명사가 더 큰 어구에 어떻게 성분으로 소속되는지에 대한 일반 정보를 표현하고, 그런 다음 통상적인 프롤로그 절로써 어떤 단어가 명사인지에 대한 정보를 표현한다. 결과적으로 해법은 다음과 같다.

```
noun(S, noun(N)) --> [N], {is_noun(N, S)}.
```

여기에서 is_noun은 통상적인 프롤로그 술어인데, 어떤 단어가 명사이고 그것이 단수인지 복수인지를 표현한다. 이에 대한 정의를 다음과 같이 준비할 수 있다.

```
is_noun(banana, singular).
is_noun(bananas, plural).
is_noun(man, singular).
```

이 문법 규칙이 의미하는 바를 주의 깊게 살펴보자. 그것은 단서 조항과 함께 noun 유형의 어구는 단어 하나로서 ([N] 안에 명시되어 있는 변수) N의 형태를 취할 수 있다는 말이다. 단서 조항은 N이 is_noun 무리에 속해야 하며, 복수성이 어떤 값 S이어야 한다는 것이다. 이 경우, 어구의 복수성이 또한 S가 되고, 생성된 문석목은 noun 마디와 그 아래에 위치한 단어 N으로만 구성된다. is_noun(N, S) 목적을 중괄호 안에 넣어야 하는 이유는 무엇일까? 그 이유는 입력 단어 서열과 아무런 연관이 없다는 관계를 표현하기 때문이다. 만일 중괄호를 빠뜨리게 된다면 is_noun(N, S, S1, S2)와 같은 것으로 변환될 것이고, 이것은 준비해 둔 is_noun 절과 결코 어울리지 않게 될 것이다. 중괄호 안에 넣으면 변환 기제가 변경하는 것을 막을 수가 있어서 규칙이 다음과 같이 올바르게 변환될 것이다.

```
noun(S, noun(N), [N|Seq], Seq) :- is_noun(N, S).
```

이러한 개정에도 불구하고, 개별 단어의 처리 방식은 아직 그다지 정연하지 않다. 이 방식의 문제점은 도입하는 모든 새로운 명사에 대해 두 개의 is_noun 절을 작성해야 한다는 것인 바, 하나는 단수형에 대한 것이고 다른 하나는 복수형에 대한 것이다. 이는 불필요한 일인데, 그 이유는 많은 명사에 대해 단수형과 복수형은 간단한 규칙으로 다음과 같이 관련지을 수 있기 때문이다.

만일 X가 명사의 단수형이면, X의 끝에 's'를 붙여서 만든 단어는 그 명사의 복수형이다.

명사의 형태에 대한 이 규칙을 사용하여 noun 정의를 개정할 수 있다. 개정판에서는 단어 N이 명사이기 위해서 충족해야 하는 새로운 조건 집합이 규정된다. 이러한 조건은 단어의 내부 구조에 관한 것이므로 입력 단어 서열의 구간 점유와 관련이 없는 바, 중괄호 안에 표시할 것이다. 여기에서는 영어 단어를 프롤로그 원자로 나타내므로 단어가 문자로 분해되는 방식에 대한 고려 사항은 해당 원자를 구성하는 문자에 대한 고려 사항으로 변환된다. 따라서 noun 정의 개정판에서 atom_chars 술어를 사용해야 할 것이다. 개정한 규칙은 다음과 같다.

```
noun(plural, noun(RootN)) -->
        [N],
        {atom_chars(N, Plname),
          append(RootN, [s], Plname),
          atom_chars(RootN, Singname),
          is_noun(RootN, singular)}.
```

물론 이것이 복수형에 대한 일반적인 규칙을 표현하지만, 항상 성립하는 것은 아니다. (예를 들어, 'fly'의 복수형은 'flys'가 아니다.) 예외 표현은 여전히 철저히 망라하는 방식으로 할 수밖에 없다. 그렇다면 규칙적 명사의 단수 형태에 대해서만 is_noun 절을 지정해야 하겠다. 유의할 사항은 앞의 정의에 따라 문석목에 삽입될 항목은 굴절된 형태가 아닌 '원형' 명사라는 점이다. 이것은 문석목에 대한 후속 처리에 유용할 수 있다. 또한 중괄호의 문법도 유의해야 한다. 중괄호 안에는 프롤로그 규칙의 몸에 나타날 수 있는 목적 또는 일련의 목적을 넣을 수 있다.

일부 프롤로그 시스템에서는 atom_chars 술어가 원자에서 문자(단일 요소 원자)의 목록이 아니라 문자를 표현하는 수치 암호(정수)의 목록을 생성한다. 그러한 시스템인 경우, noun 문법 규칙의 append 목적을 수정하되, 둘째 인수가 문자 s에 대한 수치 암호만 포함된 목록이 되게 명세해야 한다. 어떤 프롤로그 시스템에서는 이 목록을 큰따옴표로 묶은 s, 즉 "s"로 명세할 수 있다.

대부분의 프롤로그 문법 규칙 변환기는 중괄호에 변환 기제 작용을 막는 의미가 있음을 알고 그에 따라 구간 점유 인수 삽입을 하지 않듯이, 보통은 변환하지 않는 어떤 다른 목적도 알고 있다. 따라서 통상적으로 자름 연산자 '!' 또는 입력 서열과 관련된 목적의 이접 연산자 ';'은 중괄호로 묶을 필요가 없다.

9.6 요약

이제 지금까지 설명한 문법 규칙의 문법을 요약한다. 그런 다음, 기본 시스템에 적용 가능한 확장 기능과 문법 규칙 응용 방법 중에서 흥미로운 몇 개를 보겠다. 문법 규칙의 문법을 기술하는 가장 좋은 방법은 문법 규칙을 기술할 때 그 자체, 즉 문법 규칙을 사용하는 것이다. 그래서 문법 규칙에 대한 비공식적인 정의를 다음과 같이 할 수 있다. 유의할 사항은 정의가 완전히 엄격하지는 않다는 점인데, 그 이유는 연산자 우선순위가 구문에 미치는 영향을 무시하기 때문이다.

```
grammar_rule --> grammar_head, ['-->'], grammar_body.

grammar_head --> non_terminal.
grammar_head --> non_terminal, [','], terminal.
```

```
grammar_body --> grammar_body, [','], grammar_body.
grammar_body --> grammar_body, [';'], grammar_body.
grammar_body --> grammar_body_item.

grammar_body_item --> ['!'].
grammar_body_item --> ['{'], prolog_goals, ['}'].
grammar_body_item --> non_terminal.
grammar_body_item --> terminal.
```

앞의 정의에 몇 가지 항목이 미정의 상태로 있다. 그것들을 다음과 같이 자연어로 정의하였다.

non_terminal은 입력 단어 서열의 구간을 차지할 수 있는 어구 종류를 나타낸다. 이것은 프롤로그 구조체의 형태인데, 함자가 어구의 범주를 지정하고 인수는 단수 및 복수, 의미 등과 같은 추가 정보를 표현한다.

terminal은 입력 단어 서열의 구간을 차지할 수 있는 다수의 실제 단어를 나타낸다. 이것은 프롤로그 목록 형태인데, [] 또는 길이가 정해진 임의의 목록일 수 있다. 목록의 항목은 지정된 순서대로 서열에 나타날 단어와 어울리게 될 프롤로그 항목이다.

prolog_goals는 임의의 프롤로그 목적을 나타낸다. 이들은 추가 검사 및 동작을 표현하는 데 사용할 수 있는데, 분석 경로의 선택 가능성을 제약하거나간단한 결과에서 복잡한 결과가 어떻게 구성되는지 나타낸다.

프롤로그로 변환될 때, prolog_goals는 변경되지 않고, non_terminal의 경우는 명시적으로 나타나 있는 인수 뒤에 별도의 인수 두 개가 추가되는데, 어구에 주어진 서열 구간에 대응하는 인수와 어구가 차지한 뒤에 남겨진 구간을 표현하는 인수이다. 변환되면 terminal은 non_terminal의 추가된 별도의 인수 내에 나타난다. 문법 규칙으로 정의한 술어를 프롤로그 통역기 최상위 수준이나 통상적인 프롤로그 규칙에서 호출할 때는 추가된 인수 두 개를 명시적으로 표현하여 호출해야 한다.

앞의 문법 규칙에서 grammar_head에 대한 둘째 규칙은 지금까지 본 적이 없는 종류이다. 지금까지는, `terminal`과 `non_terminal`을 정의할 때 단지 입력 단어 서열을 어떻게 '차지'할 것인지만 생각하였다. 때로는 입력 단어 서열에 항목을 삽입하는 것을 정의하고 싶을 수도 있다. 삽입된 항목은 다른 규칙이 찾아 '차지'하게 될 것이다. 예를 들어, 다음과 같은 명령문 분석은

> Eat your supper.

마치 "You"를 별도로 삽입한, 다음 명령문의 경우와 같이 분석하고 싶을 것이다.

> You eat your supper.

삽입하면, noun_phrase 및 verb_phrase로 구성되는 적절한 구조가 생기는데, 이는 문장 구조에 대한 기존 생각과 일치하는 구조인 것이다. 이것을 문법 규칙으로 일부이지만 다음과 같이 구현할 수 있다.

```
sentence --> imperative, noun_phrase, verb_phrase.

imperative, [you] --> [].
imperative --> [].
```

여기에는 언급할 만한 문법 규칙이 하나뿐이다. `imperative`의 첫째 규칙은 실제로 다음과 같이 변환된다.

```
imperative(L, [you|L]).
```

따라서 이것은 원래 주어진 서열보다 긴 서열이 반환되게 한다. 일반적으로 문법 규칙의 왼쪽은 `non_terminal`과 단어 목록으로 구성될 수 있는데, 구분자는 쉼표이다. 문법 규칙의 왼쪽에 `non_terminal`과 단어 목록이 함께 있는 경우의 의미는 문석과정에서 문법 규칙의 오른쪽에 있는 목적이 입력 단어 서열의 구간을 차지한 후에 단어 목록에 있는 단어를 입력 단어 서열에 삽입한다는 것이다. 예를 들어 **imperative** 규칙을 다음과 같이 명세했을 때,

```
imperative, [you] --> null.
```

변환 결과는 다음과 같다.

```
imperative(A, B) :- null(A, C), B=[you|C].
```

연습문제 9.3: 전술한 문법 규칙의 비공식적인 정의가 비록 완성되었다고 하더라도 증표 (token) 서열 또는 단어 서열이 입력으로 주어질 때, 문석기로 작동하게 되지는 않을 것이다. 그 이유는?

9.7 언어의 논리 표현

언어에 대한 보다 복잡한 분석 작업에 어떻게 DCG를 활용하는지를 문법 규칙의 활용 예를 통하여 살펴보겠는데, 중간 문석목을 거치지 않고 문법 규칙으로 문장의 의미를 직접 표현한다. 출처는 학술지 *Artificial Intelligence* 제**13**권에 수록된 Pereira 및 Warren의 논문이다. 다음 규칙은 (한정된 수의) 영어 문장을 술어 산법(Predicate Calculus)에서의 의미 표현으로 변환한다. 술어 산법에 대한 설명과 이에 대한 표기법을 보려면 10장을 참고하면 된다. 프로그램 작동의 예로서, "every man loves a woman"의 뜻은 다음과 같은 구조체로 표현된다.

```
all(X, (man(X) --> exists(Y, (woman(Y) & loves(X, Y)))))
```

다음에 문법 규칙이 있다.

```
?- op(500,xfy,&).
?- op(600,xfy,->).
sentence(P) -->
```

```
                   noun_phrase(X, P1, P), verb_phrase(X, P1).
        noun_phrase(X, P1, P) -->
                   determiner(X, P2, P1, P),
                   noun(X, P3),
                   rel_clause(X, P3, P2).
        noun_phrase(X, P, P) --> proper_noun(X),
        verb_phrase(X, P) -->
                   trans_verb(X, Y, P1), noun_phrase(Y, P1, P).
        verb_phrase(X, P) --> intrans_verb(X, P).
        rel_clause(X, P1, (P1&P2)) -->
                   [that], verb_phrase(X, P2).
        rel_clause(_, P, P) --> [].
        determiner(X, P1, P2, all(X,(P1 -> P2))) --> [every].
        determiner(X, P1, P2, exists(X, (P1&P2))) --> [a].
        noun(X, man(X)) --> [man].
        noun(X, woman(X)) --> [woman].
        proper_noun(john) --> [john].
        trans_verb(X, Y, loves(X,Y)) --> [loves].
        intrans_verb(X, lives(X)) --> [lives].
```

이 프로그램에서는 인수를 사용하여 어구의 의미 표현 구조를 구성해 간다. 어구 규칙에서 마지막 인수가 어구의 의미를 실제로 표현하게 된다. 그러나 어구의 의미는 다른 인수에서 유래한 몇 가지 다른 요인에 따라 달라질 수 있다. 예를 들어, 마지막 문법 규칙에서, 동사 'lives'는 'lives(X)'라는 형식의 명제를 얻게 하는데, 여기서 'X'는 살아있는 사람을 나타내는 그 무엇이다. 'lives'의 의미로는 X가 무엇인지 미리 명세할 수 없다. 'lives'의 의미는 특정 유형의 객체에 '적용'되어야만, 그 의미가 유효하게 된다. 동사가 나타난

문맥에서 그 개체가 무엇인지 결정된다. 그래서 마지막 문법 규칙에서 동사 'lives'를 어떤 임의의 X에 '적용'할 때, 그 의미 표현은 그저 'lives(X)'이라고 규정되어 있다. 'every'와 같은 단어의 처리는 훨씬 더 복잡하다. 이 경우, 의미 표현에 한 변수와 그 변수를 포함하는 두 명제가 필요하고, 이들에 대하여 의미 '적용'이 이루어져야 한다. 의미 표현 결과를 보자면, 첫째 명제 P1이 변수 X를 어떤 객체로 대체하여 진실이 된다면, 둘째 명제 P2도 변수 X를 동일한 객체로 대체하면 진실이 된다는 형태로 되어 있다.

연습문제 9.4: 앞에서 본 문법 규칙 프로그램을 읽어 이해하라. 다음과 같은 질문으로 프로그램을 실행해 보라.

```
?- sentence(X, [every,man,loves,a,woman],[]).
```

프로그램이 다음 "every man that lives loves a woman" 및 "every man that loves a woman lives" 두 문장의 의미를 어떻게 새기는가? "Every man loves a woman"이 사실은 모호한 문장이다. 모든 남자가 사랑하는 한 여자가 있을 수도 있고, 각 남자가 사랑하는 (각자의 짝이라서 아마도) 다른 여자가 있을 수도 있다. 프로그램이 대체 해답으로 가능성 있는 두 가지 의미 새김을 출력하는가? 만약 그렇지 않다면, 왜 안 되는가? 단순한 어떤 전제하에서 문장의 의미 구성이 이루어지는가?

9.8 문법 규칙 용법 일반화

문법 규칙 표기법은 더 일반적인 용법으로서 누산기 또는 차이 구조로 쓰는 별도의 인수 쌍을 숨기는 데 사용할 수 있다. 즉, '단말어(terminal, 입력 단어 서열을 구성하는 실제 단어)'를 처리하는 것과는 별도로, 문법 규칙 변환 기제로 추가된 별도의 인수 두 개를 사용하여, 프롤로그 계산이 진행됨에 따라 변경되는 단일 정보의 변화 상황을 추적할 수 있

다. 따라서 가능한 한 선입관 없이 다음을 해석해 본다면,

    noun_phrase(X, Y) :- determiner(X, Z), noun(Z, Y).

"noun_phrase가 이른바 X라는 상황에서 진실일 경우는 determiner가 상황 X에서 진실이며, 그 직후의 결과 상황 Z에서 noun도 진실일 때인데, noun_phrase 직후의 상황은 noun 직후의 결과 상황 Y와 동일하여야 한다"와 같이 될 것이다. 문법 규칙에서 '상황'은 대개 처리해야 할 남은 단어의 목록이다. 그러나 다른 경우도 가능함을 다음에서 보게 될 것이다.

문법 규칙에서 '단말어'의 출현은 한 '상황'에서 다른 상황으로의 전이를 나타낸다. 문법 규칙의 일반적인 용법에서 이것은 처리할 단어 목록이 있는 상황에서부터 같은 목록에서 첫 단어를 뺀 단어 목록이 있는 상황으로의 전이를 의미한다. 결국 '상황'의 모든 변화는 이런 종류의 변화의 연속으로 환산된다. 즉, 단어 목록을 독파할 방법이 문법 규칙에 따라 목록에서 순서대로 '단말어'를 반복해서 찾는 것으로 귀착되었다.

문법 규칙 용법을 일반화하기 위해서는 적당한 술어를 정의하여 '단말어'가 상황 전이를 유도하는 방법을 나타내는 것이 편리하다. 이 술어에 대한 정의를 바꿈으로써 문법 규칙의 작동 방식을 변화시킬 수 있다. 이 술어는 종종 'C'/3이라고 부르며, 통상의 문법 규칙에서 쓰는 정의는 다음과 같다. 유의할 사항은 C가 대문자이므로 따옴표가 필요하다는 점이다.

    % 'C'(Prev, Terminal, New)
    %
    % Succeeds if the terminal Terminal causes a transition from
    % situation Prev to situation New

    'C'([W|Ws], W, Ws).

다시 말해서, 상황(즉, 처리해야 할 남은 단어의 목록)이 [W|Ws]이고 '단말어' W가 현재의 문법 규칙에서 처리할 다음 것으로 명세되어 있다면 새로운 상황 Ws로 전이할 수 있는데,

처리해야 할 남은 단어의 목록이 바로 Ws이다.

프롤로그로 변환하는 과정에서 문법 규칙에 나타나 있는 '단말어'는 목록 요소로 직접 표현하기 보다는 'C'/3 사실로 표현할 수 있다. 실제로, 많은 프롤로그 시스템에서 문법 규칙을 변환할 때 'C'/3을 쓴다. 그래서 다음 문법 규칙에 대해서

```
determiner --> [the].
```

변환 결과는 다음과 같고,

```
determiner(In,Out) :- 'C'(In,the,Out).
```

앞에서 보았던 다음이 아니라는 것이다.

```
determiner([the|S],S).
```

앞에서 본 'C'/3 정의를 사용한다고 할 때, determiner에 대한 이러한 두 가지 정의는 항상 꼭 같은 해답을 도출하는 바, 이를 확실히 이해할 수 있어야 하겠다. 따라서 실제로 평범하게 문법 규칙을 사용할 때는 이러한 변환 방법 중 어느 것을 사용하는지 알 필요가 없다.

'C'/3의 정의를 수정하면 문법 규칙을 사용하여 계산이 진행되는 동안, 길이가 줄어드는 단어 목록을 관리하는 것과는 다른 어떤 중요한 사항에 대한 기록을 관리할 수가 있다. 예를 들어 목록의 길이를 계산하는 경우, 어느 때까지 처리한 항목 개수 기록을 관리할 수 있겠다. 다음은 3.7절의 목록 길이 계산 프로그램을 문법 규칙으로 개정한 것이다.

```
listlen(L, N) :- lenacc(L, 0, N).

lenacc([]) --> [].
lenacc([H|T]) --> [1], lenacc(T).
```

이 경우, 문법 규칙에서 '단말어' 1의 출현은 1을 지금까지의 합계에 더함을 의미해야 하겠다. 이에 부응하는 'C'/3 정의가 다음에 있다.

```
'C'(Old, X, New) :- New is Old + X.
```

또 다른 예로서 3.7절의 부품 목록 계산은 어느 시점까지 발견한 부품의 누가 목록을 관리하는 계산으로 개정할 수 있다. 문법 규칙을 사용한다면 프로그램이 다음과 같이 될 것이다.

```
partsof(X, P) :- partsacc(X, [], P).
partsacc(X) --> [X], {basicpart(X)}.
partsacc(X) --> {assembly(X, SubParts)}, partsacclist(Subparts).

partsacclist([]) --> [].
partsacclist([P|Tail]) --> partsacc(P), partsacclist(Tail).
```

이 경우에 적합한 'C'/3 정의가 다음에 있다.

```
'C'(Old, X, [X|Old]).
```

중요 사항: phrase/2 술어에서는 단어 서열을 처리하는 계산에서 최종 상황이 '[]'로 귀착한다고 전제되어 있다. 만약 'C'/3 정의를 변경해야 할 때는 이러한 전제가 없는 phrase/2 수정판도 정의해야 하는 경우가 생기겠다.

CHAPTER 10 프롤로그와 논리의 관계

프로그래밍 언어 프롤로그는 Alain Colmerauer와 그의 동료들이 1970년경에 개발하였다. 이는 프로그래머로 하여금 기계가 *언제* 무엇을 해야 하는지 명세하는 전통적인 프로그래밍 구조 대신에 논리로 작업을 명세할 수 있게 하는 실용적인 프로그래밍 언어 설계의 최초 시도였다. 이러한 개발 동기는 언어 이름을 설명하는 바, '프롤로그(Prolog)'는 '논리로 프로그램 작성하기(*Programming in Logic*)'를 뜻한다.

이 책에서 지금까지는 주로 프롤로그를 실제 작업을 수행하는 도구로 사용하는 방법을 강조했으나, 프롤로그를 '논리 프로그래밍(logic programming)' 시스템의 궁극적인 목표를 향한 진보라는 점에 대해서는 논의하지 않았다. 이 장에서는 프롤로그가 논리와 어떤 관련이 있으며 '프롤로그로 프로그램 작성하기'가 실제로 '논리로 프로그램 작성하기'와 얼마나 유사한지를 짧게나마 고려하여, 그 균형을 맞추고자 한다.

10.1 술어 논리 기초

프롤로그가 논리와 어떤 관련이 있는지를 논의하고자 한다면 먼저 논리가 무엇인지, 즉 논리에 대한 개념부터 정립해야 한다. 논리는 원래 논증의 형식을 표현하는 방법으로 쓰려고 고안하였는데, 정형적 방법으로 논증이 올바른지 여부를 확인할 수 있게 하려는 것이었다. 그래서 논리를 사용하면, 명제를 표현할 수 있고, 명제 사이의 관계를 표현할 수 있으며, 다른 명제에서 올바르게 명제를 추론하는 방법도 표현할 수 있다. 여기에서 논의할 논리의 특별한 종류는 술어 산법(Predicate Calculus)이라고 부른다. 여기에서는 이 논리에 대해 충분하게 설명할 수는 없을 것이다. 논리에 대한 훌륭한 기초 입문서가 다수 있어서 예비지식 습득을 도와줄 수 있다.

만약 어떤 세계에 대한 명제를 표현하고자 한다면, 명제에 관련된 객체를 표현할 수 있어야 한다. 술어 산법에서는 항으로 객체를 표현한다. 항의 종류는 다음과 같다.

- *상수 기호.* 이것은 단일 개체나 개념을 나타내는 기호이다. 이것은 프롤로그 원자로 생각할 수도 있어서 프롤로그 문법을 사용할 것이다. 그래서 greek, agatha, 그리고 peace는 상수 기호이다.

- *변수 기호.* 이것은 시점에 따라 나타내는 개체를 바꾸고 싶을 때 사용하는 기호이다. 변수는 실제로 오로지 다음에 설명할 양화사(quantifier)와 함께 쓰인다. 이것은 프롤로그 변수로 생각할 수도 있어서, 프롤로그 문법을 사용할 것이다. 그래서 X, Man, 그리고 Greek는 변수 기호이다.

- *합성항.* 합성항은 *함수 기호*와 함께 *인수*로 구성되는데, 인수는 정렬된 한 벌의 항으로 이루어진다. 표현의 착안점은 합성항으로 표현하는 개체가 인수로 표현한 개체에 의존한다는 것이다. 함수 기호는 첫 번째가 어떻게 두 번째에 의존하는지를 나타낸다. 예를 들어, '거리'라는 개념을 상징하고 인수 두 개가 있는 어떤 함수 기호를 생각할 수 있다. 이 경우, 합성항은 인수로 표현한 객체 사이의 거리를 나타낸다. 합성항은 함수 기호가 함자인 프롤로그 구조체로 생각할 수 있다. 술어 산법의 합성도 프롤로그 문법을 사용해서 작성할 것인데, 그러면 예를 들어, wife(henry)는 Henry의 아내를 의미할 수 있겠고, distance(point1, X)는 어떤 특정 지점과 명세될 어떤 다른 지점 사이의 거리를 의미할 수 있겠으며, 그리고 classes(mary, dayafter(W))는 명시될 어떤 날 W 이후에 Mary가 가르

칠 학급을 의미할 수 있겠다.

따라서 술어 산법에서 객체를 나타내는 방법은 프롤로그에서 쓸 수 있는 방법과 같다.

객체에 대한 명제를 표현하기 위해서는 객체 사이의 관계를 표현할 수 있어야 한다. 이를 *술어 기호*로 표현한다. *원자 명제*(*atomic proposition*)는 술어 기호와 함께 인수로 구성되는데, 인수는 항의 서열이다. 이것은 프롤로그 목적으로 나타날 수 있는 종류의 것과 꼭 같다. 그래서 예를 들면, 다음은 원자 명제이다.

```
human(mary)
likes(man, wine)
owns(X, donkey(X))
```

프롤로그에서 구조체는 목적으로 또는 다른 구조체의 인수로 또는 둘 다로 사용할 수 있다. 술어 산법에서는 인수를 구성하는 데 사용하는 함자인 함수 기호와 명제를 구성하는 데 사용하는 함자인 술어 기호 사이에 엄격한 구분이 이루어지는 것은 아니다.

합성 명제(compound proposition)는 원자 명제로부터 여러 가지 방법으로 만들 수 있다. 이제부터 프롤로그에서 바로 유사물을 찾지 못하는 것이 나타나기 시작한다. 보다 간단한 명제에서 더 복잡한 명제를 만들 수 있는 몇 가지 방법이 있다. 첫째, *논리 연결사*(*logical connective*)를 사용할 수 있다. 이는 "~이 아니다(not)", "그리고(and)", "혹은(or)", "~는 -를 함언하다(implies)" 그리고 "~는 -와 동언이다(is equivalent to)" 등의 익숙한 개념을 표현하는 방법이다. 다음 표에 연결사와 그 의미가 요약되어 있다. 요약 표에서, α와 β는 임의의 명제를 나타낸다. 또한 전통적인 술어 산법의 문법과 함께 프로그램에서 사용할 문법도 보였는데, 그 이유는 일반 컴퓨터에서 쉽게 타자할 수 있기 때문이다.

연결사	술어 산법	컴퓨터 프로그램	의미
부정(Negation)	$\neg\alpha$	$\sim\alpha$	"α가 아니다."
연접(Conjunction)	$\alpha \wedge \beta$	$\alpha \,\&\, \beta$	"α 그리고 β"
이접(Disjunction)	$\alpha \vee \beta$	$\alpha \,\#\, \beta$	"α 혹은 β"
함언(Implication)	$\alpha \supset \beta$	$\alpha \to \beta$	"α는 β를 함언한다."
동언(Equivalence)	$\alpha \equiv \beta$	$\alpha \langle\text{-}\rangle \beta$	"α는 β와 동언이다."

그래서 예를 들어, 다음 표현식은

```
man(fred) # woman(fred)
```

"Fred가 남자이다" 혹은 "Fred가 여자이다"라는 명제를 나타낼 때 사용할 수 있다. 다음 표현식은,

```
man(john) -> human(john)
```

"John이 남자이다"는 '그가 인간이다'를 함언한다(만일 John이 남자이면, 그는 인간이다) 라는 명제를 나타낼 수 있다. 함언과 동언의 개념은 때로 처음에는 파악하기가 조금 어렵다. α가 참일 때는 언제나 β도 참이라면, "α가 β를 함언한다"고 말한다. α가 정확히 β가 참인 상황에서만 참이라면, "α는 β와 동언이다"라고 말한다. 사실, 이러한 개념은 부정, 연접, 그리고 이접 연결사로 정의할 수 있는데, 그 이유는 다음과 같다.

"$\alpha \to \beta$"가 의미하는 바는 "$(\sim\alpha)\,\#\,\beta$"가 의미하는 바와 같다.
"$\alpha \langle\text{-}\rangle \beta$"가 의미하는 바는 "$(\alpha\,\&\,\beta)\,\#\,(\sim\alpha\,\&\,\sim\beta)$"가 의미하는 바와 같다.
"$\alpha \langle\text{-}\rangle \beta$"가 의미하는 바는 또한 "$(\alpha \to \beta)\,\&\,(\beta \to \alpha)$"가 의미하는 바와 같다.

지금까지는 변수가 명제 안에 나타날 때 그것이 무엇을 의미하는지 명확하게 언급하지 않았다. 사실 그 의미는 *양화사*(*quantifier*)가 그러한 변수를 이끄는 경우에만 정의된다. 양화사는 논의 수단을 제공하는데, 논의 대상은 개체의 집합, 그리고 그 집합에 대한 진

실이 그것이다. 술어 산법에는 두 개의 양화사가 있다. v가 임의의 변수이고 P가 어떤 명제라고 할 때, 두 양화사의 의미를 다음과 같이 요약할 수 있다.

술어 산법	컴퓨터 프로그램	의미
$\forall v.P$	all(v,P)	"P는 v의 값이 무엇이든지 참이다."
$\exists v.P$	exists(v,P)	"P가 참이 되는 어떤 v의 값이 있다."

이들 중 첫 번째는 *전칭 양화사*(*universal quantifier*)라고 부르는데, 그 이유는 논의영역(universe of discourse)에 속하는 '모든' 요소에 관하여 어떠하다고 말하기 때문이다. 그 의미는 "(논의영역에 있는) 모든 요소 v에 대하여, …가 성립한다." 또는 "for all v, …"로 새긴다. 두 번째는 *특칭 양화사*(*existential quantifier*)라고 부르는데, 그 이유는 논의영역 안에 '있는' '어떤' 객체(또는 객체들)에 관하여 어떠하다고 말하기 때문이다. 그 의미는 "(논의영역 안에) 어떤 객체 v가 있는 바, …가 성립한다." 또는 "there exists v such that, …"로 새긴다. 양화사 용례로서, 예를 들어 다음 표현식은,

```
all(X, man(X) -> human(X))
```

논의영역 안에서 X의 값으로 무엇을 선택하든지 X가 남자라면 X는 인간임을 의미한다. 표현식을 읽을 때는 "모든 요소 X에 대하여, 만약 'X가 남자이다'이면 'X는 사람이다'가 성립한다"로 읽을 수 있다. 또는 자연어로 간단하게 "모든 남자는 사람이다"로 읽을 수 있겠다. 비슷한 용례로서 다음 표현식은,

```
exists(Z, father(john, Z) & female(Z))
```

논의영역 안에 Z가 나타내는 어떤 것이 있는데, John이 Z의 아버지이고, Z는 여성이다를 의미한다. 표현식을 읽을 때는 "어떤 객체 Z가 있는데, 'John이 Z의 아버지이다' 그리고 'Z는 여성이다'가 성립한다"로 읽을 수 있다. 또는 자연어로 간단하게 "John은 딸이 있다"로 읽을 수 있겠다. 유의할 사항은 이 명제가 John에게 딸이 둘 이상 있을 가능성을 배제

하지 않는다는 점이다. 다음은 좀 더 복잡한 술어 산법 표현식인데, 지적 유희를 위한 것이다.

> all(X, animal(X) -> exists(Y, motherof(X, Y)))
>> "모든 동물에게는 어미가 있다."

> all(X, pcform(X) <-> (atomic(X) # compound(X)))
>> 술어 산법 표현식은 원자식 또는 합성식뿐이다.

10.2   절 형식

앞 절에서 보았듯이, ->(함언)과 <->(동언)으로 표현한 술어 산법 표현식은 &(연접), #(이접) 그리고 ~(부정)으로 다시 쓸 수 있다. 사실은 이러한 형태의 항등식이 훨씬 더 많이 있는 바, 만약 예를 들어 #, ->, <->, 그리고 exists(X, P) 등을 전혀 사용하지 않는다고 할지라도, 표현력이 조금도 감쇠되지 않을 것이다. 이러한 중복성의 결과로 동일한 명제를 여러 가지로 표현할 수 있다. 술어 산법 표현식에 대하여 정형적 조작을 실시하고자 하는 경우, 표현의 다중성은 작업을 매우 불편하게 한다. 만일 어떤 것이라도 그 표현이 오직 하나뿐이라면 훨씬 좋을 것이다. 그래서 이제부터 어떻게 술어 산법 명제를 표현의 다중성이 상대적으로 거의 없는 특수 형식인 절 형식(clausal form)으로 변환할 수 있는지 논의할 것이다. 사실, 절 형식으로 표현한 술어 산법 명제는 일군의 프롤로그 절과 매우 흡사하다는 것을 알게 될 것이다. 따라서 프롤로그와 논리의 관계를 이해하려면 반드시 절 형식에 대하여 연구해 두어야 한다.

부록 B의 프롤로그 프로그램은 술어 산법 표현식을 절 형식으로 자동 변환하는 것이다. 여기에서 논의하는 것과 부록 B의 실제 프로그램 간에는 한 가지 다른 점이 있다. 특정 변환 조작을 보다 쉽게 하기 위해서 술어 산법의 변수는 프로그램에 입력할 때 프롤로그 원자로 표현한다. 따라서 부록 B의 프로그램을 사용하여 예를 들어, 다음 표현식을

처리할 때는

　　(person(X) # ~mother(X, Y)) # ~person(Y)

다음과 같이 입력해야 한다.

　　(person(x) # ~mother(x, y)) # ~person(y)

술어 산법 표현식을 절 형식이라는 정규 형식(normal form)으로 변환하는 과정은 여섯 단계이다.

제1단계. 함언 제거

10.1절에서 본 정의에 따라 ->와 <->의 존재를 대체하면서 시작한다. 그 정의를 활용하여 다음 표현식은,

　　all(X, man(X) -> humna(X))

다음과 같이 변환될 것이다.

　　all(X, ~man(X) # human(X))

제2단계. 부정 내부 이동

이 단계는 '~'가 원자식이 아닌 일반 표현식에 붙은 경우에 해당된다. 만일 이러한 경우가 발생했다면 적절하게 바꿔 쓴다. 따라서 예를 들어, 다음 표현식은

　　~(human(caesar) & living(caesar))

다음과 같이 변환한다.

　　~human(caesar) # ~living(caesar)

또한, 다음 표현식은

    ~all(Y, person(Y))

다음과 같이 변환한다.

    exist(Y, ~person(Y))

이 단계의 타당성은 다음 항등식에서 비롯한다.

> '~(α & β)'가 의미하는 바는 '(~α) # (~β)'가 의미하는 바와 같다.
>
> '~exists(v,P)'가 의미하는 바는 'all($v,\sim P$)'가 의미하는 바와 같다.
>
> '~all(v,P)'가 의미하는 바는 또한 'exists($v,\sim P$)'가 의미하는 바와 같다.

제2단계 이후에는 부정('~')을 직접적으로 원자식(atomic formula)에만 적용할 것이다. 원자 명제나 '~'이 앞에 붙은 원자 명제를 축자식(literal)이라고 부른다. 다음 몇 단계에서는 축자식을 단일 항목으로 다룰 것인 바, 축자식의 '~' 유무는 변환의 마지막 단계에서만 따질 것이다.

제3단계. 스콜렘화

이 단계에서는 특칭 양화사를 제거한다. 스콜렘화(Skolemising)라는 이 변환은 특칭 양화사가 부리는 변수 대신에 새로운 상수 기호인 스콜렘(Skolem) 상수를 도입함으로써 이루어진다. 어떤 일군의 속성이 있는 개체가 존재한다고 말하는 대신에, 그 개체에 이름 S를 정하고 그냥 S가 해당 속성이 있다고 말할 수 있다. 이것이 스콜렘 상수를 도입한 동기이다. 스콜렘화는 거론되는 다른 변환보다 표현식의 논리적 특성에 더 많은 손상을 준다. 그럼에도 불구하고, 다음과 같은 중요한 특성이 있다.

    표현식이 성립함을 보이는 해석(interpretation)이 있는 "경우에 그리고 오직 그 경우에만(if and only if)" 스콜렘화한 표현식이 성립함을 보이는 해석이 있다.

여기에서 '해석'은 표현식의 성분과 표현식 자체가 무엇을 의미하는지 밝히는 일이다. 이러한 유형의 동등성은 추론 특성 보존이라는 소기의 목적 달성에 충분하다. 그래서 예를 들어 다음 표현식은

    exists(X, female(X) & motherof(X, eve))

스콜렘화로 다음과 같이 변환된다.

    female(g197) & motherof(g197, eve)

여기에서 g197은 프로그램 어느 곳에서 사용한 적이 없는 새로운 상수이다. 상수 g197은 어머니가 Eve인 어떤 여성을 나타낸다. 중요한 점은 이전에 사용했던 것과는 다른 기호를 사용한다는 것인데, 그 이유는 다음 표현식이

    exists(X, female(X) & motherof(X, eve))

어떤 특정한 사람이 Eve의 딸이라고 하지 않고, 단지 그러한 사람이 있다고만 하기 때문이다. gl97이 다른 상수 기호로 지칭하는 사람과 동일한 사람을 지칭할 것이라고 밝혀질 수도 있겠지만, 이것은 이 명제에 담기지 않는 별도의 정보이다.

표현식에 전칭 양화사가 있는 경우, 스콜렘화가 아주 그리 단순하지는 않다. 예를 들어, 만약 "모든 사람은 어머니가 있다"를 나타내는 다음 표현식을

    all(X, human(X) -> exists(Y, motherof(X, Y)))

다음과 같이 스콜렘화 했다면,

    all(X, human(X) -> motherof(X, g2))

"모든 사람은 어머니가 *같다*"를 표현하게 되는데, g2가 그 어머니를 지칭한다. 전칭 양화사가 부리는 변수 X가 (하나 이상) 있는 경우에는 스콜렘화가 상수 대신에 함수 기호를 도입해야 하는데, X가 무엇을 나타낼지에 (즉, X 값에) *따라* 특칭 양화사가 부리는 변수 값이 (즉, 존재하는 것이) 결정됨을 표현하기 위해서이다. 따라서 앞의 예는 다음과 같이 스콜렘화 해야 한다.

```
all(X, human(X) -> motherof(X, g2(X)))
```

이 경우, 함수 기호 g2는 어떤 세계의 함수에 해당하는데, 어떤 사람에 대한 함수 값이 그 사람의 어머니를 지칭한다.

제4단계. 전칭 양화사 외부 이동

이 단계는 매우 간단하다. 표현식 내부에 있는 전칭 양화사를 그저 표현식 외부로 옮긴다. 이렇게 하더라도 표현식 의미에 영향이 없다. 예를 들어 다음 표현식은,

```
all(X, man(X) -> all(Y, woman(Y) -> likes(X, Y)))
```

다음으로 변환된다.

```
all(X, all(Y, man(X) -> (woman(Y) -> likes(X, Y))))
```

표현식의 모든 변수는 표현식 외부에서 전칭 양화사가 부리기 때문에, 양화사 자체가 더 이상 별다른 정보를 제공하지 않는다. 그래서 양화사를 그냥 빼어서 표현식을 단축할 수 있다. 단지 모든 변수를 생략된 암시적(implicit) 양화사가 부린다는 것을 기억해야 할 뿐이다. 따라서 이제 다음 표현식은,

```
all(X, alive(X) # dead(X)) & all(Y, likes(mary, Y) # impure(Y))
```

다음으로 변환된다.

(alive(X) # dead(X)) & (likes(mary, Y) # impure(Y))

이 표현식의 의미는 "X와 Y 값이 무엇으로 정해지더라도, 'X가 살아 있다' 혹은 'X가 죽어 있다' 그리고 'Mary가 Y를 좋아한다' 혹은 'Y가 더럽다'가 성립한다"이다.

제5단계. '#'를 '&'에서 분배

현재, 원래 술어 산법 표현식이 많이 바뀌어 있다. 명시적(explicit) 양화사는 더 이상 없으며, ('~'이 붙은 축자식이 있는 곳을 제외한다면) 남아 있는 유일한 연결사는 &와 #이다. 이제 표현식을 특수한 정규형, *연접 정규형(conjunctive normal form)*으로 변환하는 바, 이 형식에서는 연접된 표현식이 더 이상 이접된 표현식 안에 나타나지 않는다. 따라서 전체 표현식을 &의 묶음으로 변환할 수 있는데, 여기에서 한 묶음은 축자식 하나이거나 혹은 #로 연결한 축자식 여러 개로 구성된다. A, B 그리고 C가 축자식을 나타낸다고 하자. 변환에 다음과 같은 항등식을 활용할 수 있다.

(A & B) # C <-> (A # C) & (B # C)
A # (B & C) <-> (A # B) & (A # C)

'#'를 '&'*에서 분배*하는 변환의 예로서, 모든 X에 대해 'X는 공휴일이다', 혹은 'Chris는 X에서 일하고 그리고 Chris는 화가 났거나 혹은 슬프다'를 나타내는 다음 표현식은,

holiday(X) # (work(chris, X) & (angry(chris) # sad(chris)))

모든 X에 대해 첫째, 'X는 공휴일이다' 혹은 'Chris는 X에서 일한다' 그리고 둘째, 'X는 공휴일이다' 혹은 'Chris는 화가 났거나 혹은 슬프다'를 나타내는 다음 표현식으로 동치 변환된다.

(holiday(X) # work(chris, X)) & (holiday(X) # (angry(chris) # sad(chris)))

제6단계. 절 표현

이 단계의 현재 표현식은 일반적으로 묶음과 묶음 사이를 &로 연결한 묶음 무리로 이루어지는데, 여기에서 한 묶음은 축자식 하나이거나 혹은 #로 구성한 축자식 여러 개다. 우선, 자세한 이접(#) 수준에서 보는 것이 아니라, 표현식의 최상위 수준에서 먼저 살펴보기로 한다. 다음과 같은 표현식이 주어질 수 있겠다.

$$(A \ \& \ B) \ \& \ (C \ \& \ (D \ \& \ E))$$

여기에서 영문자는 복잡한 명제를 나타내지만, 그 명제 안에 &는 없다. 그런데 이 경우, 괄호로 중첩 구조를 만들 필요가 없었는데, 그 이유는 다음의 모든 명제가 똑같은 것을 의미하기 때문이다.

$$(A \ \& \ B) \ \& \ (C \ \& \ (D \ \& \ E))$$
$$A \ \& \ ((B \ \& \ C) \ \& \ (D \ \& \ E))$$
$$(A \ \& \ B) \ \& \ ((C \ \& \ D) \ \& \ E)$$

비록 구조적으로 표현식이 다를지라도 그 의미는 똑같다. 그 이유는, 만약 한 집합에 속하는 명제 모두를 참이라고 단언하는 경우, 명제를 어떻게 무리 지어 놓았는가 하는 것이 단언할 때 문제가 되지 않기 때문이다. 예를 들어, "*A*가 참이고, *B*와 *C*도 마찬가지이다"라고 표현하거나, "*A*와 *B*가 참이고, *C*도 마찬가지이다"라고 표현해도 문제가 없다. 그래서 괄호로 묶는 것이 의미에 아무런 영향을 주지 못한다. 예로 든 표현식은 바로 (비공식적이지만) 다음과 같이 변환할 수 있다.

$$A \ \& \ B \ \& \ C \ \& \ D \ \& \ E$$

둘째, 이러한 표현식의 묶음을 쓰는 순서도 상관없다. "*A*가 참이고, *B*도 마찬가지이다"라고 표현하거나, "*B*가 참이고, *A*도 마찬가지이다"라고 표현해도 문제가 없다. 이들은 둘 다 같은 것을 의미한다. 마지막으로, 표현식 묶음 사이에 &를 명시하지 않아도 되는

데, 그 이유는 표현식의 최상위 수준에서 묶음은 모두 &로 연결된다는 것을 미리 알기 때문이다. 그래서 실제로 주어진 표현식의 취지를 훨씬 더 간명하게 표현할 수 있는데, 바로 표현식을 *집합* {*A*, *B*, *C*, *D*, *E*}로 구성되어 있다고 말하면 되는 것이다. 이를 집합으로 일컬음으로써 묶음 사이에 차례가 없음을 나타낸다. 집합 {*A*, *B*, *C*, *D*, *E*}는 완전히 {*B*, *A*, *C*, *E*, *D*}, {*E*, *D*, *B*, *C*, *A*} 등등과 같다. 표현식을 절 형식으로 변환하는 과정에서 이 집합의 원소로 결국 자리매김하는 표현식을 *절*(*clause*)이라고 부른다. 그래서 술어 산법 표현식은 (어떤 의미에서는) 절 집합과 동치이다.

이제 이런 절이 실제로 어떤 것인지 자세히 살펴보기로 하자. 전술한 바와 같이, 절은 이접된 축자식으로 구성되어 있다. 따라서 일반적으로 *V*에서 *Z*까지의 문자가 축자식을 나타내는 경우, 절은 다음과 같은 것이다.

$$((V \# W) \# X) \# (Y \# Z)$$

이제 표현식의 최상위 수준에서 썼던 비법을 다시 적용할 수 있다. 또다시 괄호로 묶는 것이 의미와 관련이 없으며, 순서도 의미와 상관없다. 그래서 단순히 앞의 절은 (암시적으로 이접된) 축자식의 집합 {*V*, *W*, *X*, *Y*, *Z*}이라고 할 수 있다.

이제 원래 표현식은 절 형식에 도달했다. 더욱이 지금까지 사용한 변환 규칙은 원래 표현식이 성립 혹은 불성립함을 보이는 해석의 존재 유무를 변경하지 않는다. 절 형식은 절 모임이고, 절은 축자식 모임이다. 축자식은 원자식 또는 부정된 원자식이다. 절 형식의 표현은 매우 간결한데, 그 이유는 연접 및 이접 연결사 그리고 전칭 양화사와 같은 것을 암시화하여 생략했기 때문이다. 절 형식 표현에서 어떤 것이 무엇을 의미하는지 살펴보려고 할 때는 표기법에 따라 어디에서 무엇을 생략했는지 분명히 식별할 수 있어야 한다.

몇 가지 표현식을 (제5단계의 결과처럼) 살펴보겠는데, 절 형식으로 어떻게 변환되는지 알아볼 것이다. 먼저, 앞에서 사용한 예를 다시 보자.

    (holiday(X) # work(chris, X)) & (holiday(X) # (angry(chris) # sad(chris)))

이는 절 두 개로 나뉜다. 첫째 절은 다음의 축자식으로 구성된다.

    holiday(X), work(chris, X)

그리고 둘째 절은 다음의 축자식으로 구성된다.

    holiday(X), angry(chris), sad(chris)

또 다른 예제로서, 다음 표현식은 절 세 개로 나뉜다.

    (person(adam) & person(eve)) &
        ((person(X) # ~mother(X, Y)) # ~person(Y))

세 개의 절 중에서 두 개는 다음과 같이

    person(adam)

그리고

    person(eve)

각각 축자식 한 개로 이루어진다. 나머지 하나는 다음과 같이 세 개의 축자식으로 구성된다.

    person(X), ~mother(X, Y), ~person(Y)

이 절을 끝내기 전에, 한 가지 예를 더 고려하여 절 형식 변환의 여러 단계를 좀 살펴보도록 하자. 다음 표현식을 가지고 시작한다.

    all(X, all(Y, person(Y) -> respect(Y, X)) -> king(X))

앞의 표현식은 "만약 모두가 어떤 이를 존경한다면 그이는 왕이다"라고 새긴다. 즉, "모든 X에 대해 만일 사람인 모든 Y가 X를 존경하면, X는 왕이다"라는 것이다. 이제 함언 연결사를 제거하면 (제1단계) 다음 결과를 얻는다.

    all(X, ~(all(Y, ~person(Y) # respects(Y, X))) # king(X))

부정 연결사를 내부로 이동시키면 (제2단계) 다음과 같은 결과가 된다.

    all(X, exists(Y, person(Y) & ~respects(Y, X)) # king(X))

다음에는, 스콜렘화 (제3단계) 적용으로 앞의 표현식을 다음으로 변환한다.

    all(X, (person(f1(X)) & ~respects(f1(X), X)) # king(X))

여기에서 f1은 스콜렘 함수이다. 이제 전칭 양화사를 제거할 때(제4단계)가 되었는데, 이를 행하면 다음과 같은 결과가 된다.

    (person(f1(X)) & ~respects(f1(X), X)) # king(X)

이제 표현식을 연접 정규형으로 변환하는 바(제5단계), 연접된 표현식이 이접된 표현식 안에 나타나지 않게 되고, 그래서 다음 결과를 얻는다.

    (person(f1(X)) # king(X)) & (~respects(f1(X), X) # king(X))

이는 절 두 개로 나뉜다(제6단계). 첫째 절은 다음의 축자식 두 개로 구성된다.

    person(f1(X))   king(X)

그리고 둘째 절은 다음의 축자식으로 구성된다.

    ~respects(f1(X), X)   king(X)

10.3   절 표기법

프롤로그와 논리의 관계를 응용하려면, 프롤로그 언어로써 술어 산법 명제를 절 형식으로 표현할 줄 알아야 하는 바, 이것이 지금부터 논의할 주제이다. 무엇보다도 먼저, 절 형식으로 표현된 것은 절을 모아 놓은 무리이다. 최선은 아니지만 제일 좋은 표기법은 순서가 실제로는 상관없다고 유념하면서 절을 차례로 적어 두는 것이다. 절 안에는 축자식이 모여 있으며 일부는 부정된 것이고 일부는 부정되지 않은 것이다. 채택할 표기법에서는 부정되지 않은 축자식을 먼저 쓰고, 부정된 축자식을 나중에 쓸 것이다. 두 부류는 기호 ':-'로 구분하겠다. 부정되지 않은 축자식은 ';'로 구분하여 쓸 것이고, (물론, 순서가 중요하지 않음을 기억하고 있어야 하며) 부정된 축자식은 부정('~') 기호 없이 쉼표로 구분하여 쓴다. 끝으로, 절은 마침표('.')로 끝이 난다. 절 표기법에서 n개의 부정된 축자식 $\sim Q_1$, $\sim Q_2$, ..., $\sim Q_n$과 m개의 부정되지 않은 축자식 P_1, P_2 ..., P_m이 있는 절은 다음과 같이 작성한다.

$$P_1 \; ; \; P_2 \; ; \; \ldots \; ; \; P_m \; :- \; Q_1, \; Q_2, \; \ldots, \; Q_n.$$

비록 절 작성 표기법을 임의로 정하기는 했지만, 사실은 암기형으로 쓸모가 있게 한 것이다. 만일 부정된 축자식을 부정되지 않은 축자식과 분리하고 이접 연결사를 포함하는 절을 작성하면 다음과 같이 될 것이다.

$$(P_1 \; \# \; P_2 \; \# \; \ldots \; \# \; P_m) \; \# \; (\sim Q_1 \; \# \; \sim Q_2 \; \# \; \ldots \; \# \; \sim Q_n)$$

앞의 표현식은 다음과 동언이다.

$$(P_1 \; \# \; P_2 \; \# \; \ldots \; \# \; P_m) \; \# \; \sim(Q_1 \; \& \; Q_2 \; \& \; \ldots \; \& \; Q_n)$$

앞의 표현식은 다음과 동언이다.

$$(Q_1 \,\&\, Q_2 \,\&\, \ldots \,\&\, Q_n) \rightarrow (P_1 \,\#\, P_2 \,\#\, \ldots \,\#\, P_m)$$

연접 연결사 '&'를 (프롤로그 표기법에 따라) ','로 나타내고, 이접 연결사 '#'를 ';'로 나타내며, 그리고 함언 연결사 '<-'를 ':-'로 나타내기로 하면, 앞의 절은 당연히 다음과 같이 된다.

$$P_1 \;;\; P_2 \;;\; \ldots \;;\; P_m \; :\!\!- \; Q_1, Q_2, \ldots, Q_n.$$

이러한 표기법을 감안할 때 앞에서 본 아담과 이브에 관한 다음 표현식은

```
(person(adam) & person(eve)) &
     ((person(X) # ~mother(X, Y)) # ~person(Y))
```

다음과 같이 된다.

```
person(adam) :- .
person(eve) :- .
person(X) :- mother(X, Y), person(Y).
```

이제 꽤 친숙한 것이 처음 나타났다. 이것은 실제로 프롤로그로 사람이 무엇인지 정의한 것과 흡사하다. 그렇지만 다른 표현식에서는 더 난처한 것이 나타날 수 있다. 앞에서 본 휴일에 대한 예의 경우, 표기법을 변환하면 다음과 같이 된다.

```
holiday(X); work(chris, X) :- .
holiday(X); angry(chris); sad(chris) :- .
```

앞의 표현식은 프롤로그 절과 뭔가 명확하게 일치하지 않는다. 그 이유는 후속 절에서 알아 볼 것이다.

　부록 B에는 이 특수 표기법으로 절을 변환하는 프롤로그 프로그램이 있다. 10.2절 마지막에서 본 왕에 대한 표현식을 절 표기법으로 변환하면 다음과 같이 된다.

```
person(f1(X)); king(X) :- .
king(X) :- respects(f1(X), X).
```

10.4 해소법 및 정리 증명

이제, 술어 산법 표현식을 논리 정연한 형식으로 변환하는 방법이 생겼으므로 지금부터
는 활용법을 고려할 것이다. 명백한 탐구 대상은 명제 모음이 있을 때 거기에서 의미 있
는 사실을 유도할 수 있는지 여부이다. 즉, 명제 모음에서 어떤 *결론(consequence)*을 도
출할 수 있는지 조사할 수 있을 것이다. 논증 과정에서 참으로 간주되는 명제를 *공리*
(*axiom*) 또는 *전제(hypothesis)*라고 하고, 논증 과정을 통하여 공리 또는 전제에서 유도
됨이 밝혀진 명제를 *정리(theorem)*라고 한다. 이러한 용어는 수학에 대한 견해를 밝힐 때
사용하는 용어와 같은 것이다. 그 견해란, 수학자의 연구가 집합과 수의 엄밀한 공리화로
부터 점점 더 중요한 정리를 유도해내는 노력이라고 보는 시각이다. 이 절에서는 주어진
명제로부터 의미 있는 결론을 이끌어내는 활동에 대해 간략히 살펴볼 것인데, 다시 말해
서 *정리 증명(theorem proving)*이라는 활동을 살펴보겠다.

디지털 컴퓨터를 프로그램으로 제어하여 수학 정리를 자동으로 증명할 수 있는지
그 가능성을 탐구하기 시작했던 1960년대에 많은 연구 활동이 있었다. 과학적 노력이 이
루어진 바로 이 분야에서 프롤로그의 배경 개념이 도출되었고, 여전히 활발하게 연구가
진행되고 있다. 그 시기 성취한 근본적인 돌파구 중에서, J. Alan Robinson이 발견한 *해
소법 원리(resolution principle)*와 이 원리를 정리 증명 기계화에 응용한 것이 있었다. 해
소법은 *추론규칙(rule of inference)*이다. 즉, 그것은 한 명제가 다른 하나 혹은 여러 명제
로부터 어떻게 유도될 수 있는지 명세한다. 해소법 원리를 활용하여 공리로부터 순전히
기계적인 방법으로 정리를 증명할 수 있다. 이 과정에서 해소법을 어떤 명제에 적용할 것
인지만 결정하면 되고, 그에 따라 논리적으로 타당한(valid) 결론이 자동으로 산출된다.

　　해소법은 절 형식의 표현식에 작동하도록 설계되었다. 타당하게 관련된 두 절이 주어지면, 해소법은 새로운 절을 결론으로 생성한다. 기본 발상은 동일한 원자식이 한 절의 왼편과 다른 절의 오른쪽에 나타나는 경우, 중복된 원자식을 제외하고 두 절을 함께 맞추어 얻은 절이 결론 절이라는 것이다. 예를 들어, 다음 절과

```
sad(chris); angry(chris) :- workday(today), raining(today).
```

그리고 다음 절을 전제라고 하면,

```
unpleasant(chris) :- angry(chris), tired(chris).
```

다음 절이 유도된다.

```
sad(chris); unpleasant(chris) :-
    workday(today), raining(today), tired(chris).
```

자연어로 옮기면 다음과 같다. 만일 오늘이 평일이고 비가 내린다면, Chris는 슬프거나 화가 난다. 그리고 만일 Chris가 화가 나고 피곤하면 그는 불쾌한 것이다. 따라서 만일 오늘이 평일이고, 비가 오고, 그리고 Chris가 피곤하다면, Chris는 슬프거나 불쾌한 것이다.

　　사실 앞의 논의는 두 가지 면에서 지나치게 단순화하였다. 첫째, 절에 변수가 나타날 때 상황이 실제로 더 복잡해진다. 변수를 허용하는 경우, 두 원자식은 같을 필요가 없으며, '어울리기'만 하면 된다. 또한 두 개의 전제 절에서 결론 절을 유도하는 방법은 별도의 추가 작업을 통하여 전제 절 두 개를 함께 맞추고 중복된 표현식을 제거하는 것이다. 구체적으로 이 작업은 어울리는 두 개의 표현식이 같은 모양이 되기에 충분할 정도로만 변수를 최소로 '사례화'한다. 프롤로그로 표현한다면, "두 절을 구조체로 간주하여 적절한 하위 구조를 어울리게 할 수 있다면, 두 절을 함께 맞추어 얻은 결과가 이후의 새로운 절의 표현이 된다"고 하겠다. 단순화 관련 둘째 사항은 일반적인 해소법에서는 오른쪽의 *여러* 축자식을 왼쪽의 *여러* 축자식과 어울리게 할 수 있다는 것이다. 여기에서는 각 절에

서 하나의 축자식을 선택하는 예제만을 고려할 것이다.

해소법의 한 예를 살펴보겠는데, 변수를 포함하는 경우이다.

```
(1)        person(f1(X)); king(X) :- .
(2)        king(Y) :- respects(f1(Y), Y).
(3)        respects(Z, arthur) :- person(Z).
```

앞에서 처음 절 두 개는 "만약 모두가 어떤 이를 존경한다면 그이는 왕이다"라는 표현식을 절 형식으로 변환한 것이다. 설명의 편의를 위해 변수명을 변경하였다. 셋째 절은 모든 사람이 Arthur를 존경한다는 명제이다.

해소법을 (2)와 (3)에 적용하는데, 두 개의 respects 원자식을 어울리게 하여 해소시키면 그 결과가 다음과 같이 된다. 이 경우, (2)의 Y는 (3)의 arthur와 어울렸고, (3)의 Z는 (2)의 f1(Y)와 어울렸다.

```
(4)        king(arthur) :- person(f1(arthur)).
```

이제 해소법을 (1)와 (4)에 적용하면 다음을 얻을 수 있다.

```
(5)        king(arthur); king(arthur) :- .
```

이것은 "Arthur는 왕이다"라는 사실과 동언이다.

해소법에 대한 정형적 정의에서는 지금까지 비공식적으로 언급한 '어울림' 과정을 통일(*unification*)이라 부른다. 직관적으로 일부 원자식은 프롤로그 구조체로 보아서 함께 어울릴 수 있으면, 통일할 수 있다. 실제로, 후속 절에서 알게 되겠지만, 대부분의 프롤로그 구현 시스템에서 어울림이 통일과 정확히 일치하지 않는다.

특정 명제를 증명해보려고 할 때 어떻게 해소법을 사용할 수 있을까? 한 가지 해볼 수 있는 방법은 해소법 단계를 가설에 반복적으로 적용하면서 원하는 것이 결론으로 나오는지 살펴보는 것이다. 안타깝게도, 그러한 일이 일어날 것이라고 보장할 수는 없는데,

비록 관심을 둔 명제가 실제로 전제에서 유도할 수 있는 것이라고 하더라도 보장할 수는 없는 것이다. 예를 들어, 앞의 예에서, 분명히 결론임에도 불구하고 주어진 절에서 축자식 한 개로 구성되는 단순 절 "king(arthur)"를 유도할 수 있는 방법이 없다. 그렇다면 해소법이 원하는 바만큼은 강력하지 못하다고 결론지어야 하는가? 다행스럽게도 대답은 "아니오"인데, 그 이유는 "만일 특정 명제를 증명할 수 있다면, 틀림없이 해소법으로도 결국 그 명제를 증명할 수 있게 될 것이다"는 식으로 원하는 바, 목적을 이론적으로 성립하는 사실로 정연하게 바꿔 말할 수 있기 때문이다.

　　　해소법의 중요한 정형적 특성은 *반박 완비*(*refutation complete*)라는 것이다. 반박 완비란 일군의 절이 *대립적*(*inconsistent*)이면 해소법으로 거기에서 다음과 같이 표현하는 *빈 절*(*empty clause*)을 유도해낼 수 있음을 의미한다.

　　　　　:- .

이와 함께, 해소법은 *올바른*(*correct*) 추론 규칙이기도 하기 때문에, 일군의 절이 대립적인 상황에서는 빈 절을 결국 유도해낼 수 있다. 일군의 절이 *대립적*이라고 하는 경우는 만일, 절 모두를 동시에 참인 명제가 되게 하는 해석이 없을 때이다. 이때 해석은 절에 나타난 술어, 상수 기호, 그리고 함수 기호에 의미를 부여한다. 빈 절은 *거짓*(*false*)의 논리적 표현이고, 전혀 *참*(*true*)이 아닌 명제를 나타낸다. 그래서 해소법은 주어진 표현식 집합이 대립적이라면 틀림없이 명확한 *모순*(*contradiction*) 표현 ':- .'을 유도해내어, 결국 대립적임을 알게 될 수 있을 것이다.

　　　해소법의 이러한 특수한 속성이 어떻게 도움이 될 수 있을까? 그렇다면 다음 사실을 고찰해보자.

　　　만일 표현식 $\{A_1, A_2, ..., A_n\}$이 양립적(*consistent*)이면, 표현식 B가 표현식 $\{A_1, A_2, ..., A_n\}$의 결론인데, 그 조건은 정확하게 표현식 $\{A_1, A_2, ..., A_n, \neg B\}$이 대립적일 때이다.

따라서 전제가 양립적이면, 증명할 명제를 부정하여 절로 만들어 전제에 추가해야 한다. 해소법이 빈 절을 유도해내는 경우는 전제에서 증명할 명제를 추론해 낼 수 있는 바로 그 때뿐이다. 전제에 추가한 절을 *목적 명제*(*goal statement*)라고 한다. 유의할 사항은 목적 명제가 어떤 방식으로든 전제의 여타 절과 다르게 보이지 않고, 모두가 단지 절일뿐이라는 것이다. 따라서 만일 절 집합 $\{A_1, A_2, ..., A_n\}$이 주어지고, 이 집합이 대립적임을 보여야 할 경우, 이 과업이 다음 중 어느 것을 증명하는 일인지는 실제로 알 수 없다.

> $\neg A_1$은 $A_2, ..., A_n$에서 유도된다. 혹은
>
> $\neg A_2$은 $A_1, A_3, ..., A_n$에서 유도된다. 혹은
>
> $\neg A_3$은 $A_1, A_2, A_4, ..., A_n$에서 유도된다. 혹은
>
> … 등등

실제로 어떤 명제를 목적 명제로 간주하는가는 강조 차원의 문제일 뿐인데, 그 이유는 해소법 시스템에서 이러한 모든 과업이 동등하기 때문이다.

　　Arthur가 왕임을 확인하는 앞의 예를 활용하면, 목적 명제를 추가하여 빈 절을 유도해낼 수 있는 방법이 알기 쉽다. 추가할 목적 명제는 ~king(arthur)이고, (6)번 절이 이를 표현한다.

> (6)　　　　:- king(arthur).

다음 (5)번 절은 이전에 전제에서 어떻게 유도되었는지 본 적이 있다.

> (5)　　　king(arthur); king(arthur) :- .

(5)번과 (6)번 절에 해소법을 적용하여 다음에 보이는 (7)번 절을 얻는데, (5)번 절에서 어울려 해소되는 원자식은 둘 중 어느 것이라도 상관없다.

> (7)　　　king(arthur) :- .

마지막으로, (7)번 절을 사용하여 (6)번 절을 해소하면 다음과 같이 된다.

:- .

따라서 해소법으로 king(arthur) 즉 "Arthur는 왕이다"가 결론이 된다는 것을 보였다.

해소법은 *완전성*(*completeness*)이라는 훌륭한 수학적 특성이 있다. 여기에서 완전성이란, "만일 어떤 명제가 전제에서 추론하여 유도할 수 있는 것이라면, 해소법을 사용해서도 (명제의 부정을 전제에 추가한, 명제 집합이 대립적이 됨을 보임으로써) 그 명제의 진실성을 증명할 수 있다"는 특성이다. 그러나 해소법으로 빈 절을 유도할 수 있다고 말할 때, 그 의미는 다음과 같다. 즉, 해소법을 적용하는 일련의 단계가 있으며, 각 단계에서는 공리나 이전 단계에서 도출한 절을 가지고 해소법을 적용하고, 그러다가 축자식이 없는 절을 도출하게 되어 끝난다는 것이다. 유일한 문제는 그러한 일련의 단계를 찾는 것이다. 그 이유는 해소법이 두 절에서 결론을 유도하는 방법에 대한 것이지만, 다음에 검토할 절을 결정하는 방법이나 '어울리는' 축자식을 선택하는 방법에 대한 것은 아니기 때문이다. 대개 전제를 구성하는 명제가 많으면, 각각에 대해 명제를 조합할 수 있는 경우의 수가 증가한다. 또한, 새로운 절을 도출할 때마다, 그 절도 그 후의 해소법 적용에 참여할 후보 절이 된다. 조합할 수 있는 대부분의 경우는 당면 과제 해결에 직접적인 관련이 없는 바, 신중하지 않으면 해답과 무관한 것에 너무 많은 시간을 할애하여 해답 경로를 찾지 못하게 될 수도 있다.

원래의 해소법에 있는 이러한 문제를 해결하기 위해 개선 방안이 많이 제안되었다. 다음 절에서는 이들 중 일부를 고려한다.

10.5 혼 절

이제 모든 절이 특정 종류인 경우를 위해 고안된 해소법의 개선 방안을 살펴보겠다. 이러한 종류의 절을 '혼' 절(*Horn clause*)이라고 한다. 혼 절은 부정되지 않은 축자식이 많아야 한 개뿐인 절이다. 계산가능 함수의 함수 값을 결정하기 위해 절 정리 증명기(clausal theorem prover)를 사용한다면, 순전히 혼 절을 사용하는 것만으로도 가능하다는 것이 알려져 있다. 또한 혼 절은 해소법을 적용하기도 상대적으로 간단하기 때문에, 실용적인 프로그래밍 시스템으로 작동하는 정리 증명기를 구현할 때 전제 조건으로 자명하게 선택할 수 있는 대안이다. 명제 표현을 혼 절로 제한하면, 해소법의 정리 증명이 어떻게 진행될 것인지 간단히 살펴보겠다.

먼저, 혼 절에는 두 가지 종류가 있다. 첫째 종류는 부정되지 않은 축자식이 한 개뿐인 절이고, 둘째 종류는 부정되지 않은 축자식이 하나도 없는 절이다. 이 두 가지 유형을 *유두*(*headed*) 및 *무두*(*headless*) 혼 절이라고 부르자. 두 가지 유형의 예는 다음과 같은데, ':-'의 왼편에 부정되지 않은 축자식을 쓴다는 점을 상기해야 겠다.

```
bachelor(X) :- male(X), unmarried(X).
:- bachelor(X).
```

사실, (목적 명제도 그 원소로 포함시켜) 혼 절 집합을 고려할 때, 하나를 제외한 모든 절이 유두 혼 절인 집합만 고려하면 된다. 즉, 혼 절로 표현할 수 있는 '해소' 문제, 즉 정리 증명 과업은 다음과 같은 절 집합으로 표현할 수 있다.

- 무두 혼 절이 하나 있다. 그리고
- 나머지는 모두 유두 혼 절이다.

어떤 절이 실제로 목적 명제인지를 결정하는 것은 임의적이므로 무두 절을 목적 명제로, 다른 절을 전제로 간주하기로 할 수 있다. 이것은 어떤 점에서는 당연하기도 하다.

혼 절 집합 중에서 이러한 조건을 충족시키는 집합만을 고려해야 하는 이유가 무엇일까? 첫째, 무두 혼 절이 적어도 하나가 있어야 문제가 해결, 즉 '해소'될 수 있다는 것을 쉽게 알 수 있다. 그 이유는 유두 혼 절 두 개로 해소법을 실행하면 해소 결과 자체가 유두 혼 절이기 때문이다. 따라서 모든 절이 유두 혼 절이면, 다른 유두 혼 절만을 유도할 수 있게 된다. 빈 절은 유두 혼 절이 아니기 때문에, 문제 해결을 나타내는 빈 절을 유도할 수 없는 것이다. 두 번째 주장, 즉 "무두 혼 절이 단 하나만 필요하다"는 것은 정당화하기가 약간 더 어렵다. 그러나 밝혀진 사실인 바, 주어진 전제에 무두 혼 절이 여럿 있다고 했을 때, 새로운 절에 대한 증명을 해소법으로 할 수 있는 경우, 무두 혼 절을 많아야 한 개만 사용하는 증명으로 변환할 수 있음이 밝혀졌다. 그러므로 빈 절을 공리에서 추론하여 유도할 수 있는 경우, 유두 혼 절과 함께 무두 혼 절을 최대 한 개만 사용하더라도 공리에서 빈 절을 추론하여 유도할 수 있다.

10.6 프롤로그

이제 프롤로그가 논의 진행 상황에 어떻게 부합하는지 요약하겠다. 전에 보았듯이, 일부 표현식은 프롤로그 절과 현저히 흡사하게 변환되었지만, 그렇지 않고 특이한 모습으로 변한 것도 있었다. 프롤로그 절과 흡사한 절로 바뀌었던 것들은 변환 결과가 사실은 혼 절인 것이었다. 표기법에 따라 혼 절을 쓸 때, 원자식은 많아야 한 개가 ':-'의 왼쪽에 나타난다. 그러나 일반적으로 절에는 ':-'의 왼쪽에 원자식이 여러 개 있을 수 있다. 앞서 정의한 바, 원자식은 부정되지 않은 축자식에 해당한다. 프롤로그로 표현할 때는 혼 절만을 직접 쓸 수 있다. 프롤로그 프로그램을 정리 증명 문제로 볼 때, 프롤로그 프로그램의 절은 유두 혼 절에 해당한다. 목적 명제는 프롤로그에서 무엇에 해당할까? 아주 간단히 말해서 프롤로그 질문인데, 다음 질문은

$$?- A_1, A_2, \ldots, A_n$$

다음의 무두 혼 절과 정확히 일치한다.

$$:- A_1, A_2, \ldots, A_n$$

앞 절에서 본 바이지만, 혼 절로 표현하여 해결하려는 모든 문제에 대해 정확히 무두 절 하나만 있으면 충분하다. 이것에 해당하는 프롤로그 상황은 "프롤로그 '프로그램'의 모든 절은 유두 혼 절이고, 한 번에 하나의 (무두) 목적만 고려한다"가 될 것이다.

　　프롤로그 시스템은 정리 증명기에 기반을 둔 것으로 명제 표현은 혼 절로 하고 추론은 해소법으로 하는 시스템이다. 프롤로그에서 구현한 해소 전략은 *선형 입력 해소법* (*linear input resolution*)으로 분류된다. 이 전략을 구사하는 데 있어서, 언제 어떤 절을 가지고 해소법을 적용할 것인가에 대한 선택은 다음과 같이 제한된다. 해소 작업은 목적 명제 G_0으로 시작하여 진행되는데, 먼저, 전제 중에서 절 H_0를 선택하고 목적 명제 G_0과 함께 $\{G_0, H_0\}$에 해소법을 적용하여 새로운 절 G_1을 유도해낸다. 그런 다음, 전제 중에서 절 H_1을 선택하고 새로운 목적 명제 G_1과 함께 $\{G_1, H_1\}$에 해소법을 적용하여 또 다른 새로운 절 G_2을 유도해낸다. 그런 다음, 전제 중에서 절을 선택하고 새로운 목적 명제와 함께 해소법을 적용하여 또 다른 새로운 목적 명제를 계속 유도해낸다. 각 단계에서 해소법 적용 대상이 되는 쌍은 원래 전제 중의 하나와 마지막으로 얻은 목적 명제 절로 구성된다. 어느 단계에서도 해소법을 적용할 때 목적 명제 외에는 이전에 유도한 절을 사용하지 않고, 그리고 전제 중에서만 두 절을 선택하여 해소법을 적용하는 일도 없다. 프롤로그 용어로 표현한다면, 각 단계에서 유도되는 새로운 절은 앞으로 충족시켜야 할 연접된 목적으로 볼 수 있다. 이것은 질문으로 시작하는데, 빈 절이 되어 끝나는 것이 바람직한 것이다. 각 단계에서는 프로그램 절에서 그 머리가 연접된 목적 중 하나와 어울리는 절을 찾고, 필요한 만큼 변수를 사례화 하여 절과 목적을 어울리게 한 다음, 어울렸던 목적을 연접된 목적에서 제거하고, 사례화 된 절의 몸을 연접된 목적에 추가하여 충족시킬 새로

운 연접된 목적으로 만든다. 따라서 예를 들어, 충족시킬 연접된 목적이 다음과 같고

```
:- mother(john, X), mother(X, Y).
```

그리고 프로그램 절이 다음과 같다면

```
mother(U, V) :- parent(U, V), female(V).
```

다음이 유도되어, 충족시킬 새로운 연접된 목적이 된다.

```
:- parent(john, X), female(X), mother(X, Y).
```

실제로는 프롤로그의 증명 전략이 일반적인 선형 입력 해소법보다 훨씬 더 제한적이다. 앞의 예에서는 목적 절(goal clause)의 첫째 축자식을 어울림에 참여시키기로 결정했지만, 그 대신 아무런 차이 없이 둘째 축자식도 어울림에 참여시킬 수도 있었다. 프롤로그에서 어울림에 참여하는 축자식은 항상 같은 방식으로 선택된다. 그것은 늘 목적 절의 첫째 축자식이다. 또한, 어울렸던 프로그램 절의 몸을 목적 절의 맨 앞에 삽입하는 바, 해소법으로 유도한 새로운 목적을 목적 절의 맨 앞에 추가하는 것이다. 이렇게 되면, 목적 절의 첫째 축자식이 발생시킨 모든 하위 목적을 우선적으로 충족시키려고 하게 되는데, 그 의미는 프롤로그가 어떤 부목적을 충족시키고 난 후에야 이어지는 다른 시도를 한다는 것이다.

프롤로그가 첫 번째 목적에 어울리는 절을 결정할 때 어떤 일이 일어나는지에 대해서는 이쯤 해두기로 한다. 그러나 프롤로그는 어떤 방법으로 한 목적을 충족시키는 대안 절을 체계적으로 조사할까? 기본적으로 프롤로그는 *너비 우선* 전략이 아닌 *깊이 우선* 전략을 채택한다. 이것의 의미는 한 번에 하나의 대안만 고려하고, 올바른 선택을 했다는 가정하에 대안 선택의 결과를 따른다는 것이다. 즉, 각 목적에 대해 고정된 순서로 프로그램 절을 선택하는데, 이전 절 모두가 해답으로 이끌지 못했을 경우에만 나중 절을 고려하게 된다. 깊이 우선 전략의 대안은 시스템이 해답 경로의 후보 모두를 동시에 계속 파악하는 전략일 것이다. 대안 전략에서는 그러면 해답 경로의 한 후보에서 다른 후보로 돌

아다니면서, 후보 경로를 잠시 따라가 본 다음에는 다른 후보로 넘어 가서 잠시 따라가 보는 작업을 계속 할 것이다. 후자, 즉 너비 우선 전략은 해답이 있다면 발견할 수 있다는 장점이 있다. 프롤로그의 깊이 우선 전략은 '되돌이'에 빠질 수 있으므로, 일부 후보 경로를 따라가 보지 못하는 경우가 있다. 반면에, 깊이 우선 전략은 종래의 컴퓨터에 구현하기가 훨씬 더 간단하고, 기억 공간을 더 작게 차지한다.

끝으로, 참고 사항인데 프롤로그의 어울림이 때때로 해소법에서 사용하는 통일과 어떻게 다른지에 대한 것이다. 대부분의 프롤로그의 시스템에서는 다음과 같은 equal 사실이 정의되어 있을 때,

```
equal(X, X).
```

다음 목적을 충족시킬 수 있을 것이다.

```
?- equal(foo(Y), Y).
```

즉, 대부분의 프롤로그 시스템에서는 어떤 항을 그 항 자체의 사례화 되지 않은 하위 항과 어울리게 할 수 있다. 앞의 예에서는 foo(Y)가 그 항 안에 있는 Y와 어울린다. 결과적으로, Y는 foo(Y)를 나타내게 되는데, 이것은 foo(foo(Y))이다. 그 이유는 항 foo(Y) 안의 인수 Y가 foo(Y)를 나타내기 때문이다. 그런데 foo(foo(Y))는 같은 이유로 foo(foo(foo(Y)))를 나타내게 되고, 이러한 과정은 계속된다. 그래서 Y는 결국 일종의 무한 구조를 나타내게 된다. 유의할 사항은 프롤로그 시스템을 사용하면서 이런 식으로 표현식을 구성할 수는 있지만, 대부분의 시스템은 이를 끝까지 표시할 수 없다는 점이다. 통일에 대한 정형적 정의에 의하면, 이런 종류의 '무한 항'이 절대로 존재하지 않게 되어 있다. 따라서 어떤 항을 그 항 자체의 사례화 되지 않은 하위 항과 어울리게 허용하는 프롤로그 시스템은 해소법 정리 증명기로서 올바르게 작동하지 않는다. 이를 극복하려면, 변수가 그 변수를 포함하는 항으로 사례화 되는 것을 방지하는 검사를 추가해야 할 것이다. 이러한 검사, 즉 출현 검사(occurs check)는 구현하기는 쉽지만 프롤로그 프로그램의

실행 속도를 상당히 저하시킬 수 있다. 뿐만 아니라 출현 검사가 단지 극소수의 프로그램에만 영향을 미치기 때문에, 시스템 구현에서는 대부분 출현 검사가 도외시되었다.

프롤로그 표준에 의하면, 프롤로그 시스템이 어떤 항을 그 항 자체의 사례화 되지 않은 하위 항과 어울리게 하는 경우, 그 결과는 정의되지 않는다(*미정*, *undefined*)고 하는데, 이는 그러한 일을 발생시키는 프로그램이 이식 가능(portable)하지 않음을 의미한다. 프로그램을 이식 가능하게 만들기 위해서는 출현 검사를 적용해야 하는 어느 곳이든지 반드시 프롤로그 시스템에서 구현된 통상적인 통일 연산자 '=/2' 대신에, 내장 술어 unify_with_occurs_check/2를 명시적으로 꼭 사용해야 한다. 그 이름에서 알 수 있듯이, 이 술어는 '=/2'와 같이 작동하지만 다른 점이 있는데, 출현 검사 기능이 있어서 변수를 불법적으로 사례화 하려는 것을 감지하면 충족시킴에 실패한다.

10.7 프롤로그와 논리 프로그래밍

지난 몇 절에서 프롤로그가 개념적으로 어떻게 정리 증명기에 기반을 두고 있는지를 보았다. 그 결과 알게 된 사실은 프로그램이 인식 세계에 대한 가설과 아주 흡사하고, 질문은 증명하고자 하는 정리와 상당히 비슷하다는 것이다. 따라서 프롤로그 프로그래밍은 컴퓨터에게 무엇을 언제 해야 하는지를 명령하는 것이 아니라, 오히려 무엇이 사실인지 알려준 뒤 결론을 도출해내 보라고 지시하는 것과 같다. '프로그램 작성하기'가 그렇게 되어야 한다는 생각은 매력적인 것이어서 많은 사람들로 하여금 *논리 프로그래밍*(*logic programming*)이라는 개념, 즉 "*논리로 프로그램 작성하기*(*programming in logic*)가 실제로 할 수 있는 일이다"라는 주제에 대하여 연구하게 하였다. '논리'를 '프로그래밍 언어'로 사용한다는 것은 FORTRAN이나 LISP와 같은 전통적인 프로그래밍 언어를 사용하는 것과는 대조적이 되는데, 종래의 경우에 개발자는 컴퓨터로 실행할 과업을 실행 작업과 실행 시점의 차원에서 훨씬 더 명확하게 명세한다.

논리 프로그래밍의 장점은 컴퓨터 프로그램이 보다 읽기 쉽게 되었다는 것으로 보인다. 논리 프로그램의 내용은 *어떻게(how)* 작업을 실행해야 하는지에 대한 세부 정보가 어지럽히지 않을 것이므로, 논리 프로그램은 해답이 *무엇(what)*이어야 하는지를 규정하는 명세와 더욱 흡사하게 될 것이다. 게다가 프로그램이 성취해야 할 목표에 대한 명세와 오히려 비슷하다면, 프로그램이 실제로 해야 할 것을 수행하는지 확인하기가 그저 프로그램 자체를 살펴보는 (또는 아마도 자동화된 도구로 검토하는) 것만으로도 충분할 정도로 비교적 쉬워지게 될 것이다. 요약하면, 논리 프로그래밍 언어의 장점은 프로그램에 *절차적(procedural)* 의미뿐만 아니라 *선언적(declarative)* 의미도 있다는 점에서 비롯된다고 할 것이다. 프로그램이 무엇을 계산하는지 알게 될 것이지만, 프로그램이 *어떻게* 그것을 계산하는지 알게 될 것이라고 하기에는 부족할 것이다. 여기에서 논리 프로그래밍을 전반적으로 볼 수는 없을 것이다. 관심 있는 독자를 위하여 참고서적을 소개한다면, 1979년 North Holland에서 출판된 Robert Kowalski의 *The Logic for Problem Solving*과 1984년 Academic Press에서 출판한 Christopher Hogger의 *Introduction to Logic Programming* 등이 있다.

프롤로그를 논리 프로그래밍 언어 후보로 간략히 살펴본 다음, 프롤로그가 자격을 얼마나 잘 갖추었는지 검토하겠다. 첫째, 분명하게도 어떤 프롤로그 프로그램은 인식 세계에서 성립하는 논리적 진실을 정말로 나타낸다. 다음 규칙을 쓰는 경우,

```
mother(X, Y) :- parent(X, Y), female(Y).
```

앞의 규칙은 어머니라고 인정하려면 어떠해야 (부모이자 여성이어야) 함을 규정하는 것으로 볼 수 있다. 그래서 앞의 절은 진실이라고 간주하는 명제를 표현하는데, 어떤 사람이 어머니임을 *보일* 수 있는 방법도 나타나 있다. 이와 유사하게, 다음 절에서는

```
append([], X, X).
append([A|B], C, [A|D]):- append(B, C, D).
```

한 목록이 다른 목록의 앞에 연결되면 무엇이 되는지 표현되어 있다. 빈 목록이 어떤 목록 X 앞에 연결되면 그 결과는 바로 X이다. 반면에 비지 않은 목록이 어떤 목록의 앞에 연결되는 경우, 결과 목록의 머리는 앞에 놓는 목록의 머리와 같다. 또한, 결과 목록의 꼬리는 첫째 목록의 꼬리를 둘째 목록의 앞에 연결하면 얻게 될 목록과 같은 목록이다. 앞의 절은 틀림없이 append 관계에 관한 진실을 표현한다고 볼 수 있는데, 두 목록을 함께 연결하려는 일에 실제로 쓸 것 같은 방법도 나타나 있다.

평범한 프롤로그 프로그램에 대해서는 이쯤 해두기로 하는데, 그러나 다음과 같은 절에 대해 어떤 논리적인 의미를 부여할 수 있을까?

```
member1(X, List) :- var(List), !, fail.
member1(X, [X|_]).
member1(X, [_|List]) :- member1(X, List).

print(0) :- !.
print(N) :- write(N), N1 is N - 1, print(N1).

noun(N) :-
        name(N, Name1), append(Name2, [115], Name1),
        name(RootN, Name2), noun(RootN).

implies(Assum, Concl) :-
        asserta(Assum),
        call(Concl),
        retract(Concl).
```

- 여기에서 제기한 문제의 원인은 프롤로그 프로그램에서 사용하는 모든 내장 술어에 있다. var(List)와 같은 목적은 목록이나 속격에 대해서는 아무 것도 나타내지 않지만, 그러나 증명이 진행되는 동안 특정 시점에서 성립하는 일이 있는 사태, 즉 일부 변수가 사례화 되지 않은 상태를 나타낸다.
- 자름(!)도 var(List)의 경우와 비슷하게 명제 자체에 관한 것이 아니라 명제의 증명에

관한 것, 즉 선택할 수 있는 대안을 무시하는 일도 있음을 나타낸다. 이 두 가지 목적은 *제어 정보*(control information)를 표현하는 방법으로 간주될 수 있는데, 제어 정보는 증명이 어떻게 수행되어야 하는지를 규정한다.

- 마찬가지로, write(N)과 같은 목적은 논리적 특성에 흥미로운 것은 없지만, 증명 과정이 특정 상태, 즉 N이 사례화 된 상태에 도달하게 되면 사용자와 통신을 시작한다는 것을 뜻한다.

- 목적 name(N, Name1)은 어떤 객체의 내부 구조에 관한 사실을 표현하는데, 그 객체는 술어 산법 정의에 의하면 분해할 수 없는 기호이다. 프롤로그에서는 기호를 문자열로 변환할 수 있고, 구조체를 목록으로 변환할 수 있으며, 구조체를 절로 변환할 수도 있다. 이러한 변환 연산은 술어 산법 명제의 특성, 즉 불가분적 자족(self-contained)성에 위배된다.

- 마지막 예에서는 규칙에서 asserta를 사용했는데, 이는 규칙이 공리 집합에 무언가를 추가하는 것과 관련된 사항을 규정함을 의미한다. 논리에서, 사실이나 규칙 각각은 다른 사실과 규칙의 존재와 무관하게 독립적으로 진실을 표현한다. asserta를 사용한 이 규칙이 이러한 독립성 원칙을 위반하는 것이다. 그 이유는 규칙에서 어떤 사실을 추가할 수 있다는 것은 추가되는 사실이 추가하는 규칙에 종속됨을 의미하기 때문이다. 또한 이 규칙을 사용하면, 증명의 각기 다른 시점에서 다른 공리 집합이 있도록 할 수 있게 된다. 마지막으로, 규칙에서 Concl을 목적으로 사용한다는 사실은 논리적 변수로 공리에 나타나는 명제를 나타내는 것이 가능하다는 것을 의미한다. 이것은 일차(first-order)인 술어 산법에서 표현할 수 있는 것이 전혀 아니고, 생각나게 하는 바, 고차(higher-order) 논리에서 표현할 수 있는 것이다.

이러한 예제를 통해 일부 프롤로그 프로그램의 경우 그 의미 파악이 가능하려면, 무엇이 언제 일어나는지 그리고 시스템이 무엇을 할지 어떻게 지시하는지를 알아야 한다는 것을 보았다. 극단적인 경우, 7장에서 논의한 gensym 프로그램은 어떤 선언적 해석도 전혀 할 수가 없다.

그러면 도대체 프롤로그를 논리 프로그래밍 언어로 간주하는 것이 이치에 맞을까? 논리 프로그래밍의 장점이 프롤로그 프로그램에 적용될 것으로 정말 기대할 수 있을까? 이 두 가지 질문에 대한 답은 조건부 "예"인데, 그 이유는 적절한 프로그래밍 양식(style)을 채택한다면, 여전히 프롤로그와 논리의 관계에 함축된 장점을 찾아내어 활용할 수 있기 때문이다. 그 핵심은 프로그램을 작은 부분으로 분해하여, 비논리적 연산의 사용을 작은 절 집합 안으로 제한하는 것이다. 예를 들어, 4장에서 어떤 용법의 '자름(!)'을 술어 'not'를 사용하여 대체할 수도 있는 방법을 살펴본 적이 있다. 이러한 대체의 결과로, '자름(!)'을 많이 쓰는 프로그램이 '자름(!)'을 오직 한 번만 ('not' 정의 안에서) 쓰는 프로그램으로 환산될 수 있다. 술어 'not'가 논리적 '부정(￢)'의 의미를 정확하게 포착하지는 못해도, 술어 'not'를 사용하여 프로그램의 저변을 형성하는 논리적 의미 일부를 복원할 수 있다. 이와 비슷하게, 술어 asserta와 retract의 사용을 (예를 들어, gensym과 findall과 같은) 소수의 술어 정의 안으로 제한하면, 이러한 술어가 모든 종류의 문맥에서 자유롭게 사용되는 것보다, 프로그램이 전반적으로 더 명확해지게 된다.

그리하여 논리 프로그래밍 언어의 궁극적인 목표를 프롤로그로 성취하지는 못하였다. 그럼에도 불구하고 프롤로그에는 실용적인 프로그래밍 시스템이 구현되어 있는데, 이는 논리 프로그래밍 언어라면 갖추고 있을 명확성과 선언성의 장점을 상당히 구비한 시스템이다. 한편 연구는 프롤로그의 개선 판을 개발하는 목표를 가지고 진행되고 있는데, 현재 사용할 수 있는 것보다 더 '논리'에 부합하는 시스템의 개발이 그 목표이다. 이 분야 연구자의 최우선 과제 중 하나가 바로 '자름(!)'이 필요 없고, 술어 'not'이 '부정(￢)'의 논리적 개념과 정확하게 일치하게 구현된 실용적인 시스템을 개발하는 것이다.

논리 프로그래밍 이론에 대한 자세한 내용은 1979년 North Holland에서 출판된 Robert Kowalski의 『*The Logic for Problem Solving*』과 1984년 Academic Press에서 출판한 Christopher Hogger의 『*Introduction to Logic Programming*』 등을 참고하면 될 것이다.

프롤로그 과제

이 장에는 과제 목록이 있는데, 프로그래밍 능력 계발을 목적으로 수행하고 싶을 만한 것들이다. 일부 과제는 쉽지만, 일부는 프롤로그 강좌를 구성하는 '학기 과제'로 적합한 것일 수도 있다. 비교적 쉬운 과제는 지나온 장의 연습 문제를 보충하는 데 사용해야 하겠다. 과제에는 특별한 순서가 없지만 11.2절에 있는 과제는 개방적이고 도전적인 것인 바, 인공 지능과 전산학의 다양한 영역에 대한 학식이나 배경 지식이 필요하다. 일부 과제는 특정 연구 분야에 대한 지식을 전제하기 때문에, 수리 물리학자가 아닌 이상 삼차원 벡터장을 미분하는 프로그램을 작성할 수 없어도 낙담하지 말자.

11.1 쉬운 과제

1. '평활' 술어 'flatten'을 정의하라. 이 술어는 주어진 목록을 '평평한' 목록으로 만드는 것으로 결과 목록 안에 다른 목록이 요소로서 존재할 수 없으며, 결과 목록이 원래 목록의 모든 원자를 포함해야 한다. 예를 들어, 다음 목적은 충족시킴에 성공할 것이다. 이 프로그램은 최소한 여섯 가지 방법으로 작성할 수 있다.

   ```
   ?- flatten([a,[b,c],[[d],[],e]], [a,b,c,d,e]).
   ```

2. '일-월' 형식으로 표현된 두 날짜 사이의 간격을 날 수로 계산하는 프로그램을 작성하라. 날짜는 윤년이 아닌 같은 연도에 속한다고 가정한다. 유의할 사항은 '-'가 단순히 2가의 함자이고 낀 형식이라는 점이다. 예를 들어, 다음 목적은 충족시킴에 성공할 것이다.

```
?- interval(3-march, 7-april, 35).
```

3. 7장에는 산술식을 미분하고 간소화하는 프로그램을 작성하는 데 필요한 정보가 충분히 있다. 거기에서 본 프로그램을 확장하여 삼각 함수가 포함된 수식을 처리할 수 있게 하는데, 필요하다면, div, grad, curl 등과 같은 미분 기하학 연산자도 포함시켜 처리할 수 있게 하라.

4. 주어진 명제식을 '부정(—)'하여 부정된 명제식을 출력하는 프로그램을 작성하라. 명제식은 원자, 단항 함자 not, 그리고 이항 함자 and, or, 그리고 implies 등으로 구성된다. 함자에 대하여 적절한 연산자 선언을 하라. 어쩌면 10장의 (~, &, #, 그리고 -> 등에 대한) 연산자 선언 예를 참고해야 하겠다. 부정된 명제식은 not이 원자에만 적용된 가장 간소화 된 형식이어야 한다. 예를 들어, 다음 명제식을 부정하면

```
p implies (q and not(r))
```

다음과 같은 명제식이 되어야 한다.

```
p and (not(q) or r)
```

5. 용어 색인은 원문에 나오는 단어의 목록인데, 각 단어가 원문에 나타나는 횟수와 함께 알파벳 순서로 나열된다. 프롤로그 문자열로 표현된 단어 목록이 주어지면 용어 색인을 생성해내는 프로그램을 작성하라. 상기할 바는, 문자열은 목록인데 그 요소는 ASCII 암호(code)라는 것이다.

6. 다음과 같은 형식의 간단한 영어 문장을 이해하는 프로그램을 작성하라.

```
___ is a ___ .
A ___ is a ___ .
Is ___ a ___ ?
```

프로그램은 이전에 주어진 문장을 바탕으로 적절한 응답을 (yes, no, ok, unknown 등으로) 해야 한다. 다음에 그 예가 있다.

```
John is a man.
ok
A man is a person.
ok
Is John a person?
yes
Is Mary a person?
unknown
```

각 문장은 프롤로그 절로 변환되어야 하며, 그 후 적절하게 단언되거나 실행되도록 한다. 따라서 앞의 예의 경우, 그 변환 결과는 다음과 같다.

```
man(john).
person(X) :- man(X).
?- person(john).
?- person(mary).
```

적절하다고 생각되면, 9장에서 공부한 문법 규칙을 활용하라. 대화를 제어하는 최상위 절은 다음과 같을 것이다.

```
talk :-
        repeat,
```

```
read(Sentence),
parse(Sentence, Clause),
respond_to(Clause),
Clause = stop.
```

7. 알파−베타(α − β) 해법(algorithm)은 놀이 나무(game tree)를 탐색하는 방법인데, 인공지능 프로그래밍에 관한 많은 책에서 다루고 있는 주제이다. 프롤로그로 α − β 해법을 구현하라.

8. N−왕비(N-queens) 문제는 프로그래밍 교재에서도 널리 논의된다. 4 × 4 서양 장기판에 4명의 왕비를 배치할 수 있는 모든 경우를 찾아내는 프로그램을 작성하라. 각 경우, 어떤 왕비라도 다른 왕비를 공격하지 못하는 위치에 있어야 한다. 문제를 푸는 한 가지 방법은 순열 '생성'기를 작성하고, 생성시킨 순열대로 왕비를 배치한다면 서로 공격 위치에 있게 되는지를 '검사'하는 것이다.

9. 명제 표현식을 바꿔 쓰는 프로그램을 (4번 문제를 참고하여) 작성하되, 표현식에 나타난 모든 and, or, implies, 그리고 not 등을 하나의 연결사 nand로 대체하라. 연결사 nand는 다음 항등식으로 정의된다.

$$(\alpha \text{ nand } \beta) \equiv \neg(\alpha \land \beta)$$

10. 양의 정수를 표현하는 한 가지 방법은 프롤로그 항을 쓰는 것인데, 항은 정수 0과 인수가 하나인 함자 s로 구성한다. 보기를 들면, 0은 0 자체로, 1은 s(0)로, 2는 s(s(0))로 등등 나타낸다. 0을 제외한 각 수의 표현은 그 수보다 하나 작은 수의 표현에 함자 s를 적용한 꼴이다. 이러한 수 표현을 전제하고, 표준 산술 연산 즉 덧셈, 곱셈 및 뺄셈에 대한 정의를 작성하라. 예를 들어, 2 + 3 = 5의 계산을 할 때, 다음과 같이 동작하는 덧셈 술어 plus를 정의해야 한다.

```
?- plus(s(s(0)), s(s(s(0)))), X).
X = s(s(s(s(s(0)))))
```

뺄셈의 경우, 연산의 결과가 양의 정수가 아닌 경우에 대한 규칙을 강구해야 할 것이다. 또한 '작기(less than)' 술어를 정의하라. 이 정의가 작동하려면 어떤 인수가 미리 사례화 되어 있어야 할까? 앞에서 정의한 다른 연산의 경우에는 어떠할까? 이 결과를 표준 프롤로그 산술 연산의 경우와 비교하면 어떠한가? 정수 나눗셈 및 제곱근풀이와 같은 좀 더 복잡한 산술 연산도 정의해보라.

11.2 고급 과제

비록 이 절에 있는 과제가 개방적으로 보이겠지만, 모든 과제가 세계 각지의 다양한 개발자가 프롤로그로 구현한 것이다. 그중 일부는 이전에 논의된 프로그램을 간단히 향상시키는 문제이며, 일부는 완전히 새로운 것인 바, 인공 지능 문헌 지식이나 전산학 지식이 필요하다.

1. 도시를 연결하는 도로망 지도가 있을 때, 두 도시 간의 연결 경로를 계획하는 프로그램을 작성하되, 예상되는 여행 일정 시간표를 얻을 수 있게 하라. 지도 자료에는 주행 거리, 도로 상태, 예상 교통량, 경사도, 각종 도로의 연료 가용성 등이 포함되어야 한다.

2. 프롤로그 시스템에는 현재 정수 및 부동 소수점 연산만이 구현되어 있다. 유리수에 대한 산술 연산도 가능하게 하는 프로그램 꾸러미(package)를 제작하라. 여기에서 유리수는 분수로 표현하거나 또는 가수(mantissa)와 지수(exponent) 쌍으로 표현하기로 한다.

3. 역행렬을 구하는 절차를 작성하고, 행렬을 곱하는 절차도 작성하라.

4. 고급 컴퓨터 언어를 저급 언어로 편역(compile)하는 것은 구문목(syntax tree)에 대한 연속적인 변환으로 볼 수 있다. 그러한 편역기(compiler)를 작성하고, 먼저 산술 표현식을 편역해보라. 그런 다음 ("**if ... then ... else**"와 같은) 제어 구문을 처리할 수 있게 하라. 조립어(assembly language)로 출력되는 내용에서 구문법은 이 문제에서 매우 중요한 것은 아니다. 예를 들어, 산술 표현식 'x+1'은 조립어 문장 'inc x'로 '단순화'될 수 있는데, 여기서 inc는 단항 연산자로 선언되었다고 가정하였다. 등재기(register) 할당 문제는 원시 영렬(source code)이 더미(stack) 기계로 실행하는 영렬로 편역된다고 가정함으로써 우회할 수 있다. 참고로, 더미 기계는 일반적으로 명령문에 주소가 없기 때문에 0-주소(0-address) 기계라고도 한다.

5. 서양 장기나 바둑과 같은 복잡한 판 놀이(board game)를 어떻게 표현할지 그 방법을 구상하라. 그리고 프롤로그의 문양 어울림 기능을 사용하여 이러한 놀이에 대한 전략을 어떻게 구현할지 그 방법을 추리하라.

6. 공리를 표현하기 위한 정형계(formalism)를 고안하는데, 이를테면 군론(group theory), 유클리드 기하학, 표기 의미론(denotational semantics) 등의 전문 분야에서 공리를 취한다고 가정하라. 그리고 이러한 분야에서 정리 증명기를 활용한다고 했을 때, 그 개발 문제를 검토해보라.

7. 프롤로그 절의 통역기는 (7.13절과 같이) 프롤로그로 작성할 수 있다. 이 문제에서는 프롤로그 통역기를 작성하되, 프롤로그 실행의 다른 의미를 구현해야 한다. 예를 들어, 통상의 고정된 좌-우 실행 순서 대신에 새로운 통역기는 더욱 유연하게 목적 수행 순서를 제어할 수 있을 것이다. 이때, 어쩌면 '의정(agenda)' 또는 다른 일정(schedule) 장치를 활용할 수 있겠다.

8. 문제 해결 계획을 수립하는 분야에 대한 인공 지능 문헌을 참고하여, 계획 생성기를 구현하라.

9. 어떤 바탕 장면(scene) 안에서 선화(line drawing)를 해석하는 문제를 프롤로그로 표현하라. 선화 해석이란 선화의 각 요소를 바탕 장면의 요소에 대응시켜 선화 요소에 표식(label)을 붙이는 것이다. 이 표식 표현에는 바탕 장면의 대응 요소 표현에 사용했던 변수를 쓸 수 있다. 그러면 선화는 이러한 변수 값을 결정하여 충족시켜야 하는 제약 조건 집합에 대응하게 된다.

10. 문석기 프로그램을 문법 규칙을 사용하여 작성한 뒤 다음 형식의 문장을 문석해 보라.

> Fred saw John.
>
> Mary was seen by John.
>
> Fred told Mary to see John.
>
> John was believed to have been seen by Fred.
>
> Was John believed to have told Mary to see Fred?

11. 인공지능 연구에 사용되는 생산규칙(production rule) 시스템은 '**if** *상황* **then** *행동*' 형태의 규칙으로 이루어진다. 인공 지능 분야에서는 '전문가 지식'을 생산 규칙으로 표현하는 것이 유행이 되었다. 예를 들어, 다음 문장은 실제로 구현된 생산규칙 시스템에서 사용하는 전형적인 문장이다.

> 약리학: 약제 X가 제4급 암모늄염이자 항 부정맥제이고, 약제 Y가 살리실산인 경우 X와 Y는 상호 작용을 할 것인 바, 이온 쌍 형성이 일어나 흡수를 증가시킨다.

> 서양 장기: 만일 흑왕이 흑기사 옆으로 이동할 수 있고 백왕과 흑기사 사이

의 거리가 한 칸보다 먼 경우, 흑기사는 안전하다.

의학: 배양처가 혈액이고 유기체의 그람 염색(Gram stain)이 음성적이며 유기체의 형태가 막대형이고 환자가 타협숙주인 경우, 감염 유기체는 60% 확률로 녹농균(*Pseudomonas aeruginosa*)이다.

일단의 생산규칙을 해석하여 실행하는 프롤로그 프로그램을 작성하라. 응용 분야를 고려하되, 분류 특성에 따라 식물이나 동물을 분간하는 분야와 같은 것을 생각해보라. 예를 들어 식물 분류학 규칙은 다음과 같다.

만일 식물의 특성이, 사각형 줄기, 쌍 잎, 입술 두 개의 투구형 화관, 그리고 열매는 꽃받침 안에 네 개로 나누어진 소견과로 있음 등이라면, 꿀풀과 (*Labiatae*)에 속한다.

그러면 프로그램에서 "식물의 줄기가 사각형입니까?"라는 질문을 했을 때, "아니요"라고 대답하여 식물이 꿀풀과에 속할 가능성을 제외시키는 것이다.

12. 영어 문장의 말뭉치(corpus) 일부를 술어 산법 문장으로 번역하는 프로그램을 작성하라.

13. 술어 산법으로 표현된 정리를 증명하는 프로그램을 작성하라.

14. 정신과 의사를 흉내 내는 프로그램을 작성하라. 이 프로그램은 입력문의 핵심어를 기반으로 응답을 하는 것으로, 문장의 핵심어를 다른 단어로 바꾼 3장의 프로그램과 상당히 비슷하다. 전형적인 대화는 다음과 같겠다. 굵게 표시한 문장은 컴퓨터가 출력하였다.

What is your problem?
This is too much work.

What else do you regard as too much work?
Writing letters.
I see. Please continue.
Also washing my mother's car.
Tell me more about your family.
Why should I?
Why should you what?
…

이 경우에 어울리는 핵심어는 "this is", "mother", 그리고 "why" 등이었다. 적당한 핵심어가 없을 때는 "*I see. Please continue.*"라고 응답하였다.

15. 문석기 프로그램을 작성하라. 분석 대상은 사무실 건물에서 일어나는 사건에 대한 문장이며, 그 예는 "Smith will be in his office at 3 pm for a meeting."과 같다. 이 경우, 프롤로그 문법 규칙을 사용하여 '상업 영어'를 포착하고 싶을 수도 있겠다. 프로그램은 문장의 '요약'을 인쇄해야 하는 바, 누가, 어디서, 언제, 그리고 무엇에 대한 항목을 출력해야 하는데, 예를 들어 다음과 같다.

who: smith
where: office
when: 3 pm
what: meeting

요약은 데이터베이스에 사실로 단언될 수 있으므로 다음과 같이 질문할 수 있을 것이다.

Where is Smith at 3 pm?
where: office
what: meeting

16. 컴퓨터 파일 시스템에 대한 자연어 계면(natural language interface)을 작성하여, 다음과 같은 질문에 대답을 얻을 수 있게 하라.

```
How many files does David own?
Does Chris share PROG.MAC with David?
When did Bill change the file VIDEO.C?
```

프로그램은 파일 시스템의 다양한 구성 요소에서 정보를 획득할 수 있어야 하는 데, 소유권 및 날짜와 같은 것이 그 예이다.

APPENDIX

A

선별 문제 해답

여기에는 본문에 나오는 연습 문제 일부에 대한 모범 답안이 있다. 대부분의 프로그래밍 연습에서는 단 하나의 정답은 거의 없으며, 제시된 것과는 다른 좋은 해답이 있을 수도 있다. 아무튼 각자의 프롤로그 시스템에서 항상 프로그램을 시험해보고 실제로 작동하는 지 확인해야 한다. 비록 올바른 프로그램을 작성했다 할지라도 제시된 것과는 다를 때는 같은 문제에 대한 대안적인 해법을 검토하는 데 좀 시간을 들이는 것이 여전히 교육적으로 유익하겠다.

연습문제 1.3: 가족 관계에 대한 적절한 정의가 다음에 있다.

```
is_mother(Mum) :- mother(Mum, Child).

is_father(Dad) :- father(Dad, Child).

is_son(Son) :- parent(Par, Son), male(Son).

sister_of(Sis, Pers) :-
        parent(Par, Sis), parent(Par, Pers),
        female(Sis), diff(Sis, Pers).

granpa_of(Gpa, X):- parent(Par, X), father(Gpa, Par).
```

```
sibling(S1,S2) :-
        parent(Par, S1), parent(Par, S2), diff(S1, S2).
```

유의할 사항은 sister_of와 sibling의 정의에서 술어 diff를 사용한다는 점이다. 이것은 시스템이 "사람은 자기 자신의 자매 또는 형제가 될 수 있다"고 가정하지 못하게 한다. 지금 이 단계에서는 술어 diff를 정의할 수는 없을 것이다.

연습문제 5.2: 다음 프로그램은 (현 입력 파일에서) 문자를 무한정으로 읽으면서 다시 출력하는 것인데, a가 입력되면 b로 변경하여 출력한다.

```
go :- repeat, get_char(C), deal_with(C), fail.

deal_with(a) :- !, put_char(b).
deal_with(X) :- put(X).
```

deal_with에 대한 첫째 규칙의 '자름(!)'은 필수적이다. (왜?)

연습문제 7.9: 피타고라스의 삼중수를 생성하는 프로그램이 다음에 있다.

```
pythag(X, Y, Z) :-
        intriple(X, Y, Z),
        Sumsq is X*X + Y*Y, Sumsq is Z * Z.

intriple(X, Y, Z) :-
        is_integer(Sum),
        minus(Sum, X, Sum1), minus(Sum1, Y, Z).

minus(Sum, Sum, 0).
minus(Sum, D1, D2) :-
        Sum > 0, Sum1 is Sum - 1,
        minus(Sum1, D1, D3), D2 is D3 + 1.
```

```
is_integer(0).
is_integer(N) :- is_integer(N1), N is N1 + 1.
```

이 프로그램은 술어 intriple를 사용하여, 정수 X, Y, Z로 구성되는 삼중수 후보를 생성한다. 그런 다음 이 후보가 정말로 피타고라스의 삼중수인지 확인한다. 술어 intriple의 정의는 모든 삼중수 후보가 틀림없이 결국 생성되게 해야 한다. 우선, 정수 Sum을 생성하는데, X, Y, Z의 합으로 사용할 것이다. 그런 다음, 생성한 정수 Sum에 비결정적으로 뺄셈을 하는 술어 minus를 적용하여 X, Y, 그리고 Z 값을 생성한다.

연습문제 9.1: 다음 프로그램은 간단한 문법 규칙을 프롤로그로 번역한다. 처리할 문법규칙에 대한 가정은 별도의 추가 인수가 있는 어구 유형이 없고, 중괄호로 묶은 목적도 없으며, 이접 연산자(';') 또는 자름('!')이 없는 것으로 생각한다.

```
?- op(1199,xfx, -->).

translate((P1 --> P2),(G1:-G2)) :-
        left_hand_side(P1,S0,S,G1),
        right_hand_side(P2,S0,S,G2).

left_hand_side(P0,S0,S,G) :-
        nonvar(P0), tag(P0,S0,S,G).

right_hand_side((P1,P2),S0,S,G) :-
        !,
        right_hand_side(P1,S0,S1,G1),
        right_hand_side(P2,S1,S,G2),
        and(G1,G2,G).

right_hand_side(P,S0,S,true) :-
        islist(P),
        !,
        append(P,S,S0).
```

```
right_hand_side(P,S0,S,G) :- tag(P,S0,S,G).

tag(P,S0,S,G):- atom(P), G =.. [P,S0,S].

and(true,G,G) :- !.
and(G,true,G) :- !.
and(Gl,G2,(Gl,G2)).

islist([]) :- !.
islist([_|_]).

append([A|B],C,[A|D]) :- append(B,C,D).
append([],X,X).
```

이 프로그램에서 P로 시작하는 변수는 문법 규칙에서 어구 표현(원자 또는 단어 목록)을 나타낸다. G로 시작하는 변수는 프롤로그 목적을 나타낸다. S로 시작하는 변수는 프롤로그 목적의 인수인데 단어 서열을 나타낸다. 이 문제에 호기심이 생긴 경우를 대비하여 다음 프로그램을 준비했는데, 문법 규칙 변환의 보다 일반적인 경우를 처리하는 프로그램이다. 프롤로그 시스템이 문법 규칙을 처리할 수 있는 한 가지 방법은, 내장 술어 consult의 수정판을 사용하는 것인데, 수정판에서는 A --> B 형식의 절을 변환한 다음 데이터베이스에 추가한다. 다음 프로그램에서는 중괄호 '{'와 '}'로 사용할 한 쌍의 연산자를 정의했지만, 구현된 일부 프롤로그 시스템에서는 정의가 내장되어 있을 수도 있다. 그러한 경우 {X}라는 항은 구조체 '{}'(X)의 또 다른 형식임을 유의하자.

```
?- op(1101,fx,{).
?- op(1100,xf,}).
?- op(1199,xfx, -->).

translate((P0 --> Q0),(P:-Q)) :-
        left_hand_side(P0,S0,S,P),
        right_hand_side(Q0,S0,S,Q1),
        flatten(Q1,Q).
```

```
left_hand_side((NT,Ts),S0,S,P) :- !,
        nonvar(NT),
        islist(Ts),
        tag(NT,S0,S1,P),
        append(Ts,S,S1).
left_hand_side(NT,S0,S,P) :-
        nonvar(NT), tag(NT,S0,S,P).

right_hand_side((X1;X2),S0,S,P) :- !,
        right_hand_side(X1,S0,S1,P1),
        right_hand_side(X2,S1,S,P2),
        and(P1,P2,P).

right_hand_side((X1;X2),S0,S,(P1;P2)) :- !,
        or(X1,S0,S,P1), or(X2,S0,S,P2).
right_hand_side({P},S,S,P) :- !.
right_hand_side(!,S,S,!) :-!.
right_hand_side(Ts,S0,S,true) :-
        islist(Ts), !,
        append(Ts,S,S0).

right_hand__side(X,S0,S,P):- tag(X,S0,S,P).

or(X,S0,S,P) :-
        right_hand_side(X,S0a,S,Pa),
        ( var(S0a), S0a = S, !,
                S0 = S0a, P = Pa ; P = (S0=S0a, Pa) ).

tag(X,S0,S,P) :-
        X =.. [F|A], append(A,[S0,S],AX), P =.. [F|AX].

and(true,P,P) :- !.
and(P,true,P) :- !.
and(P,Q,(P,Q)).
```

```
flatten(A,A) :- var(A), !.
flatten((A,B),C) :- !, flatten1(A,C,R), flatten(B,R).
flatten(A,A).

flatten1(A,(A,R),R) :- var(A), !.
ftatten1((A,B),C,R) :-
        !, flatten1(A,C,Rl), flatten1(B,Rl,R).
flatten1(A,(A,R),R).

islist([]) :- !.
islist([_|_]).

append([A|B],C,[A|D]) :- append(B,C,D).
append([],X,X).
```

연습문제 9.2: 술어 phrase에 대한 일반적인 정의는 다음과 같다.

```
phrase(Ptype,Words) :-
        Ptype =.. [Pred|Args],
        append(Args,[Words,[]],Newargs),
        Goal =.. [Pred|Newargs],
        call(Goal).
```

술어 append의 정의는 3.6절에 있다.

절 형식 변환 프로그램

10장에서 약속했듯이, 술어 산법 표현식을 절 형식으로 변환하는 과정을 설명할 것인데, 구현한 전체 프롤로그 프로그램을 성분별로 검토한다. 프로그램의 최상층은 다음과 같이 구성된다.

```
translate(X) :-
        implout(X,X1),           /* Stage 1 */
        negin(X1,X2),            /* Stage 2 */
        skolem(X2,X3,[]),        /* Stage 3 */
        univout(X3,X4),          /* Stage 4 */
        conjn(X4,X5),            /* Stage 5 */
        clausify(X5,Clauses),    /* Stage 6 */
        pclauses(Clauses).       /* Print out clauses */
```

최상층에서는 술어 translate를 정의하는데, 프롤로그에게 술어 산법 표현식 X와 함께 목적 translate(X)를 주면, 프로그램이 X를 절 형식으로 표현을 변환하여 인쇄하는 것이다. 프로그램에서는 술어 산법 표현식을 예전에 이미 언급한 바와 같이 프롤로그 구조체로 나타낸다. 유념할 사실은 "술어 산법 표현식의 변수는 프롤로그 원자로 표현한다"는 것인데, 이렇게 하면 표현식 처리가 더 쉬워지는 경우가 있기 때문이다. 술어 산법 표현식의 변수와 상수의 구별은 변수명 작명법을 적용하면 분간할 수 있다. 예를 들어 변수 이름은 항상 x, y, 그리고 z 문자 중 하나로 시작한다고 정할 수 있을 것이다. 사실, 프로그램 안에서는 양화사가 항상 변수를 부리기 때문에 어떤 것이 변수인지 쉽게 분간할 수가 있어서 이 작명법에 대해 신경을 쓸 필요가 없다. 오직 프로그램의 출력물을 읽을 때에 가서야 프로그래머가 어느 것이 술어 산법 표현식의 변수였고 어느 것이 상수였는지 기억하고 있는지가 중요해진다.

먼저, 논리 연결사에 대해 다음과 같은 연산자 선언을 해야 한다.

```
?- op(200,fx,~).
?- op(400,xfy,#).
?- op(400,xfy,&).
?- op(700,xfy,->).
?- op(700,xfy,<->).
```

중요한 것은 연산자를 어떻게 정의했는지 주의 깊게 관찰하는 바이다. 특히 '~'은 '#' 그리고 '&'보다 우선순위 등급값이 작아서 우선순위가 높다. 우선, 중요한 가정을 해야 한다. 그 가정은 변수는 필요한 만큼 개명하여 당면 표현식에서 둘 이상의 양화사가 동명의 변수를 부리지 않게 되었다고 가정하는 것이다. 이것은 후속 단계에서 일어날 수도 있는 이름 충돌을 방지하기 위한 것이다.

술어 산법 표현식을 절 형식으로 바꾸는 변환기 구현에 사용하는 실제 프로그래밍 기법은 7.11절과 7.12절에서 설명한 나무 변환 기법이다. 논리적 연결사를 함자로 나타내면, 술어 산법 표현식은 나무 모양으로 그릴 수 있는 구조체가 된다. 절 형식으로 변환하는 여섯 가지 주요 단계 각각은, 입력 나무를 출력 나무에 사상하는 나무 변환이다.

제1단계. 함언 제거

술어 implout을 정의하되, implout(X, Y)의 뜻이 "표현식 X에서 함축을 제거하여 표현식 Y를 얻는다"가 되게 한다.

```
implout((P <-> Q),((P1 & Q1) # (~P1 & ~Q1))) :-
        !, implout(P,P1), implout(Q,Q1).
implout((P -> Q),(~P1 # Q1)) :-
        !, implout(P,P1), implout(Q,Q1).
implout(all(X,P),all(X,P1)) :- !, implout(P,P1).
implout(exists(X,P),exists(X,P1)):- !, implout(P,P1).
implout((P & Q),(P1 & Q1)) :-
        !, implout(P,P1), implout(Q,Q1).
implout((P # Q),(P1 # Q1)) :-
        !, implout(P,P1), implout(Q,Q1).
implout((~P),(~P1)) :- !, implout(P,P1).
implout(P,P).
```

제2단계. 부정 내부 이동

여기에서는 두 개의 술어, 즉 negin과 neg를 정의해야 한다. 목적 negin(X, Y)는 Y가 '부정 내부 이동' 변환을 X 전체에 적용하여 얻은 표현식임을 의미한다. 이것이 질문을 해서 알아낼 주요 사항이다. 목적 neg(X, Y)는 Y가 표현식 X에 '부정 내부 이동' 변환을 적용하여 얻은 표현식임을 의미한다. 이 경우는 '부정(~)'이 각 표현식에 실제로 '적용'되면서 표현식 '내부'로 '이동'한다. 이 두 가지 목적 모두에 해당되는 사항인 바, 제1단계가 수행되었기 때문에 '->'와 '<->'를 다룰 필요가 없다고 가정하였다.

```
negin((~P),P1) :- !, neg(P,P1).
negin(all(X,P),all(X,P1)):- !, negin(P,P1).
negin(exists(X,P),exists(X,P1)) :- !, negin(P,P1).
negin((P & Q),(P1 & Q1)) :-
        !, negin(P,P1), negin(Q,Q1).
negin((P # Q),(P1 # Q1)) :-
        !, negin(P,P1), negin(Q,Q1).
negin(P,P).
```

```
neg((~P),P1):- !, negin(P,P1).
neg(all(X,P),exists(X,P1)) :- !, neg(P,P1).
neg(exists(X,P),all(X,P1)) :- !, neg(P,P1).
neg((P & Q),(P1 # Q1)) :- !, neg(P,P1), neg(Q,Q1).
neg((P # Q),(P1 & Q1)) :- !, neg(P,P1), neg(Q,Q1).
neg(P,(~P)).
```

제3단계. 스콜렘화

술어 skolem에는 인수가 세 개 있는데 원래 표현식, 변환된 표현식, 그리고 변수 목록 등이다. 여기에서 변수는 술어가 실행되는 동안 수집되는 것인데, 전칭 양화사가 부리는 변수이다.

```
skolem(all(X,P),all(X,P1),Vars):-
        !, skolem(P,P1,[X|Vars]).
skolem(exists(X,P),P2,Vars) :-
        !,
        gensym(f,F),
        Sk =.. [F|Vars],
        subst(X,Sk,P,P1),
        skolem(P1,P2,Vars).
skolem((P # Q),(P1 # Q1),Vars) :-
        !, skolem(P,P1,Vars), skolem(Q,Q1,Vars).
skolem((P & Q),(P1 & Q1),Vars) :-
        !, skolem(P,P1,Vars), skolem(Q,Q1,Vars).
skolem(P,P,_).
```

이 정의에서는 새로운 술어 두 개를 사용한다. 술어 gensym을 정의하되, 목적 gensym(X, Y)가 원자 X와 자연수로 구성되는 새로운 원자로 Y를 사례화 하도록 정의한다. 이 술어를 활용하여 이전에 사용하지 않았던 스콜렘 상수를 생성한다. 술어 gensym은 7.8절에 정의되어 있다. 새롭게 언급된 두 번째 술어는 subst이다. 규정하건대, "술어 subst(V1, V2, F1, F2)가 참인 경우는 표현식 F1에서 V1이 나타날 때마다 V1을 V2로 대체한 결과가 F2인 때이다"라고 정한다. 이를 정의하는 것은 독자를 위한 연습 문제로 남겨 두지만, 7.5절 및 6.5절에 정의된 술어의 경우와 유사하다.

제4단계. 전칭 양화사 외부 이동

이 시점 이후에도 물론, 어떤 프롤로그 원자가 술어 산법 변수를 나타내고 어떤 프롤로그 원자가 술어 산법 상수를 나타내는지를 구별할 수 있어야 한다. 이제는 더 이상, "변수는 정확하게 양화사가 부리는 기호이다"라는 편리한 규칙을 적용할 수 없게 될 것이다. 다음은 전칭 양화사를 외부로 이동시켜서 제거하는 프로그램이다.

```
univout(all(X,P),P1):- !, univout(P,P1).
univout((P & Q),(P1 & Q1)) :-
        !, univout(P,P1), univout(Q,Q1).
univout((P # Q),(P1 # Q1)) :-
        !, univout(P,P1), univout(Q,Q1).
univout(P,P).
```

이 규칙은 술어 univout을 정의하는데, univout(X, Y)는 표현식 X에서 전칭 양화사를 제거하여 Y가 된다는 것을 의미한다.

유의할 사항은 univout의 정의에서 전제한 사실이 "이 술어는 변환 작업의 처음 세 단계가 이미 완료된 후에만 적용한다"는 점이다. 따라서 표현식에 함언 연결사나 특칭 양화사가 없다고 간주하였다.

제5단계. '#'를 '&'에서 분배

표현식을 연접 정규형으로 바꾸는 실제 프로그램은 앞의 프로그램보다 다소 복잡하다.

표현식 (P # Q)와 같은 것을 처리한다고 하자. 여기에서 P와 Q는 제4단계에서 얻은 임의의 표현식이다. 먼저 P와 Q를 연접 정규형으로 바꾸어야 한다. 그 결과가 각각 P1과 Q1이라고 하자. 그런 다음에야 표현식 전체가 '#'를 '&'에서 *분배*하여 변환하기에 적합한 모습인지를 확인한다. 이는 다음과 같은 두 항등식 중 하나를 적용할 수 있는지 살펴보는 작업이다.

```
(A & B) # C <-> (A # C) & (B # C)
A # (B & C) <-> (A # B) & (A # C)
```

변환 작업은 이 순서대로 수행되어야 한다. 그 이유는 P와 Q 둘 다 최상위 수준에 연접 연결사 '&'가 없을 수도 있지만, P1과 Q1 둘 중 하나는 그렇지 않을 수도 있기 때문이다. 다음에 프로그램이 있다.

```
conjn((P # Q),R) :-
        !,
        conjn(P,P1), conjn(Q,Q1),
        conjn1((P1 # Q1),R).
conjn((P & Q),(P1 & Q1)) :- !, conjn(P,P1), conjn(Q,Q1).
conjn(P,P).

conjn1(((P & Q) # R),(P1 & Q1)) :-
        !, conjn((P # R),P1), conjn((Q # R),Q1).
conjn1((P # (Q & R)),(P1 & Q1)) :-
        !, conjn((P # Q),P1), conjn((P # R),Q1).
conjn1(P,P).
```

제6단계. *절 표현*

이제는 절 형식으로 표현식을 변환하는 프로그램의 마지막 부분이다. 먼저 clausify 술어를 정의하는데, 이는 절의 집합을 내부적으로 표현해내는 일을 한다. 절의 집합은 목록으로 표현하며 각 절은 cl(A, B) 구조체로 표현한다. 이러한 구조체에서 A는 부정되지 않은 축자식 목록이고 B는 부정된 (그러나 부정 연결사 '~'를 표시하지 않는) 축자식 목록이다. 술어 clausify에는 인수가 세 개 있다. 첫째 인수는 제5단계에서 얻은 표현식이다. 둘째와 셋째는 절의 집합을 표현하는 목록을 정의하기 위한 것이다. 술어 clausify는 통상의 [] 대신, 변수로 끝나는 목록을 제작하고, 이 변수를 셋째 인수를 통해 반환한다. 그런 다음에는 다른 규칙에서 그 변수를 사례화 하여 목록의 끝에 축자식을 추가할 수 있는 것이다.

특이한 기능 하나를 프로그램에 내장시켰는데, 어떤 원자식이 같은 절 내에서 부정된 모습과 부정되지 않은 모습으로 동시에 나타나지 않게 확인하는 작용이다. 동시에 나타나는 경우, 그 절은 목록에 추가되지 않는다. 왜냐하면 그러한 절은 자명하게도 진리값이 참이며 따라서 절 집합의 양립성(consistency)과 대립성(inconsistency)에 아무런 영향을 주지 않기 때문이다. 이와 함께, 프로그램은 한 축자식이 한 절에서 두 번 나타나지 않게 확인한다.

```prolog
clausify((P & Q),C1,C2) :-
        !, clausify(P,C1,C3), clausify(Q,C3,C2).
clausity(P,[cl(A,B)|Cs],Cs) :-
        inclause(P,A,[],B,[]), !.
clausify(_,C,C).

inclause((P # Q),A,A1,B,B1) :-
        !,
        inclause(P,A2,A1,B2,B1), inclause(Q,A,A2,B,B2).
inclause((~P),A,A,B1,B) :-
        !, notin(P,A), putin(P,B,B1).
inclause(P,A1,A,B,B) :- notin(P,B), putin(P,A,A1).

notin(X,[X|_]) :- !, fail.
notin(X,[_|L]) :- !, notin(X,L).
notin(X,[]).
```

```
putin(X,[],[X]) :- !.
putin(X,[X|L],[X|L]) :- !.
putJn(X,[Y|L],[Y|Ll]) :- putin(X,L,Ll).
```

변환된 절 출력

이제 술어 pclauses를 정의할 것인데, 구조체 cl(A, B)의 목록으로 표현된 절 집합을 10.3 절의 절 표기법에 따라 출력되게 하는 술어이다.

```
pclauses([]) :- !, nl, nl.
pclauses([cl(A,B)|Cs]) :-
        pclause(A,B), nl, pclauses(Cs).

pclause(L,[]) :-
        !, pdisj(L), write(' :- '), write('.').
pclause([],L) :-
        !, write(':- '), pconj(L), write('.').
pclause(L1,L2) :-
        pdisj(L1),
        write(' :- '), pconj(L2), write('.').

pdisj([L]) :- !, write(L).
pdisj([L|Ls]) :- write(L), write('; '), pdisj(Ls).

pconj([L]) :- !, write(L).
pconj([L|Ls]) :- write(L), write(', '), pconj(Ls).
```

APPENDIX C 고이식성 표준 프로그램 작성

이 부록에서는 프롤로그 프로그램 작성과 관련된 몇 가지 논제를 다루는데, 개발한 프롤로그 프로그램을 다른 사람들이 다른 실행환경에서도 쉽게 사용할 수 있게 하자는 문제이다. 여기에서 실행환경이라 함은 프로그램을 실행시킬 하드웨어 및 소프트웨어 기반 설비를 의미한다. 이러한 유통성을 촉진하기 위해, 프롤로그 표준을 사용하고 작업하는 방법을 제시한다.

C.1 이식성 제고를 위한 표준 프롤로그

어쩔 수 없는 현실인 바, 거의 모든 컴퓨터 하드웨어 또는 컴퓨터 운영 체제가 개발될 때마다 프롤로그에 대하여 (또는 다른 고급 프로그래밍 언어도) 해당 하드웨어 또는 소프트웨어 사용자가 사용할 수 있도록 새로운 유지 보수 프로그래밍 작업을 해야 한다. 프롤로그를 구사할 수 있게 작성한 프로그램으로서 (즉, 사용자가 목표 결과를 가지고 프로그램을 인용하여 실행할 수 있게 하고, 필요한 내장 술어를 쓸 수 있게 하고, 그리고 일반적으로 프롤로그 프로그래머가 가용한 도구를 활용할 수 있게 한다는 등) 어떤 하드웨어 및 소프트웨어 기반 설비에서 필요한 자원을 얻어 언어가 통하게 실현한 것을 프롤로그 *구현체*(implementation)라고 부른다. 다양한 프롤로그 구현체는 서로 다른 시간에 다른 관심사를 가진 다른 사람들이 작성하게 되며, 대개는 하드웨어 및 소프트웨어 환경에서 쓸 수 있는 특수 기능을 요령 있게 활용하려고 한다. 따라서 프롤로그 구현체는 프롤로그 개발자에게 각기 달라 보인다. 한 구현체가 내장 술어 foo/1을 제공하는데, 다른 구현체에서는 이 술어를 baz/1로 부르기도 한다. 제삼의 구현체에서는 술어 foo/1을 제공하지만, 수행 기능이 전혀 다를 수도 있다. 한 컴퓨터에서 적절하게 실행되는 프롤로그 프로그램이 다른 컴퓨터에서는 예기치 않게 오작동할 수가 있다. 이는 난처한 일인데, 다른 사람이 사용할 수 있는 *이식적*(*portable*) 프로그램을 작성하고자 하는 사람에게나 또는 다른 사람의 프로그램을 사용하고 싶은 사람에게 골치 아픈 문제이다.

이 문제를 해결하기 위해 수없이 각기 다른 프롤로그 구현자 및 개발자가 방대한 작업을 수행한 후 프롤로그 표준(ISO/IEC 13211-1)이 1995년에 완성되었다. 이 표준은 프롤로그 프로그램이 무엇이며 어떻게 실행되는지를 정확하게 명세한다. 여기에는 내장 술어 집합의 명세와 내장 술어가 수행해야 할 사항이 포함되어 있다. 프롤로그 표준은 *Prolog: The Standard*에 설명되어 있는데, 이는 Pierre Deransart, AbdelAli Ed-Dbali 그리고 Laurent Cervoni가 공저하여 Springer Verlag에서 1996년 출판된 서적이다. 모든 프롤로그 구현체가 표준과 정확히 일치한다면, 어떤 구현체에서 실행하기 위해 작성된 프로그램을 다른 구현체에서 실행하는 데 아무런 문제가 없을 것이다.

C.2 서로 다른 프롤로그 구현체

글을 쓰는 시점에서, 프롤로그 구현체가 표준 프롤로그와 완전히 부합되는 경우는 있어도 극히 적은 실정이다. 다행히 이 책에서는 표준 언어의 옹골찬 부분 집합에 프롤로그 용법을 제한하였으며 거기에 있는 개념들은 실제 구현체에 빠르게 반영되고 있다. 이 표준은 또한 프롤로그 시스템이 어떠해야 하는지에 대한 최고의 진술서이어서 기술된 내용은 널리 지켜진다. 이식적 프롤로그 프로그램 작성하기에 대한 현재로서 최선의 방침은 표준을 준수하는 것인데, 이것이 바로 이 책에서 표준을 계속 따르고 있는 이유이다.

사용하는 구현체가 비표준적이라고 하더라도, 표준 프롤로그 프로그램을 작성하기가 불가능하지는 않으며, 그래서 이식성을 고려하는 개발자는 가능한 한 표준형에 가깝게 프로그램을 작성하도록 해야 한다. 특히 이 책에서 설명하지 않은 내장 술어를 사용하는 프로그램은 이식이 불가능할 수도 있겠는데, 전술한 Deransart 등의 저서에 제시된 바와 같은, 전체 표준에서 기술되어 있지 않으면 이식 불가능하게 될 것이다. 이러한 사실은 개발자를 어려움에 빠지게 하는데, 표준 프롤로그 기능이 특정 구현체에서 사용 가능하지만 표준과 다른 형식으로만 쓸 수 있는 경우 곤란해진다.

만약 프롤로그 표준에 명세된 술어가 프롤로그 구현체에 없다고 하더라도, 대개는 다행스럽게도 표준 술어를 정의할 수 있는 다른 편법을 쓸 수 있다.

- 사용하는 구현체에 특정 표준 술어가 없지만 그 술어가 필요한 경우, *사용 가능한* 다른 술어로 해당 술어를 정의할 수 있겠다. 이러한 정의는 (다른 내용을 포함시키지 말고) 프로그램 파일과 다른 별도의 파일에 [이른바 *호환성(compatibility)* 파일에] 관리하여, 같은 구현체를 쓰고 있는 다른 사용자가 프로그램 파일과 함께 인용할 수 있도록 하는 것이 좋은 방법이다. 다른 구현체이지만 쟁점 사항에서는 표준과 완전히 호환되는 시스템의 사용자는 호환성 파일 없이도 프로그램 파일을 인용할 수 있다. 다른 구현체라서 표준과 또 다른 방식으로 호환되지 않는 시스템의 사용자는 개별적으로 (첨부된 호환성 파일을 개작하여 쓸 수 있는) 호환성 파일을 작성해야 할 것이다. 그런데 이러한 조치는 다른 사용자와 프로그램을 교환하고 싶다고 하는 경우에는 어쨌든 시간을 들일만한 가치가 있을 것이다. 호환성 파일을 정의해 두고 나면, 프로그램의 나머지 부분에서는 꼭 표준 프롤로그를 쓰듯이 쟁점 술어를 사용할 수 있다.
- 사용하는 구현체에 어떤 술어가 있기는 하지만 그 의미가 표준 술어와 다른 경우, 다시금 쟁점 술어에 대한 표준 준수용 정의를 고안하여 호환성 파일에 넣도록 한다. 그런데 쟁점 술어의 이름을 달리 정한 다음, 사용자 프로그램과 또 호환성 파일 정의에서 활용하여야 구현체에 있는 술어와 이름 충돌을 피할 수 있다. 이렇게 되면, 프로그램은 표

준을 따르지 않게 되지만, 표준 준수형으로 만들 때 필요한 변환 작업을 문서화하기는 쉽다.

실제로 구현체에 어떤 표준 프롤로그 술어를 추가해야 하는지 결정하는 절차는 주어진 구현체에 대해서 한 번 수행하거나 또는 특정 구현체를 운용하는 주어진 현장에 대해 아마도 단 한번만 수행할 수도 있다.

C.3 주의 사항

다음은 표준화 및 이식성 관련 문제 몇 가지를 요약한 것이다. 이들은 프롤로그 구현체가 때때로 표준과 달라서 제기되는 문제이거나, 별도의 이유로 이식성에 신경 쓰는 프로그래머가 주의를 기울여야 하는 문제이다. 물론 이 목록은 철저한 것이 아닌데, 그 이유는 새로운 프롤로그 구현체가 표준에서 전혀 예상하지 못한 방향으로 벗어나는 것을 막을 수가 없기 때문이다.

- 문자. 표준 프롤로그에서 문자는 (2.2절을 참조하면) 원자로서 이름의 길이가 1이다. 일부 내장 술어는 문자를 처리하고, 일부는 (ASCII 암호와 같은) 정수형 문자 암호를 처리한다. 구현체에 따라 어떤 술어가 어떤 유형의 자료를 처리하는지가 다를 수 있다. 사용할 문자 암호 체계는 구현체에 따라 정해진다.
- 문자열. 문자로 구성된 프롤로그 항 중에서 "abc"와 같이, 큰 따옴표로 묶은 문자열이 있다. 표준에서는 개발자가 이러한 문자열을 세 가지 방식, 즉 원자, 문자 목록, 암호 목록 등으로 해석하여 그 의미를 부여할 수 있다. 의미 선택은 double_quotes라는 깃발 (flag) 값을 정하여 표시하는데 atom, chars, codes 중에서 고른다. 개별 구현체에서는 이 세 가지 모두를 사용할 수 없는 경우도 있기에, 이 책에서는 이러한 문자열 표기법

을 사용하는 것을 피했다.

- 미정의 술어. 표준에서는 정의가 없는 술어를 호출한 경우, 개발자가 이러한 예외 상황을 세 가지, 즉 오류, 경고, 목적 실패 등의 상황으로 규정하여 실행 가능한 조치를 결정해 둘 수 있다. 조치 선택은 unknown이라는 깃발 값을 정하여 표시하는데 error, warning, fail 중에서 고른다. 개별 구현체에서는 이 세 가지 모두를 사용할 수 없는 경우도 있기에, 특정 행태에 의존하지 않는 것이 현명한 일이다.

- 데이터베이스 갱신. 어떤 술어에 대한 목적이 충족되는 동안 그 술어의 절이 철회되면 이상한 일이 발생할 수 있다. 비록 표준에서는 이와 같은 경우에 일어나야 할 일을 명세해 놓았지만 개별 구현체가 항상 따르는 것은 아니므로 이러한 일을 발생시키는 프로그램을 작성하는 것은 바람직하지 않다.

- 술어 이름. 내장 술어는 구현체에 따라 이름이 다를 수도 있다. 예를 들어 '\+'를 'not'이라고 부르는 일이 있다. 표준 이름 사용하기를 지키는 것이 가장 좋고, 필요할 경우, 호환성 파일을 작성하여 비표준 내장 술어로 표준 내장 술어를 정의해 둔다.

- 연산자 우선순위. 이것도 구현체에 따라 다를지도 모른다. 표준에서 정한 우선순위를 따르는 것이 가장 좋고, 필요한 경우 (그리고 만일 가능하다면) 프로그램을 인용하여 적재하기 전에 사용할 연산자가 명세된 내장 술어 'op/3'을 명시적으로 먼저 호출한다.

- 항 비교. 이것은 구현체에 없는 경우도 있다. (비록 표준에서 항 비교 연산에 대한 제약이 명세되어 있더라도) 항 비교 결과는 대개 문자 암호에 의존할 것이므로, 구현체에 따라 비교 결과에 다소 차이가 있을 수 있다.

- 입출력. 과거의 프롤로그 시스템은 파일 입출력을 처리하는 방식이 크게 달랐는데, 언제나 자료류를 기반으로 한 것은 아니었다. 파일 이름 표현의 내부 구조도 구현체에 따라 다를 것이다.

- 지령. 구현체에 따라 프로그램 적재 방식 조종에 사용할 지령이 다르다.

- 프로그램 인용. 표준에서는 이 기능에 대한 술어를 명세하지 않았으므로 구현체마다 다를 것이다.

- 산술 연산. 이 책에서는 산술 연산을 많이 사용하지 않았다. 프롤로그 표준에는 산술 식에서 사용할 수 있는 함자 집합을 명세해 놓았는데, 이 책에서는 작은 부분 집합만 사용했다. 구현체는 정수 대 부동 소수점 수를 처리하는 방법, 오류를 처리하는 방식 등등에서 차이가 날 수 있다.
- 출현 검사. 표준에는 프롤로그 프로그램이 순환 항을 생성할 수 없도록 명세해 놓았다 (10.6절 참조). 일부 구현체에서는 순환 항을 쓸 수 있게 특수 장치를 마련하기까지도 하지만, 이식성을 유지하려면 순환 항을 사용해서는 안 된다.

C.4 표준 술어 정의

이 절에서는 호환성 파일을 개인적으로 만드는 문제를 다룬다. 자작 과정 시작을 위해 표준 프롤로그 내장 술어에 대한 간단한 정의를 준비하였다. 이 술어는 이 책 본문에서 사용한 것들이다. 많은 프롤로그 구현체에서 적어도 (6장에서 다룬) 핵심 내장 술어는 사용할 수 있으므로 새로운 술어에 대한 정의를 핵심 술어로 정의하여 사용할 수 있게 될 것이다.

다음에 보인 술어 정의에서는 표현을 (6장에서 다룬) Clocksin과 Mellish의 핵심 프롤로그 부분어(core Prolog subset)로 제한하였으므로 표준의 모든 측면에 충실할 수 없었다. 특히, 핵심 부분어에는 오류 상태를 발생시키는 방법이 없으므로, 이따금 표준에 의거하여 오류 상태가 발생해야 하는 경우에 그렇게 하지 못한다. 그 대신, 정의한 술어가 충족에 실패하게 될 것이다. 다음에 정의해 둔 술어를 올바르게 사용하는 대부분의 경우, 정상적으로 작동할 것이지만 잘못 사용하면 다른 행태를 보일 수 있다. 정의에서 보조 술어를 정의하는 경우, 기존 술어와 이름 충돌 가능성을 최소화하기 위해 그 이름을 $$로 시작한다.

다음 표는 이 절에서 볼 정의를 요약한 것이다. 이 프로그램은 (http://www.dai.

ed.ac.uk/homes/chrism/pinsp)에서 기계 가독(machine-readable) 형식으로 구할 수 있다.

표준 술어	표준 술어 정의에 사용한 비표준 술어
atom_chars/2	name/2
number_chars/2	name/2
get_char/1	get0/1, name/2
put_char/1	put/1, name/2
dynamic/1	(없음)
close/1	seeing/1, see/1, seen/0, telling/1, tell/1, told/0
current_input/1	seeing/1
current_output/1	telling/1
open/1	seeing/1, see/1, telling/1, tell/1
set_input/1	see/1
set_output/1	tell/1
write_canonical/1	display/1
\+/1	not/1
number/1	integer/1
@=</2, @>/2, @>=/2, @</2	name/2

C.4.1 문자 처리

```
% atom_chars/2
%
% Translate between atoms and lists of characters
%
% Known problems:
%    tends to fail rather than produce an error
%    converts a sequence of characters which happen to be from '0' to '9'
```

```
%    into a number, not an atom
atom_chars(Atom,Chars) :-
   var(Atom), nonvar(Chars), !,
   '$$collect_codes'(Chars,Codes),
   name(Atom,Codes).
atom_chars(Atom,Chars) :-
   name(Atom,Codes),
   '$$collect_codes'(Chars,Codes).

'$$collect_codes'([Ch|Chs],[Co|Cos]) :-
   (nonvar(Chs); nonvar(Cos)), !,
   name(Ch,[Co]),
   '$$collect_codes'(Chs,Cos).
'$$collect_codes'([],[]).

% number_chars/2
%
% Translate between numbers and lists of characters
%
% Known problems:
%    tends to fail rather than produce an error
%    in fact also produces characters from non-numbers

number_chars(Num,Chars) :-
   var(Num), nonvar(Chars), !,
   '$$collect_codes'(Chars,Codes),
   name(Num,Codes).
number_chars(Num,Chars) :-
   nonvar(Num),
   name(Num,Codes),
   '$$collect_codes'(Chars,Codes).

% get_char/1
```

```
%
% Single character input
%
% Known problems:
%
%    The definition of '$$end_of_file_code' needs to be updated so
%    that it represents the character code used for "end of file".
get_char(Char):- get0(Code), '$$code_to_char'(Code,Char).

   '$$code_to_char'(Code,Char) :-
     '$$end_of_file_code'(Code), !, Char=end_of_file.
   '$$code_to_char'(Code,Char1) :- name(Char,[Code]),
     '$$name_to_atom'(Char,Char1).

   % some versions of 'name' create numbers in their first arguments
   % make sure that the result really is an atom
   '$$name_to_atom'(0,'0') :- !.
   '$$name_to_atom'(1,'1') :- !.
   '$$name_to_atom'(2,'2') :- !.
   '$$name_to_atom'(3,'3') :- !.
   '$$name_to_atom'(4,'4') :- !.
   '$$name_to_atom'(5,'5') :- !.
   '$$name_to_atom'(6,'6') :- !.
   '$$name_to_atom'(7,'7') :- !.
   '$$name_to_atom'(8,'8') :- !.
   '$$name_to_atom'(9,'9') :- !.
   '$$name_to_atom'(X,X).

   '$$end_of_file_code'(-1).

% put_char/1
%
% Single character output
```

```
%
% Known problems:
%
%   will fail if given a non-character atom (rather than produce an error)
put_char(X):- name(X,[C]), put(C).
```

C.4.2 지령

```
% dynamic/1
%
% Declare a set of predicates to be dynamic
%
% Known problems:
%
%   Does nothing. This at least means that dynamic directives will not
%       create errors, but it does not address whatever might be required
%       to allow a predicate to be dynamic in a given implementation.
?- op(1200,fx,':-').
?- op(1100,fx,dynamic).

dynamic(_).
```

C.4.3 자료류 입출력

```
% The following predicates have to be used together
% NB the following predicates all make the assumption that the predicate
%
% '$$open'(Filename,Mode)
%
```

```
% (Filename an atom naming a file and Mode being 'read' or 'write') is
% updated dynamically to reflect the files that are currently open for
% input and output.
%
% A stream is represented by a term '$$stream'(F) where F is the atom
% file name. The same structure is used for the streams user_input and
% user_output, with F = user_input or user_output.
%
% Known problems with this group of definitions:
%
%   uses the file name inside the stream name - this convention cannot
%       be relied on in Standard Prolog
%   can only have one stream open at a time for a given file for input
%       or output
%   can't open a file called user_input or user_output

:- dynamic('$$open'/2).

% close/1
%
% Close a currently open stream
%
% Known problems:
%
%   Fails if the stream is not open (rather than producing an error)
%   Closes the file for both input and output (for whichever it is
%       open for)

close(user_input) :- !.
close(user_output) :- !.
close('$$stream'(user_input)) :- !.
close('$$stream'(user_output)) :- !.
```

```
close('$$stream'(File)) :-
    '$$open'(FUe,Mode), !,
    '$$closefiles'(File).

'$$closefiles'(File) :-
    retract('$$open'(File,Mode)),
    '$$closefile'(File,Mode),
    fail.
'$$closefiles'(_).
'$$closefile'(File,read) :- !,
    seeing(Current),
    see(File), seen,
    see(Current).
'$$closefile'(File,write) :-
    telling(Current),
    tell(File), told,
    tell(Current).

% current_input/1
%
% Test what the current input stream is

current_input('$$stream'(F)) :- seeing(F).

% current_output/1
%
% Test what the current output stream is

current_output('$$stream'(F)) :- telling(F).

% open/3
%
% Open a file for input or output
%
```

```prolog
% Known problems:
%
open(File,read,'$$stream'(File)) :- !,
   '$$close_if_open'(File,read),     % close file if already open
   seeing(Old),                      % remember the current input
   see(File),                        % open again from the start
   assert('$$open'(File,read)),
   see(Old).                         % but don't change the current input
open(File,write,'$$stream'(File)) :-
   '$$close_if_open'(File,write),    % close file if already open
   telling(Old),                     % remember the current output
   tell(File),                       % open again from the start
   assert('$$open'(File,write)),
   tell(Old).                        % but don't change the current input

'$$close_if_open'(File,Mode) :-
   retract('$$open'(File,Mode)), !,
   '$$closefile'(File,Mode).
'$$close_if_open'(File,_).

% set_input/1
%
% Change current input

set_input(user_input):- !,
   see(user).
set_input('$$stream'(user_input)) :- !,
   see(user).
set_input('$$stream'(F)) :-
   '$$open'(F,read), !,
   see(F).

% set_output/1
```

```
%
% Change current output

set_output(user_output) :- !,
   tell(user).
set_output('$$stream'(user_output)) :- !,
   tell(user).
set_output('$$stream'(F)) :-
   '$$open'(F,write), !,
   tell(F).
```

C.4.4 기타

```
% write_canonical/1
%
% Write a term, ignoring operator declarations

write_canonical(X) :- display(X).

% \+/1
%
% Negation as failure

?- op(900,fy,\+).

\+X :- not(X).

% number/1
%
% Test for whether something is a number.
% Limitations: only succeeds for integers

number(X) :- integer(X).

% @<, @>, @=<, @>=
```

```
%
% Term comparison
%
% Limitations: only succeeds for atoms, assumes the ASCII character set

?- op(700,xfx,@<).
?- op(700,xfx,@>).
?- op(700,xfx,@=<).
?- op(700,xfx,@>=).

X @=< Y :- atom(X), atom(Y), X=Y, !.
X @=< Y :- X @< Y.

X @> Y :- Y @< X.

X @>= Y :- Y @=< X.

X @< Y :- atom(X), atom(Y), name(X,XC), name(Y,YC), '$$aless'(XC,YC).

'$$aless'([],[_|_]) :- !.
'$$aless'([C|_],[C1|_]) :- C<C1, !.
'$$aless'([C|Cs],[C|Cs1]) :- '$$aless'(Cs,Cs1).
```

DCG 구현 프로그램

프롤로그 표준은 프롤로그 구현체가 DCG 규칙 변환기를 갖추어야 한다고 명세해 놓지는 않았다. 그래도 실제로는 많은 구현체에서 DCG 규칙을 프롤로그 프로그램으로 변환할 수 있다. 소개할 프롤로그 프로그램은, 사용하는 구현체가 DCG를 지원하지 않지만 DCG를 쓰고 싶은 사람에게 유용할 수 있겠다. 프로그램에는 술어 phrase/2, phrase/3, 그리고 (개정이 가능한) 'C'/3 외에도, 문법 규칙이 (그리고 아마 통상의 프롤로그 절도) 포함된 파일을 인용할 때 쓰는 술어 g/1이 있다.

술어 g/1의 작동 방식은 먼저, 입력 파일을 읽고 dcg.tmp 파일을 작성하는데, 이 때 읽은 항이 문법 규칙이라면 보통의 프롤로그 절로 변환하여 출력한다. 그 뒤, 작성이 끝난 dcg.tmp 파일은 통상적으로 인용된다. 명백하게도, 일반 사용자는 dcg.tmp 파일을 다른 용도로 사용해서는 안 된다. 원본 파일의 모든 지시문은 dcg.tmp에 그대로 복사되므로, dcg.tmp를 인용할 때 지시문이 실행된다. 따라서 입력 파일을 읽는 데 필요한 연산자 선언이 있다면, 선언의 효과가 입력 파일을 두 번째로 읽을 때에 나타날 것이기 때문에 술어 g/1을 호출하기 *전에* 연산자 선언을 해야 한다.

소개할 프로그램에서는 다음과 같이 '-->'가 이미 연산자로 선언되어 있다고 가정한다.

```
?- op(1200,xfx, -->).
```

그리고 프롤로그 판독기(reader)는 {...} 형식의 항을 '{}'(...) 형식으로 읽는다고 가정한다. 여기서 인수 자리에는 ,/2와 ;/2 같은 연산자를 사용할 수 있는데, 별도의 괄호로 항을 묶지 않아도 된다. 이 두 가지 가정 모두 표준에 부합하는 구현체에서라면 당연하게 성립해야 한다. 만일 그렇지 않다면, 이 점에서 비표준적인 구현체라고 하겠는데, 소개할 프로그램 시작 부분의 주석에 이를 어떻게 해결할 수 있을지가 제안되어 있다.

D.1. DCG 구현 프로그램

```
% DCG code for Programming in Standard Prolog
%
% The following is part of Standard Prolog, but some Prolog
% systems may need it:
%
?-op(1200,xfx,-->).
%
% {...} is dealt with specially in the syntax of Standard Prolog,
% but in case it is not recognised, the following could be a way
% of having { and } be standard operators. However, any conjunctions
% and disjunctions inside {...} will have to be inside extra
% parentheses with spaces around the { and }, e.g. { (a(X), b(Y)) }.
%
?- op(901,fx,{').
?- op(900,xf,'}').

% g(File)
%
% Consult a file File that may contain grammar rules. The
% predicate creates a new file dcg.tmp with the translated
```

```
% version of the original file and then consults that.
% The file can contain ordinary Prolog clauses as well, but
% any necessary operator declarations must be made before g is called
% (it does not obey any directives when the file is first read).

g(File) :-
  open(File,read,In),
  set_input(In),
  open('dcg.tmp',write,Out),
  set_output(Out),
  repeat,
    read (Term),
    output_with_translation(Term),
    Term = end_of_file,
    !,
  close(Out),
  close(In),
  consult('dcg.tmp').

% output_with_translation(Term)
%
% Outputs Term (in such a way that it can be read in as a clause)
% after translating it (if it happens to be a grammar rule)

output_with_translation(end_of_file) :- !.
output_with_translation((X --> Y)) :- !,
  translate((X --> Y),Z),
  write_canonical(Z), write(V), nl.
output_with_translation(X) :-
  write_canonical(X), write(V), nl.

% translate(+In,-Out)
%
```

```
% Translate a grammar rule
%
translate(((LHS_in1,LHS_in2) --> RHS_in), (LHS_out :- RHS_out)) :- !,
  nonvar(LHS_in1),
  islist(LHS_in2),
  tag(LHS_in1,S0,Sn,LHS_out),
  make_connects(LHS_in2,Sn,S1,Conn),
  dcg_rhs(RHS_in,S0,S1,RHS_1),
  dcg_and(Conn,RHS_1,RHS_2),
  flatten2(RHS_2,RHS_out).
translate((LHS_in --> RHS_in), (LHS_out :- RHS_out)) :-
  nonvar(LHS_in),
  tag(LHS_in,S0,Sn,LHS_out),
  dcg_rhs(RHS_in,S0,Sn,RHS_1),
  flatten2(RHS_1,RHS_out).

% dcg_rhs(+RHS,S0,S1,-Translation)
%
% Translate the RHS of a grammar rule into a
% conjunction of Prolog goals. S0 and S1 are
% variables to be used for the input and output
% list arguments of the whole conjunction (these
% are the variables used for the input and output
% list arguments for the head of the clause)

dcg_rhs(X, S0, S, phrase(X,S0,S)) :- var(X), !.
dcg_rhs((RHS_in1,RHS_in2),S0,Sn,RHS_out) :- !,
  dcg_rhs(RHS_in1,S0,S1,RHS_out1),
  dcg_rhs(RHS_in2,S1,Sn,RHS_out2),
  dcg_and(RHS_out1,RHS_out2,RHS_out).
dcg_rhs((RHS_in1;RHS_in2),S0,Sn,(RHS_out1;RHS_out2)) :- !,
```

```
  dcg_or(RHS_in1,S0,Sn,RHS_out1),
  dcg_or(RHS_in2,S0,Sn,RHS_out2).
dcg_rhs({RHS_in},S0,S0,RHS_in) :- !.
dcg_rhs(!,S0,S0,!) :- !.
dcg_rhs(RHS_in,S0,Sn,C) :-                  % terminal(s)
  islist(RHS_in), !,
  make_connects(RHS_in,S0,Sn,C).
dcg_rhs(RHS_in,S0,Sn,RHS_out) :-            % single non-terminal
  tag(RHS_in,S0,Sn,RHS_out).

%
% Auxiliary predicates
%

% dcg_or(+RHS,S0,S1,-Translation)
%
% As dcg_rhs, except for goals that will be part of a
% disjunction. dcg_rhs can instantiate the first list
% argument (S0) (by making it the same as the second
% or a list with some terminals in it), but that can't
% be done here (it will mess
% up the other disjuncts). Instead, if that happens, an
% explicit = goal is included in the output.

dcg_or(In,S0,Sn,Out) :-
  dcg_rhs(In,S1,Sn,Out1),   % using new first list argument S1
  ( var(S1),
    \+ S1 == Sn, !,                 % if S1 has not been set
    S0=S1,                  %
    Out=Out1;                       % return what was computed (Si)
    Out=(S0=S1,Out1) ).             % otherwise link S0,S1 with an = goal

% Create a conjunction, flattening if possible
```

```
dcg_and(true,In,In) :- !.
dcg_and(In,true,In) :- !.
dcg_and(In1,In2,(In1,In2)).

% tag(+In,S0,S1,-Out)
%
% In is a term representing a DCG non-terminal.
% Out is the result of adding S0 and S1 as extra arguments

tag(In,S0,Sn,Out) :-
    In =.. [Predicate|Arguments],
    dcg_append(Arguments,[S0,Sn],New_arguments),
    Out =.. [Predicate|New_arguments].

% flatten2(+Seq,-FSeq)
%
% Given a sequence of terms connected by ','/2
% (possibly with embedded sequences), produces a
% "flattened" form

flatten2(In,In) :- var(In), !.
flatten2((In1,In2),Out1) :- !,
    flatten1(In1,Out1,Out2),
    flatten2(In2,Out2).
flatten2(In,In).

flatten1(In1,(In1,In2),In2) :-
    var(In1), !.
flatten1((In1,In2),Out1,In3) :- !,
    flatten1(In1,Out1,Out2),
    flatten1(In2,Out2,In3).
flatten1(In1,(In1,In2),In2).

islist([]).
```

```
islist([_|_]).

dcg_append([],X,X).
dcg_append([X|L],L1,[X|L2]) :- dcg_append(L,L1,L2).

% make_connects(+Terminals,S0,S1,-Goals)
%
% Create the 'C' goals for a list of terminals. S0 and S1
% are to be instantiated to the input and output list
% arguments.

make_connects([First|Rest],S0,Sn,Conns) :-
  nonvar(Rest), !,
  make_connects(Rest,SI,Sn,Cs),
  dcg_and('C'(S0,First,SI),Cs,Conns).
make_connects([],S,S,true).

% Predicates that can be called/redefined by the user

phrase(T, S) :- phrase(T, S, []).

phrase(T, S0, S) :- tag(T, S0, S, G), call(G).

'C'([W|Ws],W,Ws).
```

INDEX